河南省"十四五"普通高等教育规划教材

商 标 法
SHANGBIAOFA

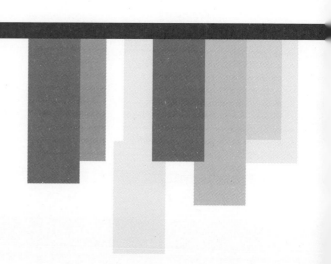

主　编●胡　光

副主编●张秀玲

西南财经大学出版社
Southwestern University of Finance & Economics Press

中国·成都

图书在版编目(CIP)数据

商标法/胡光主编;张秀玲副主编.—成都:西南财经大学出版社,
2022.12
ISBN 978-7-5504-5558-0

Ⅰ.①商… Ⅱ.①胡…②张… Ⅲ.①商标法—中国—高等学校—教材
Ⅳ.①D923.43

中国版本图书馆 CIP 数据核字(2022)第 176129 号

商标法
主　编　胡　光
副主编　张秀玲

策划编辑:王　琳
责任编辑:廖　韧
责任校对:植　苗
封面设计:张姗姗
责任印制:朱曼丽

出版发行	西南财经大学出版社(四川省成都市光华村街 55 号)
网　址	http://cbs.swufe.edu.cn
电子邮件	bookcj@swufe.edu.cn
邮政编码	610074
电　话	028-87353785
照　排	四川胜翔数码印务设计有限公司
印　刷	郫县犀浦印刷厂
成品尺寸	185mm×260mm
印　张	22.75
字　数	524 千字
版　次	2022 年 12 月第 1 版
印　次	2022 年 12 月第 1 次印刷
印　数	1— 2000 册
书　号	ISBN 978-7-5504-5558-0
定　价	49.80 元

前 言

知识产权人才培养是国家知识产权战略实施的重要组成部分，伴随高校知识产权学院的建立，知识产权专业本科生的数量日趋增加，对专业质量的要求也逐年提升。在相关本科课程中，商标法作为教育部《普通高等学校本科专业类教学质量国家标准》中知识产权专业规定的核心课程之一，也是专业必修课程。然而既有教材多为2013年《中华人民共和国商标法》（以下简称《商标法》）修订后编撰出版，2019年《商标法》再次进行修订，有必要对教材中的相关内容同步进行修正。同时，作为对实践、实务技能要求较高的专业，近些年互联网、人工智能、区块链等新业态、新技术的发展对《商标法》知识传授的内容、形式等提出挑战。

基于上述背景，编者以党的二十大精神为指导，以实现知识产权强国、加快推进知识产权服务人才的培养为目标，结合大量最新的案例，依据最新修订的商标法律、司法解释、部门规章等，同时参阅了相关学术著作、论文的研究成果编纂了本教材，力求使本教材反映我国商标立法、司法及学术研究的最新成果。本教材采用理论—案例—实务的体例架构，结合最新的技术支撑，如二维码、网络资源、线上视频等，立体化、全方位地提升本科生商标实操专业技能，符合国家培养应用型、复合型人才的要求，具有较高的科学性和极强的适用性。

本教材从商标的起源和发展讲起，就商标的种类、商标标识的法定要求、商标的注册、商标的权利内容及权利限制、商标的撤销及无效宣告、商标侵权表现及纠纷处理、商标侵权法律责任的承担、恶意维权的法律后果、商标标识的使用管理、驰名商标的认定与保护、地理标志的保护、相关国际公约等内容进行详细介绍。教材末附有《建立世界知识产权组织公约》《保护工业产权巴黎公约》和《与贸易有关的知识产权协定》条文。编者也适当地把保护中国传统文化、弘扬社会主义核心价值观等课程思政内容融入教材各章节。

经审定，本教材可作为高等教育法学专业、知识产权专业的教材。本教材中有大量典型的实务案例，可以帮助学习者更好地理解法律规定及司法适用规则，因此本教材也可作为各类企业知识产权管理部门工作人员的培训用书及实务工作者的参考用书。

本教材共计约 52 万字，分为十六章，由胡光担任主编，张秀玲任副主编，崔雅琼、康东书参与编写。其中第三章、第四章、第五章、第六章、第八章由胡光编写完成，共计 19 万字；第九章至第十三章由张秀玲编写完成，共计 15 万字；第一章、第二章、第十四章、第十五章、第十六章、附录由崔雅琼编写完成，共 14 万字；第七章由康东书编写完成，共计 4 万字。

在编写过程中，编者参阅了相关学术著作和论文，吸收、借鉴了其中的研究成果，在此，谨向各位学者表示诚挚的谢意！另，书中引用的一些图片由于来源较广，未一一注明出处，在此向各位作者表示衷心感谢！书中难免存在疏漏之处，敬请读者不吝赐教，以便我们及时修正。

编者

2022 年 10 月 27 日

目　录

3

第一章 商标的概述

商标是随着市场经济和商品经济的发展而产生的，最初是商品的经营者或者生产者在提供服务、生产商品时使用的一种标记。商标作为一种标志，其主要的功能是区别商品或者服务的来源。经济不断发展，贸易往来也随之增多，商标又增加了承载经营者的信誉和企业文化的功能。商标的使用已经成为当今社会的商业常态，在这样的趋势下，商标法的出现且得到重视就成了社会发展的必然。

第一节 商标的产生及其发展

目前学术界达成共识的是商标是商品经济发展的产物。也有学者认为商标产生于人类开始交易的时期[①]。无论哪种认识都不能否认，我国商标的起源与中华民族历史文化的发展密切相关。在我国原始社会的漫长时间里，当时的人们认为自然界的一切事物如日、月、水、雨、树、木、动物等都存在灵魂，"万物有灵论"是那个时期人类的普遍观念。各原始部落都以自然界的某一物为自己信仰和崇拜的对象。我们将原始部落崇拜的对象称为"图腾"。"图腾"在最初就是某一部落的象征，当看到刻有"图腾"的器物时，也就知道是哪一部落留下的痕迹。这与商标有着相似之处，都是指代物品的来源。

一、我国商标的发展概况

关于我国商标出现的时间，一些学者认为可追溯至汉代之前，甚至有人将商标的起源追溯到传说中的"三皇"时代，认为当时在陶器上绘制的一些标记、符号是区别器物所有人、制造人的标记。在已出土的陶器中，这些标记为我们留下了器皿所有人、制造人存在的证据，因此是商标的历史源头。几千年前我国就出现了仰韶半坡的彩陶，上面描绘着各种图形和符号（见图1-1）。这些图形和符号并不是一种纯装饰的纹样而是充满了部落信仰和传统观念。

---

① 陈明汝. 商标法原理［M］. 北京：中国人民大学出版社，2003：4.

图1-1 陶器上的图形

朱狄在《艺术的起源》一书中指出,"西安半坡等遗址出土的彩陶钵口沿上刻有各种各样的符号50多种,它们可能代表着不同意义的记事符号","这些符号有的是陶器未烧以前就刻下的,有的则是陶器烧成后甚至使用一段时间以后才刻下的。有人推测可能是某一氏族或器物创造者的专门记号"。

在已出土的彩陶中出现最多的为鱼、蛙、人面、鹿以及各种植物、符号等图形,虽然这些不是当今商品流通中常见的商标,但它们的功能和特点与当今的商标极为相似。可以说这是最早的标志,正是这些原始标志与符号为以后商标的出现奠定了基础。

当文字出现后,原始陶器中的许多符号和刀刻记号在青铜器中被铭文代替了。它们表示着一种氏族的图腾,同时也表示着该器物的所有权。随着生产力的发展,商品的交流更加频繁。商标在封建时代的初期就初步繁荣起来。产品制造者和销售者以各种方式来区分产品,消费者也逐渐习惯于认牌购货。南北朝后期的陶器中就发现有陶器工匠"郭彦"的署名。这一做法在当今我国的商标中还留下了不少的痕迹,例如张小泉剪刀商标等。

到了唐代,出现了不少的商铺和作坊。同类的商品也日益增多,因此人们对以商铺和作坊的名称为商品标志的情形已习以为常,同时对于商标和商品的命名也有所讲究。据说唐代酒的名称就达五十多种。这一实例说明唐代商标已经具有很强的艺术性(见图1-2、图1-3)。

图1-2 湖州石家铜扇形镜

图1-3 湖州石家铜镜

到了宋代，经济更为繁荣，商标的使用更加多见。通常认为，北宋年间山东济南刘家功夫针铺使用的"白兔儿标识"是我国发现的最早的"商标"[①]。目前该"商标"陈列于北京中国历史博物馆。当时山东济南有一家"刘家针铺"，他以家门前的石兔为商品的标志（见图1-4）。这表明，在公元960—1279年，标志设计就已经比较完善了。

图1-4　中国北宋"白兔儿标识"

到了明清时期，随着商业的快速发展，经营者对商标的使用越来越广，许多知名商标涌现出来，如在国外都具有一定知名度的四大名绣"苏""湘""蜀""粤"。再如明朝的"景泰蓝"珐琅制品、"顾绣庄"绣品，清朝时期的"丁娘子"布、"鼎丰"乳腐、"枫泾丁蹄"食品等，都曾是誉满中外的名牌产品。特别是到了清朝嘉庆年间，北京的六必居酱菜园，在其酱菜婆子外面贴有"六必居"的标签。这一标签的作用是告诉消费者，如果产品质量出现问题，酱菜园会根据商标标识为消费者提供售后服务，即退换或者赔偿。此时商标的作用已经与现代商标的作用十分相近，在实现宣传和发扬产品、品牌的同时，为产品的质量以及售后提供保障。

二、外国商标发展概况

远在古希腊时代，人们就已开始使用标志。古埃及的墓穴中也曾发现过刻有标志的器皿。公元前4世纪至公元前5世纪，地中海沿岸贸易兴盛，使用标志的情况日渐增多。罗马文明大约持续了一千年，它最早的一部《编年经济档案》，为我们展现了商标在日常事务中具有的显著地位。

12世纪以后，随着欧洲的社会发展，西欧的商业开始发达起来。在普遍使用商标的过程中，人们又把制造业标志和商业标志截然分开来。13世纪以来，欧洲盛行一种商人印记，当时商业行会用它来监督、区别行会或公司成员，某些行业把印记登记成册，加以法律上的保护。实力雄厚的商人，相继使用独家专用的标志，部分商人既用印记也用印章。还有一种商人卡片也是商标的一种早期形式，其尺寸规格种类繁多，大的可以作为传单和广告。早期的卡片用木刻版印刷，18世纪以后改用铜版印刷。这些标记并不是现代意义上的商业标志，而是用于官方征税，作坊主与工匠记账使用的一种标记。与此同时，官方可以通过这些标记检查商品质量和识别假冒伪劣品。到了17世纪，许多欧洲国家开始制定法律保护商品上的标记。到了19世纪，随着商标制度的产生，现代意义上的商标终于在欧洲诞生了。

---

① 郑成思. 知识产权法［M］. 北京：法律出版社，1997：166-167.

第二节　商标的类型

商标按照不同的标准，可以分为不同的类型。

一、根据使用对象分类

根据使用对象的不同，商标可以分为商品商标、服务商标和集体商标。商品商标即用于识别商品来源的商标，如在冰箱上的"海尔""新飞"等商标。服务商标即用于识别服务来源的商标，如宾馆中的"如家""全季"等商标。集体商标，即以团体、协会或者其他组织名义申请注册，供该组织成员在生产经营活动中使用，以表明使用者在该组织中的成员资格的商标。集体商标具有以下特征：一是由集体组织申请注册；二是供该集体组织成员使用，集体组织自己不使用，集体组织成员退出集体组织时，不得再行使用集体商标；三是集体组织成员只能在生产经营活动中使用，不得用于其他活动；四是集体商标的作用在于表明使用者在该组织中的成员身份，以和非该集体组织成员的商品或者服务相区别。使用集体商标，有利于扩大集体组织成员的国内外市场竞争优势，增加产品或者服务的广告效应。但集体商标的使用并不排斥成员同时使用自己的商标。

二、根据使用者分类

根据使用者的不同，商标可以分为制造商标和销售商标。制造商标即生产商在自己产品上使用的商标，如华为集团在电子产品上使用"华为"商标。销售商标，即商品销售者使用的表示其销售的商品的商标。销售者，包括零售商和批发商。销售商标可以表明销售商品品质的差别。如一些商场、贸易公司在销售自己的商品时所使用的自己的商标，如胖东来商场。

三、根据商标申请者和使用主体分类

根据商标申请者和使用主体的不同，商标可以分为个体商标、共有商标和集体商标。

个体商标是指仅有一个权利主体的商标，即由一个人或者公司、企业等一个主体申请注册的商标。实践中，我们所说的商标多数是指个体商标。

共有商标是指由两个以上权利人共同申请注册的商标。根据《商标法》第五条的规定，两个以上自然人、法人或者其他组织可以共同向商标局申请注册同一商标，共同享有和行使该商标专用权。从以上规定可以看出，共有商标通常是由民事主体"共同申请"而被核准的注册商标，其注册商标专用权由共有人"共同享有""共同行使"。

集体商标，是指以团体、协会或者其他组织名义注册，供该组织的成员在商事活动中使用，以表明使用者是该组织成员的标志，如沙县小吃、兰州拉面。集体商

标也是标明商品来源的一种标记，但它并不是标示某一特定厂家，而是代表由若干企业组成的集体组织。集体商标的申请人一般为工商业团体、协会或其他组织，个人不能申请注册集体商标。在使用时，集体商标由该商标注册组织的成员在商事活动中使用，不是该商标注册组织的成员不能使用。《商标法》第三条规定：本法所称集体商标，是指以团体、协会或者其他组织名义注册，供该组织成员在商事活动中使用，以表明使用者在该组织中的成员资格的标志。在作用上，集体商标表明商品或服务来源于某组织。在申请注册集体商标时，申请人必须提交该商标的使用管理规则，产品或服务要按一定的质量标准进行"统一"。使用集体商标的好处在于，其可以表明某种商品或服务具有共同的特征，由同一个组织的成员所生产经营或提供，且有利于帮助企业扩大规模，提升经济效益，扩大市场份额和影响力，发挥集团的优势，保护团体和成员的共同利益。

四、其他比较重要的商标种类

除上述几种类别外，基于商标在申请注册和使用中的特殊性，商标还可以分为联合商标、防御商标、证明商标和驰名商标。

联合商标，是指同一个商标权人在同一种或类似商品或服务上注册使用的若干个近似商标。在这些近似商标中，首先注册或主要使用的商标为正商标，其余商标为该商标的联合商标。例如，某一企业的正商标为"牡丹"，又以"白牡丹""红牡丹""黑牡丹"为联合商标。杭州娃哈哈集团公司在 AD 钙奶上注册了"娃哈哈"商标，为防止他人侵权，该公司又注册了"娃娃哈""哈娃哈""哈哈娃"等商标。其中，"娃哈哈"是正商标，其他商标是联合商标。联合商标注册的目的在于保护正商标，防止他人注册或使用与正商标相似的商标。当然，有些企业由于产品种类繁多，新产品不断涌现，也需要注册使用一些联合商标，这样既可以利用老品牌进行促销，又可以展示新产品的风采。

防御商标，是指同一商标权人在不同类别的商品或服务上注册使用的若干个相同的商标。原来的商标为正商标，注册在其他类别的商品或服务上的商标为防御商标。例如，"华为"商标在电子产品类别注册之后，又在其他 44 类商标类别中注册使用该商标，后者即构成防御商标。防御商标注册的目的在于保护驰名商标的信誉，因为如果他人在非类似商品上使用该商标，也会造成消费者的误认和原商标权人利益的损害。但是应当注意的是，防御商标的注册主体需要向商标局提供相关的资质证明，一般是有一定市场份额或者经济实力的企业可以完成防御商标的注册。

证明商标，是指由对某种商品或者服务具有监督能力的组织所控制，而由该组织以外的单位或者个人使用于其商品或者服务，用以证明该商品或者服务的原产地、原料、制造方法、质量或者其他特定品质的标志。使用证明商标，须经商标所有人许可，其经营的商品必须达到保证标准，有违反者按侵权处理。证明商标的功用在于提供质量证明，打开商品销路，使商品对消费者产生吸引力。目前，国际上流行的纯羊毛标志、绿色食品标志等，都属于证明商标。

驰名商标，是指经过长期使用，在市场上享有崇高信誉，为社会公众所熟知的商标。驰名商标是为相关公众熟知的商标，由于其知名度遍及全国，一般来说使用时间都比较长，使用规模也比较大，即使没有注册也会受到特别保护。《商标法》修订后对驰名商标进行强化保护，不仅是在同类商品上的保护，而且包括在不同类商品上的保护，以达到防止他人"搭便车"或者淡化、丑化驰名商标等不正当竞争行为的目的。

驰名商标往往在世界上或一国内享有很高的知名度，如可口可乐、德克士、LV（路易威登）、兰蔻等品牌。驰名商标的保护最早见于1883年《保护工业产权巴黎公约》。后来《知识产权协定》又将驰名商标的保护推进了一大步。当前，世界上许多国家都在商标法中规定了对驰名商标的法律保护。我国在2001年《商标法》的第二次修订中特别增加了对驰名商标的认定和保护条款的规定。

第三节　商标与其他标记的关系

一、商标与商品名称

商品名称是人们习惯上形成的对商品的称呼，分为商品的通用名称和特有名称。例如，汽车、电冰箱、手机等属于商品通用名称，是对某类商品的一般性称呼。商品特有名称如西瓜霜润喉片、绿箭口香糖、古井贡酒等，往往能表明商品的性能、地理特征等特定品质，可以申请商标。

《商标法》第十一条第一款规定仅有本商品的通用名称、图形、型号的不得作为商标注册。也就是说如果商品的特有名称因长期使用变为商品的通用名称就不能再注册为商标。例如"尼龙""凡士林""优盘"等。

《商标法》第十一条第二款规定：前款所列标志（指通用名称）经过使用取得显著特征，并便于识别的，可以作为商标注册。说明通用名称不是绝对不能作为商标注册，在经过长时间使用后获得了显著性，仍可以作为商标申请注册。

商标与商品名称存在一定的联系和区别。首先，二者的联系为人们在生活中习惯于将商标与商品名称连在一起表述。例如，人们在谈到电器时常常提到海信牌电视机、海尔牌冰箱、联想电脑等。商标与商品的整体表达可以帮助消费者快速识别生产商，知晓商品的来源。其次，二者的区别是商品的名称一般不用注册，并且由于显著性较弱，也不容易得到注册，而商标可以申请注册。注册商标受法律的保护，而商品名称一般不能得到保护，任何人都可以使用商品名称。但需要注意的是，根据《中华人民共和国反不正当竞争法》（以下简称《反不正当竞争法》）的规定，如果擅自使用知名商品的特有名称或者使用与知名商品近似的名称造成和他人的知名商品相混淆，使购买者误认为是该知名商品的，知名商品权利人可以依照《反不正当竞争法》的规定，向有关部门申诉，提出制止侵权的请求。

如深圳朗科公司与商标评审委员会（以下简称"商评委"）的行政诉讼案件中，深圳朗科公司于2001年成功注册"优盘"商标，使用在移动存储产品上。2002年10月，北京华旗资讯数码科技有限公司以注册不当请求国家工商总局商评委撤销该商标。2004 年 10 月，商评委下发《关于撤销第 1509704 号"优盘"商标争议裁定书》。朗科公司不服，将商评委起诉至北京市第一中级人民法院，请求撤销商评委做出的裁定。之后朗科公司提出两个申诉理由：①优盘商标具有"显著性"，"优盘"两字并非直接表示商品的质量和用途；②"优盘"在 2001 年获准注册时不是一个通用名称。被告国家工商总局商评委辩称：①"优盘"是计算机存储器的通用名称；②优盘是对这类商品质量、功能、用途等特点的直接叙述，缺乏显著特征；③原告也一直将"优盘"作为商品名称使用，客观上淡化了优盘作为商标的显著性。同时，众多同行业经营者和消费者已经普遍将"优盘"作为一种新型的计算机移动存储器的商品通用名称加以使用。因此，原告没有证据表明自己是这一名称最早且唯一的使用者，同行业经营者及消费者已经将"优盘"普遍使用。最终，深圳朗科公司所持有的商标"优盘"丧失了显著性，成为通用名称，最终难逃被撤销的命运。

二、商标与商品装潢

商品装潢是指商品的包装、容器及附着物上的装饰设计。商品装潢中经常包含商标。《中华人民共和国商标法实施条例》（以下简称《商标法实施条例》）第七十六条：在同一种商品或者类似商品上将与他人注册商标相同或者近似的标志作为商品名称或者商品装潢使用，误导公众的，属于《商标法》第五十七条第二项规定的侵犯注册商标专用权的行为。

商标与商品装潢的主要区别为：

第一，两者使用的目的不同。商标使用的目的是区分商品或服务的来源，便于消费者识别该商品或服务，具有指示作用。商品装潢的目的是通过美化商品吸引消费者，并刺激消费者的购买欲望，从而实现销售其商品的目的。

第二，两者的稳定性不同。商标一经核准注册，即由注册人专用，对于其文字、图形、字母、数字、三维标志、颜色或其组合的改变必须通过申请才能实现，否则属于违法行为，因此稳定性较强。商品装潢则是根据生产者的敏锐度，据市场行情可以随时进行变化，因此具有随意性。

第三，两者受保护的前提不同。商标通常需要注册才能受到商标法律的保护，而商标的注册需要满足法律关于商标构成要素等条件的规定，除了要具备显著性之外，直接表示商品的名称、质量、原料、功能、用途等特点的文字和图形不能作为商标申请注册。商品装潢则没有同样的要求，它的内容可以更随意，在合法的前提下生产者可根据自己的商品，甚至市场审美进行设计。

第四，两者受保护的法律依据不同。商标在注册后受《商标法》等法律法规的保护，而商品的装潢通常可以作为美术作品获得《中华人民共和国著作权法》（以下简称《著作权法》）的保护，知名商品的装潢还可以受《反不正当竞争法》的保护。二者的区别见表 1-1。

7

表 1-1　商标和商品装潢的区别

项目	商标	商品装潢
使用目的	区分商品或服务的来源	美化商品
稳定性	由注册人专用,不得随意更改	可以随时更改
受保护前提	注册	无
法律依据	《商标法》	《著作权法》和《反不正当竞争法》

三、商标与商号

商号是商品生产厂商或服务提供者的名称。许多企业的商号与商标相同。二者均具有区分经营者的功能。商标与商号的具体区别有:

第一,两者的功能不同。商标的作用是区别商品或服务的来源,而商号的作用是辨别企业。

第二,两者取得保护的途径不同。商标的取得通常需要根据《商标法》的规定申请注册,而商号的取得需要由企业根据《企业名称登记管理规定》等法律法规的规定在市场监督管理部门办理登记。

第三,两者的法律效力不同。商标注册后,注册人取得注册商标专用权,并且在全国范围内都有效;而商号权只在申请地的范围内有效。

第四,两者受保护的法律依据不同。注册商标受《商标法》的保护,而商号受《中华人民共和国民法典》(以下简称《民法典》)、《企业名称登记管理规定》等法律的保护。二者区别见表 1-2。

表 1-2　商标和商号的区别

项目	商标	商号
功能	区别商品或服务	辨认企业
保护途径	《商标法》	《企业名称登记管理条例》
法律效力	全国范围	一定地域
法律依据	《商标法》	《民法典》《企业名称登记管理规定》

案例:星巴克商标侵权案件

【案件简介】原告:星巴克,美国注册成立的公司,以公司经营和特许经营方式在全世界范围从事咖啡零售业务。被告:上海星巴克咖啡馆有限公司,于1999年10月20日获得企业名称预先核准,并于2000年3月9日成立。

被告在其经营场所及经营活动中除使用了企业名称外,还使用了"上海星巴克咖啡馆有限公司"文字与三颗五角星共同构成的绿色圆形标识、"星巴克特色咖啡 Starbuck Coffee"文字标识等各类标识。被告在知道上述商标具有极高驰名度的情况下，仍将"星巴克"商标作为企业名称中的字号，并将该字号突出使用在其咖啡馆内的多种物品上，足以使公众误认为被告与作为"STARBUCKS"商标权人的原告存在某种联系或为同一市场主体，使他人对商品和服务的来源产生混淆，构成对原告上述商标权利的侵害，也构成不正当竞争行为。

【裁判结果】法院认为，原告注册的商标无论使用还是权利取得的时间，均早于被告。被告明知其对"星巴克"文字不享有合法民事权益，却将"星巴克"文字作为企业名称中的字号进行登记，具有明显的主观恶意。被告使用的"Starbuck"英文文字、"咖啡杯"图案与原告的注册商标近似，且使用范围与原告商标核定的使用范围相同，因此被告的行为构成商标侵权及不正当竞争。

四、商标与商务标语

商务标语是经营者为了经销商标或者服务而制作的广告用语和宣传口号，如"根本停不下来！""味道好极了！"。商标与商务标语的区别主要有：

第一，两者的稳定性不同。商标注册后，商标注册人不得随意改变商标的文字、图形、颜色等要素，具有相对的稳定性；但商务标语的稳定性较差，它会根据市场的变化和消费者的需求进行适当的调整。

第二，两者受保护的效力范围不同。注册商标专用权由注册人享有，他人未经注册商标专用权人的同意不得使用；而商务标语，如"质量上乘""物美价廉"等属于常用语、固定搭配，因此不能由某人专有或独占，也不具备区别商品或服务来源的作用。商务标语往往依据《著作权法》对其独创性进行保护。

第三，两者受保护的法律依据不同。注册商标可以受到《商标法》的保护，对于商务标语的保护则要依据具体的情形进行区分，如果满足著作权客体的条件，具有独创性和文字艺术价值的，可以受《著作权法》保护。二者区别见表1-3。

表 1-3　商标和商务标语的区别

项目	商标	商务标语
稳定性不同	注册后不得随意变更	根据市场需求而调整
效力范围不同	注册商标专用权由商标权人享有	除具有独创性的标语外，不得独占
受保护的法律依据不同	《商标法》	《著作权法》

五、商标与特殊标志

特殊标志是指在全国或国际性科研、文化、体育及其他社会公益活动中使用的，由文字、图形及其组合构成的名称及其缩写、会旗、会徽、吉祥物等标志。例如，奥运会吉祥物、奥运会会徽等，均属于特殊标志。1996年7月13日，国务院发布了《特殊标志管理条例》，对特殊标志进行特别保护。商标与特殊标志的区别主要有：

第一，两者适用的范围不同。商标标示商品或者服务的来源，具有营利性；而特殊标志应用于文化、体育、科学研究及其他社会公益活动中，具有公益性。

第二，两者受保护的法律依据不同。注册商标受《商标法》保护，特殊标志受《特殊标志管理条例》等法规的保护。值得一提的是，特殊标志同样要具有显著性，便于识别，并不得损害国家或者国际组织的尊严或者形象，不得损害社会的善良风俗和公共秩序，不带有民族歧视性，应当有利于民族的团结，不损害他人的著作权、商标权等在先权利。特殊标志经国务院相关管理部门核准登记，专用权归所有人享有。二者区别见表 1-4。

表 1-4　商标和特殊标记的区别

项目	商标	特殊标记
适用范围	商品或者服务	社会公益活动
受保护的法律依据	《商标法》	《特殊标志管理条例》
受保护的期限	10 年	4 年

六、商标与地理标志

《商标法》第十六条规定了地理标志的概念，即"地理标志，是指标示某商品来源于某地区，该商品的特定质量、信誉或者其他特征，主要由该地区的自然因素或者人文因素所决定的标志"。地理标志最直接地表示产品的产地，附带了产品的特定质量、信誉等，如阳澄湖大闸蟹、烟台苹果等。地理标志目前由农业农村部和国家知识产权局进行管理，分别对应的法律法规为《农产品地理标志管理办法》和《商标法》。

《商标法实施条例》第四条规定："商标法第十六条规定的地理标志，可以依照商标法和本条例的规定，作为证明商标或者集体商标申请注册。

"以地理标志作为证明商标注册的，其商品符合使用该地理标志条件的自然人、法人或者其他组织可以要求使用该证明商标，控制该证明商标的组织应当允许。以地理标志作为集体商标注册的，其商品符合使用该地理标志条件的自然人、法人或者其他组织，可以要求参加以该地理标志作为集体商标注册的团体、协会或者其他组织，该团体、协会或者其他组织应当依据其章程接纳为会员；不要求参加以该地理标志作为集体商标注册的团体、协会或者其他组织的，也可以正当使用该地理标志，该团体、协会或者其他组织无权禁止。"

地理标志与商标都具有指示商品来源的作用，消费者在购买时可以根据标示选择货品。地理标志与商标均具有商品识别的功能，公众对二者易产生等同视之的情形。但是二者之间存在较大差异：一是来源的对象不同，商标来源一般指向生产者，而地理标志的来源指向地理位置，标注的是产出地名。二是两者的构成不同，商标的构成要素不能只有产品生产地，描述性的词汇如颜色、功能、来源、用途、原料等文字或者图形不能作为商标使用。地理标志的构成要素是真实的产品来源地名称，是对产品来源地的如实表述，具有描述性。商标中包含符合法律规定的地名时，该产品不代表该地的特色、品质，地理标志是要求产品与当地的人文因素或者自然因素有特定的联系。三是二者的权利主体范围不同，商标的权利主体是具体的，无论是一般商标还是共同商标、证明商标、集体商标等，其权利主体比较具体、明确；而地理标志的权利主体是符合地理标志所在地区的所有经营者，地理标志具有集体性。因此，二者权利内容也存在不同。四是权利内容不同，商标可以许可、转让、抵押，而地理标志不具有这些权利内容。依据有关法律的规定，地理标志管理者应允许符合地理标志使用条件的人使用该地理标志，并对侵害该地理标志和不符合该地理标志使用条件的使用者具有获得损害赔偿的权利。二者区别见表1-5。

表 1-5　商标和地理标志的区别

项目	商标	地理标志
功能	由谁制造	出自哪里
构成	由文字、图形等构成，具有显著性	由纯文字构成，不要求具有显著性
权利主体	单一的企业或者个人	特定区域内的协会
权利内容	注册后可由注册人独占、依法转让或许可他人使用	由该地方企业共同使用，不能许可或转让

第四节　商标的功能

商标的功能也就是商标的作用。商标作为区分不同商品和服务来源的标志，在商品的生产、交换和服务过程中发挥着作用。商标除具有区分商品和服务的作用之外，还具有品质保证作用、广告宣传的作用，以及公司、企业的文化象征作用。具体而言商标的功能有：

一、识别来源

识别不同的商品生产经营者或者服务的提供者，是商标最主要的功能。在商标发挥这种作用时，从相关公众的角度看，使用同一商标的商品或者服务来源于同一商标权人，商标和其使用的商品或者服务之间，以及与该种商品或者服务的提供者之间具有一一对应关系。相关公众不必知道谁是商标权人，或者谁是商品生产者或者服务提供者。来源识别作用仅仅意味着相关公众接触到某商标时，能够当然地认为该商标标注的商品或者服务来源于自己心目中那个唯一的出处。识别来源也是商标最基本的功能。例如，市场上的手机琳琅满目，有"华为""小米""苹果"等品牌，商标的不同，可以使消费者很快地从同类产品中选出自己需要的生产商的产品，也可以很快地通过商标对产品进行准确的区分。

但需要注意的是，商标的识别功能只针对商标权人。生活中，有的商标权人为了业务需要，而将商标许可给多个生产商或者经销商。因此，即使有的商品带着公众所熟知的商标，但是并不一定代表其是同一生厂商制造出来的。从商标和商品或者服务之间的关系来看，商品或者服务来源仍然只有一个人，那就是商标权人。

二、标明商品或者服务的质量

《商标法》第一条规定"促使生产、经营者保证商品和服务质量",《商标法》第七条规定"商标使用人应当对其使用商标的商品质量负责",一些条款规定了使用注册商标和未注册商标的商品粗制滥造、以次充好、欺骗消费者等行为的法律后果和责任。法律规定一方面以法律的方式规定商品质量,另一方面也证明了商品质量的重要性,这是商标的重要功能之一。正如日本学者田村善之教授所言,虽然相关公众对使用注册商标的商品和服务具有的特定品质保持着信赖,但是这种信赖的期待在商标法中不一定需要直接规定、给予保护。相反,商标权人会自动地保证商品或服务的质量,以回馈相关公众的信赖①。

世界知识产权组织前任总干事阿帕德·鲍格胥博士说:"商标的质量作用是商标法中最容易引起争论的问题。"接着他又指出,首先商标常被许可给其他生产企业使用,为了保证质量,必须遵守商标原产品质量标准。其次有些贸易商经常把商标用于各种商品上。因此,一个商标权人要保证所有商品的质量,像来源于同一企业一样。在确保这些商品的质量后,商品才能在市场上供应②。如果企业不注意商品的质量,因商品质量而出现事故,消费者可向商品的生产经营者依法追究法律责任。

三、进行广告宣传

商标的广告价值是在现代社会中出现的新功能。商标实则是在帮助商标权人进行推销③。

商标就像是一个企业的名片、招牌,承载了企业的信誉。消费者看到这个商标就能很快地获得商品的性能、价格、质量以及销量等信息。因此,商标又被称为"无声的推销员"④。特别是在当下的信息社会,商标的广告功能尤为显著。比如,企业依靠商标的知名度获得巨大的经济价值,"王老吉"和"加多宝"之争可以反映出商标对一个企业的作用。

商标的广告功能具体可以表现在三个方面:引起消费者的注意,激发消费者购买商品的欲望,提升商品品牌知名度。

① 田村善之. 商标法概说:第二版 [M]. 东京:弘文堂,2000:4.
② 鲍格胥. 商标法基本概念 [M] //李继忠,董葆霖. 外国专家商标法律讲座. 北京:工商出版社,1991:3.
③ 王太平. 商标法原理与案例 [M]. 北京:北京大学出版社,2015:4.
④ 王莲峰. 商标法 [M]. 北京:法律出版社,2003:8.

第二章　商标法概述

商标法是调整商标的注册、使用、管理和保护的各种法律关系、法律规范的总和。商标法的产生与商品经济的发展有着十分密切的关系。商标法属于最早纳入国际协调进程的法律部分之一，法国于19世纪就制定了世界上最早的商标法。随后世界各国相继颁布了自己的商标法律制度。在我国，《商标法》于1982年颁布，并在1993年、2001年、2013年和2019年做了4次修订。《商标法》在维护商标发展，保护商标权人合法权益和调整商标社会关系中发挥了非常重要的作用。制定《商标法》的目的在于通过禁止对作为商品和服务来源的标志进行混淆的行为，保护商标使用者的投资和信用，促进产业发展，并保护消费者的利益。

第一节　商标法的产生与发展

13

一、国外商标法律制度的产生和发展

商标是经济发展的产物，商标法的发展与经济发展有着密不可分的关系。商标法最早产生于西方，随后世界各国均制定了该法律。

在讲述商标法产生之前，先了解外国商标的起源。西方的历史中关于商标的起源可追溯至13世纪。商标最初存在于行会中，行业从业者加入行会时需要在自己的商品上加上自己商品的印记，以便与其他从业者的商品相区分，并对商品的质量进行监督。从管理者的角度来说，其可以通过这些标记，识别商家，同时对商品的质量进行检查，防止以次充好、粗制滥造的商品混迹其中，这样方便管理人员实施惩处不符合要求的商标等行政职能。1226年英国颁布面包师强制标志法，就是出于这样的目的。还有一种商人卡片也是商标的早期形式，其尺寸规格各不相同，大的可以作为传单和广告。早期的卡片用木刻版印刷，18世纪以后改用铜版印刷。

19世纪末资本主义得到了充分的发展。以商品经济为基础的商标也已被广泛运用，商标法被制定出来并不断完善。1803年，法国规定假冒商标的行为按照私自伪造文件论，违者服苦役。显然此时法国关于商标的法律规定应属于刑法领域。直到1857年，法国制定了世界上第一部商标法单行成文法。然而，这部法律并没有确立商标注册的法定地位，仍然是以使用为授权的基础。这个时期的商品标记虽然并不具备现代商标的效用和性质，但成为欧洲商标的发展基础，它不仅影响了以后的商

标形式，还起着延续和继承的重要作用。

1870 年，美国制定了第一部商标法，但是这部法律还出现了"版权和专利条款"的规定，虽然有了商标法的立法基础，但显然此时的商标法只是形式上独立。到了 1878 年，这部法律被美国最高法院判决为违宪而被废除。1881 年，美国国会根据宪法中的"贸易条款"重新制定了商标法。

值得一提的是，我国香港地区当时被英国殖民统治，虽然许多法律来自英国，但是商标法却是一个例外。1873 年香港制定了商标注册制度，这一规定要比英国早两年。同一时期的其他国家，德国在 1874 年颁布了注册商标法，日本在 1884 年颁布了商标法。

20 世纪下半叶全球格局发生了变化，世界各地的商标法也在这段时间有了较大的发展。美国在 1988 年 11 月 16 日通过了《商标法修改法案》，该法案于 1989 年 11 月 16 日生效。该修改后的商标法立足于现代企业发展的需求，确立了先确权后使用的"意图使用"规则。1996 年美国《联邦商标反淡化法》颁布并生效，该法确立了在联邦进行淡化诉讼的制度。1999 年美国的《商标法修正案》中，又规定商标淡化可以作为商标异议和撤销的诉讼原因。在之后的法律中，美国相继对域名和赔偿数额进行了规定。

21 世纪以来，商标法的修改从未停止。2006 年美国又制定了《商标反淡化修正案》，明确了淡化的条件和反淡化的范围。欧盟在 2005 年和 2007 年分别开始修订《商标指令》和《共同体商标条例》，并在 2016 年完成。

19 世纪以来，与各国制定商标法同步的国际公约或协定有 1883 年签订的《保护工业产权巴黎公约》，以及 1891 年签订的《商标国际注册马德里协定》（以下简称《马德里协定》）。之后《商标注册用商品和服务国际分类尼斯协定》于 1957 年签订，1993 年各方又通过了《马德里协定》的有关议定书。更应强调的是，1995 年世界贸易组织成立，随之而来的《与贸易有关的知识产权协定》（又称《TRIPS 协定》）颁布，它在总结商标百年发展的重要成果的同时，提出了新的保护标准。世界贸易组织近年来通过推动驰名商标联合建议、商标许可联合建议以及互联网联合建议的制定，使商标法的国际协调进程加快。

通过对世界主要国家商标法发展的梳理，商标法律制度的产生可以被总结为两个方面：第一，工业革命下经济的迅猛发展，成为商标制度发展的物质基础。工业革命的爆发，为经济发展提供了巨大的推动力，商品的生产和交易实现了一定程度的繁荣。商品的丰盛带来了区分商品来源的消费者，加大了消费者对生产者的选择。商标作为商品区分的最佳方式，无论从消费者的角度，抑或商家防止假冒伪劣产品的角度，都成了无可替代的产物。第二，经济自由，消费者掌握消费主导权，促进了商标在商业中的宣传和使用。商标在便于消费者认牌购物的同时，也让商品获得了相应的禁止混淆的保护。消费者的选择权被充分行使的前提是商标的出现，以及法律的保障。因此，商标保护制度的出现成了历史发展的必然。商标法律制度保护的内容也可以分为三个方面：一是保护商标权人的权利，二是保护消费者权益，三是保护社会经济秩序。

二、我国商标法律制度的产生和发展

我国商标产生的时间很早，可追溯至先秦时期。但是很可惜的是我国商标的法律制度是近代以来才开始设立的。我国古代社会的统治者崇尚农业，商品经济发展缓慢，是商标法律制度一直未形成的主要原因。

从商标立法的意义上说，我国商标法的产生是在清末民初时期。新中国成立之后，我国一直有专门的商标立法，1982 年《商标法》是我们在改革开放初期制定的第一部民商事法律；此后 40 年中，《商标法》经历 1993 年、2001 年、2013 年和2019 年四次修改。国际上，我们先后加入了 6 个与商标有关的主要国际公约，基本完成了国家商标立法与国际商标立法接轨的进程。

（一）新中国成立之前的商标立法

1840 年鸦片战争以后，中国逐渐沦为半殖民地半封建社会。列强用大炮打开我国国门的同时，又强迫清政府签订了不少保护外国商标的条款。

1902 年 9 月 5 日，英国与清政府在上海签订了《中英续议通商行船条约》。该条约规定"英国本有保护华商贸易牌号，以防英国人民违犯、迹近假冒之弊。中国现亦应允保护英国贸易牌号，以防中国人民违犯、迹近假冒之弊"。条约中规定要设立牌号注册局，这是我国第一次与外国政府就防止假冒交易牌号进行约定。在第二年，也就是 1903 年，清政府又与美国、日本、葡萄牙等国签订了与英国类似的条约。为了执行这些条约，1904 年掌管清政府总税务司的英国人赫德起草了商标章程草案，而后清政府颁布《商标注册试办章程》，这部法律是清政府在外国列强的压力下颁布的，也是我国历史上第一部成文商标法。全文共 28 条，细目 23 条。其中规定注册商标有效期 20 年，期满可以续展。虽然最后没有实施，但是不影响它在我国历史上的地位。

1923 年，北洋政府农商部商标局颁布了商标法、商标法实施细则，以及各项公文程式。该商标法规定了注册原则，并且规定了商标注册的条件和程序。商标续展期限同清政府时期一样，同为 20 年，并且可以续展。此外，该法还规定了假冒他人商标应该承担的侵权责任。

1927 年南京国民政府在全国设立注册局，专门办理商标等注册业务。1930 年，南京国民政府颁布了新版商标法和商标法实施细则，1931 年 1 月 1 日起实施；根据商标法的落实情况，又在 1935 年和 1938 年进行了两次修订。1949 年后，我国的台湾地区一直沿用该法，当然也对其做了多次修改。有数据显示，1928 年至 1934 年这段时间内，注册商标数量为 24 747 件，包含外国人注册的商标 1 696 件。1948年，全国注册商标约为 5 万件①。

（二）新中国成立之后的商标立法

新中国成立后，我国废除了民国时期的商标法。1950 年 8 月 28 日政务院颁布的《商标注册暂行条例》，是新中国第一部商标法规。该法规主要对商标专用权的

---

① 郑成思. 知识产权法教程［M］. 北京：法律出版社，1993：243.

保护进行了规定。1963 年 3 月 30 日国务院颁布了《商标管理条例》，规定了商标强制注册。该条例在第三条明确规定了商标是代表一定质量的标志；同时，也确立了"加强商标的管理，促使企业保证和提高产品的质量"的立法宗旨，彰显了十分浓厚的计划经济色彩。1979 年《中华人民共和国刑法》颁布，其第一百二十七条规定了假冒注册商标罪，是商标首次在刑法中被规定。1980 年 3 月 3 日，中国递交《建立世界知识产权组织公约》加入书，同年 6 月 3 日生效，中国成为世界知识产权组织成员国。1982 年 8 月 23 日，由第五届全国人民代表大会常务委员会第二十四次会议通过的《中华人民共和国商标法》公布，并于 1983 年 3 月 1 日起生效。自此，我国第一部知识产权领域的法律诞生了。之后我国又在 1985 年加入了《保护工业产权巴黎公约》，1989 年加入了《马德里协定》。1988 年我国开始采用商标注册用商品和服务的国际分类，至此我国商标法律保护体系初步形成。

1. 1950 年《商标注册暂行条例》

《商标注册暂行条例》制定的背景是新中国刚刚成立不久，当时的社会经济组织形式主要有私营企业、公私合营以及合作社等形式。在这样的社会环境中，我国政务院颁布了《商标注册暂行条例》，并于 1950 年 9 月 29 日颁行了《商标注册暂行条例实施细则》。

《商标注册暂行条例》全文共 34 条，第一条开宗明义："为保障一般工商业专用商标的专用权，制定本条例。"该条例规定了商标注册的申请、审查、注册以及异议程序等内容。值得注意的是，此时商标的注册专用权期限仍为 20 年，期满可以续展。但是在该条例中没有对商标侵权的救济规定，只是简单地以规定"专用权被侵害的，得向当地人民法院起诉"，作为侵权救济的方式。尽管该条例的内容较为简单，但是在当时的环境下，我们看到的是法制的进步，该条例在保护生产经营者和商标权利人的权益方面起到了关键作用。

2. 1963 年《商标管理条例》

这段时间，国家实施计划经济体制，而作为商品经济产物的商标法律制度，在此期间的发展受到了限制。该条例主要规定了商标全面注册制度，即生产者和经营者所使用的商标必须全部注册，否则不能使用。该条例对商标注册的程序也做了相应的简化，更注重管理部门对商标的监督职责，如对监管部门的职责做了比较详尽的规定。"文革"时期，商标注册的工作一度停止，商标的使用也陷入混乱状态。直至 1978 年，这样的情况才得到缓解，并逐渐恢复了秩序。1978 年工商行政管理总局成立，商标局直接隶属于其管理。全国商标乱象得到了整顿，商标统一注册制度得到落实。

3. 1982 年《中华人民共和国商标法》

1982 年 8 月 23 日，第五届全国人民代表大会常务委员会第二十四次会议通过了《中华人民共和国商标法》，并于 1983 年 3 月 1 日起实施。这部法律的诞生标志着新中国成立以来全国第一部保护商标的法律诞生，也标志着知识产权法律保护领域中第一部法律诞生，是我国在改革开放以后取得的巨大实践成果。为了更好地实施这部法律，1983 年 3 月 10 日，国务院发布了《中华人民共和国商标法实施细则》。

至此我国商标保护制度初见雏形。

1982 年《商标法》对商标专用权人的专用权进行了重点规定。该法明确保护的是商标专用权，实行自愿注册和强制注册原则相结合，并且规定了在先原则和在先使用原则，管理方面实行行政管理和司法审判相结合的方式。虽然经历了几次修改，但是 1982 年《商标法》是我国商标保护法律制度的蓝本，奠定了当代商标保护的原理和准则。

（三）《商标法》的修改与完善

1982 年《商标法》颁布以来，经历了 4 次修改，分别是在 1993 年、2001 年、2013 年和 2019 年。

1. 1993 年《商标法》的第一次修改

1993 年 2 月 22 日第七届全国人民代表大会常务委员会第三十次会议通过了《关于修订〈中华人民共和国商标法〉的决定》。具体修改的内容有：一是将服务商标纳入法律的保护范围，即规定企业、事业单位和个体工商业者，对其提供的服务项目，需要取得商标专用权的，应当向商标局申请服务商标注册。二是规定地名不得申请注册商标，即县级以上行政区划的地名或者公众知晓的外国地名，不得作为商标，但是，地名具有其他含义的除外；已经注册的使用地名的商标继续有效。该规定对已经注册使用的地名商标做了保留，但是禁止再将县级以上行政区划名称注册为地名。三是增加了商标注册审查的补正程序，即已经注册的商标，违反本法第八条规定的，或者是以欺骗手段或者其他不正当手段取得注册的，由商标局撤销该注册商标；其他单位或者个人可以请求商评委裁定撤销该注册商标。本条内容是对商标局或者商评委的撤销职能的规定，为商标的后续管理增加了保障。四是对商标侵权行为的范围进行了扩大，即销售明知是假冒注册商标的商品的，作为商标侵权行为进行认定。

2. 2001 年《商标法》的第二次修改

2001 年 10 月 27 日，我国第九届全国人民代表大会常务委员会第二十四次会议通过了《商标法》第二次修正案，2001 年 12 月 1 日生效。同年的 12 月 11 日，我国正式加入了世界贸易组织，《TRIPS 协定》开始对我国生效。

《商标法》第二次修改的内容主要有：①扩大了商标权的主体。商标申请主体自此开始包括我国境内的自然人，之前《商标法》中商标的申请主体只允许外国的自然人或者我国港台地区的自然人申请商标。显然对于市场发展来说，这样的规定是很片面的，也是不利于经济发展的。因此，此次修改的《商标法》第四条明确规定了自然人可以注册商标。此次修改在完善我国商标申请主体的同时，也使相关内容与《TRIPS 协定》的内容相一致。②允许立体商标申请注册，修改后的《商标法》对可以申请注册的商标客体进行扩大，以前的商标注册局限于商品、服务等平面商标，新的内容增加了立体商标的注册规定，以及集体商标和证明商标的注册规定。③增加了对驰名商标的保护。为了与我国新加入的公约相一致，《商标法》在这次修改中增加了对驰名商标的特殊保护规定。在过去，我国对于驰名商标的认定有专门的《驰名商标认定和管理暂行规定》，但是缺乏可操作性。此次修改后的《商标法》中对驰名商标的认定和保护做了规定，我国采用司法机关和行政机关追认保护制度，将驰名商标的保护落实、执行。④本次修改增加了地理标志保护规定。《TRIPS协定》在第22条中规定了地理标志的保护。本次修改后的《商标法》在第十六条中规定了地理标志的概念和禁止注册的情形：商标中有商品的地理标志，而该商品并非来源于该标志所标示的地区，误导公众的，不予注册并禁止使用；但是已经善意取得注册的继续有效。⑤增加了在先权利的保护规定。对在先权利的范围进行了规定，即在先权利是指在商标注册申请前，他人依法享有的民事权利，如商号权、版权、肖像权等。此次修改后的《商标法》第三十一条规定，商标注册申请不得损害他人的在先权利，也不得以不正当手段抢先注册他人已经使用并有一定影响的商标。⑥增加商标权人的救济方式，也加大了对侵权行为的处罚力度。此次修改在归责原则的基础上采取过错责任原则和过错推定原则相结合的方式，增加被侵权人的救济途径；在侵权赔偿方面规定了法定赔偿额的计算方法，规定了商标权人的诉讼保全等制度。

3. 2013年《商标法》的第三次修改

2013年8月30日，第十二届全国人民代表大会常务委员会第四次会议召开，《商标法》迎来了第三次修改，并于2014年5月1日生效。随后国务院在2014年4月29日颁布了新的《商标法实施条例》，同时对《商标评审规则》《驰名商标认定办法》进行了修改。

第三次《商标法》修改的主要内容有：

一是增加了关于商标审查时限的规定。此次《商标法》修改明确了商标注册审查时限，旨在提高商标行政审查的效率。此次修改后的《商标法》规定："对申请注册的商标，商标局应当自收到商标注册申请文件之日起九个月内审查完毕，符合本法有关规定的，予以初步审定公告。"九个月的时限为商标审查设立了时间节点，相比于此前12~18个月才能初审公告，大大缩短了商标注册时间。此外，除商标初审公告的审查时限之外，此次修改还规定了商标局对驳回复审和异议的审查时限，对驳回复审期限的规定为："商标评审委员会应当自收到申请之日起九个月内做出决定，并书面通知申请人。有特殊情况需要延长的，经国务院工商行政管理部门批准，可以延长三个月。"对异议审查期限的规定为："对初步审定公告的商标提出异议的，商标局应当听取异议人和被异议人陈述事实和理由，经调查核实后，自公告期满之日起十二个月内做出是否准予注册的决定，并书面通知异议人和被异议人。有特殊情况需要延长的，经国务院工商行政管理部门批准，可以延长六个月。"这两条规定中虽然设定了有条件的延期，但一系列审查时限的设立对于提高商标行政主管部门的效率具有一定积极意义。

二是完善了商标注册异议制度。此次修改后的《商标法》第二十二条第二款规定："商标注册申请人可以通过一份申请就多个类别的商品申请注册同一商标。"这在程序上更加完善更为科学，提供多类申请途径。虽然收费是否能降低注册商标申请人的成本尚无定论，但从商标申请程序上已经大大简化，同时这与国际商标注册马德里体系也更为趋同。修改后的商标异议制度首先将商标异议分为注册绝对条件和相对条件异议：对于绝对条件，异议主体为"任何人"，异议理由为"违反本法第十条（合法性）、第十一条（显著性）、第十二条（功能性）规定"。对于相对条件，异议主体限定为"在先权利人、利害关系人"，异议理由限定为"违反本法第十三条第二款和第三款（驰名商标）、第十五条（被代表人或被代理人商标）、第十六条第一款（地理标志）、第三十条（在先商标）、第三十一条（同时申请）、第三十二条（在先权利）规定"。在原有的注册异议制度下，提出商标异议的主体、理由都十分宽泛，在他人提出异议的情况下申请人往往不能及时获得商标注册。本版《商标法》完善了异议制度，将大大降低"恶意异议"发生概率。其次是简化了异议程序。本版《商标法》规定，商标局对商标注册异议进行审查后直接作出准予或者不予注册的决定。对商标局认为异议不成立、准予注册的，发给商标注册证，并予公告，异议人不服商标局决定，可以通过请求宣告该注册商标无效的程序进行救济；对商标局认为异议成立、不予注册的，被异议人可以申请复审。也就是说，异议的结果有两种，如果异议理由不成立，商标予以注册，异议人只能通过商标无效程序救济；如果异议理由成立，被异议人可以提出异议复审。

三是厘清驰名商标保护制度，具体将《商标法》第十四条修改为："驰名商标应当根据当事人的请求，作为处理涉及商标案件需要认定的事实进行认定。认定驰名商标应当考虑下列因素：（一）相关公众对该商标的知晓程度；（二）该商标使用的持续时间；（三）该商标的任何宣传工作的持续时间、程度和地理范围；（四）该商标作为驰名商标受保护的记录；（五）该商标驰名的其他因素。"

四是加强商标专用权保护，如在第十五条中增加一款，作为第二款："就同一种商品或者类似商品申请注册的商标与他人在先使用的未注册商标相同或者近似，申请人与该他人具有前款规定以外的合同、业务往来关系或者其他关系而明知该他人商标存在，该他人提出异议的，不予注册。"

五是规范商标申请和使用行为，禁止抢注他人商标，维护公平竞争的市场秩序，并规范商标代理活动。此次修改增加一条，作为《商标法》第十九条："商标代理机构应当遵循诚实信用原则，遵守法律、行政法规，按照被代理人的委托办理商标注册申请或者其他商标事宜；对在代理过程中知悉的被代理人的商业秘密，负有保密义务。"此次修改增加一条，作为《商标法》第二十条："商标代理行业组织应当按照章程规定，严格执行吸纳会员的条件，对违反行业自律规范的会员实行惩戒。商标代理行业组织对其吸纳的会员和对会员的惩戒情况，应当及时向社会公布。"此次修改增加一条，作为《商标法》第二十一条："商标国际注册遵循中华人民共和国缔结或者参加的有关国际条约确立的制度，具体办法由国务院规定。"

六是提高商标侵权的赔偿数额。本版《商标法》将法院可以酌情决定的法定赔偿额上限从 50 万元大幅提高到 300 万元。同时，针对实践中权利人维权成本高、得不偿失的现象，本版《商标法》引入了惩罚性赔偿制度，规定对恶意侵犯商标专用权、情节严重的，可以在权利人因侵权受到的损失、侵权人因侵权获得的利益或者注册商标使用许可费的 1~3 倍的范围内确定赔偿数额。

4. 2019 年《商标法》的第四次修改

2019 年 4 月 23 日，第十三届全国人民代表大会常务委员会第十次会议审议通过《关于修改〈中华人民共和国商标法〉的决定》，充分回应了近年来社会各界对适用《商标法》所面临难题的意见和建议。《商标法》第四次修改乃是应我国内生需求，推动知识产权高质量发展的重要举措。当前社会上对此次《商标法》修改内容尚存一些不理解甚至质疑的声音，笔者认为有必要从法理角度予以简洁明了的阐释。此次《商标法》修改的内容，有助于净化营商环境，规范商标的注册申请行为，提升对在先使用人、相关利害关系人的保护水准。

第一，明确了商标必须以使用为目的。本版《商标法》第四条中增加了"使用目的"，即：自然人、法人或者其他组织在生产经营活动中，对其商品或者服务需要取得商标专用权的，应当向商标局申请商标注册。不以使用为目的的恶意商标注册申请，应当予以驳回。新修改的内容很好地遏制了恶意注册商标、商标囤积的情形。

第二，再一次加大商标侵权的惩罚力度。本版《商标法》第六十三条第三款规定："权利人因被侵权所受到的实际损失、侵权人因侵权所获得的利益、注册商标许可使用费难以确定的，由人民法院根据侵权行为的情节判决给予五百万元以下的赔偿。"将《商标法》法定赔偿额的上限规定在 500 万元，并将惩罚性赔偿提升至最高 5 倍，可以起到十分有效的威慑作用，也在侵权赔偿上最大限度地保障了被害人的利益。

第二节　商标法的概念、调整对象、渊源和立法目的

一、商标法的概念

商标法指的是调整商标的构成、注册、使用、管理和保护所产生的社会关系的法律规范的总称。商标法的制定是为了保护商标权，维护商标管理制度和秩序。商标法的内容包括商标注册、申请程序，商标权的取得和使用、许可和转让，商标权的救济程序和途径，商标的管理等内容。商标法法律体系由法律、法规、条例、实施细则和办法构成。

二、商标法的调整对象

学术界将调整对象作为部门法的主要划分标准，可见调整对象对商标法内容的重要性。我国商标法以商标法律关系为调整对象，具体包括商标的注册、使用、管理和保护所产生的各种社会关系。例如《商标法》第一条规定，为了加强商标管理，保护商标专用权，促使生产、经营者保证商品和服务质量，维护商标信誉，以保障消费者和生产、经营者的利益，促进社会主义市场经济的发展，特制定本法。《商标法》明确提出保护对象是商标专用权。纵观整部《商标法》，"商标专用权"共出现 22 次，再一次证明《商标法》的调整对象主要是对专用权的保护。总体而言，《商标法》的调整对象可以从以下四个方面进行阐述：

（1）商标的注册和管理。《商标法》规定了注册商标的保护，商标申请注册是

获得注册商标专用权的必经路径。在获得注册商标的过程中，以及注册之后，商标管理机关与注册商标申请人之间就商标的申请、注册、使用和保护发生的关系，接受《商标法》的调整。具体涉及商标的申请、商标的公示、商标的运用、商标的保护、商标的续展，以及商标的救济。

（2）商标的使用。商标的使用是在商标申请注册并获得注册商标专用权之后。注册商标专用权人和第三人之间因商标的使用、许可使用或者商标的转让发生的关系，接受《商标法》的调整。商标专用权人和第三人的关系可以划分为这几个阶段：异议阶段，即对初步审定、予以公告的商标有异议的异议人与被异议人之间的关系；核准注册后的争议阶段，即对已经核准注册的商标有争议的争议人与被争议人之间的关系；使用阶段的争议，即商标在后续的使用、许可或者转让过程中，与被许可人、受让人之间发生的关系。

（3）商标管理机关内部的关系。我国商标管理部门是商标局，以及地方市场监督管理部门。商标管理机关的内部关系指的是商标局与地方市场监督管理部门在商标监管过程中发生的关系。其具体涉及商标局对全国商标工作的指导，对商标注册申请的审核，地方市场监督管理部门负责对各地区商标侵权现象以及侵权行为进行惩处。

（4）商标的救济途径。这里主要指司法救济途径和行政救济途径。商标侵权发生后，注册商标专用权人可以选择以何种方式保护自己的合法权益，这决定侵权人应承担什么样的责任和后果。

三、商标法的渊源

我国商标法的发展，既借鉴国际先进经验又结合我国国情，走的是一条中国特色的发展之路。商标法法律规范的逐步完善在不同阶段有多种表现形式。

（一）对国际先进经验的借鉴

《中华人民共和国商标法》经 1982 年 8 月 23 日第五届全国人大常委会第二十四次会议通过，是我国商标保护的基本法律。我国于 1985 年加入《保护工业产权巴黎公约》，于 1989 年加入《商标国际注册马德里协定》。我国商标法的发展对《保护工业产权巴黎公约》和《商标国际注册马德里协定》多有借鉴。例如：

1. 1993 年《商标法》的修正

根据我国 1982 年《商标法》有关条款，服务商标不在商标法保护范围之内。《保护工业产权巴黎公约》第一条第二款规定："工业产权的保护对象是专利、实用新型、工业外观设计、商标、服务商标、商号、产地标记或原产地名称以及制止不正当竞争。"一方面我国作为该公约的成员国，有义务依该公约的规定保护服务商标；另一方面，我国服务业逐渐兴盛，保护服务商标势在必行。因此 1993 年我国修改《商标法》时在第四条中增加了第二款和第三款，明确规定对服务商标进行保护。

根据我国 1982 年《商标法》，同一申请人在不同类别的商品上使用同一商标应分别提出申请，即一表一类原则。《商标国际注册马德里协定》商品注册申请采用一表多类原则，即同一申请人在一份申请中可以对不同类别的商品申请同一商标，这一原则使商标注册程序更加简化。1993 年修正的《商标法》第十二条就借鉴了此种做法，也采用一表多类的原则。同时，我国借鉴《保护工业产权巴黎公约》有关条款完善了注册商标撤销程序，使我国商标的申请程序更为科学。

2. 2001 年《商标法》的修正

根据 1993 年《商标法》，自然人不能作为申请主体申请商标。为了与国际接轨，同时也为了顺应我国社会发展的需要，我国借鉴《保护工业产权巴黎公约》国民待遇原则有关条款，扩大商标申请主体范围，将自然人纳入申请主体。

（二）规范性文件的补充

国务院颁布的法规有 2002 年 8 月 3 日通过的《中华人民共和国商标法实施条例》。

国家工商行政管理局（2001 年后更名为"国家工商行政管理总局"）公布的规范性文件包括：

《关于申请商标注册要求优先权的暂行规定》（1985 年 3 月 15 日）；

《关于对我国企业在国外注册商标进行登记管理的通知》（1990 年 5 月 18 日）；

《关于解决工贸双方注册同一商标问题的意见》（1990 年 6 月 13 日）；

《关于禁止擅自持他人商标在国外注册的通知》（1990 年 11 月 19 日）；

《关于对外贸易中商标管理的规定》（1995 年 7 月 13 日）；

《关于处理商标专用权与外观设计专利权利冲突问题的意见》（1995 年 12 月 7 日）；

《关于规范企业名称和商标、广告用字的通知》（1996 年 11 月 1 日）；

《商标专用权质押登记程序》（1997 年 5 月 6 日）；

《关于保护服务商标若干问题的意见》（1999 年 3 月 30 日）；

《关于解决商标与企业名称中若干问题的意见》（1999 年 4 月 5 日）；

《商标代理管理办法》（1999 年 12 月 2 日）；

《关于执行〈中华人民共和国商标法〉有关问题的通知》（2001 年 12 月 21 日）；

《奥林匹克标志备案及管理办法》（2002 年 4 月 22 日）；

《马德里商标国际注册实施办法》（2003 年 4 月 17 日）；

《集体商标、证明商标注册和管理办法》（2003 年 4 月 17 日）；

《商标印制管理办法》（2004 年 8 月 19 日）；

《商标评审规则》（2014 年 5 月 28 日）；

《驰名商标认定和保护规定》（2014 年 7 月 3 日）等。

（三）最高人民法院的司法解释

最高人民法院发布的司法解释也是商标法律体系的重要组成部分，主要包括：

《关于人民法院对注册商标权进行财产保全的解释》（2001 年 1 月 2 日）；

《关于审理涉及计算机网络域名民事纠纷案件适用法律若干问题的解释》（2001 年 7 月 17 日）；

《关于审理商标案件有关管辖和法律适用范围问题的解释》（2002 年 1 月 9 日）；

《关于诉前停止侵犯注册商标专用权行为和保全证据适用法律问题的解释》

（2002 年 1 月 9 日）；

《关于审理商标民事纠纷案件适用法律若干问题的解释》（2002 年 10 月 12 日）；

《关于审理注册商标、企业名称与在先权利冲突的民事纠纷案件若干问题的规定》（2008 年 2 月 18 日）；

《关于审理商标授权确权行政案件若干问题的规定》（2017 年 1 月 10 日）等。

（四）我国缔结或加入的有关国际公约

我国缔结或加入的有关国际公约主要有：

《保护工业产权巴黎公约》（1967 年斯德哥尔摩文本）；

《商标国际注册马德里协定》（1967 年斯德哥尔摩文本）及其议定书；

《成立世界知识产权组织公约》；

《商标注册用商品和服务国际分类尼斯协定》等。

四、商标法的立法目的

立法目的，又称立法宗旨，是指制定一部法律所要达到的目的。立法目的在立法活动中具有非常重要的地位。法律的价值取向就体现在立法目的之中，法律的制度设计和具体内容也源于立法目的的确立。

现行《商标法》第一条规定："为了加强商标管理，保护商标专用权，促使生产、经营者保证商品和服务质量，维护商标信誉，以保障消费者和生产、经营者的利益，促进社会主义市场经济的发展，特制定本法。"这一条开宗明义，明确了《商标法》的立法目的。根据本条规定，《商标法》的立法目的主要包括几个方面：

第一，加强商标管理。商标是一种智力成果，其作用是区分商品或者服务来源。商标权是一种民事权利，属于知识产权范畴。在社会经济生活中存在大量的商标，且数量也在快速增加。国家加强对商标的管理，有利于保证商标功能的发挥，以促进经济健康发展。《商标法》就是以法律的形式确立的国家商标管理制度。

第二，保护商标专用权。所谓商标专用权，是指依法核准注册后的商标，其注册人对该商标依法享有支配权并禁止他人侵害。商标专用权包括使用权、收益权、处分权、续展权等。商标权有独占性特征。对商标专用权的保护也是加强商标管理的核心内容。以法律的形式加强商标专用权的保护，明确商标专用权的保护手段，也是《商标法》的重要目的之一。

第三，促使生产、经营者保证商品和服务质量。商标的作用就在于让消费者区分商品和服务的不同来源。商品或者服务的商标与其质量是有直接联系的。消费者对某一商品或者服务认同的直观表现就是对其商标的认同，这也是消费者购买某一商品或者服务的重要条件。因此，商品生产者、提供者提供合格商品，服务提供者提供良好的服务，是其应当承担的社会义务，也应当成为其正常经营的必要约束。

第四，维护商标信誉。商标是消费者信任的载体。商标的信誉度越高、使用时间越长、知名度越大，越容易获得消费者的信任，越容易被消费者接受，进而可以让生产、经营者和服务提供者获得越多的利益。同时，商标信誉与商标的使用时长、知名度有密切关系。维护商标信誉需要生产、经营者或者服务提供者有更多的投入，

23

维护商标信誉也是对生产、经营者和服务提供者合法权益的保护。

第五，保障消费者和生产、经营者的利益。《商标法》立法目的是一个有机统一的整体，无论加强商标管理、保护商标专用权，还是促使生产、经营者保证商品和服务质量，维护商标信誉，都是对商标注册人的保护，也是对商标注册人的约束。《商标法》的立法目的之一就是维护消费者以及生产、经营者的利益，使二者之间的利益达到平衡，也使商标注册人和社会公共利益之间达到平衡。

第六，促进社会主义市场经济的发展。这是《商标法》的根本立法目的。随着经济社会的发展，商标注册量的不断提升，商标在经济活动中的作用日益凸显，实现商标的有效管理，能更好地促进社会主义市场经济的发展。

第三节　商标法的内容、作用和立法原则

一、商标法的内容

现行《商标法》共八章七十三条，对商标的注册申请，商标注册的审查和核准，注册商标的续展、变更、转让和使用许可，注册商标的无效宣告，商标使用的管理，商标专用权的保护等制度都做了较为详细的规定。其主要内容包括以下几个方面：

（一）总则

《商标法》第一章是"总则"。该部分首先明确了《商标法》的立法目的，同时还对商标注册、管理的行政管理部门，处理商标争议的机构，注册商标的概念及种类，商标注册人享有的权利，集体商标、证明商标的概念，商标申请注册的主体，注册商标的组成要素，不得作为商标使用的标志，不得作为商标注册的标志，驰名商标的认定和保护，地理标志的概念和保护，外国人、外国企业在中国申请商标注册，申请商标注册的代理，商标代理机构应遵循的原则等进行了规定。

（二）商标注册的申请

《商标法》第二章是"商标注册的申请"。该部分规定了商标注册的申请要求，如：申请人应当按规定的商品分类表填报使用商标的商品类别和商品名称，可以通过一份申请就多个类别的商品申请注册同一商标（一表多类），申请文件可以以书面或者数据电文方式提出，注册商标需要在核定使用范围之外的商品上取得商标专用权的应另行提出注册申请，注册商标需要改变标志的应重新提出注册申请。同时，该部分对商标注册的优先权、商标注册申报事项和提供材料的基本要求等进行了规定。

（三）商标注册的审查和核准

《商标法》第三章是"商标注册的审查和核准"。该部分对商标局审查商标注册过程中的审查时限、审查程序、在先申请原则、同日申请的处理、申请注册商标不得损害他人在先权利、异议程序、授权程序、复审程序等进行了规定。

（四）注册商标的续展、变更、转让和使用许可

《商标法》第四章是"注册商标的续展、变更、转让和使用许可"。该部分规定了注册商标的有效期及其起算日、注册商标的续展及办理时限、注册商标的变更、注册商标的转让、注册商标的许可等内容。

（五）注册商标的无效宣告

《商标法》第五章是"注册商标的无效宣告"。该部分对注册商标无效宣告的条件，无效宣告的程序、时限，无效宣告的中止，无效宣告的追溯力等进行了规定。

（六）商标使用的管理

《商标法》第六章是"商标使用的管理"。该部分首先明确了《商标法》所涉及的"商标使用"的概念。该部分内容还包括：对商标注册人自行改变注册商标、注册人名义、地址或者其他注册事项的处理，对违反《商标法》第六条的处理，对假冒注册商标的处理，对违反《商标法》第十四条第五款规定的处理等内容。

（七）注册商标专用权的保护

《商标法》第七章是"注册商标专用权的保护"。该部分首先明确了注册商标专用权的保护范围。该部分内容还包括：侵犯注册商标专用权的表现形式，对将他人注册商标、未注册的驰名商标作为企业名称中的字号使用的处理，对侵犯注册商标专用权的处理，县级以上工商行政管理部门在查处涉嫌侵犯他人注册商标专用权的行为时的职权，侵犯商标专用权的赔偿数额的认定及处理方式，商标代理机构的违法行为及处理方式，从事商标注册、管理和复审工作的国家机关工作人员应遵守的行为准则及对违反《商标法》行为的处理，工商行政管理部门的内部监督制度等。

（八）附则

《商标法》第八章是"附则"。该部分内容主要包括：申请商标注册和办理其他商标事宜的收费问题，法律实施的时间和溯及力等问题。

二、商标法的作用

商标权、专利权、著作权同属知识产权，但各有特点。专利权源于技术的先进性，著作权源于文化的多样性，商标权源于商品或者服务来源的多样性。商标是一种标志，商标的作用在于区分商品或者服务的来源。因此，商标权的获得不需要技术上的创造性或文化艺术上的创造性，而是需要有识别力。商标法的作用，也在于保证商标的识别力，通过避免商品或者服务来源的混淆，保护商标的信誉，保护商标注册人和消费者的权益，促进经济社会的发展。

从商标注册者的角度来看，《商标法》通过加强商标管理，打击假冒商标等商标侵权行为和不正当竞争行为，保护商标专用权，保护商标注册人的权益。在商标注册人的权益获得有效保护的前提下，《商标法》激励商标注册人不断提升商品和服务质量，维护商标信誉，进而起到保护公平竞争，有效维护市场秩序，促进经济社会发展的目的。

从保护消费者权益的角度来看，《商标法》通过加强商标管理，保证商标的识别力，降低了消费者的搜索成本，确保消费者买到自己真正想要的商品或者服务，从

25

而使消费者权益得到有效保护。

三、商标法的立法原则

《商标法》的设立是为了维护注册商标专用权人的权利，是为了维护商标管理秩序，是为了促进社会经济有序健康发展。在法律的制定过程中，我国确立了以下六项原则：

（一）诚实信用原则

诚实信用原则是民法中的一项基本原则，如《民法通则》第四条规定："民事活动应当遵循自愿、公平、等价有偿、诚实信用的原则。"《民法典》第一编第七条规定："民事主体从事民事活动，应当遵循诚信原则，秉持诚实，恪守承诺。"

诚实信用原则要求公民在从事经济交易的活动中要秉持诚信，以维护当事人之间的利益平衡，进而维护当事人利益与社会利益之间的平衡。诚实信用原则在商标法中也有"帝王条款"之称。在民间经济活动中，诚实信用要求以尊重他人利益为基础，对待他人的事务以及利益要像对待自己的利益一样，不能做损人利己的事情。如果出现特殊情况使当事人之间的利益关系失去平衡，应及时进行调整，以恢复利益平衡状态。因此，一旦有人违背诚实信用原则做出损害他人合法利益的行为，则被损害人具有以法律武器维护自身合法权益的权利。

《商标法》中虽然没有明确的关于诚实信用的表述，但是从条文中也可见到诚实信用原则的意思折射。《商标法》第十五条规定："未经授权，代理人或者代表人以自己的名义将被代理人或者被代表人的商标进行注册，被代理人或者被代表人提出异议，不予注册并禁止使用。就同一种商品或者类似商品申请注册的商标与他人在先使用的未注册商标相同或者近似，申请人与该他人具有前款规定以外的合同、业务往来关系或者其他关系而明知该他人商标存在，该他人提出异议的，不予注册。"第十六条第一款规定了："商标中有商品的地理标志，而该商品并非来源于该标志所标示的地区，误导公众的，不予注册并禁止使用；但是，已经善意取得注册的继续有效。"这些内容均体现了诚实信用原则。

（二）注册原则

《商标法》采用的注册制度，包括自愿注册和强制注册两种方式。世界各国商标使用的基本原则共有两种，一种是注册原则，另一种是使用原则。注册原则即商标需要通过注册获得。2019年《商标法》对第四条规定增加了"必须以使用为目的"的规定，改变了以往商标注册不需要使用的问题。商标经主管机关核准注册之后，申请人即获得了该商标的专用权，受到《商标法》的调整和保护。因此，我国也逐渐认可了注册原则和使用原则结合的方式。使用原则是指商标通过使用即可产生权利。这样的规定会产生使用者通过使用即获得商标专用权的情形，显然与我国的注册原则有很大的区别。

（三）申请在先原则

申请在先原则与注册原则有密切的联系，也可以说它是注册原则派生出来的程序性原则之一。该原则的规定在于帮助商标审查授权机关在面对不同申请人在同类别或者相似类别上申请同一注册商标时，谁先获权的问题。申请在先原则以申请书提交的时间来决定商标专用权归谁所有。为了防止相关公众混淆，申请在先原则在《商标法》中的具体规定在第三十一条，即"两个或者两个以上的商标注册申请人，在同一种商品或者类似商品上，以相同或者近似的商标申请注册的，初步审定并公告申请在先的商标；同一天申请的，初步审定并公告使用在先的商标，驳回其他人的申请，不予公告"。《商标法实施条例》第十九条规定："两个或者两个以上的申请人，在同一种商品或者类似商品上，分别以相同或者近似的商标在同一天申请注册的，各申请人应当自收到商标局通知之日起 30 日内提交其申请注册前在先使用该商标的证据。同日使用或者均未使用的，各申请人可以自收到商标局通知之日起 30 日内自行协商，并将书面协议报送商标局；不愿协商或者协商不成的，商标局通知各申请人以抽签的方式确定一个申请人，驳回其他人的注册申请。商标局已经通知但申请人未参加抽签的，视为放弃申请，商标局应当书面通知未参加抽签的申请人。"

法条表述表明，一个商标如果已经长时间使用而未申请注册，或者一个商标在使用过程中获得了一定的知名度，应尽快到商标局申请注册。不然会因为他人先申请注册而丧失了获得注册商标专用权的机会。即使有在先权利对已经使用或者有一定知名度的未注册商标的保护，也需要举证证明，这使得过程变得繁杂。如果被证明确实在先使用而仅获得了在先使用权利，其保护力度不及商标专用权。

同一人先后就相同或者近似商标在相同或者类似商品上申请注册的，除就相同商标在相同商品上申请注册的应当以同一商标不得重复授权不予核准之外，如果并不存在使相关公众混淆的可能性，则不存在在先申请、在后申请注册的问题。

在先权利在这里仅起到了一定程度的补充作用。

（四）自愿注册原则

我国商标管理规定中除在药品和烟草类别上实施强制注册原则外，其他的商标类型均采取自愿注册的原则进行管理。自愿注册原则是指自然人、法人或者其他组织对于自己所持有的商标是否注册，完全自主决定。《商标法》第四条规定："自然人、法人或者其他组织在生产经营活动中，对其商品或者服务需要取得商标专用权的，应当向商标局申请商标注册。不以使用为目的的恶意商标注册申请，应当予以驳回。"从法律规定中可以明确看出，我国商标注册仅在权利人希望获得商标专用权时进行。因此是否注册完全取决于权利人的个人意愿。只不过如果不对使用商标进行注册，可能会面临更严重的侵权，以及无法获得有效保护的风险。

前文关于我国商标发展历史的内容中提到过，我国在过去一段时间内实施的不是自愿注册原则。1957 年至 1983 年 2 月，我国实施的是全面注册原则，即要求所有的商品均应使用商标，且所有的商标都必须注册。这样的规定体现了当时的社会背景，计划经济体制下对商标的管理更倾向于"管"，而非着眼于经济的发展。当时我国是少有的对商标进行强制注册的国家之一。

（五）集中注册、分级管理的原则

我国商标注册由国家知识产权局商标局负责，商标的管理由地方商标行政管理部门负责。集中注册、分级管理是我国商标法律制度的突出特点。我国地域面积广，人口居世界前列，这决定了商标管理的模式。商标的注册由商标局统一负责，是在市场经济和商标特性的要求下形成的，需要对全国的商标统一审查、注册和核准，以便真正落实《商标法》的规定，以及实现经济有序良性发展。分级管理也是便于商标在使用过程中更好地得到保护和救济。将商标的侵权和救济都交由商标局负责显然是不现实的，也不能很好地实现商标权保护的效果。因此，商标交由各地商标行政管理部门进行管理，可以更好地落实《商标法》的规定，实现对商标的有效保护。这对于商标侵权及商标撤销等商标的救济和维护有很现实的意义。

（六）行政保护与司法保护双轨制保护原则

这是我国商标法保护商标专用权的又一特色。依据法律的规定，商标侵权行为发生之后，被侵权人可以选择行政机关的救济途径，也可以选择司法机关的救济途径。如果被侵权人向行政机关申诉，行政机关在接到申诉请求之日起，应依据申诉人提交的有效证据进行进一步的调查取证。发现确实存在违法事实的，可以对侵权人采取责令其改正、消除影响或者赔偿被侵权人的损失等行政处罚措施。当事人若对行政机关的处罚决定不服，可以向当地人民法院提起行政诉讼。当然被侵权人也可以向人民法院就自己被侵权的情形提出诉讼请求，通过法院维护自己的权益。

以上六个原则贯穿于《商标法》的各项规定之中，它们共同构成我国商标权利保护的基础。

第三章　商标权的主体

第一节　商标权主体的基本理论

一、商标权主体的历史沿革

商标权主体是指享有商标权利、承担商标保护义务的个人、法人和其他组织。在我国的商标法历史上，1982 年《商标法》关于申请主体的规定："企业、事业单位和个体工商业者，对其生产、制造、加工、拣选或者经销的商品，需要取得商标专用权的，应当向商标局申请注册。"1993 年修正的《商标法》只是增加了有关服务商标的内容，申请的主体没有任何变化。与之相应的《商标法实施细则》第二条规定："商标注册申请人，必须是依法成立的企业、事业单位、社会团体、个体工商户、个人合伙以及符合《商标法》第九条规定的外国人或者外国企业。"其第十条规定："申报的商品不得超出核准或者登记的经营范围。"2001 年修正的《商标法》第四条规定："自然人、法人或者其他组织对其生产、制造、加工、拣选或者经销的商品，需要取得商标专用权的，应当向商标局申请商品商标注册。自然人、法人或者其他组织对其提供的服务项目，需要取得商标专用权的，应当向商标局申请服务商标注册。"将 2001 年的规定与 1993 年的规定进行对比，可以看出二者的区别是将申请商标的主体由"企业、事业单位、社会团体和个体工商业者"扩大为"自然人、法人和其他组织"。这一修改从字面上至少使下列民事主体可以成为新的商标申请人：个体工商业者之外的任何自然人，包括未成年人、军人等；企业、事业单位和社会团体之外的任何法人，包括党政机关法人；不具有法人资格的其他组织，如分公司、办事处、课题组等。2001 年以来，我国商标局一直根据《商标法》的规定对商标申请的主体采取开放的态度，即任何自然人、法人或者其他组织在任何商品或者服务项目上申请商标，都予以受理。由此看来，2001 年前商标的使用人不仅要从事经营活动，而且只能是上述特定的经营主体，否则就不可能成为注册商标的申请人，也就不可能获得商标权，例如农村承包经营户、某些从事经营活动的个人均不具备商标权主体资格①。针对我国与《TRIPS 协定》有关知识产权保护的

29

---

① 谢冬伟. 商标注册申请的主体资格 [J]. 中华商标，2006 (12)：44-48.

规则之间存在的差距，2001 年修正的《商标法》加强了商标权是一种私权、一种民事财产权利的认识，允许自然人申请注册商标。但是，要注意的一点是，在法律规定上，对于任何主体申请商标注册均是要求其在生产经营上有此需要，该版《商标法》已经不对申请商标注册的主体形式进行限制，但是唯一的条件或者说申请资格是申请人必须是出于"生产、制造、加工、拣选、经销商品或者提供服务项目"而需要取得商标专用权；简而言之，要取得商标权必须具备的资格是从事生产经营活动。至 2013 年，修正的《商标法》同样是第四条规定："自然人、法人或者其他组织在生产经营活动中，对其商品或者服务需要取得商标专用权的，应当向商标局申请商标注册。"这意味着对商标权主体的进一步放开。

二、国外有关商标权主体的规定

在美国，商标所有人申请商标指定的商品或服务类别，必须是已经实际使用或意图使用的商品或服务类别。根据《兰哈姆法》第 1 条的规定，只有商标所有人才有权申请商标。所谓商标所有人，就是在商业活动中实际使用商标的人（包括对他人的使用行为进行控制并从中受益的人），或者意图在商业活动中使用商标的人，或者外国商标的申请人或者注册人。任何拥有诉讼能力的个人或者实体（person orentity）均可成为申请人。公司的职能部门（operating division）不具有诉讼资格，不是法人实体，故不享有拥有商标所有权及提出商标注册申请的资格。对于这种情况，申请必须以该部门所属公司的名义提出。《兰哈姆法》第 1127 条规定："'人'一词和其他用以指申请人或有权依本法规定享有权益或特权或负有责任的人的任何字词，包括法人和自然人。'法人'一词包括可以在法庭控告和被控告的商行、公司、公会、协会或其他组织。'人'一词还包括任何州、任何州的机构，和任何行使其公职权力的州的官员或雇员或州机构。任何州、和任何这类机构、官员或雇员，应与任何非政府实体一样，在同样的意义上和同样的程度上服从本法规定。"欧盟以及法国、德国等则是采用注册原则的组织及国家。《欧盟商标条例》第 5 条规定，自然人或法人，包括按公法设立的管理机关，可以成为欧盟商标所有人；第 3 条规定："公司、企业和其他法人团体，如果根据有关法律，具有以自己的名义行使各种权利和义务，签订合同或者进行其他法律行为，起诉和被诉的能力，应视为法人。"可见，在欧盟商标体系中，任何自然人和法人，包括政府机关，都可以成为商标所有人。该条例没有排除任何特定类型的自然人和法人，但是不包括我国商标法中所称的"其他组织"。法国《知识产权法典（立法部分）》第 711-1 规定："商标或服务商标指用以区别自然人或法人的商品或服务的可用书写描绘的标记。"德国《商标和其他标志保护法（商标法）》第 7 条规定："注册商标和已申请商标的所有人可以是：①自然人；②法人；③有能力获得权利和承担责任的合伙组织。"意大利商标法第 22 条第 3 款规定："国家、地区、省及市的行政机构也可注册商标。"除了这些国家的商标法的规定，有关商标的国际条约也对商标申请的主体有所涉及，如前述《TRIPS 协定》对国民的解释。此外，《商标法新加坡条约》第一条也明确规定："凡提及'人'应理解为指自然人和法人。"同时，该条约第三条第四款规定："……尤其不得在该申请的审查和审理期间要求其：（1）提交任何商业登记簿的证书或该登记簿的摘录；（2）提交其正在从事的工商业活动的说明及相关证据；（3）提交其正在从事的与申请中所列商品或服务有关的活动的说明及相关证据……"因此，根据该条约，不得要求申请人提交商业登记证明以表明其具有经营资格。

第二节　商标权主体的构成形态

一、自然人

自然人作为商标权主体在我国经历了一个颇为曲折的发展过程。2001年以前我国的商标法律只允许拥有营业执照的个人工商户、个人合伙或者外国人申请商标注册，一般的自然人则被排除在权利主体之外。不允许自然人申请商标给市场发展带来一系列的负面影响，比如一旦自然人丧失个体工商户或者个人合伙资格就会丧失商标权。其实质上是通过外部强制力，在商标权人可能仅仅变换经营模式而不存在任何过错的情况下，对商标使用延续性进行硬性阻断。这样既不利于商标价值的实现，也不利于市场的良性发展。赋予自然人以商标申请权，则由于不再存在对商标申请人经营范围的限制而在网络经济时代有助于促进个人积极投入经营性活动①。

我国2001年修正的《商标法》第四条扩展了商标申请人的主体范围，规定"自然人、法人或者其他组织"都可以申请商标。但是该条文本身对自然人申请商标做出了不少限制：一是提出商标注册申请的前提是申请人正在从事相关的生产经营活动；二是申请注册的商标的使用对象是"其生产、经营、加工、拣选的商品"或"提供的服务"。2001年版《商标法》第四条的规定实际上将不从事实际生产经营活动的自然人排除在商标申请人的范围之外。至2007年2月6日，国家工商总局商标局发布《自然人办理商标注册申请注意事项》，其核心内容是要求自然人在以自己的名义办理商标注册申请事宜时除必需的申请材料、个人身份证外，还应当提交营业执照或相关合同。该规定的主要目的是要求办理商标注册申请的自然人具备"从事经营活动"这一条件。

事实上，在商业经营活动中，有的自然人可能还没有进行营业登记，就先以自己的名义进行商标的注册，以便在正式开展经营活动后能及时实现该商标的价值。在企业的经营过程中，也很有可能出现需要注销企业的经营资格但仍需保留注册商标的情形，这也要求自然人能够作为商标权的主体。在我国，根据有关法律的规定，许多从事一定经营活动的人可以不具有经营资格，如农村承包经营户、家庭手工业者、著作权人、专利权人等，而这些人往往需要申请注册商标。因此，允许尚不具备经营资格的自然人作为申请商标注册的主体也是经济发展的要求，不必为了防止少数恶意注册行为而给大多数申请人增加负担。为此，2013年修改实施的《商标

---

① 黄辉. 商标法［M］. 2版. 北京：法律出版社，2014：22.

法》第四条规定，自然人可以依法向商标局申请商标注册。作为一项民事权利行为，自然人申请商标只要满足《中华人民共和国民法典》关于自然人民事行为能力的规定（①年龄在 18 周岁以上，或者十六周岁以上的未成年人，以自己的劳动收入为主要生活来源的；②根据其智力、精神健康等状况，能够完全辨认自己的行为；③中华人民共和国公民），就可以向负责商标管理的行政机构申请注册商标。无民事行为能力或者限制民事行为但有民事权利能力的人，完全可以成为权利主体，只不过他们必须通过代理人来行使权利。

二、法人

根据《中华人民共和国民法典》的规定，作为民事权利主体之一，"法人"是具有民事权利能力和民事行为能力，依法独立享有民事权利和承担民事义务的组织。法人应当有自己的名称、组织机构、住所、财产或者经费，并按照相关法律、行政法规规定的程序依法成立后，即取得主体资格①。按照是否营利，法人可以分为营利法人和非营利法人，其中以取得利润并分配给股东等出资人为目的成立的法人，为营利法人，包括有限责任公司、股份有限公司和其他企业法人等。为公益目的或者其他非营利目的成立，不向出资人、设立人或者会员分配所取得利润的法人，为非营利法人，包括事业单位、社会团体、基金会、社会服务机构等。基于商标本身的商业属性和区分性功能，一般由营利法人使用或申请注册商标。同时，基于商标的证明功能，包括行业协会等在内的一些非营利性法人也可以注册和使用集体商标、证明商标或者地理标志。

在 2002 年以前，根据当时的《商标法实施细则》第十条要求："申报的商品不得超出核准或者登记的经营范围。"这不仅排除了普通自然人申请商标的资格，也从经营范围的角度对申请人的申请范围进行了限制，要求法人申请时提供营业执照，并且只能在经营范围内申请商标。细则的这一规定是基于以下理由：经营范围就是法人的民事权利能力和民事行为能力范围，因此，法人无权在其经营范围以外的商品或服务上获得商标权。但这一理由值得商榷。法人的经营范围是法人从事经营活动的法定范围，一般认为，法人民事行为能力范围与其经营范围一致，但这不表明法人只能对其经营范围内的财产享有财产权。很明显，经营范围为从事电视机生产的企业完全可以对其厂房、机器设备等享有财产权，从事小商品销售的个体工商户完全可以对其汽车享有财产权。因此，企业的经营范围与企业能否享有在某商品上使用的商标的财产权并不能完全相提并论。在商标注册保护制度中，商标权是一种完全独立于企业营业的财产权，可以独立进行转让。另外，根据商标使用理论，商标权人可以许可他人使用其商标，被许可人的使用也被视为商标权人的使用。《TRIPS 协定》第 19 条第 2 段规定："在商标受所有人控制时，他人对商标的使用，

---

① 根据《中华人民共和国公司法》的规定设立有限责任公司，应当具备下列条件：（一）股东符合法定人数；（二）有符合公司章程规定的全体股东认缴的出资额；（三）股东共同制定公司章程；（四）有公司名称，建立符合有限责任公司要求的组织机构；（五）有公司住所。

亦应承认其属于为了保持注册所要求的使用。"可见，法人在其经营范围之外的商品上享有的商标权，完全可以通过许可他人使用的方式发挥该商标的作用，并维持该商标权利的有效性①。

三、其他非法人组织

依据 1992 年《最高人民法院关于适用〈中华人民共和国民事诉讼法〉若干问题的意见》第四十条对"其他组织"进行的界定，"其他组织"是指合法成立，有一定的组织机构和财产，但又不具备法人资格的组织。其具有如下法律特征：①合法成立。"其他组织"必须是根据法律规定的程序和条件成立、法律予以认可的组织。②具有一定的组织机构，即有能够保证该组织正常活动的机构设置。比如，自己的名称、经营场所、负责人、管理机构、工作人员等。③有一定的财产。"其他组织"必须具有能够单独支配，与其经营规模和业务活动的内容、范围相适应的财产。④不具有法人资格。根据《中华人民共和国民法典》的规定，非法人组织是不具有法人资格，不能以自己的财产独立承担责任，但是能够依法以自己的名义从事民事活动的组织，包括个人独资企业、合伙企业、不具有法人资格的专业服务机构等。非法人组织的特点在于非法人组织的财产不足以清偿债务的，其出资人或者设立人承担无限责任。除具有营利特征的非法人组织外，以合作社、产品或服务的行业协会、地方产品推广机构等为代表的非营利性的非法人组织在我国常作为集体商标和证明商标的使用和注册主体。非法人组织按照法律、行政法规规定依法成立后，可以使用、注册商标②。

在我国的商标申请实践中，早期存在部分党政机关申请商标的情况，如不少地方政府旅游局将当地的风景名胜申请商标注册，某地方县委宣传部将当地的著名民俗名称申请商标注册，等等。这些党政机关申请商标注册主要是出于保护当地有一定影响的公共资源的目的，以防止被少数自然人或者企业通过申请商标注册占为己有，影响公共利益。如前几年出现的"长江三峡"商标撤销案，就是因为注册人滥用商标权利，阻止他人正当使用"长江三峡"文字。可见，这些党政机关申请商标注册有一定的正当性。但是，根据我国有关政策规定，禁止党政机关从事经营活动，据此，党政机关不能申请商标注册。

---

① 谢冬伟. 商标注册申请的主体资格 [J]. 中华商标，2006（12）：44-48.
② 根据《中华人民共和国合伙企业法》，设立合伙企业，应当具备下列条件：（一）有二个以上合伙人。合伙人为自然人的，应当具有完全民事行为能力。（二）有书面合伙协议。（三）有合伙人认缴或者实际缴付的出资。（四）有合伙企业的名称和生产经营场所。（五）法律、行政法规规定的其他条件。

第三节 商标权主体的权利形态

一、商标共有的制度规定

按照商标权的归属状态，商标权主体对商标权的所有可以表现为单独所有、共同所有或特殊的集体所有。单独所有，是指商标权归属完全单一的自然人、法人或者其他组织，也是现在最为常见的商标所有表现形态。共同所有，是指某项财产由两个或者两个以上的权利主体共同享有所有权。"共有"制度一般针对有形财产中的动产或者不动产，但作为无形财产的知识产权是民事财产权的一种，可以同样适用"共有"制度，满足两个以上主体共同拥有该权利的现实需要。"共有"依据《民法典》可以分为按份共有和共同共有。按份共有人对共有的不动产或者动产按照其份额享有所有权，共同共有人对共有的不动产或者动产共同享有所有权。商标共有，可以解决数个企业同时使用同一商标或者近似商标的问题。我国已经参加的《保护工业产权巴黎公约》和《商标注册马德里协定》也包含商标权共有制度，如《马德里协定实施细则》第3条规定："多个自然人或法人可作为同一项国际注册的申请人。"

在外国，商标共有制度的历史悠久。例如法国，根据《法国知识产权法典（立法部分）》，商标所有权可以通过共有注册取得，同时可依法形成对商标的善意事实共有。商标注册不妨碍在下列情况下使用与其相同和近似的标记：①使用公司名称、厂商名称或标牌，只要该使用先于商标注册，或者是第三人善意使用其姓氏；②标批商品或服务尤其是零部件的用途时必需的参照说明，只要不导致产源误认。但是，这种损害注册人权利的商标使用情况，注册人可要求限制或禁止其使用。此外，未注册商标遭他人抢注的，除他人恶意外，权利人容忍若超过五年的，只能与在后注册人共同分享商标权益，不得提出侵权诉讼。共有商标的权利转移和放弃等规则与个体商标无异，即可独立转让、全部或部分转让及抵押，但应采用书面形式，否则无效。任何注册商标的权利移转或变更，需在全国商标簿上登记，不然不能对抗第三人。英国关于共有商标的法律规定最为明确。在其1994年修订的商标法中，专门就商标的共有问题进行了规定。允许共有人协议约定商标共有权利和义务。若未曾约定，共有人对注册商标享有不分份额的平等权。在共有成员和整体利益平衡协调方面，充分尊重各共有人的自由。在没有协议约定的情况下，"每一个共同注册商标所有人自己或其代理人有权为了自己的利益，不经其他注册商标所有人同意或不必向其他注册商标所有人说明，采取任何针对构成侵犯该注册商标行为的行动"。因此，一个共有人可直接以个人名义提起维权之诉，但需等待其他共有人参与诉讼。共有商标的整体转让和放弃则与单一商标一样。美国在商标法中没有直接规定共有商标关系，也未明文禁止共同注册商标。1986年修订的《美国商标法》第1条规定："于申请同时使用时，申请人应载明其主张商标专用权之例外情形，并应于其所知之范围内，详细说明他人同时使用之情形、相关之商品、同时使用之区域范围、各人使用商标之时期，以及申请案所请求注册之区域及商品。"这条关于"商标共存"的规定，可以满足部分商标的共有需求，形成有区分的不构成混淆的商标共有。在德国，商标权的取得有注册取得、使用取得、驰名取得三种方式，其《商标和其他标志保护法》第7条，在界定商标权人时，将其分为自然人、法人和能独立承担权责的合伙组织，未提及商标权人的单复数问题；其后在第四章"权利的限制"第21条"权利的丧失"中，认可善意在后注册类的商标共有和默认使用型商标共有。

二、商标共有的形成与表现

"共有"是财产权享有的一种较为普遍的形式，但在商标领域中，更强调商标权的专有。"共有"的概念来源于物权法，"共有商标"借用了物权法的概念。在物权法中，共有分为按份共有和共同共有。按份共有，是指数人对同一财产按各自确定的份额共同享有所有权的共有形态。一般认为，商标共有应为共同共有，各商标权人对其共有的商标平等地享有不可分割的权利。在当事人有特别约定时，各共有人也可以按份共有同一商标。商标权毕竟是一种私权，应尊重当事人的特别约定，但按份共有也应以共有商标权具有可分割性为条件。

共有商标权的重要特征是其主体的非单一性和其权利的单一性，即数人对同一商标的权利共有。共有商标的所有人是两个以上的多数，可以是自然人、法人、其他组织或各种主体之间的自由组合。"共有"的产生可以分为两种情况：一是原始共有，是指商标注册之初，即由两个以上的主体共同申请、共同注册、共同享有。根据《商标法》的规定：两个以上的自然人、法人或者其他组织可以共同向商标局申请注册同一商标，共同享有和行使该商标专用权。二是继受共有。根据《民法典》《公司法》《合伙企业法》等的有关规定，共有商标权可以基于合同转让、继承、企业合并等原因形成。

对于共同申请，按照现有法律，商标申请书上的共同签字或盖章就是当事人的合意，不需要当事人提供共有协议，商标注册审查机关对签字和盖章也只需尽一般的形式审查义务即可。共同申请可以是亲自申请，也可以是代表人申请；既可以是各共同申请人共同亲自参加共有商标的注册申请，也可以是数个共同申请人共同授权共同申请人之一人或数人代表各共同申请人进行申请。《中华人民共和国商标法实施条例》和《商标评审规则》都对代表人的产生方式、行为效力做出了规定及限制。

需要特别注意的是，除了"共有"，在实务领域还有一种"商标共存"形态。商标共存是指当数个企业对某个相同商标或者近似商标都享有正当的权益时，商标注册机关以实际使用情况、客观市场效果、历史原因等为依据，依法或者接受当事人之间的共存协议，在商标的使用范围、地域、方式等方面附加一定条件限制的情况下，分别核准其注册。美国等国家和中国香港等地区都接受商标共存协议。商标共有与商标共存的共同点在于数个企业同时合法使用同一商标，不同点则在于：第一，商标共有中商标权利只有一个，多个主体对同一商标的权利共有；而商标共存中商标权利是多个，是多个主体分别享有各自的商标权利，这多个权利彼此共存。第二，商标共有中权利人对该商标共同享有和行使专用权；而商标共存意味着各个商标的权利人分别享有和行使商标专用权。第三，商标共有并不需要对使用商品或者服务的范围、使用地域附加条件进行限制，共同注册人可以同时出现在共有商标使用的任何场合；而商标共存往往需要在商品或者服务的范围、使用地域或者使用方式上各自受到一定的限制或存在实际差别，各个商标的权利人一般不可能或不被允许同时出现在同一场合。

三、商标共有的特殊形态：集体共有

所谓"特殊的共同共有"在商标法上专指针对特殊类型商标包括集体商标、证明商标、地理标志的共有。"集体共有"中的"共有"包括共同所有和共同使用。"共有"指的是集体商标的成员在所提供的商品或者服务上遵守某种共同的标准。"共用"指的是所有集体成员在相同或类似商品或服务上共同使用同一商标，商标使用者同属于某一个组织。集体共有具有以下特征：①封闭性；②成员相对固定性；③商品或服务的标准相对稳定；④易为消费者信任，但也具有脆弱性；⑤宣传推介的成本高。集体共有利于：①可以联合众多分散经营者，形成利益共同体，充分发挥集体优势，提高整体竞争能力，抵御市场风险；②有利于整合资源、统一设置标准以扩大市场份额和影响力；③有利于取得规模经济效益；④促使成员增强集体意识，有利于发挥集团优势，维护团体信誉。有关集体共有的规定最早见于1911年的《巴黎公约》。中国从1993年的《商标法实施细则》开始，通过集体共有的模式保护集体商标和证明商标。《集体商标、证明商标注册和管理办法》规定：申请集体商标注册的，应当附送主体资格证明文件并应当详细说明该集体组织成员的名称和地址；以地理标志作为集体商标申请注册的，应当附送主体资格证明文件并应当详细说明其所具有的或者其委托的机构具有的专业技术人员、专业检测设备等情况，以表明其具有监督使用该地理标志商品的特定品质的能力。申请以地理标志作为集体商标注册的团体、协会或者其他组织，应当由来自该地理标志标示的地区范围内的成员组成。由此可见"集体主体"主要包括事业单位、依法成立的社会团体等。

另外，集体共有能够产生不同于单一和普通共同共有的独特信用价值。具体而言，一般商标的主要作用在于区别商品或者服务的提供者，体现的是个别企业商品或服务的个性特点；在信用机制的产生方面，体现的是单向的联系，即消费者通过一般商标只能将信用评价与此商标所代表的个别特定企业联系起来。集体共有所针对的集体商标却是集体组织成员在与其营业有关的商品或者服务上共同使用的标志，它不仅表明了商品或服务的共性特征，而且隐含着多个成员之间的内在联系。消费者通过一个集体商标所产生的信用评价实际指向的是多个有着内在联系的商品或服务的生产者、提供者。对于集体商标使用人而言，通过集体商标的运用，可以简洁、快速地将集体商标承载的信用覆盖到自己的商品或服务上，从而能够快速提高商品或服务的声誉，创建知名品牌，增强市场竞争中的规模效应和扩大广告宣传优势。

但是从另一个角度来看，集体共有的信用风险恰恰在于集体商标信用越高，个

别使用者侵犯或损害集体商标信用的行为将可能对所有使用者的信用造成越严重的毁损。我国集体共有商标的运用实践中不乏此方面的事例。例如"金华毒火腿"使得金华火腿的商标所有人和那些正规合法经营的火腿生产厂家都成了被殃及的"池鱼";而重庆几家小作坊在火锅底料里添加石蜡的消息被曝光后,号称是重庆名片的整个"重庆火锅"产业都遭受了重创。正是由于集体商标信用风险的存在,我国商标法虽然对集体商标进行了规范,但集体商标的实践利用情况一直不甚理想,集体商标利用率低,商标闲置现象严重。例如,据媒体报道,温州市多个已获准注册的集体商标,如"鹿城眼镜""永嘉教具"等,多年来或被打入"冷宫",或被束之高阁,集体商标遭受了集体冷遇①。

案例:"BEIREN-TSK 及图形"共有商标驳回复审案

【基本案情】共同申请人于 2002 年 4 月 23 日在第 7 类制版机等商品上向商标局提出"BEIREN-TSK 及图形"商标(以下简称"申请商标")的注册申请,被商标局驳回。商标局 ZC3156117BH1 号商标驳回通知书认为,申请商标与福州黄晶印刷机械有限公司(本案申请人乙)在类似商品上已注册的第 1414962 号"TSK"商标(以下称"引证商标")近似。

共同申请人不服商标局的驳回决定,于 2003 年 7 月 15 日向商评委申请复审。共同申请人复审称,申请商标是共同申请人共同申请注册的,是两个共同申请人自愿互相以自己的注册商标组合而成类似商品上的同一商标。商标局将共同申请人认定为单一申请人,并以此错误认定为前提,引证申请人乙的在先商标驳回申请商标是不适当的,并且侵害了申请人甲、乙作为共同申请人对自己商标的处分权。当时适用的《商标法》第二十八条所指的"他人"应是申请人之外的一切"他人",而不应包含申请人自己。请求澄清并认定申请人甲、乙为共同申请人的事实,对申请商标准予初步审定。

【商评委审理与裁定】商评委经审理查明:①申请人甲于 2001 年 12 月 26 日在第 7 类制版机等商品上获准注册了第 1689741 号"北人 BEIREN 及图形"商标;申请人乙于 2000 年 6 月 28 日在第 7 类制版机等商品上获准注册了第 1414962 号"TSK及图形"商标,即本案引证商标。②申请人甲、乙于 2001 年 11 月 22 日签订《合作合同》,其中第二条就商标事宜的共同约定为"双方积极申报注册'北人'和'TSK'组合商标","组合商标批准注册后","改用组合商标,组合商标的所有权由甲、乙双方共同拥有"等。③本案申请商标由申请人甲、乙于 2002 年 4 月 23 日共同向商标局提出注册申请,商标局 2002 年 12 月 23 日发出的第 ZC3156117SL 号《注册申请受理通知书》,申请人为"北人集团公司等共同申请人"。根据上述事实,经合议组评议,商评委认为,申请商标属于《商标法》第五条所指的共有商标,共有商标的基本特点是共同注册人"共同享有和行使该商标专用权"。本案申请商标为申请人甲、乙在先商标的组合,由申请人甲、乙共同享有专用权。虽然申请商标与引证商标存在近似之处,但基于共有商标的特点和申请人甲、乙自愿的共同意思

37

---

① 牛玉兵,石俊峰. 集体商标的信用价值与风险应对策略 [J]. 知识产权,2011 (5):54-56.

表示，申请商标与引证商标并不存在权利冲突。申请商标可以初步审定。

【评析】《商标法》第五条规定："两个以上的自然人、法人或者其他组织可以共同向商标局申请注册同一商标，共同享有和行使该商标专用权。"本案中，申请人甲是中国公司，申请人乙是日资企业。2001 年 11 月 22 日，两家公司在结成的 OEM（原始设备制造商）战略联盟中约定：在现有条件下，申请人乙生产的产品，按照《商标使用许可合同》约定，使用申请人甲的商标。在此期间，双方积极申报注册组合商标（本案申请商标）。组合商标批准注册后，终止《商标使用许可合同》，改用组合商标；组合商标的所有权归申请人甲、乙共同拥有。上述约定，明确体现了共同申请人有共同申请行为并愿意成为共有商标权人的意思表示。由于本案申请商标是申请人甲、乙的商标组合，而引证商标正是申请人乙的商标；因此，申请商标与引证商标是否存在权利冲突，就涉及申请商标的共有属于共同共有还是按份共有的问题。若为按份共有，则不能排除权利冲突的可能性。但在本案中，基于申请人甲、乙自愿的共同意思表示，申请商标应为共同共有，因此，申请商标与共同注册人一方的在先商标近似，对共同注册人各方的权利均不存在损害。有观点认为，商标法除保护商标权人利益外，还肩负保护消费者利益的使命，而商标共有可能引起普通消费者混淆商品的出处或者误认商品的质量。因此，必须对共有商标的使用做出限制。《巴黎公约》规定对共有商标予以注册和保护，也以"其使用不会使公众产生误认，且不违反社会公众利益"为条件。但就本案而言，共有商标标识的商品来源可以是共同申请人中的任一方，而在先商标标识的商品来源是共同申请人其中一方。因此，尽管共有商标与共同申请人之一的在先商标近似，但客观市场效果是使得消费者认为商品来源于共同申请人中的任一方或共同申请人其中一方，对于区分商品来源、在先商标权人的市场成果、消费者的利益、市场竞争秩序等各方面，似乎都谈不上有何损害。

思考题：

1. 自然人作为商标申报的主体是否需要特别的资质要求？
2. 如何理解"商标共有"和"商标共存"？
3. "商标共有"在什么样的情况下属于按份共有？

第四章　商标权的客体

第一节　商标的使用对象

依据《商标法》第四条第一款、第二款之规定：自然人、法人或者其他组织在生产经营活动中，对其商品或者服务需要取得商标专用权的，应当向商标局申请商标注册。有关商品商标的规定，适用于服务商标。由此可以得出商标的适用对象包括有形的商品以及无形的服务。最初的商标都是用在商品上的，并不包括服务，1994年《TRIPS协定》的签订从法律上保障服务可以申请商标。由于商品、服务的种类繁多，为了便于商标注册，各国对商品、服务进行了详细分类，并最终形成尼斯分类表，统一适用于各国，该表每年修订一次。根据世界知识产权组织的要求，尼斯联盟各成员国于2022年1月1日起正式使用《商标注册用商品和服务国际分类》（尼斯分类）第十一版，即2022文本。申请日为2022年1月1日及以后的商标注册申请，在进行商品、服务项目分类时适用尼斯分类新版本，申请日在此之前的商标注册申请适用尼斯分类原版本。以尼斯分类为基础，中国国家知识产权局对《类似商品和服务区分表》（以下简称《区分表》）做了相应调整。根据调整后的《区分表》，商品和服务被分成45个大类，其中商品为1~34类，服务为35~45类。

一、商品

（一）商品分类的原则

（1）商品为制成品，原则上按功能或用途进行分类。例如，手套类商品，应依据具体产品的功能、用途进行分类。"手套（服装）"属于服装，应归属第25类；"防事故用手套"属于救护器具，应归属第9类；"医用手套"属于医疗用辅助器具，应归属第10类；"绝缘手套"属于绝缘用品，应归属第17类；"家务手套"属于家务用具，应归属第21类；"竞技手套"属于体育和运动用品，应归属第28类；"一次性手套"为不规范名称，因为该商品的功能用途并不明确，例如"医用一次性手套"应归属第10类；"家务用一次性手套"应归属第21类。

（2）商品为多功能的组合制成品，应依据主要功能或用途进行分类。例如，"带有图书的电子发声装置"，主要功能是电子发声装置，应归属第9类；"带电子发声装置的图书"，主要功能是图书，应归属第 16 类。

（3）商品为原料、未加工品或半成品，原则上按其组成的原材料进行分类。例如，根据类别标题，"金属建筑材料"属于第 6 类，那么"建筑用金属衬板"就应归属第 6 类。同理，"金属制人工鱼礁"是由金属材料制成，也应归属第 6 类。

（4）商品按其组成的原材料分类时，如果商品是由几种不同原材料制成，原则上按其主要原材料进行分类。例如，"牛奶饮料（以牛奶为主）"应按牛奶归属第 29 类；"加奶咖啡饮料"的本质仍是咖啡饮料，应归属第 30 类。

（5）商品是构成其他产品的一部分，且该商品在正常情况下不能用于其他用途，则该商品原则上与其所构成的产品分在同一类。例如，"电话机听筒"是构成"电话机"的一部分，应归属第 9 类。

（6）用于盛放商品的专用容器，原则上与该商品分在同一类。此处的"用于"，是指专门用于，即该专门容器为盛放该商品进行了专门的设计，具有特殊的形状和样式。例如，"专用化妆包"为盛放化妆用具进行了专门的设计，应归属第 21 类；"非专用化妆包"应归属第 18 类。

（二）《区分表》中没有的商品

对于《区分表》中没有的商品类别，应比照标准名称确定商品类别。例如，坚果壳制工艺品。根据类别标题，"未加工或半加工的骨、角、鲸骨或珍珠母"属于第 20 类，【注释】中说明第 20 类"主要包括家具及其部件，由木、软木、苇、藤、柳条、角、骨、象牙、鲸骨、贝壳、琥珀、珍珠母、海泡石以及这些材料的代用品或塑料制成的某些制品"，"木、蜡、石膏或塑料艺术品"为第 20 类的标准名称。比照上述内容，"坚果壳制工艺品"应归属第 20 类。

二、服务

在经济活动中，有些企业的"产品"不是作为有形的商品提供给消费者，而是作为某种商业性质的服务项目用以满足消费者的需求，如旅游服务、修理服务、保险服务、娱乐服务、交通服务、邮电服务等。不同企业提供的这类不同"产品"，也需要有不同标记将它们区分开。服务商标与商品商标的性质一样，只是商品商标向消费者提供的是商品，而服务商标向消费者提供的是服务。1946 年，美国第一次在其成文商标法（《兰哈姆法》Lanham Act）中把服务标记的保护放到与商品商标保护同等的地位。此后，不少国家在修订商标法时，做出了与美国相似的规定，如1979 年修订的联邦德国商标法就增加了保护服务标记的内容。世界上现有 100 多个国家办理服务标记注册，在一些国家，这类服务标记也可以作为商标注册，用于服务单位供应的食品饮料，以及所使用的文具、用具和服务人员服装上等，并得到保护。《巴黎公约》中写进了保护服务标记的内容，却没有把它放在与商品商标等同的位置上，未要求必须给服务标记予以注册保护。所以，成员国国内法对于服务标记是可以自由确定保护方式的。这里所指的服务是指第三产业为消费者所提供的具有劳务因素的服务。在我国，《商标法》（2001 年 10 月 27 日第二次修正版）和《商标法实施条例》（2002 年 8 月 3 日版）中有关商品商标的法律规定，同样适用于服务商标。这里所说的"服务",是指《商标注册用商品和服务国际分类》表中的第35~45类共11个类别,主要包括10大服务领域:广告经营、会展,房地产,金融,电信、网络服务,餐饮、住宿、旅游,文教、娱乐,交通、仓储、运输,医疗卫生、保健,中介、代理,商业销售、贸易。服务的分类,比照《区分表》所列标准名称,依据服务所属的行业,并结合服务的目的、内容、方式、对象等因素进行综合判断。例如,"广告片制作"属于广告类服务,应归属第35类;"除广告片外的影片制作"属于娱乐类服务,应归属第41类;但"制作电视购物节目"属于广告类服务,应归属第35类。

三、商品或者服务的商标性名称

商品生产者或者服务提供者对《商标法》不够熟悉,加之中国语言文字的博大精深,各种商品种类的层出不穷以及生产者为提升商品或者服务的吸引力以快速占有市场而为商品或服务命名,导致很多商品没有能够被规范命名,进而给商品、服务的分类带来困扰,需要特别予以注意。

（一）商品和服务命名的注意事项

（1）含有表示概括性的词语。由于外延范围不清,可能含有多种商品或服务项目,概括性词语不宜出现在商品和服务项目名称中。例如"不属别类的工艺品""提供有关上述服务的信息"为不规范名称。

（2）描述性词语。商品和服务项目名称中可出现说明商品的功能、用途、所用原料、成分、销售渠道、消费对象,或者服务的目的、内容、方式、对象等方面的描述性词语。但此种描述应是对商品或服务项目的客观说明,可为限制性或具体化描述。例如除化学概念之外的"有机"一词含义不明,不宜出现在项目名称中,比如"有机茶"。不宜含有广告宣传、过度修饰、扩大渲染等描述性词语,比如"精制""特制""高级"等一般作为广告宣传性词语且含义不明,不宜出现在项目名称中,像"特制服装"等就属于不规范名称。"有关""相关"等外延模糊的词语不宜出现在项目名称中,如果出现,项目名称整体应该内涵明确。例如"与精神压力相关的咨询"为不规范名称。

（3）外文音译为中文。商品和服务项目名称中含有外文音译为中文的,如外文音译为中文的接受程度低或使用范围较小,或不是外文的规范中文名称,则不宜申报。例如"维他命制剂",虽然"维他命"为英文 vitamin 的音译,但已有对应规范中文名称"维生素",故应申报"维生素制剂"。

（4）含有外文字母。商品和服务项目名称应使用规范简体汉字申报,外文字母不宜出现在商品和服务项目名称中,只有中文指代含义明确且集中、使用频率很高、使用范围广泛的英文缩写可以申报,如《区分表》中已有的 CD、DVD、LED、DNA 等。

（5）含有地名。商品和服务项目名称一般不宜出现地名以及"原产地""产自"这类词语。例如"意大利原产地的啤酒"为不规范名称。

（6）中心词为"制品"或"产品"。"制品"或"产品"等词语表述的制成品,内涵不明，外延不清，不宜作为商品和服务项目名称申报。例如"钢制品""沐浴产品"为不规范名称。

（7）含有"和/或"。此类表述含义不确定。例如"加入蛋白，和/或蔬菜，和/或植物，和/或调味品的土豆"，为不规范名称。

（8）含有民族宗教用语。商品和服务项目名称中含有民族宗教用语的，应慎重申报。例如，"清真"一词，具有特定的民族宗教含义。为尊重民族宗教习惯，避免混淆误认，在申报具体商品和服务项目名称时应慎重考虑。

（9）地区性较强的名称。某一地区对特定商品的特殊表述，不宜出现在商品和服务项目名称中。例如"细露面"，此种说法地域性较强，非国内一般消费者或公众普遍了解的说法，适用性不够广泛，为不规范名称。

（二）商标性名称申报不规范的情况

（1）申报的商品或服务项目名称不属于申报类别。例如在第25类申报"家务手套"，实际上"家务手套"应归属第21类。

（2）申报的商品或服务项目名称包含两个或两个以上类别的商品或服务项目。例如申报"化学制剂"："非医用、非兽医用化学试剂"属于第1类，"医用或兽医用化学试剂"属于第5类，因此"化学制剂"是不规范的名称。又如申报"鲑鱼"："活鲑鱼"属于第31类，"鲑鱼（非活）"属于第29类，因此"鲑鱼"是不规范的名称。

（3）申报的商品或服务项目名称含混不清、指代不明，或是过于宽泛，不足以确定其所属类别，易产生误认。例如申报"电子商务服务"。"电子商务"概念并不明晰，一般是指以信息网络技术为手段的商务活动，可能还包括物流配送等附带服务。因此"电子商务服务"过于宽泛，申请人需要进一步细化，根据所提供的具体服务进行申报。

（4）申报的商品或服务项目名称中含有"赌""赌博""占卜""算命"等违反我国法律法规、有害于社会主义道德风尚或有其他不良影响的词语。例如"赌博机""老虎机""赌博用筹码""赌博服务""占星""纸牌占卜服务""算命"等不得申报。

第二节　商标构成

一、基本构成要素

商标构成要素来源于市场交易过程中的经验积累，而非商标法的规定。换言之，作为市场活动参与者，在选择企业商标的表达要素时，考虑的首要因素是交易中的产品效益，而不是商标法对标志显著性等基本属性的要求[①]。关于商标要素的规定，最早可溯源至20世纪60年代的《发展中国家商标、商号和不正当竞争行为示范法》，

---

① 徐瑛晗. 非传统商标保护之必要性：法经济学的解释［J］. 中华商标，2021（1）：69-73.

其总则第一条（二）首次将标志构成要素以封闭式列举的方式展现出来。1994年的《TRIPS协定》，第15条规定了商标可保护的客体，其中第1款指出："这些标记，尤其是文字（包括人名）、字母、数字、图形要素和色彩的组合，以及这些标记的任何组合，均适合于作为商标予以注册。如果标记缺乏区别有关商品或服务的固有能力，各成员可以将可否注册取决于通过使用所获得的显著性。各成员可以要求将视觉可感知的标记作为注册的条件。"协定通过列举要素对符合注册为商标的条件的形式进行了规定，统一对各成员国均应遵守的可受保护的商标形式进行了规定，列出了成员负有保护义务的对象，并且运用"尤其是"的表述列举了符合注册为商标的条件的要素对象。此处虽未将某些法律管辖区中已经纳入商标保护的声音、单一颜色、气味等不可为视觉所感知的标记列在其中，但并不妨碍成员国对其的保护，协定的规定只是意在指明此类标记并不是必须加以保护的。商标保护的客体范围具有更强的包容性，规定成员可要求将"视觉可感知"作为商标的注册条件。上述两处国际规范，严格来说均未详细规定商标法的保护要素范围。20世纪后期，随着商标广泛的交流意义的不断增强，市场活动参与者对标志区分来源、保证品质的功能要求随之提高，传统的语词性商业标志的优越特征日益削弱，无法充分满足商标申请人的表达目的，传统模式注定因为无法穷尽构成要素而频遭质疑。在此背景下，起先并不属于商标构成要素的非专有标识被广泛使用。所谓非传统商标，即常见的文字、图形、数字等可视性平面表达之外的新型商标，如动态影像、声音、三维标志等。及至2006年，WIPO（世界知识产权组织）通过了《商标法新加坡条约》。虽然《商标法新加坡条约》并未对商标的构成要素等进行详细规定，但在本条约中对指定颜色商标实施细则进行的规范也体现了其对颜色商标的保护。同样，在细则三的第4条、第5条、第6条分别对立体商标、全息图商标、动作商标、颜色商标、位置商标、含有非可视性标志的商标进行了详细的申请材料的规定。将全息图、颜色、动态、位置等新类型商标纳入保护范围之内，也体现了《商标法新加坡条约》对上述要素作为商标构成要素的肯定，使得本条约成为迄今为止的所有关于商标的国际条约中首个全面承认非传统商标的条约。其后，《欧盟商标条例》第4条规定：欧盟商标可以由任意能在欧盟商标登记簿中呈现的任意符号（如文字、图形、字母、数字、颜色、商品或其包装的外形或声音）组成，只要这些符号可以将某一企业的商品或服务同其他企业的商品或服务区分开来，且其呈现方式能够让主管当局和公众清晰明确地确定权利人保护的主题。

在我国，商标可申请注册的要素范围，在2001年之前仅限于文字、图形、字母、数字、颜色等传统要素，其后于2001年修正《商标法》时加入了三维标志的规定，2013年第三次修正时又删除了可视性的特征，加入声音商标的类别，由此形成现今《商标法》第八条规定的要素种类。该条款明确规定：任何能够将自然人、法人或者其他组织的商品与他人的商品区别开的标志，包括文字、图形、字母、数字、三维标志、颜色组合和声音等，以及上述要素的组合，均可以作为商标申请注册。因此，商标可以由文字、图形、字母、数字、三维标志、颜色组合和声音等，以及上述要素的组合构成。

对于以构成要素进行商标分类的方式，现在也存在的一定争议。许多经营者为实现差异化经营，获得比较优势，逐渐青睐更为新颖的构成要素及其组合以区分商业出处，诸如快艇运行时的喷水方式以及喷漆枪把手底部的蓝色标记等商业标识。拥有复合构成要素的商标带来了类别确认的不明朗，有关类别确认的争议不断涌现。一方面，商业主体变更商标类别谋求注册，以规避针对特定商标的更为严格的适格性判断标准；另一方面，商标行政管理机关与法院对商标类别确认的规范意义的认知缺失，导致行政管理中存在随意归类的漏洞，司法裁判中存在裁判冲突与应对不足的问题。

二、商标构成的具体体现

（一）视觉商标

视觉商标是人们通过视觉可以感知的商标，视觉感知也是对商标的最低要求。换言之，商标至少要能够通过视觉被消费者获取。具体来说，视觉商标可以被进一步分为文字商标、图形商标、立体商标、颜色商标及其组合。

1. 文字商标

顾名思义，"文字商标"即由文字构成的商标。因为在商品买卖或者服务的提供过程中，如果缺乏文字则很难被消费者记忆和识别，因此文字商标也是最为常见的商标。文字商标一般包括姓氏、字母和数字等表现形式，如果是跨语种交易行为，还会涉及语言翻译（音译或意译）等。另外，需要特别注意的是，在我国，文字商标还必须符合国家语言文字使用方面的相关规定，例如关于"繁体字"，根据《中华人民共和国国家通用语言文字法》的规定以保留或使用繁体字、异体字的情况包括：①文物古迹；②姓氏中的异体字；③书法、篆刻等艺术作品；④题词和招牌的手书字；⑤出版、教学、研究中需要使用的繁体字、异体字；⑥经国务院有关部门批准的特殊情况。因此，在注册商标中使用"繁体字"或者"异体字"的，一般要经过行政管理部门的审核。典型的文字商标如图4-1所示。

图4-1 "百雀羚"文字商标

还有加上数字的文字商标，也称为数字商标。由于使用了极具代表性的数字，这类商标简洁有力，易读易记易传播，让人印象深刻；特别是有的商标含义丰富、意味深远，不但简约明了，而且让人过目不忘，颇受申请人和消费者欢迎。数字商标在国内，比如诞生于20世纪30年代的"钟牌414"毛巾，既有"试一试""使一世"的谐音寓意，也有象征"钟牌414"毛巾四季皆宜的美好心愿；创建于1989年的"三一"集团，源于创业初期提出的"创建一流企业、造就一流人才、做出一流贡献"的企业愿景；"361 度"则以怀揣着对运动、对企业、对社会"多一度热爱"的品牌信念，为所有热爱运动的年轻消费者提供设计与科技兼备的运动产品，其已经成为民族体育用品行业领先品牌之一。在国外，著名的香水"香奈儿 5 号"，就是 Coco Chanel 女士把她的幸运数字 No. 5 定为此款香水的名字，喜欢她的粉丝同时记住了她的幸运数字，也爱上了她的香水产品；波音 747，则是波音公司在喷气式商用飞机领域打造的系列型号之一，其他型号包括波音 757、波音 767、波音 777、波音 787 等。典型的数字商标如图 4-2 所示。此外，还有由字母组成的商标，称为字母商标。典型的字母商标如图 4-3 所示。

图 4-2　"4711"数字商标　　　　　　图 4-3　"SONY"字母商标

2. 图形商标

图形商标在颜色和构成方面更加丰富，对消费者形成的视觉冲击力也更大，并且不受语言限制，是现在最常见和最常用的商标类型。图形商标一般为平面静态，但基于技术的发展和审美的需要，一些以"全息"方式表达的动态图案也陆续出现。典型的图形商标如图 4-4 和图 4-5 所示。

图 4-4　"可口可乐"图形商标　　　　图 4-5　"小米"图形商标

3. 立体商标

立体商标是指仅由三维标志或者含有其他要素的三维标志构成的商标，也称三维标志商标。我国商标法将立体商标明确纳入可注册的标识范围，意味着对这种标识形态的认可，这同时与相关国家公约以及其他国家的有关规定保持一致。立体商标一般包括：①商品自身的立体形状；②商品包装的立体形状；③商品广告物的立体形状；④商标的部分外形。

商品广告，如米其林轮胎人（见图 4-6）；商品包装，如可乐包装瓶（见图 4-7）；商品外形，如 Zippo 打火机（见图 4-8）。

图 4-6 "轮胎人"立体商标

图 4-7 "可口可乐"包装瓶立体商标

图 4-8 Zippo 打火机造型立体商标

秦始皇帝陵博物院的兵马俑三维形象也是立体商标的典型代表。

该博物院于 2019 年申请了一批立体商标，大约涉及 19 种陶俑，除军吏俑、跪射俑、武士俑之外，还有国宝铜车马，以及铜车马的马，铜车马的"司机"，等等（见图 4-9）。这些商标基本上都是申请了 45 类全类保护，在和陶瓷艺术品相关的 21 类上也有申请。该博物院把兵马俑多个本尊注册为立体商标，应该主要是为了打击个别"山寨"行为，或者其他不正当使用兵马俑形象的行为。

图 4-9 兵马俑立体商标

案例：月球靴立体商标部分无效

　　受 1969 年阿姆斯特朗行走于月球表面时所穿着的靴子的启发，有人创制了月球靴。月球靴是第一款应用于滑雪的鞋子。从那时起，该靴销量已超 2 000 万双，月球靴还在世界级博物馆如纽约现代艺术博物馆和卢浮宫展示过。

　　【案件简介】2011 年，Tecnica 申请注册以下三维标志（月球靴的对应形状，见图 4-10）为第 18、20 和 25 类商品上的欧盟商标（EUTM），次年获准注册（注册号：No10168441）。在意大利威尼斯法院的诉讼中，德国公司 Zeiteneu 未能成功获得关于月球靴形状商标的非侵权声明，然后在欧盟提起诉讼，知识产权局（EUIPO）宣布 Tecnica 的启动标志无效。在其 2017 年提出的诉求中，Zeitneu 称 Tecnica 的商标——它涵盖了椭圆形鞋底、L 形鞋身的配置，鞋带"固定在向上移动的环形环中，在靴子后部交叉，在靴筒顶部完成"和"鞋面中央带更宽，位于两个更窄的外部带之间"，用于皮革制品、服装和鞋类等不符合商标注册的显著性要求。鉴于 Tecnica 的月球靴的整体造型和设计与市场上其他滑雪后靴并没有太大区别，Zeitneu 断言消费者不再将设计配置视为来源的指标，而是将其视为通用引导风格。该公司随即依据欧盟商标条例第 59（1）（a）和 7（1）（b）—（e）规定，向欧盟知识产权局（EUIPO）申请宣告该月球靴形状商标无效。在 EUIPO 撤销处做出部分宣告无效决定（在第 25 类商品上缺乏显著性），并得到第一上诉委员会（BoA）的维持后，Tecnica 向普通法院提起上诉。

图 4-10　月球靴立体商标

　　【法院裁决】法院在审查后驳回了程序方面的诉求——包括威尼斯法院对 EUIPO 的裁决缺乏既判力，因为这些法院的任务不是决定月球靴商标的有效性，而只是判断 Zeiteneu 是否侵权。之后，普通法院转向对月球靴商标在第 25 类商品上的显著性评估。在这方面，法院援引了既定原则，包括针对三维标志以及不太"常规"的标志，获得（或保持）注册所需的显著性程度原则上与其他更"常规"的标志并无区别。然而在实践中"对于由产品自身外观组成的立体商标和与其商品外观无关的文字或图形商标来说，普通消费者的看法不一定相同"。换言之，"普通消费者不习惯在没有任何图形或文字元素的情况下，根据商品的形状或包装的形状来推测商品的来源。事实证明，与文字或图形商标相比，要确定这种立体商标的显著特征更为困难"。在实践中，所有这些都意味着"只有由产品本身的外观组成的、与该领域的常规或习惯做法有明显差异的三维标志"才应被视为具有显著性，并因此可获得注册。

就本案而言，法院一开始就认为，对于第25类商品，相关消费者将是所有欧盟成员国的公众（与 Tecnica 提出的观点相反）。同样地，相关消费者会有平均水平的注意力。法院继续考虑月球靴的形状所传达的整体印象是否严重偏离了该行业（滑雪靴）的惯例。法院还特别指出，一个商标的整体形状与通常市场上常见的产品的变体相似，这一情况不允许认定该商标作为一个整体严重偏离了该行业的常见形状。最后，法院支持了 BoA "诉争商标的形状与滑雪靴的常见形状相近，后者通常包含高筒身、鞋底和鞋带，由轻质合成材料制成"的观点。因此，至少对于第25类商品来说，该标志缺乏显著性[①]。

4. 颜色商标

颜色商标是由一种或几种颜色以一定比例结合在一起的商标。其中：①颜色组合商标是指由两种或两种以上颜色构成的商标，这些颜色以一定比例、一定顺序组合，不仅具有显著性还能给人一种美感。②单色或者色差商标由一种具有显著性的颜色构成。不论是单纯的或者组合的颜色，只要具有显著性，能够起到识别商品或者服务的作用就可以作为商标使用。同时，在世界范围内，很多商品的颜色也确实起到了这样的作用并且效果明显。由于自然界中单一颜色种类极其有限，接受单一颜色作为商标申请可能会对某一颜色的使用形成垄断，妨碍其他生产经营主体的正常使用。因此，我国目前只接受颜色组合作为商标申请注册，而不接受单一颜色作为商标申请注册。颜色组合商标仅由颜色构成，不限定具体形状，保护对象是以特定方式使用的颜色组合本身。商标图样中呈现的形状并不是颜色组合商标保护的对象。包含文字、图形等要素的指定颜色商标不属于颜色组合商标。颜色组合商标在商品上使用时，可以用于商品的全部或部分，也可以用于商品包装的全部或部分；颜色组合商标在服务上使用时，可以用于服务所需载体，比如快递服务过程中的包装箱、运输工具或快递员的服装，或是服务场所的外部装饰和内部装潢等。一般情况下，颜色组合商标缺乏固有显著性，需要通过长期或广泛的使用，与申请主体产生稳定联系，具备区分商品或者服务来源的功能，才能取得显著特征。典型的颜色商标如图4-11至图4-13所示。

图4-11　路易威登灰黑格状颜色商标

① EU Court confirms that Moon Boot Design is not a valid trademark for footwear［EB/OL］.（2022-01-26）［2022-05-13］. https://www.thefashionlaw.com/eu-court-confirms-that-moon-boot-design-is-not-a-valid-trademark-for-footwear/.

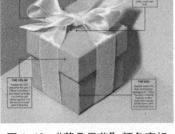

图 4-12　"蒂凡尼蓝"颜色商标　　图 4-13　迪尔公司拖拉机颜色组合商标

需要注意的是，在商标注册实务中，根据商标注册的规定，提交商标注册申请时，需要提供商标图样，注册申请时提交的商标图样要与将来注册证上的商标标识完全一致。商标图样有两种形式，一种是黑白图样，一种是彩色图样。选择黑白图样申请，即商标不指定颜色申请注册；而如果选择彩色图样，则是该商标指定颜色申请。以颜色组合申请商标注册的，应当在申请书中予以声明，即在"商标申请声明"栏内勾选"以颜色组合申请商标注册"，并且在商标图样框内粘贴着色图样。商标指定颜色的，是指商标图样为着色的文字、图形或其组合，申请时不要勾选"以颜色组合申请商标注册"，在商标图样框内粘贴着色图样即可。以颜色组合申请商标注册的，除应在申请书中予以声明外，还应注意以下几点：①颜色组合商标的构成要素是两种或两种以上的颜色。以颜色组合申请商标注册的，商标图样应当是表示颜色组合方式的色块，或是表示颜色使用位置的图形轮廓。该图形轮廓不是商标构成要素，必须以虚线表示，不得以实线表示。②以颜色组合申请商标注册的，应当提交文字说明，注明色标，并说明商标使用方式。文字说明、色标、商标使用方式应填写在"商标说明"栏。

指定颜色的商标本质上是一种普通商标，只是商标图样不是黑白的，而是加了色彩。颜色商标则是一种特殊商标，大部分颜色商标是由两种或两种以上颜色，以一定的比例、按照一定的排列顺序组合而成的，比如金霸王电池的古铜色与黑色的颜色组合商标。首先，指定颜色的普通商标包含文字或者图形等要素，是这些要素与颜色的组合；而颜色商标保护的是颜色，商标图样中除了颜色没有其他的文字或者图形要素。其次，指定颜色的普通商标的商标图样是固定的，注册时是什么样子，使用时需要与注册时一致，不得任意改变；而颜色商标保护颜色本身，因此，颜色商标是没有形状的，它与使用该颜色商标的商品形状相关。

案例：红牛著名蓝银组合颜色商标无效

2002 年，红牛申请在第 32 类"能量饮料"中，将蓝色（RAL5002）和银色（RAL9006）颜色组合注册为欧盟商标（EUTM），描述信息中声称"两种颜色比例约为 50%∶50%"。该商标于 2005 年核准注册（见图 4-14）。2010 年，红牛在同一类别中提交了第二个颜色组合商标，颜色描述为蓝色（Pantone2747C）和银色（Pantone877C）。该申请被描述为"两种颜色将被等比例应用，且相互毗邻"。在商

49

标申请中，该公司提交了颜色组合的图形样本并使用了正确的颜色描述，但对于欧盟普通法院而言，红牛没有以清晰准确的方式描述它们。2017年，欧盟普通法院确认了该颜色组合表示得"不够清晰和准确"。欧盟普通法院也认为第一次申请的"大约"一词不准确且不清晰。

图4-14　红牛蓝银颜色商标

5. 组合商标

组合商标是由文字、图形、颜色叠加而成的。从某种意义上讲这种商标也是识别性最强、极具美感的标识，因此也最为常见（如图4-15所示）。

图4-15　华为组合商标

（二）非视觉商标

非视觉商标是指不通过视觉但在功能上能够起到识别作用的标识，主要包括味觉、嗅觉、听觉和触觉。但根据我国商标法的规定，在我国现阶段只允许听觉商标注册。

1. 声音商标

声音商标，是指由用以区别商品或服务来源的声音本身构成的商标。声音商标可以由音乐性质的声音构成，例如一段乐曲；可以由非音乐性质的声音构成，例如自然界的声音、人或动物的声音；也可以由音乐性质与非音乐性质兼有的声音构成（如图4-16和图4-17所示）。

图4-16　英特尔开机声音商标　　图4-17　米高梅电影开场声音商标

案例：腾讯 QQ "滴滴滴"声音商标

2015 年 8 月 11 日，商标局以"申请商标由简单、普通的音调或旋律组成，在指定使用项目上缺乏显著性"为由，驳回了腾讯 QQ "滴滴滴"声音的商标申请。随后，腾讯公司向商标评审委员会提出复审申请，并提交了多份证据材料，包括多个版本的 QQ 有新消息传来时提示音的证据，商标评审委员会以"难以起到区分服务来源的作用"为由，驳回其注册申请。腾讯公司随后向北京知识产权法院提起行政诉讼，并提交了相关申请商标的音频文件，商标注册申请书及申请商标的光谱表、频谱表、波形图等。

法院认为，QQ 提示音虽然仅由同一声音元素"嘀"音构成，且整体持续时间较短，但包含六声"嘀"音，且每个"嘀"音音调较高，各"嘀"音之间的间隔时间短且呈连续状态，申请商标整体在听觉感知上形成比较明快、连续、短促的效果，具有特定的节奏、音效，而且生活中不常见。因此，QQ 提示音并不属于整体较为简单的情形。法院还认为，QQ 提示音所依附的 QQ 软件作为即时通信软件，持续使用的时间长、范围广泛、市场占比较大、使用群体所涉及的领域众多。随着 QQ 及 QQ 商标知名度的提升，QQ 提示音已经与 QQ 之间形成了可以互相指代的关系。同时，QQ 提示音已经在即时通信领域建立了较高的知名度，可识别性强，与 QQ、腾讯公司之间已经建立了稳定的对应关系，申请商标在指定使用的"信息传送"服务项目上起到了商标应有的标识服务来源的功能。商标评审委员会认为，申请商标"嘀"音组成的声音常见于包含电子组件的相关产品的报警音或提示音等情况，"嘀"音较为常见，缺乏商标应有的显著性，难以起到区分服务来源的作用，因此向北京市高级人民法院提出上诉。

二审中，北京市高级人民法院认定，"嘀嘀嘀嘀嘀嘀"声音通过在 QQ 上的长期持续使用，具备了识别服务来源的作用，并认同一审法院认定申请商标在与 QQ 相关的服务上具备了商标注册所需的显著特征。北京高院维持一审法院判决，并对申请商标在"信息传送、提供在线论坛、计算机辅助信息和图像传送、提供互联网聊天室、数字文件传送、在线贺卡传送、电子邮件"的注册申请予以初步审定。法院认为，虽然此类服务项目并未使用申请商标的声音，但是签署服务项目与"信息传送"均属于 QQ 作为综合性即时通信平台提供的服务，且申请商标的声音已经与 QQ 建立了对应关系，因此，申请商标使用在上述服务项目上也具有显著性。

2. 其他非视觉商标

嗅觉、味觉和触觉等虽然也在一定程度上具有识别商品来源的功能，并且一些国家如澳大利亚在 1995 年的商标法中明确将气味商标作为可注册对象，但因为现阶段缺少成熟、准确的注册技术而很难在较大的范围内推广。例如：在美国，曾经驳回商标申请序号为 78 483 234 的气味商标申请。申请人申请注册用于医用口罩的薄荷气味。美国专商局商标审查员拒绝予以注册，理由是申请商标的具体特点，即薄荷气味，在商品上具有功能性，因为它让口罩使用起来让人愉悦，而且让人更愿意使用这样的口罩。法国也曾以不符合图形表示要求为由驳回由"人造草莓香味"味

51

道构成的味觉商标。

（三）非传统商标

（1）全息商标。对于全息图商标注册申请，商标图样可以由所涉标志的一个记录完整全息效果的视图构成，必要时，也可以由全息图从多个不同角度的视图构成。商标管理部门可以要求，单图或组图未准确表现全息图的，申请人应当附具一份对全息图商标的说明。

（2）动作商标。对于动作商标或多媒体商标的注册申请，商标图样可以由一组一旦连起来即能表现运动形态的静止图像构成。商标管理部门可以要求申请书附具一份书面说明，对运动进行解释；或者，可以要求提供所涉标志的一段模拟格式或数字格式的录像。凡可以提交电子申请的，申请时可以提交电子文件。

（3）位置商标。对于位置商标的注册申请，商标图样可以由商标的一个视图构成。不申请保护的内容被要求用虚线表示。商标管理部门还可以在申请者提供的图样不充分时，要求其提供一份书面说明，解释商标相对于产品的位置。

（4）手势商标。对于手势商标的注册申请，商标被视为图形商标的，商标图样可以由一幅图像构成；商标被视为动作商标的，商标图样可以由表现手势的数帧图像构成。申请者还可以提交一份书面说明，对手势进行解释。

案例：Adidas "三道杠"

欧盟普通法院在 2019 年 6 月做出判决，宣告著名运动品牌阿迪达斯"三道杠"商标（见图 4-18）无效，维持欧盟知识产权局做出的行政决定。该案诉争的注册商标视觉表现为，三道竖直平行等间距黑色条纹，配以白色底色，整体长宽比例约为 5∶1 的标识图样，并且在申请书上附以"该标识由等间距的三条平行条纹构成，条纹方向不限，在服装和鞋帽类产品上使用"的文字说明。法院在做出该标识不具有显著性的判断之前，探讨了另一大争议点，即该商标所属类别是图形商标还是连续图案商标。连续图案商标，是欧洲议会与欧盟理事会于 2017 年为进一步推进商标法改革而通过的《商标条例实施细则》第三条第（三）项所新纳入的商标类别。

阿迪达斯在诉讼中坚持主张自己所申请注册并使用的是如其文字说明所示，不限制标识图样的长宽比例、倾斜角度及裁剪形状的连续图案商标。法院则认为：根据欧盟法律，标识图样是决定图形商标和连续图案商标注册商标边界的依据，而原告在申请书中的标识图样未能体现"一系列规律性重复的图样"这一法律规范对连续图形商标的定义，原告也未对所主张的图案的重复出现、不限比例、任意剪裁做出说明，故原告在商标注册后无权超越标识图样进行扩大解释。基于维护注册商标公示制度的稳定以及保障市场相关主体对符号使用的合理预测的考量，法院综合标识图样和文字说明，持图形商标立场。接着，法院参照先例，重申图形商标的权利范围应当与注册图形一致，包括图形的长宽比例和颜色搭配，因此阿迪达斯在不同产品上使用的画幅不一、配色相反的三道杠就超出了该注册的图形商标的权利范围，无法积累归属于该特定图形商标的商誉，且图形商标欠缺显著性。基于上述理由，法院得出欧盟知识产权局的无效决定是合法、有效的结论。

阿迪达斯2014年注册了如下欧盟商标（在案商标）：

在案商标申请时包含的商标描述为"本商标由三条平行、等距、同等宽度的竖条构成，将以任意方向使用在商品上"。

图 4-18　Adidas "三道杠" 位置商标

案例：红鞋底商标

2010 年，鲁布托本人申请在中国领土延伸保护其注册的第 G1031242 号 "使用在鞋底位置的红色" 商标（见图 4-19）。然而在 2010 年 10 月，国家工商行政管理总局商标局发出《商标国际注册驳回通知书》。商标局根据《商标法》第十一条第一款第（三）项，认为 "使用在鞋底位置的红色" 商标缺乏显著性，驳回了该商标的领土延伸保护申请。

鲁布托于是向商评委申请复审。2015 年 1 月 22 日，商评委发出《关于国际注册第 G1031242 号图形商标驳回复审决定书》（商评字〔2015〕第 8356 号），认为申请商标由常用的高跟鞋图形及鞋底指定的单一颜色组成，指定使用在女高跟鞋商品上，相关公众不易将其作为区分商品来源的标识加以认知，缺乏商标应有的显著性，申请人提交的证据也尚不足以证明申请商标整体标识在指定使用商品上经其商业使用已具有商标应有的显著性，因而驳回了该商标在中国的领土延伸保护申请。

鲁布托不服商评委的决定，起诉至北京知识产权法院。2017 年 12 月 20 日，北京知识产权法院经审理后作出判决，撤销了商评委的决定。经审理，北京知识产权法院认为红鞋底商标属于三维标志，"表示了高跟鞋商品本身的外形，并在局部部位填涂红色"。一审判决后，原被告双方均提起上诉。在本案二审中，北京高院认可涉案红鞋底商标应为 "限定使用位置的单一颜色商标"，并以审查对象错误为由依法撤销商评委的涉案决定。然而，北京高院为保障各方当事人的程序性权利、避免审级利益损失，并未对红鞋底商标的显著性做出评价。

在红鞋底案中，经最高院的释明，《商标法》第八条的 "等" 不应该做 "等内" 解释，即现行商标法仍是开放性、包容性强的法律，除了明确列举的文字、图形、字母、数字、三维标志、颜色组合、声音等要素可以作为商标申请注册，未列明的位置商标等其他能够区分不同商标的可感知的标识也能够成为中国商标注册的商标类型。实际上，关于位置商标的可注册性实际上在《商标审查及审理标准》中也有部分体现。颜色组合商标的形式审查部分指出 "用虚线图形轮廓表示颜色使用位置并附加商标说明"，以虚线的方式指示限定位置是有规可循的。因此，在位置商标申请时以虚线方式表示能够避免落入平面图形商标或三维标志的审查范围。

53

(第G1031242号商标标志)

图 4-19　红鞋底颜色位置商标

课后习题

1. 如何理解市场发展对商标构成要素的影响？
2. 你认为非视觉商标的优势有哪些？
3. 商品或者服务的一般名称和注册用商品或服务名称的区别是什么？

第五章　商标注册的条件

第一节　合法性

合法性是指商标注册不得违反商标法中的一般禁止性规定。在我国，不具有合法性的标识不但不能注册为商标得到保护，甚至被禁止作为商标使用。合法性是商标获准注册的实质性条件之一。各国对于注册商标都有一些关于禁用的文字、图形等的法律规定，有些是带有共性的，有的是属于各国独有的。注册商标必须符合这些法律规定，不得采用禁用的文字、图形，这就是商标的合法性要求。

一、不得作为商标使用的标志

《商标法》第十条规定下列标志不得作为商标使用：①同中华人民共和国的国家名称、国旗、国徽、国歌、军旗、军徽、军歌、勋章等相同或者近似的，以及同中央国家机关的名称、标志、所在地特定地点的名称或者标志性建筑物的名称、图形相同的；②同外国的国家名称、国旗、国徽、军旗等相同或者近似的，但经该国政府同意的除外；③同政府间国际组织的名称、旗帜、徽记等相同或者近似的，但经该组织同意或者不易误导公众的除外；④与表明实施控制、予以保证的官方标志、检验印记相同或者近似的，但经授权的除外；⑤同"红十字""红新月"的名称、标志相同或者近似的；⑥带有民族歧视性的；⑦带有欺骗性，容易使公众对商品的质量等特点或者产地产生误认的；⑧有害于社会主义道德风尚或者有其他不良影响的。此外，县级以上行政区划的地名或者公众知晓的外国地名，不得作为商标。但是，地名具有其他含义或者作为集体商标、证明商标组成部分的除外；已经注册的使用地名的商标继续有效。

以下是对条款内容的解释、图例（依据并配合案例分析，分别予以说明）：

（1）同中华人民共和国的国家名称、国旗、国徽、国歌、军旗、军徽、军歌、勋章等相同或者近似的，以及同中央国家机关的名称、标志、所在地特定地点的名称或者标志性建筑物的名称、图形相同的。

解释：本条中的"国家名称"包括全称、简称和缩写，我国国家名称的中文全称是"中华人民共和国"，简称为"中国"，英文全称是"The People's Republic of

China"，简称或者缩写为"CHN""PRC""China""P.R.China""Pr of China"。

"国旗"是五星红旗。"国徽"，中间是五星照耀下的天安门，周围是谷穗和齿轮。"国歌"是《义勇军进行曲》。"军旗"是中国人民解放军的"八一"军旗，军旗为红底，左上角缀金黄色五角星和"八一"两字。"军徽"也称"八一"军徽，图案为一颗镶有金黄色边的五角红星，中央嵌有金色"八一"二字。"八一"军徽即陆军军徽，海、空军军徽以"八一"军徽为主体图案，海军军徽为藏蓝色底衬以银灰色铁锚，空军军徽为天蓝色底衬以金黄色飞鹰两翼。"军歌"是《中国人民解放军进行曲》。"勋章"是国家有关部门授给对国家、社会有贡献的人或者组织的表示荣誉的证章，如八一勋章等。"中央国家机关的名称、标志、所在地特定地点的名称或者标志性建筑物的名称"包括"全国人民代表大会""国务院""中南海""钓鱼台""天安门""新华门""紫光阁""怀仁堂""人民大会堂"等。

（2）同外国的国家名称、国旗、国徽、军旗等相同或者近似的，但经该国政府同意的除外。

①解释："国家名称"包括中文和外文的全称、简称和缩写；"国旗"是由国家正式规定的代表本国的旗帜；"国徽"是由国家正式规定的代表本国的标志；"军旗"是国家正式规定的代表本国军队的旗帜。

②图例：申请人就该商标在相同或类似商品、服务上，在该国已经获得注册的，视为该国政府同意。此外，还有一类是具有明确的其他含义且不会造成公众误认的商标。图5-1和图5-2为不能用于商标注册的图形。

图 5-1　国家名称

（与法国国名"FRANCE"相差两个字母，其英文含义为"坦白的、真诚的"，也是常用英文人名"弗兰克"）
指定使用商品：服装、鞋、领带

图 5-2　国家名称具有其他含义

或者商标所含国名与其他具备显著特征的标志相互独立，国名仅起真实表示申请人所属国的作用，或与其他叙述性语言一起真实表示指定商品或服务有关特点（见图5-3）。

（"ITALIANO"译为"意大利"）

申请人:（意大利）CIELO E TERRA S.P.A.

指定使用服务:餐馆
申请人:我国某自然人

图5-3　国家名称仅仅表明商品或者服务的特点

（3）同政府间国际组织的名称、旗帜、徽记等相同或者近似的，但经该组织同意或者不易误导公众的除外。

解释："政府间国际组织"，是指由若干国家和地区的政府为了特定目的通过条约或者协议建立的有一定规章制度的团体。例如：联合国、欧洲联盟、东南亚国家联盟、非洲统一组织、世界贸易组织、世界知识产权组织、亚太经济合作组织等。国际组织的名称包括全称、简称或者缩写。例如：联合国的英文全称为"UnitedNations"，缩写为"UN"；欧洲联盟的中文简称为"欧盟"，英文全称为"EuropeanUnion"，缩写为"EU"。商标的文字构成、图形外观或者其组合足以使公众将其与政府间国际组织的名称、旗帜、徽记等相联系的，就被判定为与政府间国际组织的名称、旗帜、徽记相同或者近似（见图5-4）。

（"UN"为联合国的英文缩写）

（WTO为世界贸易组织的英文缩写）

图5-4　国际组织

（4）例外：经过相关机构的授权。

与表明实施控制、予以保证的官方标志、检验印记相同或者近似的，但经授权的除外。

解释："官方标志、检验印记"，是指官方机构用以表明其对商品质量、性能、成分、原料等实施控制、予以保证或者进行检验的标志或印记。官方标志如图5-5所示。相似的商标如图5-6所示。

例如：

（中国强制性产品认证标志）

（本外币兑换统一标识）

图5-5　官方标志

例如：

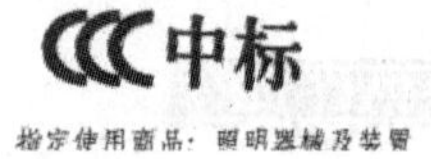

图 5-6 与官方标志近似

（5）同"红十字""红新月"的名称、标志相同或者近似的。

①解释："红十字"（见图5-7）标志是国际人道主义保护标志，是武装力量医疗机构的特定标志，是红十字会的专用标志。"红新月"（见图5-7）标志是阿拉伯国家和部分伊斯兰国家红新月会专用的，性质和功能与红十字标志相同。红十字标志是白底红十字；红新月标志是向右弯曲或者向左弯曲的红新月。图5-7所示"红水晶"标志（图案为白底红色边框的竖立正方形），系国际人道法规定的战场救护的第三个特殊标志，与"红十字""红新月"标志具有同等法律效力和地位。

图 5-7 红十字等标志

②案例：商标的文字构成、图形外观足以使公众将其误认为"红十字""红新月""红水晶"的名称、图案的，判定为同"红十字""红新月""红水晶"的名称、标志近似（如图5-8所示）。

Red Cross

图 5-8 构成与红十字等标志近似

（6）带有民族歧视性的。

①解释："民族歧视性"，是指商标的文字、图形或者其他构成要素带有对特定民族进行丑化、贬低或者其他不平等看待该民族的内容。民族歧视性的判定应综合考虑商标的构成及其指定使用的商品或者服务。

②案例：商标的文字构成与民族名称相同或者近似，并丑化或者贬低特定民族的，判定为带有民族歧视性。

（7）带有欺骗性，容易使公众对商品的质量等特点或者产地产生误认的。

解释：这是指商标对其使用商品或者服务的质量等特点或者产地作了超过其固有程度或者与事实不符的表示，易使公众对商品或者服务的质量等特点或者产地产生错误的认识（如图5-9和图5-10所示）。但公众基于日常生活经验等不会对商品或者服务的质量等特点或者产地产生误认的除外。

清雪剂

指定使用商品：人用药

（该文字与"清血剂"读音相同，易使消费者认为指定商品具有清血的功能）

脚力长

指定使用商品：咖啡饮料、茶、蜂蜜

捷力特 奇效转阴99

指定使用商品：人用药

代谢修复

指定使用商品：食用燕窝、水果罐头

**图 5-9　容易使公众对商品或服务的质量、品质、功能、用途、原料、
内容、重量、数量、价格、工艺、技术等特点产生误认的**

宁夏

指定使用商品：烧酒

扎幌

指定使用商品：果酒（含酒精）
申请人：南通富豪酒业有限公司

小巴黎

指定使用服务：咖啡馆、酒吧等
申请人地址：云南省丽江市迪西明珠花园别墅605栋

图 5-10　容易使公众对商品或者服务的产地、来源产生误认的

（8）有害于社会主义道德风尚或者有其他不良影响的。

"社会主义道德风尚"是指损害中国公众共同生活及其行为的准则、规范以及在一定时期内社会上流行的良好风气和习惯。"其他不良影响"是指标志的文字、图形或者其他构成要素具有贬损含义，或者该标志本身虽无贬损含义但作为商标使用，对中国政治、经济、文化、宗教、民族等方面及社会公共利益和公共秩序产生的消极、负面的影响。判断使用的未注册商标是否有害于社会主义道德风尚或者有其他不良影响，可以综合考量以下因素以及各因素之间的相互影响：①该商标使用时的政治背景、社会背景、历史背景、文化传统、民族风俗、宗教政策等；②该商标的构成要素以及其使用的商品或者服务；③使用人的主观意图、使用方式以及使用行为所产生的社会影响等。公众日常生活经验，或者辞典、工具书等的记载，或者相关公众的通常认识，可以作为有害于社会主义道德风尚或者有其他不良影响的判断依据。

政治上的不良影响主要包括以下几个方面：①与我国党和国家领导人姓名相同或者近似的。②有损国家主权、尊严、形象或者危害国家安全、破坏国家统一的。

③与公众知晓的其他国家、地区或者政治性国际组织领导人姓名相同或者近似的。④与党的重要理论成就、科学论断、政治论述等相同、近似，或与国家战略、国家政策、党和国家重要会议等相同、近似，易使公众产生与之相关的联想的。⑤由具有政治意义的数字等构成的。⑥由具有政治意义的事件、地点名称等构成的。

其他不良影响主要包括：①与突发公共事件特有名称相同或者近似的；根据《中华人民共和国突发事件应对法》，突发事件是指突然发生，造成或者可能造成严重社会危害，需要采取应急处理措施予以应对的自然灾害、事故灾难、公共卫生事件和社会安全事件。例如："火神山""雷神山"。②与我国烈士姓名相同或者含有烈士姓名，容易使公众将其与烈士姓名产生联想的。《中华人民共和国英雄烈士保护法》规定："禁止歪曲、丑化、亵渎、否定英雄烈士事迹和精神。英雄烈士的姓名、肖像、名誉、荣誉受法律保护。任何组织和个人不得在公共场所、互联网或者利用广播电视、电影、出版物等，以侮辱、诽谤或者其他方式侵害英雄烈士的姓名、肖像、名誉、荣誉。任何组织和个人不得将英雄烈士的姓名、肖像用于或者变相用于商标、商业广告，损害英雄烈士的名誉、荣誉。"因此，与烈士姓名相同或者含有烈士姓名的标志，且容易使公众将其与烈士姓名产生联想的，一般应认定为具有不良影响。③与和我国整体发展战略关系密切的国家级新区或国家级重点开发区域名称（含规范简称）等相同或者近似，有害于我国经济、社会公共利益的。④标志中含有不规范汉字或系对成语的不规范使用，容易误导公众特别是未成年人认知的。将含有书写不规范的汉字或使用不规范的成语的标志作为商标使用，易对我国文化等社会公共利益和公共秩序产生消极、负面的影响。⑤有害于宗教信仰、宗教感情或者民间信仰的。⑥有害于民族、种族尊严或者感情的。⑦与我国各党派、政府机构、社会团体等单位或者组织的名称、标志相同或者近似的。

案例："MLGB"商标

第8954893号"MLGB"商标由上海俊客贸易有限公司（简称"俊客公司"）于2010年12月15日申请注册，于2011年12月28日核准注册，核定使用在服装、婚纱等商品上。2015年10月9日，姚某向原国家工商行政管理总局商标评审委员会（简称"商标评审委员会"）提起诉争商标无效宣告申请，认为诉争商标容易让人想到不文明用语，有害社会主义道德风尚，具有不良影响。2016年11月9日，商标评审委员会做出被诉裁定认定：社会公众容易将"MLGB"认知为不文明用语，依照裁定予以诉争商标无效宣告。

俊客公司不服，向一审法院提起诉讼，请求撤销被诉裁定，并由商标评审委员会重新做出裁定。一审法院合议庭多数意见认为，诉争商标具有不良影响，判决驳回俊客公司的诉讼请求。俊客公司不服一审判决，提起上诉。二审法院认为，应从判断主体、判断时间、含义的判断标准以及举证责任四个方面考虑诉争商标是否具有"其他不良影响"。在网络环境中已经存在特定群体把"MLGB"指代为具有不良影响的含义的情况下，结合俊客公司在申请诉争商标时，还申请了"caonima"等商标的情形，认定诉争商标的注册违反了2001年版《商标法》第十条第一款第八项的规定。据此，二审法院判决驳回上诉，维持原判。

北京高院认为，二审法院充分考虑了该条款的立法目的、宗旨以及历史演变，提炼梳理了该条款中"其他不良影响"具体适用中的四个考量因素，认定诉争商标本身含义消极、格调不高，具有不良影响。二审法院的审理思路为此类案件法律适用的统一提供了有益借鉴，并通过本案的审理充分发挥了司法对主流文化意识传承和积极价值观引导的职能。

二、县级以上行政区划的地名或者公众知晓的外国地名

县级以上行政区划的地名或者公众知晓的外国地名，不得作为商标。但是，地名具有其他含义或者作为集体商标、证明商标组成部分的除外；已经注册的使用地名的商标继续有效。

1. 相关解释

"县级以上行政区划"包括：县级——县、自治县、县级市、市辖区；地级——市、自治州、地区、盟；省级——省、直辖市、自治区；两个特别行政区即香港、澳门；台湾地区。县级以上行政区划的地名以我国民政部编辑出版的《中华人民共和国行政区划简册》为准。县级以上行政区划地名包括全称、简称以及县级以上的省、自治区、直辖市、特别行政区，省会城市、计划单列市、著名旅游城市名称的拼音形式（见图5-11）。"公众知晓的外国地名"，是指我国公众知晓的我国以外的其他国家和地区的地名，包括全称、简称、外文名称和通用的中文译名（见图5-12）。"地名具有其他含义"，是指地名作为词汇具有确定含义且该含义强于作为地名的含义，不会误导公众的。

图5-11　由县级以上行政区划的地名构成，或者含有县级以上行政区划的地名的商标

（美国加州）指定使用商品：啤酒、矿泉水

（希腊奥林匹亚）指定使用商品：服装

（德国首都柏林）指定使用商品：啤酒

（波兰首都华沙）指定使用商品：鞋

图5-12　由公众知晓的外国地名构成，或者含有公众知晓的外国地名的商标

2. 可以作为商标使用的例外

（1）商标所含地名与其他具备显著特征的标志相互独立，地名仅起真实表示申请人所在地作用的，可以作为商标使用（见图5-13）。

申请人：杨洪来
地址：天津市武清县汉沽港镇一街

申请人：凤凰股份有限公司
地址：上海市浦东新区塘南路20号

（"GENEVE"译为"日内瓦"）

申请人：QUINTING S.A. 地址：瑞士日内瓦

图5-13　真实表示申请人所在地

（2）"地市级及以上行政区划地名+公共事业名称"。标志由"地市级及以上行政区划地名+公共事业名称"组成，申请人申请注册商标的，同时具备以下条件的，可予以初步审定：①申请人主体应当依法登记，资产投入主体是国有资产管理部门的国有企业，提交商标注册申请时应获得上级主管部门的授权。②标志名称应与申请人企业名称的简称一致，构成形式为"行政区划地名+公共事业名称"或者"行政区划地名+公共事业名称+其他要素"。③申请指定使用的商品或者服务对应的行业为关系国计民生的公共事业，如燃气、电力、地铁、高速等。④申请标志在实际中经过了长期的使用，与申请人主体在相关公众中形成了唯一对应关系，例如："重庆燃气"。

（3）地名作为集体商标、证明商标组成部分的。例如"绍兴黄酒"。

在国际上，由说明商品和服务地理来源的地理名称构成的标志的申请，商标管理机构通常以描述性为理由驳回。地理名称的描述性可能涉及商品的产地、商品的

性质、服务的提供地、提供服务的公司设有住所及对服务的提供进行管理和控制之地，以及服务所涉商品的性质。例如，在拉脱维亚，商标申请 M-99-699（在第 32 类"啤酒"上申请，申请人来自芬兰），被认为在啤酒来源（芬兰）上具有地理欺骗性。图 5-14 中的人物是哈谢克创作的捷克著名讽刺小说《好兵帅克》中的士兵帅克。约瑟夫·拉达（1887—1957 年）创作的插图与小说本身一样受欢迎，因此专利局把把该商标视为一个非直接的地理标志，可能在该啤酒实际地理来源方面对公众造成误导。因为捷克啤酒在拉脱维亚较受欢迎，专利局拒绝了该商标的注册申请。

图 5-14　哈谢克创作的捷克著名讽刺小说《好兵帅克》中的士兵帅克

三、以欺诈或者其他不正当手段取得商标注册

诚实信用原则是民法的基本原则之一。商标专用权属于民事权利，民法基本原则当然适用于商标注册、使用、管理和保护等各种法律关系。申请商标注册应当遵守诚实信用原则，不得以弄虚作假的手段欺骗商标行政主管机关取得注册，也不得以扰乱商标注册秩序、损害公共利益、不正当占用公共资源或者以其他方式谋取不正当利益等不正当手段取得注册。因此，《商标法》在总则中明确规定，申请注册和使用商标，应当遵循诚实信用原则。2019 年 4 月 23 日，全国人大常委会通过了关于《商标法》的修改决定，并于当年 10 月 1 日起正式施行。修正的《商标法》第四条规定："自然人、法人或者其他组织在生产经营活动中，对其商品或者服务需要取得商标专用权的，应当向商标局申请商标注册。不以使用为目的的恶意商标注册申请，应当予以驳回。"这次修改是《商标法》的第四次修改，其中"加强对恶意注册商标行为的规制"成为最大亮点，正如国家知识产权局在《商标法修改相关问题解读》中所言，"本次修改是从源头上制止恶意申请注册行为，使商标申请注册回归以使用为目的的制度本源"。第四条的立法意图在于规制"不以使用为目的"的恶意申请、囤积注册等行为和加强注册申请人的使用义务。该条款增加了规制不以使用为目的的恶意商标注册申请的内容，从源头上制止不以使用为目的的恶意商标注册申请行为，使商标申请注册回归以使用为目的的制度本源。

为此，2019 年 10 月国家市场监督管理总局令第 17 号发布《规范商标申请注册行为若干规定》，其中第三条规定了不正当申请商标注册行为的类型：①属于《商标法》第四条规定的不以使用为目的恶意申请商标注册的；②属于《商标法》第十三条规定，复制、模仿或者翻译他人驰名商标的；③属于《商标法》第十五条规定，代理人、代表人未经授权申请注册被代理人或者被代表人商标的，基于合同、业务往来关系或者其他关系明知他人在先使用的商标存在而申请注册该商标的；④属于《商标法》第三十二条规定，损害他人现有的在先权利或者以不正当手段抢

先注册他人已经使用并有一定影响的商标的；⑤以欺骗或者其他不正当手段申请商标注册的；⑥其他违反诚实信用原则，违背公序良俗的，或者有其他不良影响的。

（一）"欺诈或者其他不正当手段"的具体表现

此种情形是指系争商标注册人在申请注册商标的时候，采取了向商标行政主管机关虚构或者隐瞒事实真相、提交伪造的申请书件或者其他证明文件，以骗取商标注册的行为，包括但不限于下列情形：①伪造申请书文件签章的行为；②伪造、涂改申请人的身份证明文件的行为，包括使用虚假的身份证、营业执照等身份证明文件，或者涂改身份证、营业执照等身份证明文件上重要登记事项等行为；③伪造其他证明文件的行为。

（二）以"其他不正当手段"取得商标注册的行为

此种情形是指确有充分证据证明商标注册人采用除欺骗手段以外的扰乱商标注册秩序、损害公共利益、不正当占用公共资源或者以其他方式谋取不正当利益等不正当手段取得注册的行为，其行为违反诚实信用原则，损害了公共利益，主要包括下列情况：①商标注册中申请数量巨大，明显超出正常经营活动需求，缺乏真实使用意图，扰乱商标注册秩序的。②大量复制、模仿、抄袭多个主体在先具有一定知名度或者较强显著性的商标，扰乱商标注册秩序的。③对同一主体具有一定知名度或者较强显著性的特定商标反复申请注册，扰乱商标注册秩序的。此类反复申请注册的行为如属于《商标法》其他条款规制的恶意注册情形的，应适用其他条款。④大量申请注册与他人企业字号、企业名称简称、电商名称、域名，有一定影响的商品的名称、包装、装潢，他人知名并已产生识别性的广告语、外观设计等商业标识相同或者近似的标志的。⑤大量申请注册与知名人物姓名、知名作品或者角色名称、他人知名并已产生识别性的美术作品等公共文化资源相同或者近似的标志的。⑥大量申请注册与行政区划名称、山川名称、景点名称、建筑物名称等相同或者近似的标志的。⑦大量申请注册指定商品或者服务上的通用名称、行业术语、直接表示商品或者服务的质量、主要原料、功能、用途、重量、数量等缺乏显著性的标志的。⑧大量提交商标注册申请，并大量转让商标，且受让人较为分散，扰乱商标注册秩序的。⑨申请人有以牟取不当利益为目的，大量售卖，对商标在先使用人或者他人强迫商业合作，索要高额转让费、许可使用费或者侵权赔偿金等行为的。⑩其他可被认定为有恶意的申请商标注册行为的情形。以上情形中，③和⑨主要适用于异议与评审程序中；其余的在注册审查、异议与评审程序中均适用。不以使用为目的恶意申请注册的商标，不限于申请人本人申请注册的商标，也包括与申请人具有串通合谋行为或者具有特定身份关系或者其他特定联系的自然人、法人或者其他组织申请注册的商标。商标转让不影响对商标申请人违反《商标法》第四条情形的认定。

（三）判断标准

不正当手段是指商标申请人或者商标代理机构在申请商标注册或者办理其他商标事宜时，违背诚实信用原则，以牟取不正当利益为目的的扰乱商标注册秩序以及违反商业道德或行业惯例等行为。恶意是指商标申请人或者商标代理机构在申请商标注册或者办理其他商标事宜时，通过一定行为表现出来的，明显违背诚实信用原则，明知或者应知其行为违反法律规定、有碍公序良俗、损害公共利益或侵犯他人权利，但为了牟取不正当利益，仍然实施相应行为，并追求或者放任其后果发生的主观心理状态。同时，2019 年 10 月国家市场监督管理总局令第 17 号发布《规范商标申请注册行为若干规定》，其中第八条规定了判断商标注册申请是否属于违反《商标法》第四条规定时的考虑因素。商标注册部门在判断商标注册申请是否属于违反《商标法》第四条规定时，可以综合考虑以下因素：①申请人或者与其存在关联关系的自然人、法人、其他组织申请注册商标的数量、指定使用的类别、商标交易情况等；②申请人所在行业、经营状况等；③申请人被已生效的行政决定或者裁定、司法判决认定曾从事商标恶意注册行为、侵犯他人注册商标专用权行为的情况；④申请注册的商标与他人有一定知名度的商标相同或者近似的情况；⑤申请注册的商标与知名人物姓名、企业字号、企业名称简称或者其他商业标识等相同或者近似的情况；⑥商标注册部门认为应当考虑的其他因素。

案例："闪银"商标侵权纠纷

【案情简介】第 13675000 号"闪银"商标由武汉中郡校园服务有限公司（本案被申请人）于 2013 年 12 月 5 日申请注册，被核定使用在第 36 类"保险、金融服务、基金投资、金融贷款、电子转账、信用卡服务、发行有价证券、经纪、担保、信托"服务上，2015 年 9 月 7 日获准注册。2015 年 12 月 7 日北京闪银奇异科技有限公司（本案申请人）对争议商标提出无效宣告请求。申请人称：被申请人自成立至今，先后在 45 个类别上申请、注册了包括争议商标在内的共 1 049 件商标。被申请人无实际使用争议商标的意图。被申请人在与申请人的代理人的电话沟通中，明确表示了其申请商标是通过商标转让进行牟利，而非自己使用。被申请人大量注册商标的唯一目的是通过高额的转让费牟取不正当利益。除武汉中郡校园服务有限公司外，被申请人股东刘凤金、傅发春还设立了多家关联公司抢注商标，其中有两家是专业的商标代理机构。因此，申请人依据《商标法》第四十四条第一款等规定，请求对争议商标予以无效宣告。对此，被申请人答辩称：被申请人虽申请注册商标数量较多，但并不违反法律规定，请求维持争议商标注册。

【裁定结果】被申请人先后在 45 个类别申请、注册了包括争议商标在内的共 1 049 件商标，其注册数量庞大。申请人提供的腾讯微博、新浪微博页面打印件等可以证明申请人在"金融服务"上在先使用了"闪银"商标，且争议商标与"闪银"完全相同，鉴于"闪银"并非现有固定搭配的词汇，被申请人的注册行为难谓正当，因此，除非被申请人可以合理解释争议商标的渊源，否则争议商标与申请人商标构成巧合的可能性很小。被申请人并未对争议商标的合理来源进行陈述并予以举证。综合考虑以上情形，原商标评审委员会认为，被申请人以申请人商标特有表现形式申请注册在与申请人商标使用的"金融服务"具有一定相关性的"金融服务、基金投资、金融贷款、电子转账、信用卡服务"等服务上，具有不正当利用申请人商标以营利的目的。被申请人的注册行为不仅会导致相关公众对服务来源产生误认，更扰乱了正常的商标注册管理秩序，并有损于公平竞争的市场环境，违反了诚实信用原则，不应鼓励和支持。因此，争议商标的申请注册构成了《商标法》第四十四条第一款规定的情形。武汉中郡校园服务有限公司不服，以国家工商行政管理总局商标评审委员会为被告向北京中级人民法院提起行政诉讼，该案经一审、二审后，由最高人民法院再审①。最高人民法院经审理后认为：①商标申请人没有真实使用目的，无正当理由大量囤积商标，谋取不正当利益的，可以认定属于《商标法》第四十四条第一款规定的"其他不正当手段"。②据一、二审查明的事实，武汉中郡公司在多个类别的商品和服务上申请注册了包括争议商标在内的一千余件商标，其中包括大量与他人知名品牌相近似的商标。③其商标注册行为，并非基于生产经营活动的需要，而是无正当理由大量囤积商标，谋取不正当利益。

【典型意义】《商标法》第四十四条第一款中"以其他不正当手段取得商标注册的行为"是指确有充分证据证明系争商标注册人采用欺骗手段以外的其他扰乱商标注册秩序、损害公共利益、不正当占用公共资源或者谋取不正当利益等其他不正当手段取得注册的行为。该行为违反了诚实信用原则，损害了公共利益。实践中，系争商标申请人申请注册多件商标，且与他人具有较强显著性的商标构成相同或者近似的；系争商标申请人申请注册大量商标，且明显缺乏真实使用意图的，均属于本条所指的"以其他不正当手段取得注册"的情形。本案即属于构成上述情形的典型案例。

案例：恶意注册商标

某企业管理咨询公司注册资本 10 万元，业务经营范围仅限于企业咨询服务和品牌策划。该申请人 1 年内先后在第 9 类、第 25 类、第 33 类、第 34 类和第 36 类等商品或者服务上申请注册了 100 多件商标，大多属于以下八种类型：①"粤港澳大湾区""九龙半岛""铜锣湾""维港""纽伦港""北部湾""杭州湾"等与公众知晓的公共地名名称相同的商标；②"抚仙湖""头渚""清江画廊""三峡人家""爱晚亭""醉翁亭""野三坡""塞罕坝""壶口瀑布""黄果树瀑布""大梅沙"等与全国各地知名景点名称相同的商标；③"南京路""春熙路""王府井大街""陆家嘴""旺角"等与知名商业街区名称相同的商标；④"允公允能""学以精工""诚朴雄伟"等与南开大学、北京理工大学、南京大学等我国著名学府校训相近的商标；⑤"粤港澳大桥"等与公众知晓的知名建筑名称相同的商标；⑥"仲尼""唐叔虞""冉季载""皋陶公"等与具有一定知名度的人名相近的商标；⑦"春分""处暑""大暑""寒露"等与二十四节气名称相近的商标；⑧"天秤座""天蝎座""水瓶座"等与十二星座中文名称相同的商标。申请人申请注册的商品及服务与申请人的业务经营范围无关联性，其申请商标指定使用的第 34 类"烟草"商品和第 36 类"银行"服务具有行业特殊性，该申请人注册商标的真实使用目的难以实现又无法举证。该申请人申请的商标已明显超出了正常生产经营需要，申请人大量申请商标注册，占用公共资源，扰乱了正常的商标注册和管理秩序。因此，申请人申请商标的行为已构成《商标法》第四条所说的"不以使用为目的的恶意商

---

① 最高法院：武汉中郡公司与商标评审委员会、闪银奇异公司商标权无效行政纠纷再审案（涉及大量囤积商标）[EB/OL]. (2018-10-13) [2022-05-17]. http://www.chinaiprlaw.cn/index.php? id=5372.

标注册申请"之情形。

　　在国际范围内，商标在所用于的商品和服务的性质、质量和地理来源方面欺骗公众的，一般不予注册。例如：俄罗斯联邦申请标志中所含的文字要素"咖啡"指一种具体商品（见图5-15），用在部分商品的申请上是虚假的，如"茶、米、酵母、盐、芥末、胡椒、醋"。

图5-15　俄罗斯联邦商标

　　丹麦：图5-16所示商标被认为可能在部分商品的性质上造成误导。"milk time"表示一种具体商品，即奶制品。因此该商标在第30类"水冰、冻酸奶产品"上可能造成误导。

图5-16　丹麦商标

　　德国：商标"LadyDi"被认为申请目的是妨碍权利人对威尔士王妃戴安娜的知名度进行经济上的开发，或者是为了从权利人那里取得报酬。该申请在同名者死后第二天提交，清楚表明了在她死后商业价值提高的情况下把该商标用作"拦阻装置"的意图。德国专利商标局对申请人在提出申请时是否出于恶意进行了依照职权的审查。

　　（四）以不正当手段抢注他人已经使用并有一定影响的商标

　　1. 商标抢注的一般性规制

　　商标抢注有广义和狭义之分。广义的商标抢注是指未经在先权益人许可，将其享有财产权益或者人身权益的标识申请商标注册的行为。狭义的商标抢注则是指未经在先商业标识使用者许可，将其商业标识申请商标注册的行为。由于广义的商标抢注如将他人著作物、享有专利权的实用新型或者外观设计或者姓名抢注为商标，可以分别通过著作权法、专利法或者侵权责任法、民法进行规定，因此在商标法领域谈论商标抢注通常是指狭义的商标抢注。狭义的商标抢注涉及的标识主要包括他人在先使用的商标（注册商标和未注册商标）、商号、域名。所谓商标抢注，即指抢先在特定商品或服务类别上申请注册商标以取得该商标专用权的行为。依据被抢注商标的注册情况，该行为可以进一步划分为抢注注册商标、抢注未注册商标以及抢注期满未续的商标；依据抢注商标与被抢注商标所使用的商品或服务类别的关系，还可以划分为同类抢注、跨类抢注以及同类兼跨类抢注；依据被抢注商标的知名度，还可以划分为驰名商标抢注和普通商标抢注。被抢注商标知名度越高，抢注行为人在申请注册前接触到该商标的可能性越高，具有主观恶意的可能性也越高，商标法对被抢注商标的保护的范围和强度也就相对越大。

67

如果抢注人违反诚实信用原则，其侵害他人在先合法权益或公共利益的商标申请注册行为，就构成以不正当手段抢注他人已经使用并有一定影响的商标的行为。换言之，商标注册制度背景下，商标抢注为中性概念，并非当然违法，所谓商标恶意抢注，应当是指明知或应知他人在先权益的存在，但依然不避让地将与相关标志相同或近似的标志申请注册商标，或不以使用为目的大量申请注册商标的行为。《商标法》第三十二条规定："申请商标注册……，也不得以不正当手段抢先注册他人已经使用并有一定影响的商标。"上述规定是基于诚实信用原则，对已经使用并有一定影响的未注册商标予以保护，制止以不正当手段抢注的行为，弥补严格实行注册原则的不足。未注册商标包括在系争商标申请日前未提出商标注册申请或者注册期满未续展而丧失商标专用权的商标。"已经使用并有一定影响的商标"是指在先未注册商标通过商业宣传和生产经营活动，发挥了识别商品或者服务来源的作用，并为中国一定范围的相关公众所知晓。法律规定不得作为商标使用的标识，不能被认定为"已经使用并有一定影响的商标"。系争商标申请人明知或者应知他人在先使用未注册商标的存在而抢先注册的行为，会被判定为采取了"不正当手段"，判定时可综合考虑下列因素：①系争商标申请人与在先使用人曾有贸易往来或合作关系，或者曾就达成上述关系进行过磋商；②系争商标申请人与在先商标使用人共处相同地域或地缘接近，或者属于同行业竞争关系；③系争商标申请人与在先使用人曾发生过其他纠纷，可知晓在先使用人商标；④系争商标申请人与在先使用人曾有内部人员往来关系；⑤系争商标申请人与在先商标使用人具有亲属关系；⑥系争商标申请人利用在先使用人有一定影响商标的声誉和影响力进行误导宣传，胁迫在先使用人与其进行贸易合作，向在先使用人或者他人索要高额转让费、许可使用费或者侵权赔偿金等行为；⑦他人商标具有较强显著性或较高知名度，系争商标与之相同或高度近似；⑧其他明知或者应知他人在先使用未注册商标存在的情形。

该条款适用于：①他人商标在系争商标申请日之前已经在先使用并有一定影响；②系争商标与他人商标相同或者近似；③系争商标所指定的商品/服务与他人商标所使用的商品/服务原则上相同或者类似；④系争商标申请人采取了不正当手段。在先使用并有一定影响的商标的所有人或者利害关系人依据《商标法》第三十二条的规定对系争商标提出无效宣告的，应自系争商标核准注册之日起五年内提出。

2. 特定关系人抢注他人在先使用商标

《商标法》第十五条第二款规定：就同一种商品或者类似商品申请注册的商标与他人在先使用的未注册商标相同或者近似，申请人与该他人具有前款规定以外的合同、业务往来关系或者其他关系而明知该他人商标存在，该他人提出异议的，不予注册。本款是对除前款规定以外的合同、业务往来关系或者其他关系而明知他人商标，而在同一种或类似商品上恶意抢先注册行为的禁止性规定。

认定特定关系人抢注他人在先使用商标须符合下列要件：①他人商标在系争商标申请之前在先使用；②系争商标注册申请人与商标在先使用人存在合同、业务往来关系或者其他关系，因该特定关系注册申请人明知他人商标的存在；③系争商标指定使用在与他人在先使用商标同一种或者类似的商品或者服务上；④系争商标与他人在先使用商标相同或者近似。这里所说的"在先使用"既包括在实际销售的商品、提供的服务上使用商标，也包括对商标进行的推广宣传，还包括在先使用人为标有其商标的商品或者服务投入市场而进行的实际准备活动。在先使用人只需证明商标已经使用，无须证明商标通过使用具有了一定影响。该条款所说的合同、业务往来关系是指双方存在代表、代理关系以外的其他商业合作、贸易往来关系；其他关系是指双方商业往来之外的其他关系。对合同、业务往来或者其他关系范围的界定应当从维护诚实信用原则立法宗旨出发，以保护在先权利、制止不公平竞争为落脚点，只要有合同、业务往来关系或者其他关系而明知他人在先使用商标存在进行抢注的，均应纳入本款规定予以规制。常见的合同、业务往来关系包括：①买卖关系；②委托加工关系；③加盟关系（商标使用许可）；④投资关系；⑤赞助、联合举办活动；⑥业务考察、磋商关系；⑦广告代理关系；⑧其他商业往来关系。

3. 不以使用为目的的恶意抢注

《商标法》于 2019 年修订以后，第四条新增条款"不以使用为目的的恶意商标注册申请，应当予以驳回"无疑为遏制商标恶意抢注行为注入了一针强心剂，加大了对缺乏真实使用意图的商标恶意抢注行为的打击力度，直接将"不以使用为目的的恶意商标注册申请"纳入了绝对禁止的情形，也为被抢注人寻求司法救济提供了另一条可供选择的有效路径。该条款仅有两个适用要件，即"不以使用为目的"和"恶意"，也可将"不以使用为目的"视为"恶意"的定语。与第三十二条相比，该条款多了"不以使用为目的"要件，但是适用的范围却从抢注他人在先使用的未注册商标扩大至抢注他人在先使用的标识和公共符号资源的情形，即侵害他人在先权益的恶意抢注和商标囤积行为也属于第四条可以规制的对象。同时，相对于第三十二条而言，适用第四条提出异议或请求无效宣告的被抢注人还不用受到主体资格和五年除斥期间的限制，任何人都能够随时以违反第四条为由提出异议和请求无效宣告，而这一点对于有效规制商标恶意抢注行为具有重要补充意义。第四条新增条款的进步意义不止于此。实质上，第四条中"恶意"要件的内涵比第三十二条中"不正当手段"要件的内涵更加广泛。所谓"不正当手段"是指抢注行为人明知或应知他人在先商标的存在；而"恶意"不仅包括"不正当手段"的内涵，还包括侵害他人其他合法权益和公共利益之内涵，因此无正当理由大量申请注册商标的行为同样属于具有恶意的商标注册申请，即落入了第四条的适用范围。因此，只要恶意抢注行为人同时还抢注了大量其他商标，则其行为有可能构成商标囤积。若被抢注人以构成商标囤积为由申请宣告无效，则无须再证明恶意抢注行为人明知或应知其在先标识的存在，更无须证明抢注商标与在先标识容易造成相关公众的混淆或误认，即可以避免十分复杂的混淆认定问题，不必再纠缠于商标相同或近似认定和商品或服务相同或类似认定的相关问题[①]。

4. 驰名商标抢注的规制

若恶意抢注行为人与被抢注人之间并不存在任何特殊关系，则应当考虑被抢注

① 宁立志，叶紫薇. 商标恶意抢注法律适用研究［J］. 法学评论，2022（2）：181-196.

商标是否达到驰名程度，若答案是肯定的，则可优先适用《商标法》第十三条驰名商标保护条款。驰名商标的特殊保护和扩大保护不仅体现在商标侵权保护方面，也充分体现在对抗恶意抢注方面。只要申请注册的商标标志与他人驰名商标相同或近似，且客观上容易导致相关公众混淆的，即应被视为应当禁止注册的情形，而无须考量商标注册申请人是否具有主观恶意。已注册驰名商标权利人更是可以突破商品或服务类别相同或类似的限制对抗跨类抢注。同时，驰名商标的特殊保护还体现于被恶意抢注的驰名商标所有人请求无效宣告不受五年除斥期间限制。驰名商标的知名度极高，已经达到了在全国范围内被相关公众知晓的程度，在抢注人无反证的情形下，一般均可认定其明知他人的先驰名商标，即可以推定其具有主观恶意。

案例：抢注驰名商标

广州市指南针会展服务有限公司（简称"指南针公司"）与广州中唯企业管理咨询服务有限公司（简称"中唯公司"）为涉案商标的共有人，该商标核定使用商品为第25类。优衣库商贸有限公司（简称"优衣库公司"）与迅销（中国）商贸有限公司（简称"迅销公司"）共同经营"优衣库"品牌，在中国各地设有专营店。2012年11月3日，株式会社迅销向商标局申请G1133303号商标领土延伸。优衣库公司销售的高级轻型羽绒系列服装上有使用标识。指南针公司、中唯公司依据涉案注册商标专用权，在北京、上海、广东、浙江四地针对优衣库公司或迅销公司和不同门店提起了42起商标侵权诉讼。根据法院查明的事实，中唯公司和指南针公司分别持有注册商标共计2 600余个，其中部分商标与他人知名商标在呼叫或者视觉上高度近似。指南针公司、中唯公司曾在华唯商标转让网上公开出售涉案商标，并向迅销公司提出诉争商标转让费800万元。上海市第二中级人民法院一审判决优衣库公司停止侵权，驳回其他诉讼请求。指南针公司、中唯公司、优衣库公司均不服，提起上诉。上海市高级人民法院二审判决驳回上诉，维持原判。优衣库公司不服，向最高人民法院申请再审。最高人民法院再审期间查明，迅销公司就涉案注册商标向商标评审委员会提出了无效宣告申请。经商标无效程序、法院一审、二审，涉案商标被宣告无效。最高人民法院提审后判决撤销一、二审判决，驳回指南针公司和中唯公司全部诉讼请求①。根据法院举证质询：

①根据公司网站的介绍等信息，原告指南针公司、中唯公司及其股东华唯公司，分别持有注册商标2 600余个，其中多为囤积闲置待估状态。②原告曾多次与被告商谈商标转让事宜，并屡次抬高商标转让价格，试图谋取高额利润。③在高价转让商标的目的未能实现后，原告以侵犯商标专用权这一理由，在全国各地，向多家企业门面提起关联、系列诉讼案件，影响范围极大②。

当前社会上部分经营主体违反诚实信用原则大规模注册与他人知名商标近似的商标，有目标、有预谋地利用司法程序企图获得不正当利益。最高人民法院在判决

---

① 再审审理期间，针对涉案注册商标，迅销公司向商标评审委员会提出无效宣告申请后，涉案注册商标最终被撤销。

② 参见最高人民法院（2017）最高法行申4191号行政裁定书。

中指出，指南针公司、中唯公司以不正当方式取得商标权后，目标明确指向优衣库公司等，意图将该商标高价转让；在未能成功转让该商标后，又分别以优衣库公司、迅销公司及其各自门店侵害该商标专用权为由，以基本相同的事实提起系列诉讼，在每个案件中均以优衣库公司或迅销公司及作为其门店的一家分公司为共同被告起诉，利用优衣库公司或迅销公司门店众多的特点，形成全国范围内的批量诉讼，请求法院判令优衣库公司或迅销公司及其众多门店停止使用并索取赔偿，主观恶意明显，其行为明显违反诚实信用原则，对其借用司法资源以商标权谋取不正当利益之行为，依法不予保护。最高人民法院鲜明地表达了恶意取得并利用商标权谋取不正当利益之行为不受法律保护，对建设健康有序的商标秩序，净化市场环境，遏制利用不正当手段取得的商标权进行恶意诉讼的行为具有典型意义。

第二节　显著性

一、显著性理论

商标的显著特征是指商标应当具备的足以使相关公众区分商品来源的特征。判断商标是否具有显著特征，应当综合考虑构成商标的标志本身的含义、呼叫和外观构成，商标指定使用商品，商标指定使用商品的相关公众的认知习惯，商标指定使用商品所属行业的实际使用情况等因素。作为商标法中的基础概念，商标显著性是商标注册和维持的基本条件，对于商标权利人和消费者具有重要的意义。商标法保护能够区分商品或服务的标志，因而标志必须具有显著性才能够进行商标注册，并获得注册商标专用权的保护。在获得商标注册后，必须保证商标显著性才能够维持商标注册的法律状态。一旦注册商标丧失显著性，变成商品或服务的通用名称，则无法作为注册商标继续获得保护，可能会被宣告无效或撤销。商标显著性具有维系企业商誉的重要作用。商标具有显著性，表明商标与其标注的商品或服务之间具有较为紧密的联系，消费者能够据此识别商品或者服务的来源。在此基础上，经过经营者对商品和商标的宣传等的投入，商标显著性将不断增强，商标与企业的商誉联系越加紧密。在商标显著性得以维持的前提下，企业的商誉也会得到消费者的持续认可。商标显著性能够保护公共利益，促进市场自由竞争。保证商品或服务的质量，保障消费者利益并促进市场经济发展，是商标法重要的立法宗旨。商标显著性的长期存在代表了服务或商品的良好质量，能够让消费者进行来源识别，选择优质的服务或商品。对于具有显著性的商标，其他企业可以通过描述性使用等方式进行合理使用，进而充分保护社会公共利益，促进市场自由竞争。

商标按照其显著性的来源方式可以分为"固有显著性"和"获得显著性"。所谓固有显著性，是指某些标志在用于特定商品或服务时，从一开始就具有显著性。所谓获得显著性，则是指某些标志本身缺乏固有显著性，只是通用标志或者描述性标志，但经过权利人长期使用和广告宣传之后，消费者已经逐渐意识到这些标志是在指示特定商品或服务的出处，而不仅是在对商品或服务进行描述。通用标志或者描述性标志在经过长期使用，获得"第二含义"之后，就具有指示特定商品或服务出处的功能。由此，先天没有"固有显著性"的通用标志、描述性标志等就在后天获得了显著性，具备被注册为商标的可能性。该理论根据商标固有显著性（识别性）的不同，将商标分为强商标（strongmark）和弱商标（weakmark），只有强商标才能获得注册，即只有商标本身具有显著性或者商标所有人证明其商标已取得第二含义（secondarymeaning），该商标才可以注册。强商标包括三种，即臆造性商标（fancifulmarks）、任意性商标（arbitrarymarks）和暗示性商标（suggestivemarks）。以文字商标为例，所谓臆造性商标，是指构成商标的单词或者字母组合在词典上没有任何含义。例如，"SONY"（科技公司的商标）本身没有描述任何事物，且没有任何含义，是一种臆造性商标。但是，并非所有由自创词构成的商标都属于臆造性商标，有些词可以在构成方式和发音上让消费者认识到某种含义。例如"足力健"使用在"鞋"这种商品上，它会使消费者认为商标构成对其使用商品的质量特点的描述，因此该商标不属于臆造性商标。所谓任意性商标，是指构成商标的单词或者单词组合在词典上有固定含义，但与其指定的商品或者服务无关。例如，使用在"互联网搜索引擎"上的"Yahoo！"商标〔Yahoo（雅虎）为我国消费者所熟悉的著名网站之一，该词含义为人形兽。雅虎，后指有野兽习性的可恶的人、人面兽心的人〕。所谓暗示性商标，是指对其使用商品的性质或者质量具有影射或者暗示作用的商标。例如，"Baidu"（众里寻他千百度）商标暗示了但未直接描述其"网络搜索"的功能。弱商标的常见形态有描述性商标（descriptivemark）、地名商标（geo-graphicmark）和姓氏商标（familynames，surname）。所谓描述性商标，是指仅仅描述了商品的功能、质量、成分等特点的商标。所谓地名商标，是指描述了商品产地或者服务提供场所的商标。例如"凤凰山"是我国具有普遍性的地名。姓氏商标就是以普通姓氏作为商标，如使用在"食品"上的"王致和"商标。对于此类商标，除非申请人能够证明该商标已经通过使用取得第二含义，否则不应被允许注册。其理由在于可能有众多人同时使用相同的姓氏，允许一个人对姓氏享有商标权，会对其他人造成不公平的影响。

二、显著性判断标准

对于商标显著性的判断问题，根据《最高人民法院关于审理商标授权确权行政案件若干问题的规定》，人民法院审查诉争商标是否具有显著性，应当根据商标所指定使用商品的相关公众的通常认识，判断该商标整体上是否具有显著性。商标标志中含有描述性要素，但不影响其整体具有显著性的，或者描述性标志以独特方式加以表现，相关公众能够以其识别商品来源的，应当认定其具有显著性。因此，商标是否具有显著性，应当根据公众一般认知对商标构成要素进行整体判断，识别商标具有显著性的要素和不具有显著性的要素，并根据要素之间的相互影响进行综合判断。

（一）法律基础

《商标法》第十一条规定下列标志不得作为商标注册：①仅有本商品的通用名

称、图形、型号的；②仅直接表示商品的质量、主要原料、功能、用途、重量、数量及其他特点的；③其他缺乏显著特征的。

1. 仅有本商品的通用名称、图形、型号的

一般来讲"通用名称、图形、型号"是指国家标准、行业标准规定的或者约定俗成的名称、图形、型号，其中包括全称、简称、缩写、俗称，经注册登记的植物新品种也为通用名称。认定商品或服务的名称是否属于本商品或者服务的通用名称、图形、型号有两个途径：一是依照法律规定或者国家标准、行业标准；二是看在相关公众的认知中是否已约定俗成或已普遍使用。一般以全国范围内相关公众的通常认识为判断标准。对于历史传统、风土人情、地理环境等原因形成的相关市场较为固定的商品或者服务，在该相关市场内通用的称谓、图形、型号，也可以被认定为通用名称、图形、型号。"仅"是指申请注册的商标中除本商品或者服务的通用名称、图形、型号以外并无其他构成要素。商品或者服务的通用名称、图形、型号因其在行业内或公众中被广泛使用，显然不具有区别不同生产者和经营者的商品或者服务的功能，不具备显著特征。而且，此类标志应由本行业的生产者或经营者在其生产或经营活动中共同使用，而不应由某个生产者或经营者独占使用。允许此类标志作为商标注册，容易引起争议，从而扰乱公平竞争的市场秩序，故应予禁止注册。需要注意的是，本条强调"仅有本商品的通用名称、图形、型号"的标志不得作为商标注册，如果标志的设计不是"仅有本商品的通用名称、图形、型号"，而是与其他具有显著特征的要素组合在一起，则不能直接认定该标志缺乏显著性，其整体是否具备显著特征需综合判断。

2. 仅直接表示商品的质量、主要原料、功能、用途、重量、数量及其他特点的

"仅直接表示"是指申请商标仅由对指定商品或者服务的质量、主要原料、功能、用途、重量、数量及其他特点，具有直接说明性和描述性的标志构成，或者商标虽然包含其他构成要素，但整体上仅直接表示。判断"仅直接表示"必须结合商标指定的商品或者服务、相关公众的认知习惯等因素，不能机械地以其包含直接说明性和描述性要素进行认定，商标整体上是对指定的商品或者服务特点进行描述的，才会被禁止注册。"质量"是指商品或者服务的优劣程度，如"一流""顶级""优秀"等。"主要原料"是指商品的主要成分或主要的经加工、半加工的材料，如"西柚"（指定商品：果汁饮料）、"羊毛"（指定商品：地毯）。"功能""用途"是指商品或者服务所发挥的作用等，如"载重"（指定商品：汽车）、"清洁"（指定服务：家政服务）、"物流"（指定服务：运输）。"重量"是指商品或者服务的轻重，一般以重量单位来表示，如"克拉"（指定商品：珠宝）、"十吨"（指定服务：运输服务）。"数量"表示商品或者服务的多少，如"两副"（指定商品：扑克牌）、"两顿"（指定服务：餐馆、饭店）。"其他特点"是指对商品或者服务的价格、尺码、风味、使用方法、内容、生产工艺、技术特点、销售场所等的说明或描述。如"9元9"（指定商品：家用或厨房用容器）、"麻辣"（指定服务：餐饮）、"超肥大"（指定商品：衣服）、"机绣"（指定商品：服装）。

直接表示商品或者服务的质量、主要原料、功能、用途、重量、数量及其他特

点的标志通常无法将商品或者服务的来源区别开来，故缺乏商标的显著特征。而且，此类标志被有关行业的生产者和经营者经常用来描述其商品或者服务，应由本行业公用，不宜被某一家独占使用。允许此类标志作为商标注册，容易引起争议，从而扰乱公平竞争的市场秩序，故应予禁止注册。如果一件标志的设计不是仅含上述"仅直接表示商品的质量、主要原料、功能、用途、重量、数量及其他特点的"部分，而是与其他具有显著特征的要素组合在一起，则不能直接认定该标志缺乏显著性，其整体是否具备显著特征需综合判断。

3. 其他缺乏显著特征的

其他缺乏显著特征的标志，是指前述两项规定以外的，依照社会通常观念，作为商标使用在指定商品或者服务上的不具备商标的显著特征的标志。常见类型主要包括以下几种：①商标过于简单或者过于复杂的。如过于简单的线条、普通几何图形、一个或两个普通表现形式的字母，或者过于复杂的文字、图形、数字、字母或上述要素的组合等。②表示商品或者服务特点的短语或者句子，或者普通广告宣传用语。此类句子或短语，相关消费者通常不会将其视为指示商品或者服务来源的标志，因此其不具备商标的显著特征。③日常商贸场所、用语或标志。这些商业贸易常用的场所、语言或标志，缺乏显著特征。④企业的组织形式、行业名称或简称。这些被有关行业的生产者或经营者用来呼叫其行业或描述其行业的组织形式，为行业公用，不具备商标的显著特征。⑤仅有申请人（自然人除外）名称全称的。一般来说，申请人（自然人除外）名称全称缺乏商标的显著特征，消费者通常不会将其识别为商标。⑥常用祝颂语和日常用语、网络流行词汇及表情包、常用标志符号、节日名称、格言警句等。这些在日常生活中经常被大众使用，消费者通常不会将其视为指示商品或者服务来源的标志，因此其不具备商标的显著特征。

（二）一般商品的判断方法

1. 仅有商品的通用名称、图形、型号的

解释：是指国家标准、行业标准规定的或者约定俗成的名称、图形、型号，其中名称包括全称、简称、缩写、俗称。仅有商品通用名称的情况如图 5-17 所示。

指定使用商品：苹果

指定使用商品：鞋底

图 5-17　仅有商品通用名称

2. 仅直接表示商品的质量、主要原料、功能、用途、重量、数量及其他特点的

（1）解释："仅直接表示"是指商标仅由对指定使用商品的质量、主要原料、功能、用途、重量、数量或服务内容、质量、方式、目的、对象及其他特点，具有直接说明性和描述性的标志构成，或者商标虽然包含其他构成要素，但整体上仅直接表示。仅表示商品用途的情况如图 5-18 所示。

指定使用商品：车辆轮胎　　指定使用商品：漏电保护器　　指定使用商品：气体净化装置

溶栓清脂　　　　脑基因

指定使用商品：医药制剂　　　指定使用商品：医用营养饮料

图5-18　仅表示商品用途

（2）案例。①在国际范围内，以日本为例：图5-19所示的商标由日语"巨型"一词构成，申请指定"肉，已加工肉制品，海鲜"，被法院以描述性为由驳回。法院认为，经查明，"巨型"一词不仅在普通字典中出现，也被用于显示包括食物制品在内的物品的大小，因此商标中的"巨型"一词将被理解为显示了所指定商品的大小。

图5-19　表示商品大小（日语）

②以德国为例：糖果形状被认为不能在"糖果"上得到保护，因此对该标志不予商标注册。糖果的形状由表现性特征的组合构成，人们自然联想到这些特征，它们也是有关商品的典型特征。看上去是糖果行业普遍使用的某些基本形状的变体，与糖果上普遍使用的有关商品的其他形状没有显著区别（见图5-20）。

图5-20　表示商品形状（德国）

③以丹麦为例：某个申请注册的商标由商品，即巧克力威化的图样构成（见图5-21）。冰激凌用威化饼的大小和形状的情况通常有很多，其中有包裹巧克力的，也有不包裹巧克力的。因此，消费者习惯看到各种形状的威化饼，而且消费者由此不太可能把威化饼的形状认作商品的商标。所以，商品的形状无法让消费者把申请人的商品与其他生产商的商品区别开来。

75

图 5-21　表示商品形状（丹麦）

3. 其他缺乏显著性的

（1）解释：其他缺乏显著特征的标志，是指依照社会通常观念，其本身或者作为商标使用在指定商品上，不具备表示商品来源的作用的标志。

（2）案例。①过于简单的线条、普通几何图形，属于其他缺乏显著性的情况（见图5-22）。

指定使用商品：服装　　指定使用商品：手表、钟　　指定使用商品：混凝土建筑构件

图 5-22　图形等构成要素过于简单

② 在 国 际 上，以 美 国 为 例：InreRight－OnCo.，Ltd，87USPQ2d1152（TTAB2008）。相关委员会以装饰作用为由对用于各种穿着用品，包括牛仔服、衬衣、鞋和帽的袋花图案（见图5-23），驳回了商标注册申请。证据表明袋花是牛仔服装领域一种流行的装饰形式，该委员会认定，在这种常见的基本图案中，"简单的美化"不能具有固有显著性。

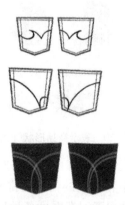

图 5-23　用于牛仔裤商品而不具有显著性的图案

③以瑞典为例：图5-24所示商标被驳回，理由是形状的基本特征只能来自一种技术效果。当地法院指出，即使证明有其他形状可以获得相同的技术效果，也不能克服《瑞典商标法》第13条第2款规定的驳回理由（案件号06-168，专利上诉法院）。

图 5-24　仅表示一种技术效果（瑞典）

④表示商品或者服务特点的短语或者句子，普通广告宣传用语（见图 5-25），不能成为商标。

指定使用商品：旅行箱、包
注：对使用对象进行引导

指定使用商品：饲料
注：表示使用商品的效果

图 5-25　只是一种广告用语

（三）实际使用产生显著性

与固有显著性相对，获得显著性是指某些标志本身缺乏固有显著性，只是通用标志或者描述性标志，但经过权利人长期使用和广告宣传之后，消费者已经逐渐意识到它们是在指示特定商品或服务的出处，而不仅是在对商品或服务进行描述。获得"第二含义"之后，标志就具有了指示特定商品或服务出处的功能。在实务中，判断标志是否通过使用获得显著性时，应当结合以下因素进行考量：①该标志实际使用的方式、效果、作用，即是否以商标的方式进行使用；②该标志实际持续使用的时间、地域、范围、销售规模等经营情况；③该标志在相关公众中的知晓程度；④该标志通过使用具有显著性的其他因素。典型代表如图 5-26 和图 5-27 所示。

图 5-26　金霸王电池

指定商品：香水
申请人：克里斯蒂昂迪
奥尔香料公司

指定商品：巧克力
申请人：费列罗有限公司

图 5-27　香水和巧克力

77

案例：小罐茶商标

【案情简介】北京小罐茶业有限公司（简称"小罐茶公司"）注册了第20426843号"小罐茶"商标（简称"诉争商标"，见图5-28），常州开古茶叶食品有限公司（简称"开古茶公司"）向国家知识产权局提出无效宣告请求的理由包括《商标法》第十一条第一款第一项、第二项、第三项等，具体包括诉争商标指定使用在茶、茶饮料等商品上仅表示了商品的包装方式等特点而缺乏显著特征。国家知识产权局认定诉争商标未违反《商标法》第十条第一款第七、第八项的规定，未构成《商标法》第十一条第一款第一项所指情形。国家知识产权局认为，虽然诉争商标指定使用在茶、茶饮料等商品上仅表示了商品的包装方式等特点而缺乏显著特征，但在案证据可以证明"小罐茶"商标使用在茶商品上经宣传使用而在一定程度上起到了区别商品来源的作用，诉争商标构成《商标法》第十一条第二款所指情形，未构成《商标法》第十一条第一款第二项、第三项所指情形，未构成《商标法》第四十四条第一款所指情形，诉争商标予以维持。开古茶公司不服，就被诉裁定向北京知识产权法院提起行政诉讼。

小罐茶

注册商标

图 5-28　小罐茶商标

【裁判结果】2021年2月25日，北京知识产权法院作出一审判决，认为在案证据可以认定诉争商标经使用已取得了可予注册的显著性，符合《商标法》第十一条第二款规定的情形，同时并不违反《商标法》第十条第一款第七、第八项的规定。本案中，诉争商标为中文"小罐茶"，申请注册在"茶；用作茶叶代用品的花或叶；茶饮料；冰茶"商品上，其中，"茶"是茶叶的简称，"小罐"，通常指产品的包装，"小罐茶"字面意思为小型罐体包装的茶叶，"小罐茶"直接表明了该类商品的主要原料、产品包装特征等特点，缺乏商标应有的固有显著性，本应符合《商标法》第十一条第一款第二项规定的不得注册为商标的情形。但是，《商标法》第十一条第二款规定，前款所列标志经过使用取得显著特征，并便于识别的，可以作为商标注册。在缺乏固有显著性的情况下，标志本身仍旧可以通过真实、合法、有效的使用，取得显著特征，从而获得可注册性。法院经审理查明，第三人对"小罐茶"已投入广告2.6亿元，在全国多省市开设门店600余家。结合第三人提交的经销合同及发票、所获荣誉、广告宣传合同、媒体报道、市场调研报告、广告审计报告等材料，以及多件民事判决中认定的事实情况，北京知识产权法院认为，在案证据可以认定诉争商标在相关公众中已具有较高知名度，与第三人形成了对应关系，经使用取得了可作为商标注册的显著性，可以起到区分商品来源的作用。因此，诉争商标经使用已取得了可予注册的显著性，符合《商标法》第十一条第二款规定的情形。

（四）特定类型商标的显著性判断

1. 颜色组合商标

颜色组合商标显著特征审查，除与其他类型商标显著特征审查一样需综合考虑商标本身构成、指定的商品或者服务、相关公众的认知习惯等因素之外，还应对颜色组合商标的自身属性、构成元素、使用方式、持续使用时间、使用强度、同业经营者对同类颜色的使用情况、相关行业商标使用惯例、对颜色组合商标的广告宣传及其效果、相关公众的知晓程度等因素进行综合判定。典型的颜色组合商标如图5-29 所示。

指定服务：车辆加油站　　　　　　　　（实际使用方式图）

图 5-29　加油站商标

2. 声音商标

人们对声音商标的认知通过听觉实现，且声音对播放载体的依附性导致其与许多商品和服务项目难以直观、紧密地结合，使用时可能会被认知为背景音乐或广告宣传。即使是独特的声音，也并不天然具有商标的固有显著性，难以发挥区分商品或者服务来源的功能与作用。一般情况下，需要有充分的证据证明声音商标通过长期或广泛的使用取得了显著特征，能够识别和区分商品或者服务的来源。声音商标显著特征的判断，除了与传统可视性商标显著特征审查一样需综合考虑商标本身构成、指定的商品或者服务、相关公众的认知习惯等因素，还应对声音商标的听觉感知、声音效果、使用方式、持续使用时间、使用强度、同业经营者对同类声音的使用情况、相关行业商标使用惯例、对声音商标的广告宣传及其效果、相关公众的知晓程度等因素进行综合判定。

例如：钢琴弹奏声指定在"乐器"上，儿童嬉笑声指定在"婴儿奶粉"上等，就属于仅直接表示指定商品或者服务内容、消费对象、质量、功能、用途及其他特点的声音；开启酒瓶的清脆"嗒"声指定在"啤酒"上，验钞机"哗哗"的数钱声指定在"银行"服务上等，就属于使用商品时或提供服务时难以避免或通常出现的声音；以简单旋律唱出"恭喜你发财"，以平常语调招呼"来了，您呐~"就是过于简单的用语。判定某个声音商标是否经过使用取得显著特征时还需要注意：对于文字呼叫类声音商标，注意分辨在使用过程中真正起识别作用的是呼叫的文字，还是声音本身。如果声音商标是以平常语调或极其简单的旋律呼叫文字的构成形式，在使用过程中，很可能令人印象深刻起到识别作用的仍为文字，声音仅被视为文字的辅助背景。虽然此类声音商标可能被证明经长期或广泛使用已被相关公众熟知，但声音本身是否被作为用来识别和区分商品或者服务来源的商标，需要根据实际情况分析判断。声音为申请人所独创或最早使用，并不能理所当然地表明其具有作为声音商标的显著特征。

图 5-30 所示的声音商标指定使用在"新闻社服务"等服务上；商标申请人为中央电视台；声音由引子、主题和尾声三段构成。引子由铜管演奏，分解的大三和弦旋律庄严而神圣，中段为弦乐演奏的主题，结尾由三个音构成。该声音作为《新闻联播》节目开始曲使用。

声音由引子、主题和尾声三段构成。引子由铜管演奏，分解的大三和弦旋律庄严而神圣；中段为弦乐演奏的主题；结尾由三个音构成。

图 5-30 声音商标的注册形式

3. 立体商标

立体商标的显著特征审查与平面商标一样，需综合考虑商标本身构成形式、指定的商品或者服务、相关公众的认知习惯、所属行业的实际使用情况等因素。此外，还应考虑立体商标的构成元素、视觉效果、使用方式等特殊因素。下列情况一般可以判断为不具备显著性：①仅以商品自身的三维形状申请注册立体商标的。②商品包装或容器的主要功能是保护、承载商品，以便于储运和销售，仅以商品包装或容器的形状申请商标的。③简单的、普通的三维形状或是起装饰性作用的三维形状。④服务行业为了提供服务使用的通用或常用物品的三维形状（见图 5-31）。

指定商品：儿童用毯子　　指定商品：药品

指定商品：酒精饮料　　指定商品：果酱　　指定商品：蛋糕

图 5-31 三维标志、指定颜色

案例：费列罗商标

【案情简介】申请人：费列罗有限公司，申请商标是由蛋壳状三维标志、红蓝白三种颜色和外文"Kinder"组合而成的立体商标（见图 5-32）。其中带有指定颜色的蛋壳状三维标志使用在"巧克力"商品上具有显著特征，外文"Kinder"使用在复审商品上也具有显著特征。同时，申请人提交的证据可以证明该三维标志自进入中国市场起，通过广泛宣传和大力推广，使得该商标在"巧克力"商品上已具有一定知名度，并与申请人形成唯一对应关系。申请商标在上述商品上具有显著性，并通过实际使用进一步增强了其识别性，可以起到区分商品来源的作用。申请商标指定使用在巧克力商品上的注册申请已被予以初步审定。国家知识产权局认定：申请商标指定使用的"甜食"商品涉及范围较广，且不明确，同时在案证据不足以证明其在甜食商品上经使用已产生显著性。综上，申请商标在甜食商品上的注册申请予以驳回。费列罗有限公司不服，提出复审。

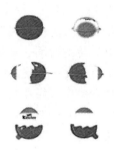

图 5-32　费列罗蛋壳三维标志

【案件评析】立体商标和其他类型的商标一样，都要接受禁用条款、显著特征和相同、近似审查。此外，立体商标还要接受功能性审查。而显著性和非功能性是立体商标获准注册的关键。

关键点 1：立体商标的显著性与非功能性

显著性是商标的基本属性。按照《商标审查及审理标准》，三维标志显著性的判定，需要审查三维标志是否属于基本、简单和普通的立体形状，装饰性的立体形状，行业通用或常用商品的立体形状及商品包装物的立体形状等，以相关公众是否能够以该标志区分商品的来源为标准，针对指定使用的商品逐项审查。功能性要求体现在《商标法》第十二条对三维标志的规定中，其目的在于确保具有实用价值的商品特征不能通过获取可无限续展的注册商标专用权的方式来永久保护，以鼓励合法的市场竞争。三维标志的显著性与非功能性问题在实践中往往存在交叉，比如独特的设计就容易吸引审查员关注其显著性而忽视其可能存在功能性的注册障碍，所以明确二者的区别，是十分必要的。通常情况下，具有性质功能性、技术功能性的商品形状可以通过外观设计专利权相关法律进行保护；具有美学功能性的商品形状可以通过著作权法寻求保护；而商标权保护的是显著性，即使该三维标志是作者独立创作的，但它若不能用来识别商品或服务的来源，则无法获得商标法的保护。具有功能性的三维标志经过使用是否可以获准商标注册呢？事实上，《商标法》第十二条并无但书，即该条列举的三种三维标志即使经过长期使用，仍然不能被注册为商标。基于上述分析，立体商标的非功能性与显著性这两个要件需要分别审查，不应混同。

就本案而言，申请商标作为独特造型的蛋形撕拉口式容器，申请使用在"巧克力"等商品上，该商品包装的形状既不是由商品自身的性质而产生的立体形状，也不是为了满足某种技术效果的商品形状，而且即使被其他包装形状替代，也不会显著影响消费者的购买选择和"巧克力"等的实质性价值。所以，本案申请商标满足申请立体商标的非功能性要求。如前文所述，独创性并非三维标志显著性的判断要件。但是，不可否认的是，标志的独创性有助于增强其作为立体商标时的显著性。本案申请人选择蛋壳形立体形状、红白蓝三色上下排列的颜色组合，并将字母组合置于蛋壳的中上部，有别于同行业巧克力商品的常用或惯用标识，形成了具有独特性的显著整体形象。

关键点2：立体商标经使用取得显著性

判断立体商标通过使用是否足以使其发挥识别商品来源的作用，应当综合考量以下因素：立体商标的持续使用与宣传的时间、地域、范围、销售规模等因素，以相关公众为判断主体，对指定使用商品逐一判定。关于上述标志持续使用与宣传的情况，本案中，费列罗有限公司提供的多家媒体报道、经销协议节选及销售发票等证据可以证明，自2011年标注立体商标的"巧克力"产品即进入中国市场，通过电视广告、报纸等媒体进行了广泛宣传，销售范围涉及全国多个省份，而且已持续使用长达近十年。在相关公众的认知中，申请商标与申请人之间的稳定对应关系已形成，使得相关公众能够结合其立体商标对商品的来源进行认知，即申请商标具有了识别商品来源的作用。关于指定使用商品保护范围的判定，申请注册商标经使用取得显著特征的标志，应当限定在实际使用的商品上，即本案申请商标在"巧克力"商品上予以保护。

【典型意义】在案件审理实践中，商标申请人申请注册立体商标的案件日趋增多，本书从立体商标的显著性与功能性审查方面进行逐一分析论述，明确了二者的关系，并结合案例重点分析了立体商标经使用取得显著性所需要考量的因素，希望为以后此类涉及非传统类型商标的案件的解决提供有益的思路。

第三节　在先性

一、"在先性"的基本理论

《商标法》第三十二条规定："申请商标注册不得损害他人现有的在先权利……"合法在先权利是指申请注册商标的申请日之前他人已经依法取得或者依法享有并受法律保护的权利，既包括在先注册取得的商标权以及在先申请、在先实际使用的商标，也包括其他合法在先权利和应予保护的合法权益，如著作权、外观设计专利权、姓名权、肖像权、已登记使用并有一定影响的企业字号以及有一定影响的商品或者服务名称、包装、装潢等。在审查审理过程中，应当保护合法在先权利，即申请注册的商标不得与他人合法在先权利相冲突，不得损害他人现有的合法在先权利。他人合法在先权利的存在可以成为商标注册的阻却事由，也可以成为已注册商标的无效事由。本条所指的"现有"一般应当以系争商标申请注册日为时间点，确定在先权利是否形成，是否仍处于合法状态，但如果在先权利在案件审理时已不存在的，则一般不影响系争商标的注册。

二、在先权利的内容

（一）字号权

将与他人在先登记、使用并具有一定知名度的字号相同或者近似的文字申请注册为商标，容易导致相关公众混淆，致使在先字号权人的利益可能受到损害的，应当认定为对他人在先字号权的损害，商标应当不予核准注册或者予以无效宣告。以字号权对抗系争商标的，字号的登记、使用日应当早于系争商标的申请注册日。在先享有字号权的事实可以用企业登记资料、使用该字号的商品交易文书、广告宣传材料等加以证明。

1. 适用要件

（1）在系争商标申请注册日之前，他人已在先登记或使用其字号。

（2）在系争商标申请注册日之前，该字号在中国相关公众中已具有一定的知名度。系争商标的注册与使用容易导致中国相关公众误以为该商标所标示的商品或者服务来自字号权人，或者与字号权人有某种特定联系，致使在先字号权人的利益可能受到损害。

2. 关于混淆的可能性的判定

混淆的可能性是指，系争商标的注册与使用将会导致相关公众误以为该商标所标识的商品/服务来自字号权人，或者与字号权人有某种特定联系。认定系争商标容易与在先字号发生混淆，可能损害在先字号权人的利益，应当综合考虑下列各项因素：①系争商标与字号的近似程度。原则上系争商标与在先字号相同或基本相同时可能容易产生混淆，但在个案中应根据在先字号的独创性、知名度对系争商标与字号是否构成近似进行判断。②系争商标指定使用的商品/服务与字号权人实际经营的商品/服务的关联程度。对在先字号权的保护，原则上应当以与字号权人实际经营的商品/服务相同或者类似的商品/服务为限，但在个案中应根据在先字号的独创性、知名度，以及双方商品/服务的关联程度，具体确定该在先字号的保护范围。

（二）著作权

1. 概念

未经著作权人的许可，将他人享有著作权的作品申请注册商标的，应认定为对他人在先著作权的损害，系争商标应当不予核准注册或者予以无效宣告。在先享有著作权是指，在系争商标申请注册日之前，他人已经通过创作完成作品或者继承、转让等方式取得著作权。"作品"是指受到《中华人民共和国著作权法》保护的客体。在先享有著作权的事实可以下列证据材料加以证明：在先公开发表该作品的证据材料，在先创作完成该作品的证据材料，著作权登记证书，通过继承、转让等方式取得在先著作权的证据材料，等等。对生效裁判文书中确认的当事人在先享有著作权的事实，在没有充分相反证据的情况下，可以予以认可。商标注册证或晚于系争商标申请注册日进行登记的著作权登记证书不能单独作为认定在先著作权成立的证据。如果系争商标注册申请人能够证明系争商标是独立创作完成的，则不构成对他人在先著作权的损害。获得著作权人许可的，系争商标注册申请人应就其主张的取得著作权人许可的事实承担举证责任。

2. 适用要件

①在系争商标申请注册之前他人已在先享有著作权；②系争商标与他人在先享有著作权的作品相同或者实质性相似；③系争商标注册申请人接触过或者有可能接触到他人享有著作权的作品；④系争商标注册申请人未经著作权人的许可。

案例："橙米"商标侵犯著作权

【案情简介】

异议人：小米科技有限责任公司

被异议人：泉州广玉电子商务有限公司

被异议商标：**橙米 cnmi**

异议人主要理由：被异议商标与异议人第 32028118 号、第 10674961 号"MI"等商标构成相同或类似商品上的近似商标。被异议商标侵犯了异议人在先美术作品著作权。被异议人未在法定期限内答辩。

经审查，商标局认为，被异议商标 **橙米 cnmi** 指定使用于第 7 类"搅拌机；制食品用电动机械；熨衣机；厨房用电动机器"等商品上。异议人引证商标 **mi** 核定使用于第 7 类"搅拌机；熨衣机；洗衣机；粉刷机；充电式扫地机"等商品上。双方商标指定使用商品属于同一种或类似商品，被异议商标完整包含异议人具有独特设计的引证商标，故双方商标构成使用在同一种或类似商品上的近似商标。异议人提供的著作权登记证书表明该作品于 2011 年 9 月创作完成，并于 2012 年 7 月在国家版权局进行登记，异议人对该作品享有在先著作权。被异议商标英文部分中的"MI"与该作品在设计手法、表现形式、视觉效果等方面相近，已构成实质性近似。异议人提供的证据材料证明，经异议人长期使用和广泛宣传，该作品已在相关公众中具有一定知名度，被异议人有接触该作品的可能。因此，被异议人申请注册被异议商标已构成对异议人在先著作权的侵犯。依据《商标法》第三十条、第三十二条、第三十五条规定，被异议商标不予注册。

【案件评析】本案中，异议人提供的著作权登记证书时间明显早于被异议商标申请注册时间，异议人对该作品享有在先著作权。且在被异议商标申请注册前，异议人已将 **mi** 标识申请注册为商标。鉴于异议人提交的著作权登记证产生于被异议商标申请注册前，具有较强的证明力，其与商标注册证结合，在没有相反证据予以推翻的情况下，可以推定异议人为著作权人。

在著作权归属确定的情况下，判断诉争商标是否损害著作权，还需符合"实质性相似+接触可能"要件。认定实质性相似主要考虑被异议商标是否使用了异议人作品中具有独创性的内容。这与商标近似的判断并不完全相同，商标近似通常以音、形、义来整体判断。但实质性相似并不要求整体的近似性，只要其中某一部分与他人在先作品在设计手法上雷同即构成实质性相似。本案中，**mi** 只是被异议商标的一部分，但该部分与异议人享有著作权的作品在构成元素、设计手法、视觉效果上完全相同，可以认为二者构成实质性相似。是否具有接触可能，通常作品如在先发表、作为商标公开或进行商业使用，可以推定为接触。本案中，异议人 商标在先申请并经初步审定公告，已在先公开，同时异议人在市场也将该商标作为其主要商业标识进行使用和广泛宣传，并具有一定知名度。因此，可以认为被异议人有接触异议人作品的可能。

综合考虑以上因素，本案可以认定被异议人申请注册被异议商标已构成对异议人在先著作权的损害。

【典型意义】本案是一起典型的制止"傍名牌"，对国内知名品牌进行保护的案件。本案中异议人同时主张《商标法》第三十条、第三十二条。本案中商标局较好地把握了两个条款的立法意图和构成要件，在认定商标近似时，坚持整体观察，并充分考虑异议人在先商标的知名度，判断被异议人攀附其商誉之主观意图；在认定损害著作权时，准确理解实质性相似的判断标准，回归著作权保护之本意。本案典型意义在于，在商标权与著作权并存的情况下，厘清了两种权利的保护要件和规则，使两个条款的运用并行不悖，有力地制止了商标注册申请中"傍名牌""搭便车"的行为。

在国际上，以巴西为例。下列标志被以版权在先权为由拒绝商标注册（见图5-33）。巴西国内法律规定，文学、艺术或科学作品，以及受版权保护、可能引起混淆或联想的标题，非经作者或所有人同意，不得作为商标注册。该国版权法未规定版权强制登记，商标审查员不进行该理由的检索。尽管如此，为了将拥有版权的标志作为商标注册，审查员可以要求申请人出示版权所有权的证据或者所有人的授权。

图5-33 在先著作权

（三）外观设计专利权

（1）未经授权，将他人享有专利权的外观设计申请注册商标，致使在先外观设计专利权人的利益可能受到损害的，可以适用《商标法》第三十二条前半段对系争商标不予核准注册或者予以无效宣告。关于他人在先外观设计专利权的界定：外观设计专利的授权公告日应当早于系争商标注册申请日及使用日。系争商标注册申请人应当就其主张的取得外观设计专利权人授权的事实承担举证责任。当事人主张在先享有外观设计专利权的，应当提交外观设计专利证书、年费缴纳凭证等证据材料加以证明。

（2）适用要件：①在系争商标申请注册及使用之前他人已在先享有外观设计专利权；②系争商标与外观设计相同或者近似。

（3）对系争商标与外观设计相同或者近似的判断。关于系争商标与外观设计相同或者近似的判断，既可以就系争商标与外观设计的整体进行比对，也可以就系争商标的主体显著部分与外观设计的要部进行比对。有关系争商标与外观设计相同或者近似的认定，原则上适用商标相同、近似的审查标准。外观设计专利中的文字仅保护其特殊表现形式，其含义并不在专利权保护范围内。

在国际上，以瑞典为例：案件号 02-367（专利上诉法院）。图 5-34 所示的申请人商标被认为与异议人的外观设计明显近似，商标因此被撤销。

申请人商标　　　　　　　　异议人外观设计

图 5-34　相似花纹

（四）姓名权

（1）未经许可，将他人的姓名申请注册商标，给他人姓名权可能造成损害的，系争商标应当不予核准注册或者予以无效宣告。他人的姓名包括本名、笔名、艺名、别名等。"他人"是指提出异议、不予注册复审或者无效宣告申请时在世的自然人。

（2）判断标准。①姓名具有一定的知名度，与自然人建立了稳定的对应关系，在相关公众的认知中，指向该姓名权人。②系争商标的注册给他人姓名权可能造成损害。在个案中综合考虑姓名的知名程度以及系争商标指定的商品或者服务与姓名权人知名领域的关联程度，具体确定该在先姓名权的保护范围。明知为他人的姓名，却基于损害他人利益的目的申请注册商标的，应当被认定为对他人姓名权的损害。③系争商标的注册申请未经姓名权人许可。系争商标注册人主张系争商标的注册申请取得了姓名权人许可的，应承担许可事实的举证责任。

案例："屠呦呦"商标无效宣告

申请人屠呦呦为药学家，在争议商标申请日之前已在中国公众中具有较高知名度，"屠呦呦"几个字稳定指向申请人。被申请人在未经申请人许可的情况下，将与申请人姓名完全相同的文字"屠呦呦"作为争议商标进行注册（见图 5-35），有可能使相关公众认为该商标指定使用的眼镜等商品来源于申请人，或来源于申请人授权的其他主体。因此，争议商标的申请注册损害了申请人的在先姓名权。

指定商品：眼镜等

图 5-35　屠呦呦商标

在国际上，以巴西为例：图 5-36 所示的标志被以侵犯人格权为由拒绝商标注册。巴西国内法律规定，第三方的人名或签名、姓或父名和肖像，未经本人、其继承人或后人同意，不能作为商标注册。审查员将要求申请人遵守人名、签名或肖像（不论知名与否）的授权使用要求，除非申请人是人格权的权利人。这种要求也包括著者的笔名或昵称和个人或集体的艺名，但经本人、其继承人或后人同意的除外。艾尔顿·塞纳（Ayrton Senna）的签名能够取得商标注册，是因为申请人遵守了提供姓名使用授权的要求。

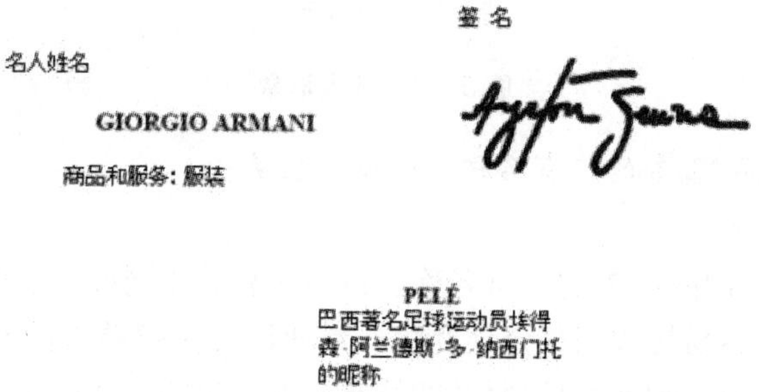

名人姓名
GIORGIO ARMANI
商品和服务：服装

签名

PELÉ
巴西著名足球运动员埃得森·阿兰德斯·多·纳西门托的昵称

图 5-36　签名

（五）肖像权

（1）未经许可，将他人的肖像申请注册商标，可能给他人肖像权造成损害的，系争商标应当不予核准注册或者予以无效宣告。"他人"是指提出异议、不予注册复审或者无效宣告申请时在世的自然人。肖像是指通过摄影、绘画等艺术手段将他人的形象进行再现，包括照片、肖像画、视频等表现形式。

（2）判断标准。①在相关公众的认知中，系争商标图像指向该肖像权人。将他人的肖像照片作为商标申请注册的，不以他人具有公众知名度为保护前提。将他人的肖像画作为商标申请注册的，系争商标图像应具有足以使相关公众将其识别为特定自然人的特征，与该自然人之间形成了稳定的对应关系。②系争商标的注册可能给他人肖像权造成损害。将他人的肖像照片作为商标申请注册的，不以容易使相关公众认为标记有该商标的商品或者服务系经过该自然人许可或者与该自然人存在特定联系为保护前提。将他人的肖像画作为商标申请注册的，在个案中以系争商标的注册使用是否容易使相关公众认为标记有该商标的商品或者服务系经过该自然人许可或者与该自然人存在特定联系，具体确定该在先肖像权的保护范围。明知为他人的肖像，却基于损害他人利益的目的申请注册商标的，应当认定为对他人肖像权的损害。③系争商标的注册申请未经肖像权人许可。系争商标注册人主张系争商标的注册申请取得了肖像权人许可的，应承担许可事实的举证责任。

图 5-37 所示商标无效的申请人系牙买加籍田径运动员，多次打破短跑世界纪录，在比赛获胜后常以射箭姿势作为其庆祝动作。通过大量新闻报道，申请人及其招牌庆祝动作在争议商标申请注册之前已经在中国公众当中具有较高知名度。争议商标中的人物形象和动作姿态容易使相关公众将其认知为申请人及其招牌庆祝动作，

87

从而误认为争议商标使用的服装等商品系经过申请人许可或者与申请人存在特定联系。被申请人未经申请人许可，申请注册争议商标，损害了申请人的在先肖像权，争议商标被宣告无效。

指定商品：服装等

图 5-37　名人形象

（六）知名商品/服务的特有名称、包装、装潢

1. 基本情况

将与他人知名商品/服务的特有名称、包装、装潢相同或者近似的文字、图形等申请注册为商标，容易导致相关公众混淆，致使该合法权益人的利益可能受到损害的，应当认定为对他人知名商品/服务的特有名称、包装、装潢的损害，系争商标应当不予核准注册或者予以无效宣告。知名商品/服务的特有名称、包装、装潢的认定：具有区别商品来源的显著特征的商品的名称、包装、装潢应当被认定为"特有的名称、包装、装潢"。有下列情形之一的，不能被认定为知名商品的特有名称、包装、装潢：①商品的通用名称、图形、符号；②仅直接表示商品的质量、主要原料、功能、用途、重量、数量及其他特点的商品名称；③仅由商品自身的性质产生的形状，为获得技术效果而需有的商品形状以及使商品具有实质性价值的形状；④其他缺乏显著特征的商品名称、包装、装潢。

2. 判断标准

（1）适用要件：①在系争商标申请注册之前他人已在先使用知名商品/服务的特有名称、包装、装潢；②他人知名商品/服务的特有名称、包装、装潢未获准注册为商标；③系争商标与他人知名商品/服务的特有名称、包装、装潢相同或者近似；④系争商标的注册与使用容易导致相关公众产生混淆或误认，致使在先知名商品/服务的特有名称、包装、装潢权益人的利益可能受到损害。

（2）关于混淆可能性的判定：认定系争商标容易与该在先知名商品/服务的特有名称、包装、装潢发生混淆，可能损害在先权益人的利益，应当综合考虑系争商标与该知名商品/服务的特有名称、包装、装潢的近似程度，以及系争商标指定使用的商品/服务与知名商品/服务的关联程度。

案例：不凡帝范梅勒有限公司诉福建省好邻居食品工业有限公司

【案情简介】原告（不凡帝范梅勒有限公司）是位于意大利的糖果制造商，2012 年 4 月起，在中国市场销售"阿尔卑斯特浓牛奶棒棒糖"。该系列棒棒糖具有"香醇奶味""巧克力味""草莓味""葡萄乳酸牛奶味""乳酸牛奶味""杧果乳酸牛奶味"六种口味，每支独立包装的小包装袋具备独特的设计图案。其包装设计图案从上到下依次为：黑白奶牛花纹；双圆环图案，两个圆环中间沿圆形轨迹写有"特浓 8.8RichMilk 特浓 8.8RichMilk"文字，同时内部的小圆环嵌入相关口味的棒棒糖的图案；"阿尔卑斯"文字及欧式红顶小房子、雪山、草地图案；一头奶牛的艺术化图案；"小个头，大奶味"广告语；底部与顶部图案几乎相同，只是方向倒置的黑白奶牛花纹（见图 5-38）。不同口味的棒棒糖，外包装的颜色基调也与这一口味相适应，"香醇奶味"为蓝色、"巧克力味"为深棕色、"草莓味"为粉色、"葡萄乳酸牛奶味"为紫色、"乳酸牛奶味"为浅黄色、"杧果乳酸牛奶味"为橙色。该系列棒棒糖商品，系不同口味的棒棒糖采用相应的糖果颜色，糖果顶部形状总体呈圆形，与一根细长的圆柱形白色支撑棒连接。2014 年 11 月 5 日、11 月 26 日，原告提出申请，公证保全了被告福建省好邻居食品工业有限公司（以下简称"好邻居公司"）通过网络宣传、销售"好邻居特浓牛奶棒棒糖"的行为。11 月 1 日、5 日、6日，原告委托代理人向不同公证处申请证据保全，对好邻居公司通过徐爱仙副食品店、吴玉兰副食品店等实体店铺及其官方旗舰店等网络店铺销售其生产的与原告产品包装近似的棒棒糖进行公证。原告遂向法院提出诉讼请求，请求判令：三被告立即停止不正当竞争行为，被告徐爱仙副食品店、被告吴玉兰副食品店立即停止销售涉案侵权商品并销毁涉案侵权商品；三被告在《中国工商报》（现更名为《中国市场监管报》）等全国范围内具有较大影响力的报纸上对其不正当竞争行为公开发布声明，消除影响；连带赔偿经济损失 100 万元。

图 5-38　知名商品包装

【判决】宁波市中级人民法院经审理认为，原告主张的商品经过长期的宣传、推广，具有较高的销量和广泛的销售范围，为相关公众所知悉，属于反不正当竞争法意义上的"知名商品"。原告委托他人为该商品专门设计的包装具有较强的显著性和美观性，经过长期、大量的使用、宣传，已具有较高知名度。该包装与"阿尔卑斯特浓牛奶棒棒糖（Alpenliebe Rich Milk8.8Lollipop）"结合，已在相关公众心中产生了固定的认知，形成唯一的对应关系，在商标之外，起到识别商品来源的作用，且原告享有基于该设计的全部知识产权。因此，"阿尔卑斯特浓牛奶棒棒糖（Alpenliebe Rich Milk8.8Lollipop）"的单支独立包装属于知名商品特有包装，原告享有的相应权利应受法律保护。关于原告主张的商品本身形状，在棒棒糖商品中较为常见，属惯常设计不具有显著性，难以发挥识别商品来源的功能，故商品本身形状不应作为知名商品特有装潢予以保护。原、被告争议的商品包装均使用在相同的棒棒糖商品上，从包装本身出发，对其主要部分和整体进行比对，可以发现两者的整体风格相似，总体视觉效果近似，会使人误以为是同一系列商品；从商品及包装投入市场的先后来看，在被告好邻居公司使用该款包装时，原告的特有包装已与其具有一定知名度的商品联系在一起，发挥着识别商品来源的作用；从相关公众的角度考量，棒棒糖针对的目标群体主要是注意力、分辨力相对更低的青少年，更容易因为包装整体的相似性而对商品来源产生混淆。考虑二者在同类商品经营中的行业地位和竞争关系，被告好邻居公司理应知晓原告商品的包装使用情况，在此情形下仍使用与原告商品相似的包装，也未能提出合理理由，主观上具有攀附恶意，利用了原告商品已在市场上形成的良好声誉为自己的商品打开销量，获取不正当竞争利益，被告好邻居公司应停止相应的不正当竞争行为并赔偿损失。被告徐爱仙副食品店和吴玉兰副食品店也应停止销售涉案侵权商品。

综上，一审法院于 2017 年 4 月 13 日判决：被告好邻居公司立即停止在涉案商品上使用与原告"阿尔卑斯特浓牛奶棒棒糖"近似包装的不正当竞争行为，并立即删除涉案商品包装图片；被告徐爱仙副食品店、吴玉兰副食品店立即停止销售涉案商品；被告好邻居公司于判决生效之日起三十日内在原《中国工商报》对其不正当竞争行为公开发布声明，为原告消除影响；被告好邻居公司于判决生效之日起十日内赔偿原告经济损失 50 万元（包含原告为维权支出的合理费用）；驳回原告其他诉讼请求。一审宣判后，好邻居公司不服提起上诉，浙江省高级人民法院审理后认为，原审判决认定事实清楚，适用法律正确，遂于 2017 年 12 月 11 日作出判决，驳回上诉，维持原判。

【案例评析】依据反不正当竞争法，知名商品的包装、装潢必须具备特有性，才能获得保护。虽然立法主要是从显著性和区别性的角度界定特有性，但实践中仍然存在将特有性与显著性、新颖性或独创性简单等同的倾向。有观点认为，知名商品的包装、装潢只要具备较强的装饰性和美化商品的作用，就相当于具备了特有性；还有观点认为，知名商品的包装、装潢若具备相应的著作权或者外观设计专利权，就能与特有性画上等号。这两种观点都片面强调了知名商品包装、装潢自身的属性。事实上，知名商品的包装、装潢若仅仅具备显著性、独创性或新颖性，却未能起到区分商品来源的作用，则其仍然不具备特有性。另外，部分商品的包装、装潢虽不具固有显著性，但经过广泛宣传和大量使用，仍能形成区别商品来源的显著性，其特有性也能获得认可。本案"阿尔卑斯特浓牛奶棒棒糖"的包装袋图案系原告委托他人为该商品专门设计，具备较强的显著性。该包装的黑白奶牛花纹，双圆环图案，"阿尔卑斯"文字及欧式红顶小房子、雪山、草地图案，一头奶牛的艺术化图案，"小个头、大奶味"广告语等，与原告商品结合，已在相关公众心中产生固定的认知，形成唯一的对应关系，在商标之外，起到识别商品来源的作用。且原告设计、使用的特有包装在投放市场前，不存在其他经营者在相同或类似商品上使用相同或近似的包装。因此，"阿尔卑斯特浓牛奶棒棒糖"的单支独立包装属于知名商品特有包装。至于原告主张商品本身的形状，因该具体造型在同类棒棒糖商品中较为常见，属惯常设计，不具有显著性，难以发挥识别商品来源的功能，故商品本身的形状不应作为知名商品的特有装潢予以保护。

侵犯知名商品特有包装、装潢行为的构成要件是混淆性近似。实践中，相关部门应首先比对双方的包装、装潢，确定两者是否相同或近似，在此基础上，判断是否构成混淆。这里的比对主要从整体印象和主要部分入手，依据一般消费者施以普通注意力后，是否具备高度的混淆可能性加以判断。需要注意的是，界定一般消费者不宜一概采用笼统的标准，针对具备固定消费群体的特定商品，一般消费者的概念可以做相应的细化。尽管这样的细化无法全然排斥主观性，但此种主观性可以通过引入一些具体因素加以限缩。如本案原被告的棒棒糖商品所针对的目标消费群体主要是青少年，他们大多不太关心商品的品牌，而更愿意根据独特的商品包装、醒目的图案和色彩来选购商品。且青少年注意力、分辨力相对更弱，对棒棒糖的品牌选择给予的注意力更少，更容易因为包装整体的近似性而对商品来源产生混淆，以为两者属于同一厂家的系列产品①。

（七）商品化权

"商品化权"，指的是权利人具有的将知名形象、知名作品名称等相关标识与商品或服务结合，投入商业性使用而取得经济利益的权利。由于该权利并非法定的民事权利类型，故将其认定为"在先权益"。当影视作品主角名称因具有一定知名度而不再单纯局限于作品、人物本身，与特定商品或服务的商业主体或商业行为相结合，影视作品相关公众将其对于作品的认知与情感投射于影视作品及其主角名称之上，并对与其结合的商品或服务产生信任感和消费需求，使权利人借此获得影视出版发行以外的商业价值与商业机会时，则该影视作品主角名称可以构成"在先权益"。

案例："草薙家族草薙京冒菜"商标损害游戏角色名称权益

【案情简介】

异议人：日商 SNK 股份有限公司；被异议人：李兴军。

被异议商标：**草薙家族草薙京冒菜**。指定使用服务：第 43 类"咖啡馆、餐厅、快餐馆、酒吧服务、活动房屋出租"等。异议人主要理由："草薙京"是异议人《拳皇》等作品中独创的重要角色名称，被异议商标的申请注册侵犯其享有的合法在先权益，违反《商标法》第三十二条的规定。被异议人未在规定期限内答辩。

经审查，商标局认为：在案证据显示，"草薙京"是异议人《拳皇》系列中的核心虚拟人物。《拳皇 94——初现峥嵘》游戏于 1994 年在 MVS 游戏机板上开始发售，并陆续推出《拳皇》系列游戏延续至今。异议人在 2013 年开放了中文官方网站，并入驻了新浪微博和腾讯微博两大互动平台，将《拳皇》系列游戏推进中国市场，进一步扩大了这款系列游戏在我国的影响力。"草薙京"作为这款系列游戏中的虚拟人物角色名称，经由异议人运营和长期宣传使用已成为具有明确指向性、对应性以及较高商业价值的名称，该名称包含的财产价值与经济利益，本质上来源于异议人的智力创作与资本投入，应由异议人享有。被异议商标完整包含异议人的具

---

① 宋妍，洪婧. 知名商品特有包装、装潢的认定及侵权行为构成 [J]. 中华商标，2019（3）：63-66.

有较强独创性和一定知名度的角色名称，易使相关公众认为被异议商标指定使用服务来源于"草薙京"角色名称的相关权利人或与其具有特定联系，进而产生混淆误认，使被异议人获取本应属于异议人的交易机会。被异议人申请注册被异议商标的行为不当利用了异议人所创立角色的知名度及影响力，可能会使异议人丧失因该角色名称所带来的商业价值或商业机会，对异议人在先权益造成损害，被异议商标的申请注册已构成《商标法》第三十二条所说的"损害他人现有的在先权利"之情形。依据《商标法》第三十二条、第三十五条规定，被异议商标不予注册。

【案件评析】本案焦点问题在于被异议商标是否损害异议人"草薙京"角色名称相关权益，构成《商标法》第三十二条所说的"损害他人现有的在先权利"的情况。知名角色名称具有较高的商业价值，不予保护将减损权利人财产性利益，具有法律保护的必要性和正当性。本案异议人是《拳皇》等对战性系列格斗游戏的知名游戏研发运营公司，"草薙京"为异议人知名系列游戏《拳皇》中核心角色的名称。被异议商标指定使用的第 43 类"咖啡馆、餐厅、快餐馆、酒吧服务、活动房屋出租"等服务与网络游戏的消费群体均以年轻人居多；而且在游戏、电竞等服务场所，在提供相关服务的同时通常也会为游戏玩家提供餐饮甚至食宿等服务，在消费群体和消费场所等方面具有较高的重合度和关联性。本案被异议商标完整包含异议人的具有较强独创性和知名度的角色名称，被异议人未就商标创作来源做出合理解释并提供相应证据。被异议人未经许可申请注册被异议商标，易使相关公众认为被异议商标指定使用服务来源于"草薙京"角色名称相关权利人或与其具有特定关联，进而产生混淆误认，不仅侵占真正智慧成果创作者潜在的商业利益和交易机会，而且不利于维护公平竞争的市场秩序。因此被异议商标的注册损害了异议人的"草薙京"角色名称权益。

【典型意义】游戏产业是全球范围内发展最为迅猛的文化产业之一，因其承载巨大的商业利益，由此产生的知识产权纠纷迅速增加。本案是在网络游戏衍生服务上对网络游戏角色名称权益给予商标法保护的典型案例。在判断申请注册的商标是否损害他人角色名称权益时，需要综合考虑角色名称的知名度和影响力以及是否存在混淆误认的可能性。角色名称的保护范围与其知名度和影响力成正比，知名度越高，影响力越强，则混淆误认的可能性越大，保护范围越宽。当前商业环境下，游戏中角色名称衍生产品和衍生服务的发展日益多元化。当申请注册的商标指定使用的商品或服务与他人角色名称衍生产品或者衍生服务具有重合的可能性时，应当从保护角色名称承载的正当利益、防止相关公众误认的角度出发，坚决制止不正当竞争行为，以保护市场主体创新创造的意愿和动力，促进市场经济的创新繁荣发展。

课后习题

1. "人民需要什么，五菱就造什么"能否获得注册商标？为什么？
2. 如何理解商标法意义上的"社会主义道德风尚"？
3. "商标囤积"行为属于什么性质？如何对其进行规制？

第六章　商标权取得程序

第一节　商标注册取得

一、商标注册申请

（一）申请注册准备

（1）基本材料。申请商标注册的，申请人应当提交其身份证明文件。商标注册申请人的名义与所提交的证明文件应当一致。商品或者服务项目名称应当按照商品和服务分类表中的类别号、名称填写，商品或者服务项目名称未列入商品和服务分类表的，应当附送对该商品或者服务的说明。

（2）前期检索。如今我国的商标注册量越来越大，然而中国常用汉字才 3 500~5 000 个。注册商标时，如果存在相同、相似的商标已经注册在相同、相似的商品、服务种类上时就会被驳回，商标申请人不仅会损失注册费，还要承担极大的时间成本。因此，在申请注册商标前最好先检索是否存在相同或近似的商标或影响到他人的在先权利等情况，以降低被驳回、无效或造成侵权的风险。

（二）申请商标的标志要求

申请商标注册，应当按照公布的商品和服务分类表填报。每一件商标注册申请应当向商标局提交《商标注册申请书》1 份、商标图样 1 份；以颜色组合或者着色图样申请商标注册的，应当提交着色图样，并提交黑白稿 1 份；不指定颜色的，应当提交黑白图样。商标图样应当清晰，便于粘贴，用光洁耐用的纸张印制或者用照片代替，长和宽应当不大于 10 厘米，不小于 5 厘米。以三维标志申请商标注册的，应当在申请书中予以声明，说明商标的使用方式，并提交能够确定三维形状的图样，提交的商标图样应当至少包含三面视图；以颜色组合申请商标注册的，应当在申请书中予以声明，说明商标的使用方式；以声音标志申请商标注册的，应当在申请书中予以声明，提交符合要求的声音样本，对申请注册的声音商标进行描述，说明商标的使用方式。对声音商标进行描述，应当以五线谱或者简谱对申请用作商标的声音加以描述并附加文字说明；无法以五线谱或者简谱描述的，应当以文字加以描述；商标描述与声音样本应当一致。申请注册集体商标、证明商标的，应当在申请书中予以声明，并提交主体资格证明文件和使用管理规则。商标为外文或者包含外文的，应当说明含义。

（三）申请商标的商品要求

《商标法》规定商标注册申请人应当按规定的商品分类表填报使用商标的商品类别和商品名称，提出注册申请，商标注册申请人可以通过一份申请就多个类别的商品申请注册同一商标。商品或者服务项目名称未被列入商品和服务分类表的，应当附送对该商品或者服务的说明，填报时，应按类别对应填写类别号、商品或者服务项目名称。申报的商品或者服务项目，项目名称应表述清晰、准确，符合提交申请时施行的商品和服务分类表的分类原则；应能够与其他类别的商品或者服务项目相区分，避免使用含混不清、过于宽泛、不足以确定其所属类别或易产生误认的名称；项目名称还应符合公众的语言习惯和文字使用规则。商品和服务分类表见商标注册部门对外发布的《类似商品和服务区分表》。

商品分类应当遵照以下原则：①商品为制成品，原则上按功能或用途进行分类。例如，手套类商品，应依据具体产品的功能、用途进行分类。"手套（服装）"属于服装，应申报在第 25 类；"防事故用手套"属于救护器具，应申报在第 9 类；"医用手套"属于医疗用辅助器具，应申报在第 10 类。②商品为多功能的组合制成品，应依据主要功能或用途进行分类。例如，"带有图书的电子发声装置"，主要功能是电子发声装置，应申报在第 9 类；"带电子发声装置的图书"，主要功能是图书，应申报在第 16 类。③商品为原料、未加工品或半成品，原则上按其组成的原材料进行分类。例如，根据类别标题，"金属建筑材料"属于第 6 类，那么"建筑用金属衬板"应申报在第 6 类。同理，"金属制人工鱼礁"是由金属材料制成，应申报在第 6 类。④商品按其组成的原材料分类时，如果是由几种不同原材料制成，原则上按其主要原材料进行分类。例如，"牛奶饮料（以牛奶为主）"应按牛奶申报在第 29 类；"加奶咖啡饮料"的本质仍是咖啡饮料，应申报在第 30 类。⑤商品是构成其他产品的一部分，且该商品在正常情况下不能用于其他用途，则该商品原则上与其所构成的产品分在同一类。例如，"电话机听筒"是构成"电话机"的一部分，应申报在第 9 类。⑥用于盛放商品的专用容器，原则上与该商品分在同一类。此处的"用于"，是指专门用于，即该专门容器为盛放该商品进行了专门的设计，具有特殊的形状和样式。例如，"专用化妆包"为盛放化妆用具进行了专门的设计，应申报在第 21 类；"非专用化妆包"应申报在第 18 类。

服务分类比照《类似商品和服务区分表》所列标准名称，依据服务所属的行业，并结合服务的目的、内容、方式、对象等因素进行综合判断。例如，"广告片制作"属于广告类服务，应申报在第 35 类；"除广告片外的影片制作"属于娱乐类服务，应申报在第 41 类；但"制作电视购物节目"属于广告类服务，应申报在第 35 类。

（四）申请人要求

申请人可自行办理商标注册申请，也可以委托依法设立的商标代理机构办理。商标代理机构是指经备案的从事商标代理业务的服务机构和从事商标代理业务的律师事务所。未备案的，但在市场监督管理部门登记时标明从事商标代理、知识产权代理等业务的主体，或者未在市场监督管理部门登记标明从事商标代理等业务但有实际证据证明其从事商标代理业务的，视同商标代理机构。商标代理服务是指商标代理机构接受委托人的委托，以委托人的名义办理商标注册申请、商标评审或者其他商标事宜，包括代理商标注册申请、变更、续展、转让、异议、撤销、评审、侵权投诉等有关事项，提供商标法律咨询，担任商标法律顾问，以及代理其他有关商标的事务等。我国香港特别行政区、澳门特别行政区及台湾地区申请人应当委托依法设立的商标代理机构办理。外国申请人应当委托依法设立的商标代理机构办理。

商标代理机构应当遵循诚实信用原则，遵守法律、行政法规，按照被代理人的委托办理商标注册申请或者其他商标事宜；对在代理过程中知悉的被代理人的商业秘密，负有保密义务。委托人申请注册的商标可能存在商标法规定不得注册情形的，商标代理机构应当明确告知委托人。商标代理机构知道或者应当知道委托人申请注册的商标属于下列情况的，不得接受其委托：①不以使用为目的的恶意商标注册申请；②未经授权，代理人或者代表人以自己的名义将被代理人或者被代表人的商标进行注册；③申请商标注册可能损害他人现有的在先权利，或者以不正当手段抢先注册他人已经使用并有一定影响的商标的。商标代理行业组织应当按照章程规定，严格执行吸纳会员的条件，对违反行业自律规范的会员实行惩戒。商标代理行业组织对其吸纳的会员和对会员的惩戒情况，应当及时向社会公布。

同时，按照《商标法》第十九条第四款规定，商标代理机构除对其代理服务申请商标注册外，不得申请注册其他商标。《商标法实施条例》规定商标代理机构申请注册或者受让其代理服务以外的其他商标，商标局不予受理。

案例：代理机构伪造法律文书

【案例介绍】上海某知识产权代理服务有限公司在未取得"PRADA"和"BURBERRY"商标持有人授权的情况下，向长春市市场监督管理局宽城分局提供其为"PRADA"和"BURBERRY"所有人伪造的委托书和认证证书，并举报当地某企业销售侵犯"PRADA"和"BURBERRY"商标专用权的商品。当事人的上述行为违反了《中华人民共和国商标法》第六十八条第（一）项的规定。根据上述规定，上海市普陀区市场监督局对上海某知识产权代理服务公司处以8万元罚款，对该公司法定代表人处以4万元罚款。

【调查和处理】2019年6月17日，普陀区市场监督局收到长春市市场监督管理部门转来的材料，反映上海某知识产权代理服务公司向分公司提供虚假的商标持有人证件及"PRADA""BURBERRY"的身份证明文件，并举报当地某企业销售假冒"PRADA""BURBERRY"商品。普陀区市场监督局接到移送材料后，迅速展开调查，约谈该公司法定代表人陶某，走访"PRADA"和"BURBERRY"商标所有人在中国的办公室，联系长春市市场监督管理部门了解案情，最终于2019年9月20日对当事人进行行政处罚。

【典型含义】本案是上海市市场监管部门查处的首例商标代理伪造法律文书案件。此案的成功查处是市场监管部门在知识产权领域的突破，既提醒执法部门注意审查商标代理机构提交材料的真实性，又保护了被举报企业的合法权益；而且对于今后规范商标代理市场秩序、拓展知识产权执法思路也有很大的借鉴意义①。

案例：代理机构恶意申请商标注册

2020年8月26日，宜兴市市场监督管理局执法人员对宜兴创名商标事务所有限公司（简称"创名事务所"）经营场所现场检查，检查时通过商标网查询，创名事务所作为代理机构给宜兴市扬名品牌管理有限公司（简称"扬名公司"）申请商标注册66个，涉及19、20、21、30、35、41、43和44共8个国际分类。扬名公司和创名事务所法定代表人均为付某。执法人员现场查看创名事务所法定代表人付某的微信朋友圈，发现在其朋友圈内发布大量商标转让信息。因创名事务所涉嫌接受委托，不以使用为目的恶意申请商标注册，其行为涉嫌违反《规范商标申请注册行为若干规定》第四条第（一）项所述行为，宜兴市市场监督管理局于当日对创名事务所立案调查。

经查：创名事务所从2017年开始接受委托，陆续给扬名公司申请商标注册66次，涉及19、20、21、30、35、41、43和44共8个国际分类，包括第21类"中超利永""中超利永砂艺"，第43类"氿府壹号景观酒店""氿府一号"，第3类"三品堂药店"等商标注册申请。扬名公司与创名事务所的法定代表人均为付某，同时付某也是创名事务所直接负责的主管人员。付某于2018年7月份开始通过其微信（微信号"××××××"、微信名称"A宜兴公司注册、代理记账商标注册"）朋友圈发布商标销售信息，销售扬名公司已注册的商标，销售价格为2 000元/个。该事务所知道扬名公司不以使用为目的仍接受其委托申请商标注册，其行为于2020年8月26日被宜兴市市场监督管理局查获。

考虑到当事人在本案调查过程中能积极配合调查，且主动停止商标销售，将不使用的商标进行注销；当事人能主动减轻违法行为的危害后果，符合《市场监督总局关于规范市场监督管理行政处罚裁量权的指导意见》中关于从轻处罚的规定，宜兴市市场监督管理局决定责令当事人改正违法行为，并给予以下行政处罚：①警告；②罚款10 000元，上缴国库。对当事人直接负责的主管人员付某给予以下行政处罚：①警告；②罚款5 000元，上缴国库②。

（五）优先权

①申请优先权。商标注册申请人自其商标在外国第一次提出商标注册申请之日起六个月内，又在中国就相同商品以同一商标提出商标注册申请的，依照该外国同中国签订的协议或者共同参加的国际条约，或者按照相互承认优先权的原则，可以享有优先权。要求优先权的，应当在提出商标注册申请的时候提出书面声明，并且在三个月内提交第一次提出的商标注册申请文件的副本；未提出书面声明或者逾期未提交商标注册申请文件副本的，视为未要求优先权。②展览优先权。商标在中国政府主办的或者承认的国际展览会展出的商品上首次使用的，自该商品展出之日起六个月内，该商标的注册申请人可以享有优先权。要求优先权的，应当在提出商标

---

① 资料来自中国打击侵权假冒工作网 http://shanghai.ipraction.gov.cn/article/dffc/202004/309670.html。
② 资料来自中国市场监管行政处罚文书网 https://cfws.samr.gov.cn/。

注册申请的时候提出书面声明，并且在三个月内提交展出其商品的展览会名称、在展出商品上使用该商标的证据、展出日期等证明文件；未提出书面声明或者逾期未提交证明文件的，视为未要求优先权。

（六）回避

商标局、商标评审委员会工作人员有下列情形之一的，应当回避，当事人或者利害关系人可以要求其回避：①是当事人或者当事人、代理人的近亲属的；②与当事人、代理人有其他关系，可能影响公正的；③与申请商标注册或者办理其他商标事宜有利害关系的。

（七）审查

按照性质的不同，审查可分为绝对理由和相对理由两类。区分绝对理由和相对理由，对区分法律适用情形、相关程序、请求人主体资格、请求时效以及审查审理范围有重要意义。绝对理由涉及违反商标法上的显著性、非功能性以及公共利益，不考虑对特定权利人的影响，具有绝对性，一般属于商标注册部门依职权主动审理的范围，包括：《商标法》第四条规定的不以使用为目的的恶意商标注册申请，第十条规定的不得作为商标使用的标志，第十一条规定的缺乏显著特征不得作为商标注册的标志，第十二条规定的具有功能性的不得注册的三维标志，第十九条第四款规定的商标代理机构不得申请注册其代理服务以外的商标，第四十四条规定的以欺骗手段或者其他不正当手段取得注册的商标。相对理由涉及损害他人的在先商标权利、他人现有的其他在先权利等，损害的是特定主体的合法权益，具有相对性。除注册审查程序依职权将他人在先商标权利作为驳回事由外，商标注册部门一般不能依职权主动审理相对理由，仅在异议或评审程序中依当事人申请进行审查审理，包括：《商标法》第十三条规定的他人的驰名商标，第十五条规定的被代理人、被代表人商标或其他特定关系人的商标，第十六条第一款规定的他人的地理标志，第三十条规定的他人已经注册的或者初步审定的商标，第三十一条规定的他人注册申请在先的商标，第三十二条规定的他人现有的在先权利和已经使用并有一定影响的商标。

1. 形式审查

形式审查的主要任务是：①审查申请人提交的申请文件是否符合《商标法》及其实施条例的规定，申请手续是否齐备，申请人是否具备申请资格。发现申请手续不齐备、未按规定填写申请文件的，商标注册部门不予受理，书面通知申请人并说明理由。发现申请手续基本齐备或者申请文件基本符合规定，但是需要补正的，商标注册部门书面通知申请人予以补正。申请人在规定期限内按照指定内容补正并交回商标注册部门的，保留申请日期。期满未补正的或者未按要求进行补正的，不予受理并书面通知申请人。②审查申请人缴纳有关费用的金额和期限是否符合《商标法》及其实施条例的规定。未在规定期限内足额缴纳费用的，不予受理并书面通知申请人。③异议、评审、续展等相关申请是否在法定期限内提交。未在法定期限内提交的，不予受理并书面通知申请人向商标局或者商标评审委员会提交文件。以书面方式提交的，以商标局或者商标评审委员会所存档案记录为准；以数据电文方式提交的，以商标局或者商标评审委员会数据库记录为准，但是当事人确有证据证

97

明商标局或者商标评审委员会档案、数据库记录有错误的除外。商标局或者商标评审委员会的各种文件，可以通过邮寄、直接递交、数据电文或者其他方式送达当事人；以数据电文方式送达当事人的，应当经当事人同意。当事人委托商标代理机构的，文件送达商标代理机构视为送达当事人。

形式审查的原则为：①书面审查原则。申请人为办理商标申请事宜所申报的事项和所提供的材料应当真实、准确、完整。审查员应当以申请人提交的书面文件为基础进行审查，主要对申请人提交的申请书、证明文件等书面文件是否齐全，以及申请书填写内容、所附证明文件及其所记载的事项是否符合《商标法》及其实施条例的规定进行审查。申请材料和证明文件是否真实的责任由申请人承担。申请人及其商标代理机构提交虚假材料的，应当承担相应法律后果。受理通知、不予受理通知或补正通知等审查结果以书面形式通知申请人。②一次性告知原则。对于可以通过补正而克服缺陷的申请，审查员应当针对本环节的审查要求进行全面审查，并尽可能在一次补正通知书中指出全部应补正的内容并说明理由。③确保效率原则。审查员应在符合规定的情况下尽可能缩短形式审查周期。如在受理后发现申请文件存在瑕疵的，一般情况下由实质审查员视情况发出审查意见书或者驳回商标注册申请。

形式审查的内容包括：①申请人是否具有申请注册商标的主体资格；②申请书填写是否符合规定，商标图样是否符合规定，指定的商品或者服务的类别是否正确、名称是否规范具体；③我国香港特别行政区、澳门特别行政区及台湾地区的申请人是否委托了依法设立的商标代理机构办理；④外国申请人是否委托了依法设立的商标代理机构办理；⑤委托商标代理机构的，其委托书填写是否符合规定；⑥应交送的证明文件是否完备；⑦是否按时足额缴纳商标规费。

2. 实质审查

商标注册实质审查工作负责审查商标注册申请是否存在法律禁止使用的情形、是否具备商标的显著特征、立体商标是否具备功能性，与他人在先申请或者注册的商标权利是否冲突，同时负责对不以使用为目的的恶意商标注册申请、商标代理机构超出代理服务范围的商标注册申请予以驳回。实质审查主要包括以下内容：

绝对理由方面：①属于《商标法》第四条规定的不以使用为目的恶意申请商标注册的；②属于《商标法》第十三条规定，复制、模仿或者翻译他人驰名商标的；③属于《商标法》第十五条规定，代理人、代表人未经授权申请注册被代理人或者被代表人商标的；基于合同、业务往来关系或者其他关系明知他人在先使用的商标存在而申请注册该商标的；④属于《商标法》第三十二条规定，损害他人现有的在先权利或者以不正当手段抢先注册他人已经使用并有一定影响的商标的；⑤以欺骗或者其他不正当手段申请商标注册的；⑥其他违反诚实信用原则，违背公序良俗，或者有其他不良影响的。相对理由方面：①《商标法》第十六条第一款规定的他人的地理标志；②《商标法》第三十条规定的他人已经注册的或者初步审定的商标；③《商标法》第三十一条规定的他人注册申请在先的商标。相对理由旨在贯彻诚实信用原则，加大对驰名商标、在先使用未注册商标以及他人现有在先权利的保护，以弥补严格注册制之不足。根据私权自治和处分原则，由在先权利人或者利害关系人在异议、不予注册复审、请求无效宣告程序中，依法向商标注册部门提出申请，有明确的请求、事实、理由和法律依据，并提供相应证据。

（八）日期确定

当事人向商标局或者商标评审委员会提交文件或者材料的日期，直接递交的，以递交日为准。邮寄的，以寄出的邮戳日为准；邮戳日不清晰或者没有邮戳的，以商标局或者商标评审委员会实际收到日为准，但是当事人能够提出实际邮戳日证据的除外。通过邮政企业以外的快递企业递交的，以快递企业收寄日为准；收寄日不明确的，以商标局或者商标评审委员会实际收到日为准，但是当事人能够提出实际收寄日证据的除外。以数据电文方式提交的，以进入商标局或者商标评审委员会电子系统的日期为准。商标局或者商标评审委员会向当事人送达各种文件的日期，邮寄的，以当事人收到的邮戳日为准；邮戳日不清晰或者没有邮戳的，自文件发出之日起满15日视为送达当事人，但是当事人能够证明实际收到日的除外。直接递交的，以递交日为准。以数据电文方式送达的，自文件发出之日起满15日视为送达当事人，但是当事人能够证明文件进入其电子系统日期的除外。文件通过上述方式无法送达的，可以通过公告方式送达，自公告发布之日起满30日，该文件视为送达当事人。

两个或者两个以上的申请人，在同一种商品或者类似商品上，分别以相同或者近似的商标在同一天申请注册的，各申请人应当自收到商标局通知之日起30日内提交其申请注册前在先使用该商标的证据。同日使用或者均未使用的，各申请人可以自收到商标局通知之日起30日内自行协商，并将书面协议报送商标局；不愿协商或者协商不成的，商标局通知各申请人以抽签的方式确定一个申请人，驳回其他人的注册申请。商标局已经通知但申请人未参加抽签的，视为放弃申请，商标局应当书面通知未参加抽签的申请人。

（九）审查结论

商标局对受理的商标注册申请，依照《商标法》及其实施条例的有关规定进行审查，对符合规定或者在部分指定商品上使用商标的注册申请符合规定的，予以初步审定，并予以公告；对不符合规定或者在部分指定商品上使用商标的注册申请不符合规定的，予以驳回或者驳回在部分指定商品上使用商标的注册申请，书面通知申请人并说明理由。

商标局对一件商标注册申请在部分指定商品上予以驳回的，申请人可以将该申请中初步审定的部分申请分割成另一件申请，分割后的申请保留原申请的申请日期。需要分割的，申请人应当自收到商标局《商标注册申请部分驳回通知书》之日起15日内，向商标局提出分割申请。商标局收到分割申请后，应当将原申请分割为两件，对分割出来的初步审定申请生成新的申请号，并予以公告。

二、商标国际注册

我国商标法规定的商标国际注册是指根据《商标国际注册马德里协定》（以下简称《马德里协定》）、《商标国际注册马德里协定有关议定书》（以下简称《马德里议定书》）及《商标国际注册马德里协定及该协定有关议定书的共同实施细则》的规定办理的马德里商标国际注册。马德里商标国际注册申请包括以中国为原属国的商标国际注册申请、指定中国的领土延伸申请及其他有关的申请。近几年商标国际注册越来越受到中国企业的重视，以 2020 年为例，美国（10 005 件）和德国（7 334 件）的申请人在 2020 年提交了数量最多的马德里申请。紧随其后的是中国（7 075 件）、法国（3 716 件）和英国（3 679 件）的申请人。在排名前 10 位的原属国中，中国（+16.4%）是 2020 年唯一实现两位数增长的国家。尽管 2020 年中国的指定申请（2 508 项）相比 2019 年大幅下降 13.8%，但在 2020 年仍收到了最多数量的后期指定，并且自 2004 年以来一直是被指定数量最多的国家。中国的指定总量相对于所提交的马德里申请量更高，是由于中国申请人在 2020 年提交的每件申请中平均指定 10 名马德里成员。位于近 30 个国家的公司——包括澳大利亚、加拿大、匈牙利、以色列、俄罗斯、斯洛文尼亚和英国——2020 年提交了至少 18 件马德里申请，跻身前 100 位马德里申请人之列。在这个申请人的名单中，德国公司数量最多（25 个），其后是美国（12 个）、中国（11 个）、日本（7 个）、瑞士（7 个）、法国（6 个）和韩国（5 个）[①]。

（一）申请注册的条件

以中国为原属国申请商标国际注册的，应当在中国设有真实有效的营业所，或者在中国有住所，或者拥有中国国籍。申请人商标已在商标局获得注册的，可以根据《马德里协定》申请办理该商标的国际注册。申请人商标已在商标局获得注册，或者已向商标局提出商标注册申请并被受理的，可以根据《马德里议定书》申请办理该商标的国际注册。

（二）注册程序

通过商标局向世界知识产权组织国际局（以下简称"国际局"）申请商标国际注册及办理其他有关申请的，应当提交符合国际局和商标局要求的申请书和相关材料。商标国际注册申请指定的商品或者服务不得超出国内基础申请或者基础注册的商品或者服务的范围。申请手续不齐备或者未按照规定填写申请书的，商标局不予受理，申请日不予保留。申请手续基本齐备或者申请书基本符合规定，但需要补正的，申请人应当自收到补正通知书之日起 30 日内予以补正，逾期未补正的，商标局不予受理，并书面通知申请人。通过商标局向国际局申请商标国际注册及办理其他有关申请的，应当按照规定缴纳费用。申请人应当自收到商标局缴费通知单之日起 15 日内，向商标局缴纳费用。期满未缴纳的，商标局不受理其申请，并书面通知申请人。

（三）有效日期确定

在中国获得保护的国际注册商标，有效期自国际注册日或者后期指定日起计算。在有效期届满前，注册人可以向国际局申请续展，在有效期内未申请续展的，可以给予 6 个月的宽展期。商标局收到国际局的续展通知后，依法进行审查。国际局通知后未续展的，注销该国际注册商标。

---

① 资料来自 2020 年《马德里年鉴》https：//www.wipo.int/publications/zh/details.jsp？id＝4503。

商标注册流程见图6-1。

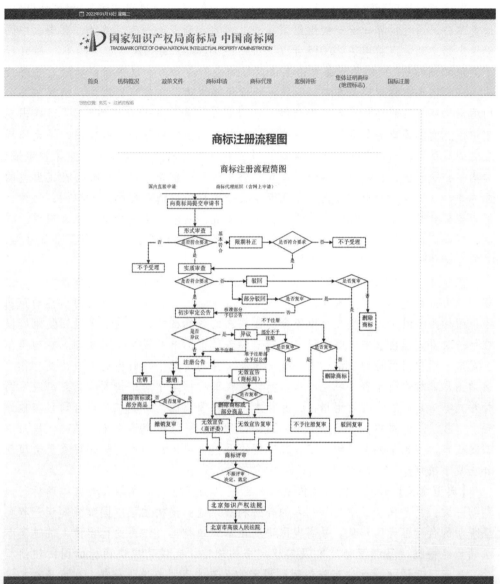

图6-1　商标注册流程

案例：迪奥尔公司立体商标国际注册行政纠纷

【案情摘要】涉案申请商标为国际注册第1221382号商标，申请人为克里斯蒂昂迪奥尔香料公司（简称"迪奥尔公司"）。申请商标的原属国为法国，核准注册时间为2014年4月16日，国际注册日期为2014年8月8日，国际注册所有人为迪奥尔公司，指定使用商品为香水、浓香水等。

申请商标经国际注册后，根据《马德里协定》《马德里议定书》的相关规定，迪奥尔公司通过世界知识产权组织国际局，向澳大利亚、丹麦、芬兰、英国、中国等提出领土延伸保护申请。2015 年 7 月 13 日，国家工商行政管理总局商标局（以下简称"商标局"）向国际局发出申请商标的驳回通知书，以申请商标缺乏显著性为由，驳回全部指定商品在中国的领土延伸保护申请。在法定期限内，迪奥尔公司向国家工商行政管理总局商标评审委员会（以下简称"商标评审委员会"）提出复审申请。商标评审委员会认为，申请商标难以起到区别商品来源的作用，缺乏商标应有的显著性，遂以第 13584 号决定，驳回申请商标在中国的领土延伸保护申请。迪奥尔公司不服，提起行政诉讼。迪奥尔公司认为：首先，申请商标为指定颜色的立体商标，迪奥尔公司已经向商标评审委员会提交了申请商标的三面视图，但商标评审委员会却将申请商标作为普通商标进行审查，其做出决定的事实基础有误。其次，申请商标设计独特，并通过迪奥尔公司长期的宣传推广，具有了较强的显著性，其领土延伸保护申请应当获得支持。

北京知识产权法院及北京市高级人民法院均未支持迪奥尔公司的诉讼主张。主要理由为：迪奥尔公司并未在国际局国际注册簿登记之日起 3 个月内向商标局声明申请商标为三维标志并提交至少包含三面视图的商标图样，而是直至驳回复审阶段在第一次补充理由书中才明确提出申请商标为三维标志并提交三面视图。在迪奥尔公司未声明申请商标为三维标志并提交相关文件的情况下，商标局将申请商标作为普通图形商标进行审查，并无不当。商标局在商标档案中对申请商标指定颜色、商标形式等信息是否存在登记错误，并非本案的审理范围，迪奥尔公司可通过其他途径寻求救济。迪奥尔公司不服二审判决，向最高人民法院申请再审。最高人民法院裁定提审，并再审判决撤销一审、二审判决及被诉决定，判令商标评审委员会重新作出复审决定。

【典型意义】最高人民法院依法公开开庭并当庭宣判迪奥尔公司立体商标行政纠纷一案，平等保护了中外权利人的合法利益，进一步树立了中国加强知识产权司法保护的负责任大国形象。最高人民法院在本案中指出，作为商标申请人的迪奥尔公司已经根据《马德里协定》及其议定书的规定，完成了申请商标的国际注册程序，履行了我国《商标法实施条例》规定的必要的声明与说明责任。在申请材料仅欠缺部分视图等形式要件的情况下，商标行政机关应当充分考虑到商标国际注册程序的特殊性，本着积极履行国际公约义务的精神，给予申请人合理的补正机会，以平等、充分地保护包括迪奥尔公司在内的商标国际注册申请人的合法权益。最高人民法院通过本案的司法审查程序，纠正了商标行政机关关于事实问题的错误认定，强化了对行政程序正当性的要求，充分体现了司法保护知识产权的主导作用。此外，优化国际商标注册程序，是我国积极履行包括《马德里协定》在内的国际公约义务的重要体现。本案通过为国际商标申请人提供及时有效的司法救济，全面保护了境外当事人的合法权利。

第二节 商标异议

商标权的取得应遵循诚实信用原则，但是在实际注册申请活动中，仍存在抢注他人在先标识、侵犯他人在先权利的申请行为。在审查阶段，审查人员无法进行穷尽式排除，通过异议制度赋予在先权利人请求权，可以适度解决这一问题。因此，商标异议是适格主体在法定期限内对商标注册申请人经商标注册部门初步审定并刊登公告的商标提出不同意见，商标注册部门调查核实后依法做出决定的制度。按照《商标法》的规定，对初步审定公告的商标，自公告之日起三个月内，适格主体认为违反了法律相关规定的，可以向商标局提出异议。公告期满无异议的，予以核准注册，发给商标注册证，并予公告。《商标法》设立异议制度的价值承载了"社会监督"的功能，即由社会公众（包括在先权利人）对商标局的审查工作进行监督。但是从商标权的私权视角来看，异议制度更多的只是在先权利人或者利害关系人维护自身利益的私权救济方式。

一、异议理由

（一）相对理由

相对理由对应侵犯特定主体商标权利的情况，因此只能由在先权利人、利害关系人提出，具体包括：①以违反《商标法》第十三条第二款和第三款，即驰名商标保护：就相同或者类似商品申请注册的商标是复制、模仿或者翻译他人未在中国注册的驰名商标，容易导致混淆的，不予注册并禁止使用。就不相同或者不相类似商品申请注册的商标是复制、模仿或者翻译他人已经在中国注册的驰名商标，误导公众，致使该驰名商标注册人的利益可能受到损害的，不予注册并禁止使用。②《商标法》第十五条，即商标代理规制：未经授权，代理人或者代表人以自己的名义将被代理人或者被代表人的商标进行注册，被代理人或者被代表人提出异议的。就同一种商品或者类似商品申请注册的商标与他人在先使用的未注册商标相同或者近似，申请人与该他人具有前款规定以外的合同、业务往来关系或者其他关系而明知该他人商标存在，该他人提出异议。③《商标法》第十六条第一款，即地理标志保护：商标中有商品的地理标志，而该商品并非来源于该标志所标示的地区，误导公众的。④《商标法》第三十条，即商标相同或近似：申请注册的商标，凡不符合……有关规定或者同他人在同一种商品或者类似商品上已经注册的或者初步审定的商标相同或者近似的。⑤《商标法》第三十一条，即同时申请相同或近似商标的：两个或者两个以上的商标注册申请人，在同一种商品或者类似商品上，以相同或者近似的商标申请注册的，初步审定并公告申请在先的商标；同一天申请的，初步审定并公告使用在先的商标，驳回其他人的申请。⑥《商标法》第三十二条，即在先权利保护：申请商标注册不得损害他人现有的在先权利，也不得以不正当手段抢先注册他人已经使用并有一定影响的商标。

（二）绝对理由

绝对理由对应违反国家商标管理规定的情况，因此任何人都可以提出，具体包括：①《商标法》第四条，即不得作为标志使用的；②《商标法》第十一条，即缺乏显著特征的；③《商标法》第十二条，即仅由商品自身的性质产生的形状、为获得技术效果而需有的商品形状或者使商品具有实质性价值的形状；④《商标法》第十九条第四款，即商标代理机构除对其代理服务申请商标注册外申请注册其他商标。

二、提出异议的程序

（一）提交材料

对商标局初步审定予以公告的商标提出异议的，异议人应当向商标局提交下列商标异议材料一式两份并标明正、副本：①商标异议申请书；②异议人的身份证明；③异议人作为在先权利人或者利害关系人的证明；④商标异议申请书应当有明确的请求和事实依据，并附送有关证据材料，主要包括：A. 基于在先注册或在先申请的商标提出异议的，应当在申请中列明商标注册号或商标申请号；B. 基于在先使用商标提出异议的，应当提交在先使用的证据，在先使用证据应当能够显示所使用的商标标识、商品或者服务、使用日期和使用人；C. 基于主张代理或代表关系、特定关系人抢注提出异议的，应提供能够证明被异议人与其存在代理或代表关系或其他特定关系的证据；D. 基于地理标志保护提出异议的，应提供相关地理标志材料；E. 基于在先字号权提出异议的，应提交企业营业执照、个体工商户营业执照等证件的复印件或者登记部门出具的载有异议人字号信息，且能体现出字号的登记、使用日早于被异议商标的注册申请日；F. 基于在先著作权或外观设计专利权提出异议的，应提交著作权或专利权证书、委托创作合同、著作权或专利权转让合同或作品公开发表的证明复印件等；G. 基于在先姓名权提出异议的，应当提交自然人身份证或护照，基于艺名、笔名、别号、雅号等主张权利的，还应当提交能够证明自然人与该名称对应关系的文件复印件；H. 主张其他在先权利的，应提交证明存在在先权利的证明文件。

（二）受理

商标局收到商标异议申请书后，经审查，符合受理条件的，予以受理，向申请人发出受理通知书。商标异议申请有下列情形的，商标局不予受理，书面通知申请人并说明理由：①申请未在法定期限内提出的；②申请人主体资格、异议理由不符合《商标法》第三十三条规定的；③无明确的异议理由、事实和法律依据的；④同一异议人以相同的理由、事实和法律依据针对同一商标再次提出异议申请的。

三、异议审查

异议审查遵守下列要求：①商标局应当将商标异议材料副本及时送交被异议人，限其自收到商标异议材料副本之日起 30 日内进行答辩。被异议人不答辩的，不影响商标局做出决定。②当事人需要在提出异议申请或者答辩后补充有关证据材料的，应当在商标异议申请书或者答辩书中声明，并自提交商标异议申请书或者答辩书之日起 3 个月内提交；期满未提交的，视为当事人放弃补充有关证据材料。但是，在期满后生成或者当事人有其他正当理由未能在期满前提交的证据，在期满后提交的，商标局将证据交对方当事人并质证后可以采信。③被异议商标在商标局做出准予注册决定或者不予注册决定前已经刊发注册公告的，撤销该注册公告。经审查异议不成立而准予注册的，在准予注册决定生效后重新公告。

案例："好待百"、第 33827187 号"梦多加喱"商标异议

【基本案情】

异议人：好侍食品集团本社株式会社

被异议人：南京姚盛商贸有限公司

被异议商标：　**好待百**　　**夢多加喱**

指定使用商品：第 30 类"食用淀粉；咖喱粉（调味品）"等。

引证商标：　**好　侍**　　**百梦多**　　**好侍食品**

指定使用商品：第 30 类"食用淀粉；胡椒；咖喱粉"等。

异议人主要理由：被异议商标与异议人引证第 275135 号"好侍"、第 274651 号"好侍"、第 8081501 号"好侍食品　温馨美味尽在好侍"、第 4076864 号"百梦多"商标指定使用商品类似。被异议商标"好待百""梦多加喱"是对其引证商标的改动、拆分，被异议商标使用在其指定商品上，易使消费者对商品的来源产生混淆误认，被异议商标的申请注册违反《商标法》第三十条的规定。异议人提交的主要证据为"好侍百梦多"咖喱的销售票据、报刊等相关媒体的广告宣传等。

经审查，商标局认为：异议人的"好侍""百梦多"商标经过长期宣传、使用，在咖喱产品行业已具有一定知名度，被异议商标"好待百""梦多加喱"与异议人在先"好侍""百梦多"商标在文字构成上近似。被异议商标与异议人引证商标均指定使用于食用淀粉、咖喱粉等，并存使用易造成消费者对商品来源的混淆误认，因此双方商标构成使用于类似商品上的近似商标。被异议商标的申请违反《商标法》第三十条的规定，依法不予注册。

【案件评析】 本案焦点问题为双方商标是否构成类似商品上的近似商标。商标异议案件中对于商标相同或近似的判定同样依据《商标审查及审理标准》，但在具体案件中还需对申请人的申请行为、引证商标知名度、实际使用情况等因素进行综合考量。

首先，异议人在先商标的实际使用情况和知名度。异议人提供的证据表明，异议人"好侍""百梦多"等商标在被异议商标申请注册前均已获准注册，并以商标组合形式使用在"咖喱"等产品上，经异议人长期广泛宣传使用，其在先实际使用的"好侍百梦多咖喱"商标标识已在相关公众中具有一定知名度。

其次，被异议人申请注册商标的情况。本案被异议人除申请"好待百""梦多加喱"外，还申请注册了"好待百梦夘加喱""好待白梦夘加喱"商标。在商标注册申请的实质审查中，将"好待百""梦多加喱"隔离审查，与异议人在先注册使用的商标均尚可区分，但两件单独注册商标属于同一被异议人，不能排除被异议人有商标组合使用的意图。从被异议人申请注册情况来看，被异议人申请注册"好待百""梦多加喱"商标有将异议人"好待""百梦多"等商标与"咖喱"商品进行改动、拆分注册，从而逃避商标审查的嫌疑，具有模仿、攀附异议人具有知名度商标的故意。被异议商标"好待百""梦多加喱"若获准注册组合使用于指定商品上，与异议人具有知名度的"好待百梦多咖喱"标识高度近似。该商标若在"咖喱粉（调味品）"等相同或类似商品上获准注册，并在市场经营活动中使用，相关公众在一般注意力情况下，根本无法区分，消费者易对商品的来源产生混淆误认。

综合考量上述情形，本案将两商标进行并案处理，可以判定被异议商标与异议人引证商标构成类似商品上的近似商标，被异议商标的注册违反《商标法》第三十条的规定。

【典型意义】本案是一起典型的将国外知名商标改动、拆分进行注册的案件。随着商标行政管理机关制止恶意注册力度的加大，出现了很多更为隐蔽的抢注方式。如将他人知名商标进行改动、拆分等方式进行注册，此种注册在审查程序中不易发现。在异议程序中，通过查询申请人的商标注册情况、考察在先商标知名度情况，能够及时发现、甄别具有抢注恶意的情形，对于围绕同一在先知名商标通过变形、拆分等方式进行模仿、抄袭的注册申请行为，不再孤立审查，割裂各商标之间的内在联系，而是将申请人在同一主观恶意支配下申请的系列商标作为整体考虑，将上述多个异议案件合并审理，从而全面考虑双方商标的近似程度、在先商标的知名度，在后商标申请人的主观意图等因素，以达到制止傍名牌、实现公平公正的审理结果之目的。

第三节　异议的复审

一、复审的基本原理

根据《商标法》第三十四条、第三十五条第三款、第四十四条第二款和第五十四条的规定，商标评审委员会对商标局商标不予初步审定公告、商标不予注册、宣告注册商标无效和撤销注册商标等决定可以行使复审权。这表明，商标复审的功能是商评委对商标局商标是否初步审定、注册、有效或撤销行政确权的监督与纠错。这与《中华人民共和国行政复议法》所规定的行政复议功能类似，都属于对行政权力行使的内部控制与救济。根据《商标法》第二条的规定，商标局负责商标注册与管理工作，而商评委负责处理商标争议事宜，这是1982年《商标法》第二条与第二十条早就确定的商标局与商评委的职责分工。这种规定表明，对于商标复审工作，商标局与商评委存在着分权或分工关系，作为商评委主要工作的商标复审实际上行使着商标争议案件的行政裁决职权，具有准司法的功能。不论从2014年修改的《商标法实施条例》第五十一条至第六十二条的规定看，还是从《商标评审规则》的整体内容看，商标复审制度的准司法功能都非常明显，商评委对于商标局做出的商标注册决定行使的是准司法监督与纠错功能，而不属于行政内部监督与纠错功能。从设立历史看，我国设立商标评审制度的目的是对商标注册与管理权的监督与救济。属于商标评审重要内容的商标复审制度建立的最初目的也在于对行政权力的内部监督与纠错。随着商标法律制度的发展，商标复审制度还具有救济功能，即为当事人提供一种行政救济措施。也就是说，我国建立商标复审制度的最大初衷应该是建立行政终局性监督和救济方法。后来，为了适应加入世界贸易组织的需要和适应司法终局的普遍性司法规律，我国规定了对商标复审案件可以提起司法行政诉讼，即取消了商标复审机关商标行政裁决终局权。

设立专门商标复审机关是商标法律发达国家的通常做法。例如，美国设立由专利商标局局长、专利专员、商标专员以及专利商标局局长指定的商标行政审查官组成的商标审判及上诉委员会，负责对主管商标注册的审查员做出的任何最终决定不服的上诉。又如，俄罗斯设立专利争议局，负责复审不服联邦知识产权行政管理机关所做出的商标注册申请驳回的决定等事项。对于商标复审事项，外国商标法律规定多限于驳回决定和异议决定。例如，德国商标法律规定，对于商标科或商标处做出的驳回决定或异议决定不服的，可向专利局提出复审。日本商标法规定，对于驳回审定或不予注册的异议决定不服的，可以向专利局负责人提出复审请求。俄罗斯商标法也规定，联邦知识产权行政管理机关做出的不予受理申请的决定、予以商品商标国家注册的决定、不予商品商标国家注册的决定和商品商标申请被视为撤回的决定，可以向专利争议局提出复审，而专利争议局的复审决定应当经过联邦知识产权行政管理机关负责人核准[1]。

二、复审程序与理由

（1）对驳回申请、不予公告的商标，商标局应当书面通知商标注册申请人。商标注册申请人不服的，可以自收到通知之日起十五日内向商标评审委员会申请复审。商标评审委员会应当自收到申请之日起九个月内做出决定，并书面通知申请人。有特殊情况需要延长的，经国务院工商行政管理部门批准，可以延长三个月。当事人对商标评审委员会的决定不服的，可以自收到通知之日起三十日内向人民法院起诉。

（2）商标局做出不予注册决定，被异议人不服的，可以自收到通知之日起十五日内向商标评审委员会申请复审。商标评审委员会应当自收到申请之日起十二个月内做出复审决定，并书面通知异议人和被异议人。有特殊情况需要延长的，经国务院工商行政管理部门批准，可以延长六个月。

案例："轻轻松上上课"商标驳回复审

【**基本案情**】第 26244465 号"轻轻松上上课"商标（以下称"申请商标"）由宿州明远教育信息咨询有限公司（本案申请人）于 2017 年 9 月 5 日提出注册申请，指定使用在第 41 类"视频制作；关于培训、科学、公共法律和社会事务的文件出版；教育"等服务上。后商标局以申请商标使用在指定服务项目上，缺乏显著性，

---

① 马伟阳. 我国商标复审制度的反思与重构：基于八国商标复审制度的比较研究 ［J］. 知识产权，2016（4）：58-64.

不得作为商标注册，违反了《商标法》第十一条第一款第（三）项为由驳回其注册申请。2018 年 6 月 19 日，申请人不服上述驳回决定，依法提出复审。

【决定结果】经审理认为，申请商标"轻轻松上上课"不易使相关公众将其作为区分服务来源的标识加以识别，缺乏商标应有的显著特征，已构成《商标法》第十一条第一款第（三）项规定之情形，故对申请商标在复审服务上的注册申请予以驳回。

【典型意义】《商标法》第十一条第一款第（三）项规定，其他缺乏显著特征的，不得作为商标注册。该条款所涉及的情况是指除《商标法》第十一条第一款第（一）、（二）项以外的依照社会通常观念，商标本身或作为商标使用在指定商品或服务上不具备表示商品或服务来源的作用。申请注册的商标是否具有显著特征，应当综合考虑构成商标的标志本身的含义、呼叫和外观构成，商标指定使用的商品或服务，相关公众的认知习惯等因素。本案中将普通日常用语"轻轻松上上课"作为商标注册时，在无其他显著要素组合且无证据证明该标志经过使用已取得显著特征的情形下，相关公众很难将其作为商标加以识别，缺乏商标应有的显著特征。因此，申请注册的商标应当具备足以使相关公众区分商品或服务来源的特征。

案例：商标注册申请不予受理引起行政复议

【基本案情】2018 年 5 月 25 日，常熟市某润滑油销售有限公司委托福建某知识产权代理有限公司（以下称"复议申请人"）向商标局（以下称"复议被申请人"）申请商标注册。复议被申请人经审查后于 2018 年 6 月 1 日作出《商标注册申请不予受理通知书》（发文编号为：TMZC3118＊＊＊＊BYSL01）。复议申请人不服该决定向国家知识产权局申请行政复议。国家知识产权局经审查后认为，复议申请人不具备提起复议申请的主体资格，根据《中华人民共和国行政复议法》第六条、第十七条以及《行政复议法实施条例》第二十八条的规定，决定对申请人的复议申请不予受理。

【复议决定】本案涉及申请行政复议的主体资格审查问题。《行政复议法》第六条规定，有下列情形之一的，公民、法人或者其他组织可以依照本法申请行政复议：认为行政机关的其他具体行政行为侵犯其合法权益的。《行政复议法实施条例》第二十八条规定，行政复议申请符合下列规定的，应当予以受理：申请人与具体行政行为有利害关系。本案中，被复议具体行政行为的相对人为常熟市某润滑油销售有限公司。本案复议申请人为该行政相对人申请商标注册时的代理人。

国家知识产权局认为，本案申请人并非被复议具体行政行为的相对人。虽然依《行政复议法》的相关规定，除行政相对人以外的其他利害关系人也可就具体行政行为申请行政复议，但该利害关系人应是指与被复议具体行政行为有直接利害关系的主体，即被复议具体行政行为将直接对其权益造成不利影响的主体。本案复议申请人仅为被复议具体行政行为相对人在商标注册程序中的代理人，被复议具体行政行为并未对其合法权益造成直接不利影响。因此，本案申请人不构成被复议具体行政行为的利害关系人，不具备提起复议申请的主体资格。

【典型意义】《行政复议法实施条例》第二十八条规定了行政复议案件的受理条件。其中，第（二）项规定了申请人的主体资格要件"申请人与具体行政行为有利害关系"。这与现行《中华人民共和国行政诉讼法》规定的有权提起行政诉讼的主体"行政行为的相对人以及其他与行政行为有利害关系的公民、法人或者其他组织"是一致的。因此，行政复议适格主体除行政行为的相对人外，还应包括其他与行政行为有利害关系的主体。就上述案件而言，不能仅因为复议申请人不是被复议具体行政行为的相对人而不予受理其复议申请，当然也不能直接接受申请人陈述之利害关系而予以受理。

行政法上所涉之利害关系目前并无法律明文界定，学理界对此亦多有争论。然而，在法律适用实践中，却不得不面对"利害关系"的解释问题。国家知识产权局认为，在解释适用"利害关系"时需要平衡两个立法目的：一个是要充分保障利害关系人利用行政复议制度寻求权利救济的权利；另一个也要注意维护已做出的具体行政行为的权威性及公信力。在具体行政行为的相对人未对已做出的具体行政行为提出疑义时，其他主体主张撤销或变更该具体行政行为的，至少需要具备两项主体要件：一是自身合法权益遭受损害；二是该损害与被复议具体行政行为之间具有直接因果关系。具体到上述案件，商标代理机构接受委托，以委托人的名义申请注册商标，系其从事商标代理业务的行为。商标注册申请不予受理的决定直接影响商标注册申请人利益。商标注册申请不予受理而导致代理机构的代理事务未达成，进而导致其遭受经济损失的，属间接损失或者间接影响，代理机构不能就此以利害关系人身份申请行政复议。更进一步讲，商标代理机构因代理事务未成就所遭受的损失属企业经营风险，不应借由行政复议制度转嫁其风险。代理机构如认为被申请人做出的商标注册申请不予受理决定不符合法律规定，应在代理权限内，以被代理人的名义申请行政复议。

对于不服复审结果的，商标行政案件司法程序的设立赋予那些不服商标评审委员会做出的决定或者裁定的当事人以司法救济的途径。根据《行政诉讼法》第五十四条的规定，具体行政行为有下列情形之一的，判决撤销或者部分撤销：①不足的；②适用法律、法规错误的；③违反法定程序的；④超越职权的；⑤滥用职权的。因此，根据《商标法》的对应条款，当事人对商标评审委员会的决定不服的，可以自收到通知之日起三十日内向人民法院提起行政诉讼。

课后习题

1. 商标注册前的准备活动在商标注册程序中具有何种作用？
2. 如何使我国的商标注册程序更加国际化？
3. 商标异议行政诉讼的难点在哪里？

第七章 商标的续展与变更

第一节 商标的续展

知识产权的时间性是指知识产权受法律保护的期限。知识产权仅在法律规定的期限内受法律保护，一旦超过法律规定的有效期限，这一权利自行消灭，知识产品即成为整个社会的共同财富，为全人类所共同使用。根据不同知识产权的性质、特征和本国实际情况的不同，各国法律对著作权、专利权、商标权都规定有长短不一的保护期。商标权是法律赋予商标权人对于其在所经营的特定商品或者服务上区分来源的标识在一段时间内的专有使用权，只要商标权人希望继续经营其特定产品或者服务，法律就应当许可其在所经营的特定商品或者服务对商标标识通过续展继续享有专有使用权。这也有利于商品或者服务质量的持续、品牌的传承。因此，商标权有效期届满后，可以不断续展。通过不断的续展，商标权可以延长实际有效期。

注册商标的有效期为十年，自核准注册之日起计算。注册商标有效期满，需要继续使用的，商标注册人应当在期满前十二个月内按照规定办理续展手续；在此期间未能办理的，可以给予六个月的宽展期。每次续展注册的有效期为十年，自该商标上一届有效期满次日起计算。期满未办理续展手续的，注销其注册商标。注册商标需要续展注册的，应当向商标局提交商标续展注册申请书。商标局核准商标注册续展申请的，发给相应证明并予以公告。

申请续展的商标应为注册商标，且为有效状态。对于一标多类的注册商标，续展时允许申请人申请续展其中的部分类别。续展申请直接递交的，以递交日为准；邮寄的，以寄出的邮戳日为准；邮戳日不清晰或者没有邮戳的，以商标注册部门实际收到日为准。续展申请在期限届满日递交的，该日是节假日的，以节假日后的第一个工作日为准。经审查，续展申请完全符合规定的，商标注册部门核准续展注册，并予以公告，发给注册人相应的续展证明。

案例：某公司将他人期满未续展的商标申请注册

【案情简介】第 14374197 号"SFC"商标（以下称"诉争商标"）由春回大地公司于 2014 年 4 月 14 日提出注册申请，并于 2015 年 7 月 21 日获准注册，核定使用在第 41 类"配音、录像带发行、私人健身教练服务、出借书籍的图书馆、动物训练、为艺术家提供模特服务、娱乐、组织教育或娱乐竞赛服务"上。

2015 年 11 月 2 日，上海电影公司以诉争商标属于《中华人民共和国商标法》所指的以"其他不正当手段"取得注册情形为由，向商标评审委员会提出无效宣告请求。2016 年 9 月 6 日，商标评审委员会做出商评字〔2016〕第 77568 号商标无效宣告请求裁定（以下称"被诉裁定"），认为春回大地公司注册资本 3 万元，经营范围为"电子产品研发、办公用品批发"，其在多个商品、服务类别上申请注册了包括诉争商标在内的 400 余件商标，明显超出经营所需和能力范围，具有抢注和囤积商标营利的目的。前述行为扰乱了正常的商标注册秩序，有损公平竞争的市场秩序，违反诚实信用原则，不应鼓励和支持。因此，诉争商标的注册违反了《商标法》的规定，商标评审委员会裁定：诉争商标予以无效宣告。

本案中，春回大地公司主张因案外人上海申花足球俱乐部有限公司在多个商品及服务类别上申请注册的"SFC"商标有效期满未续展，故"SFC"标识属于任何人均可以申请注册的资源，其申请注册包括诉争商标在内的多个"SFC"商标，手段正当，未扰乱商标注册秩序。商标评审委员会与上海电影公司则认为春回大地公司将他人在多个商品及服务类别上期满未续展的商标申请注册，其目的并非基于使用，而在于囤积与售卖，故诉争商标属于以"其他不正当手段"取得注册的情形。各方对诉争商标源于案外人上海申花足球俱乐部有限公司的期满未续展商标，以及除诉争商标外，春回大地公司另将上海申花足球俱乐部在其余多个商品及服务类别上期满未续展的"SFC"商标予以注册的事实并无争议。

一审法院经审理认为：春回大地公司在缺乏真实使用意图的情况下，将同一案外人在不同商品、服务类别上期满未续展的多个"SFC"商标申请注册，明显属于囤积商标的行为，被诉裁定关于诉争商标的注册属于《商标法》所指的以"其他不正当手段"取得注册的认定正确。一审判决作出后，春回大地公司不服，向北京市高级人民法院提起上诉。二审法院经审理，判决驳回上诉，维持原判。

【案件分析】倘若原商标注册人到期未续展注册商标，且该商标注销之日起超过一年，则其他主体申请与该商标相同的商标可依法获准注册。也就是说，法律并未禁止注册他人期满未续展的商标，而是从避免混淆的角度，设定了一年的期限。尽管从设权的角度，超过一定期限，将他人期满未续展商标申请注册未违反法律规定，但从前述行为性质而言，并不必然正当。商标权是一种标识性权利，其起到承载市场主体商誉的作用，然而在实践中并非所有的市场主体都能够对商标期满续展尽到足够的注意义务。换言之，注册商标期满未续展可能出于多种原因，或由商标权人主动放弃，或由商标权人疏忽，或由商标权人破产清算等其他客观原因所致。因此，商标期满未续展并不意味着原注册人必然已实质放弃该商标，在此意义上，将他人期满未续展的商标申请注册，并不当然地具备正当性。

第二节　商标的变更

一、商标变更的内容

我国《商标法》规定：注册商标需要变更注册人的名义、地址或者其他注册事项的，应当提出变更申请。变更商标注册人名义、地址或者其他注册事项的，应当向商标局提交变更申请书。变更商标注册人名称，还应当提交有关登记机关出具的变更证明文件。商标局核准的，发给商标注册人相应证明，并予以公告；不予核准的，应当书面通知申请人并说明理由。

这意味着注册商标的使用要严格限制在核准注册的商标图样和核定使用的商品之内，改变商标图样或者超出了核定使用的商品范围，跨类别使用，都不应当加注册标记，否则属于冒充注册商标行为；改变后的商标图样或者超出了核定使用的商品，与他人已注册的商标相同或者近似，还要承担商标侵权法律责任。很多注册商标权利人为了商标更为美观、具有特别性，会对字体进行改变，如将注册印刷体文字改为其他具有美感的字体，或者对注册商标字体进行艺术创作。改变字体的商标是一个新的商标，应将改变字体的商标申请注册为新商标。这样，一是可以更好地保护商标权利，二是可以避免冒充商标而带来的行政处罚及民事侵权风险。有些情况下，对商标字体的改变并不对字体构成实质性的改变，如注册商标时的字体与实际使用中的商标字体为手写体与打印体，这种变化微乎其微，法律虽然允许这种情况出现，不会当作假冒注册商标处理，但还是要按照《商标法》的要求对改变字体后的商标申请注册。除此之外，改变字体后的商标注册后与之前的注册商标构成了不同的两个注册商标，要注意对改变前后的两个商标进行使用，防止面临撤销风险。

二、商标变更的程序

商标变更名称的，需提供登记机关具体变更证明文件。变更证明文件可以为登记机关核准变更文件的复印件，也可为从登记机关网站上下载的变更情况档案，但均需申请人盖章或签字确认真实；申请人名义发生多次变更的，无须逐次变更，可以通过一份申请变更到现名义；申请时应该提交证明其名义多次变更的全部变更证明文件。外国企业或外国人仅需变更中文译名的，应提供该外国企业或外国人申请变更中文译名的声明作为变更证明文件。仅变更地址的，不需要出具变更证明文件。

申请变更集体商标、证明商标申请人/注册人名义的，提交如下文件：①申请人的身份证明文件复印件（营业执照副本）。②登记机关出具的变更证明。变更证明可以是登记机关变更核准文件复印件或登记机关官方网站下载打印的相关档案。注册人是企业的，应当出具市场监督管理部门的变更证明；注册人是事业单位或社会团体等其他组织的，应当出具主管机关的变更证明。变更前名义和变更后名义应当与申请书上变更前名义和申请人名称相符；外国企业或外国人仅需变更中文译名的，应提供该外国企业或外国人申请变更中文译名的声明。③变更后的集体商标/证明商标使用管理规则。

三、商标变更的结果

变更申请经审查，可能做出的审查结论有补正、不予核准、视为放弃和核准四种：

1. 补正

存在下列情形之一的，通知申请人予以补正：

①商标处于续展宽展期，通知申请人及时办理续展申请的；②变更申请商标已经办理了质权登记或已被查封的；③注册人未对其全部商标一并变更的；④登记机关出具的变更证明文件所述变更事项与申请变更事项不一致的；⑤其他经审查发现存在问题或疑问需要申请人进一步说明和提供补充材料的。申请人在收到补正通知书后，在规定期限内按照通知书的要求予以改正，商标注册部门根据申请人的补正内容对该变更申请进行审查。申请人未能在规定期限内补正的，不影响商标注册部门做出审查结论。

2. 不予核准

存在下列情形之一的，不予核准：

①申请人不是商标注册人（如变更申请书填写了错误的注册号码的、商标已经转让给他人的）；②已办理了相同内容的变更申请，无须再次办理变更的；③商标已经无效的；④申请文件不符合规定，且无法通过补正予以改正的；⑤商标被法院查封、在先办理了质权登记，且未取得法院或质权人书面同意的；⑥申请人与申请书填写的变更前当事人为不同民事主体，不应办理变更申请的（如企业改制）；⑦其他不应核准变更的情况。

3. 视为放弃

视为放弃是针对已经发过要求一并变更的补正通知的变更申请。经审查，未将注册人全部商标一并变更的，经补正通知后，存在下列情形的，该变更申请视为放弃：①经补正通知后，未办理其他需一并变更的；②经补正通知后，申请人提出不同意见，但经审查意见不成立的。

4. 核准

经审查，变更申请完全符合规定的，商标注册部门核准变更，予以公告，并发给注册人相应的变更证明。

课后习题

1. 商标续展期内容易产生哪些法律和实务问题？
2. 商标变更过程中应该注意哪些问题？

第八章　商标权的终止

商标权的终止，是指法定事由的发生而导致商标权丧失的法律事实。在我国，商标注册的有效期为10年，10年到期时可以续展，续展没有次数限制，故注册商标在理论上可以永久存在。但在某些特殊情况下，商标注册也可能被注销、撤销或宣告无效，这三种情形便是商标权终止的主要原因。如果商标权所有人有意放弃其注册时，既可以采取提出注销申请的明示方式，也可以采取到期不续展商标注册的默示方式；如果商标注册人消亡，但又未办理继承、过户手续的，商标局有权注销其注册商标。如果商标长期不使用或使用不当，比如在注册后出现退化或随意变形，则该商标也会被他人申请撤销或者被商标局依职权撤销，一旦被撤销，该商标专用权自撤销公告之日起终止。如果商标注册本身存在绝对注册不当的情形，则随时都有可能被任何人申请宣告无效或者被商标局依职权宣告无效；如果商标注册本身存在相对注册不当的情形，则在5年内有可能被在先权利人或者利害关系人申请无效。注册商标一旦被宣告无效，则视为商标专用权自始不存在。

第一节　注销

一、商标权注销的基本理论

注册商标的注销，是指商标权所有人自愿放弃注册商标而被商标局终止其商标权的一种形式。商标权的性质是私权，故法律允许商标注册人自由处分其权利。商标注册人可能不再希望维持某一商标的注册从而申请注销或不再续展，并且商标申请人也可以撤回正在申请阶段的商标。如果出现商标主体消亡且没有人继承的情况，任何人均可以要求注销该商标。作为商标权终止的原因，注销是对注册商标所有人放弃其专用权的一种行政确认。根据《商标法》及其实施条例的规定，导致注册商标注销的情形如下：

（一）自愿注销

在没有许可使用人的时候，注册商标所有人自愿放弃其商标权，商标法尊重个人自愿注销商标权的愿望。但在有许可的时候，注册商标所有人自愿放弃其商标权，应当征得被许可人的同意。

按照《商标法实施条例》第七十三条的要求，商标注册人申请注销其注册商标或者注销其商标在部分指定商品上的注册的，应当向商标局提交商标注销申请书，并交回原商标注册证。商标注册人申请注销其注册商标或者注销其商标在部分指定商品上的注册，经商标局核准注销的，该注册商标专用权或者该注册商标专用权在该部分指定商品上的效力自商标局收到其注销申请之日起终止。

（二）因不续展注销

注册商标的有效期届满，且宽展期已过，注册人未提出续展申请，或续展申请未被批准的，该注册商标权自有效期届满之日起丧失。不续展可以视为商标权所有人以默示形式表现出来的自愿注销，但是不能排除商标权所有人的疏忽。如果没有在有效期届满前一年正常续展，注册人可以在届满后半年内的宽展期内申请续展。故只有在宽展期结束以后没有办理续展手续的情况下，才能因为商标权所有人未续展而予以注销。根据《巴黎公约》第 6 条规定的独立性原则，商标在一个国家（包括原属国）没有续展，并不会对在其他成员国的注册产生任何影响。

（三）因主体消亡且无人继承注销

商标注册人死亡或终止后，在法律规定的期限内无人要求继承或继受注册商标的，由商标局注销其注册商标。主体消亡并不能当然导致商标权的灭失，有关的自然人和法人在履行相应的法律手续后可以继受该商标；但如果继承或继受行为没有及时办理，则商标注册就有被注销的可能。

为了避免无主商标长期占用商标注册簿，2002 年《商标法实施条例》第四十七条规定，商标注册人死亡或者终止，自死亡或者终止之日起 1 年期满，该注册商标没有办理移转手续的，任何人可以向商标局申请注销该注册商标。提出注销申请的，应当提交有关该商标注册人死亡或者终止的证据。2014 年《商标法实施条例》删除了这一规定，但对其理由未做说明。从法理上讲，无人继承的注册商标应属无主财产；根据继承法的相关规定，无人继承的财产归国家所有。但是考虑到商标区别商品来源的基本功能，无人使用的注册商标更宜进行注销处分。

二、商标注销的程序

商标注册人申请注销其注册商标或者注销其商标在部分指定商品上的注册的，应当向商标局提交商标注销申请书，并交回原商标注册证。商标注册人申请注销其注册商标或者注销其商标在部分指定商品上的注册，经商标局核准注销的，该注册商标专用权或者该注册商标专用权在该部分指定商品上的效力自商标局收到其注销申请之日起终止。注销后，原商标注册证作废，并予以公告。

注册人申请注销其注册商标或部分指定使用商品的，应提交下列文件：①注销申请书；②直接办理的，应附上申请人有效身份证件复印件，以及经办人的身份证复印件；③委托代理组织办理的，除应附上申请人有效身份证件复印件外，还应附上商标代理委托书；④交回原商标注册证，不能交回的应说明原因；⑤共有商标的注册人申请注销时，应由代表人办理申请手续，但需要附上其他注册人的书面授权。

注销申请的审查事项：①申请书填写内容完整、符合规定；②申请人名义与商标局档案登记的注册人名义一致；③名义不一致的，应附送登记机关出具的变更证明文件；④申请注销的商标为有效注册商标；⑤申请部分注销的，其申请书填写的注销商品/服务项目与其注册时指定使用的商品/服务项目相符。

商标注销时应注意：①申请人的名称、地址、邮政编码及电话号码等联系方式必须填写清楚、准确，以便于联系；②注销注册商标的申请人必须是注册商标的注册人；③注销注册商标不需缴纳费用；④不能上缴的，应说明原因；⑤注册人名义已发生变更的，在申请注销时应提供登记部门或上级主管部门出具的变更证明；⑥申请人如需受理通知书，应向商标注册大厅受理窗口的工作人员说明，到申请受理处开具受理通知书；⑦如经审查后申请书件被退回要求补正的，申请人应按补正通知书的规定予以补正，并将原申请书补正后交回商标注册大厅或邮寄给商标局。

三、商标注销的效力

商标注册人申请注销其注册商标或者注销其商标在部分指定商品上的注册，一般不会出现不服或反悔的情况，但 2014 年《商标法实施条例》增加了商标局核准注销的程序，目的是避免出现已经设质或备案许可的商标被轻易注销的情况。核准注销后，该注册商标专用权或者该注册商标专用权在该部分指定商品上的效力自商标局收到其注销申请之日起终止。

因不续展而被注销的商标，自上一个保护期届满自动失效，商标重新回到公有领域，其他人可以自由使用该商标而不再构成商标侵权。但针对其他人对注销商标的重新注册，《商标法》第五十条有所限制，即注册商标期满不再续展的，自注销之日起一年内，商标局对与该商标相同或者近似的商标注册申请，不予核准。需要注意的是，不续展注销的决定虽然是事后做出，"注销之日"还是应该以上一个有效期期满之日为准。之所以做出这样的规定，主要是因为商标即使不再续展，但市场上可能会有一些尚未售出的标有注销商标的商品，立即注册与注销商标相同的商标，容易误导消费者，增加管理的难度。从立法本意上看，这一规定只限制 1 年内核准注册，而并没有禁止他人在此期间排队申请。

第二节　撤销

注册商标的撤销，是指商标主管机关对违反商标法有关规定的行为给予处罚，终止其原注册商标权的一种行政制裁手段。已经注册的商标，负有连续使用和规范使用的义务，如果长期闲置不用或使用不规范，就会面临被撤销的命运。《商标法》对注册商标撤销的具体事由、行政决定及裁定程序、司法审查做了专门规定。

一、因使用不当而撤销

（一）撤销的基本理论

《商标法》规定，商标注册人在使用注册商标的过程中，自行改变注册商标、注册人名义、地址或者其他注册事项的，由地方工商行政管理部门责令限期改正；

期满不改正的，由商标局撤销其注册商标。其中，自行改变注册商标，是指商标注册人或者被许可使用人在实际使用注册商标时，擅自改变该商标的文字、图形、字母、数字、立体形状、颜色组合等，导致原注册商标的主要部分和显著特征发生变化。改变后的标志同原注册商标相比，易被认为不具有同一性。

自行改变注册商标的注册人名义，是指商标注册人名义（姓名或者名称）发生变化后，未依法向商标注册部门提出变更申请，或者实际使用注册商标的注册人名义与商标注册簿上记载的注册人名义不一致。自行改变注册商标的注册人地址，是指商标注册人地址发生变化后，未依法向商标注册部门提出变更申请，或者商标注册人实际地址与商标注册簿上记载的地址不一致。自行改变注册商标的其他注册事项，是指除注册商标、商标注册人名义、地址之外的其他注册事项发生变化后，注册人未依法向商标注册部门提出变更申请，致使与商标注册簿上登记的有关事项不一致。

（二）自行改变注册商标的认定

我国商标法中规定属于自行改变商标注册事项的行为包括：①商标注册人名称（姓名或者名称）发生变化后，未依法向国家知识产权局提出变更申请的；②商标注册人地址发生变化后，未依法向国家知识产权局提出变更申请，或者商标注册人实际地址与商标注册簿上记载的地址不一致的；③除商标注册人名义、地址之外的其他注册事项发生变化后，商标注册人未依法向国家知识产权局提出变更申请的。除此之外，特殊的例外情况为：将卷烟整体包装作为商标注册的，其按照国家有关规定加注警语、修改警语内容和警语区面积造成卷烟商标改变并使用的行为，不视为违反《商标法》第四十九条第一款的规定。

商标变更的认定：①商标字体变动。针对用文字或是英文字母注册成功的商标，在递交申请之初，都会首先确定它的字体样式，例如像是免费字体微软雅黑、宋体、斜体、楷体等。如果权利人后期肆意修改注册商标字体，也算是属于改动注册商标。②商标颜色变动。与商标字体样式变动相似，注册商标的颜色变动，也是属于擅自修改注册商标的举动行为之一。例如，黑色要素的商标，权利人为了增加该商标的美观度，在投入活动或是商品使用的过程中，将之变成橙色或是其他颜色等，都是属于改变注册商标。③商标样式增减。除了商标颜色和字体的变动外，还有一种可能性便是商标样式部分的增添和减少。例如在原本是注册纯文字或数字、字母的商标中，添加或减少一个文字或是数字、字母；或是在原商标基础上，增减一个图形图案之类，也属于改变注册商标的行为。④商标样式比例变动。商标样式比例的变动也极其重要。一般来说，权利人在使用商标过程中，法律中仅规定商标必须按照原先大小1：1的比例改变，若是权利人出于特定目的，将商标变成1：2的比例拿来使用，同属自行改变注册商标的举动。⑤注册商标名义信息变动。注册商标信息的变动，包括商标注册申请人名义变动，商标注册地址变动或者是其他注册事项变动，同时未递交商标变更申请的企业，属于擅自改变注册商标。

案例：某企业自行改变注册商标

成都某调味品有限责任公司（下称"当事人"）在商标局注册了"美未王子"商标，核定使用在第30类"酱油等调味品"上。但当事人在其生产和销售的产品上使用的是"美味王子"字样，并标注注册标记。至案发时，当事人已在其部分产品上使用这一商标标志。成都市某市场监督管理局在此案调查终结、移送核审机构核审时，办案机构与核审机构在该案应如何定性的问题上产生了分歧。办案机构认为，当事人注册的"美未王子"商标与其实际使用的"美味王子"商标，虽说只有一字之差，但已发生了质的变化，所以该案应定性为冒充注册商标的违法行为。核审机构则认为，当事人实际使用的商标标志同原注册商标只是字形上的变化，是在原注册商标的笔画上加了一个"口"，只是形的变化而已，没有质的区别，故应定性为自行改变注册商标的违法行为。根据《商标法》第四十四条的规定，商标注册人自行改变注册商标的文字、图案或者其组合的，属于自行改变注册商标的违法行为。这里的"自行改变"是指注册商标细微的改变，比如字体变化、对图形部分作细小调整等，原注册商标不发生质的变化。本案当事人在实际使用中将原注册商标的"未"改成了"味"，"美未"和"美味"两个词的意思截然不同。当事人将原注册商标"美未王子"改为美味王子使用，并加上了注册标记，这就构成了一件新的商标，应认定为冒充注册商标的违法行为。此外，"美味王子"商标在商标局的注册商标数据库中无法找到，所以此案应定性为冒充注册商标行为。

二、因三年不使用而撤销

（一）基本理论

不使用撤销制度是商标法中非常重要的一项制度，其目的是促进商标使用、避免商标闲置。理论上，撤销是否成立，取决于被撤销商标是否有使用的事实。证明该事实的证据，既可以是商标注册人提供的商标使用的证据，也可以是撤销申请人提供的商标未使用的证据。我国境内的法律和实践将以上事实的举证责任分配给了商标注册人，即由商标注册人提交商标使用的证据，若商标注册人未能提交使用证据的，则承担其商标被撤销的不利后果。其中，商标的使用，是指将商标用于商品、商品包装或者容器以及商品交易文书上，或者将商标用于广告宣传、展览以及其他商业活动中，用于识别商品来源的行为。对商标使用的判定贯彻于商标注册各个环节。商标的生命在于使用。连续三年不使用注册商标，是指一个注册商标在其有效期内不使用，且该状态不间断地持续三年以上。连续三年不使用注册商标的时间起算，应当自申请人向商标注册部门申请撤销该注册商标之日起，向前推算三年。一方面，商标的使用是商标专用权得以维持和保护的必要条件，商标的使用是商标功能实现的前提，只有发挥商标的识别来源功能，才能构成商标的使用。另一方面，商标的价值体现在使用过程中，其所承载的商誉是通过商标的使用而获得的。商标的使用一般需满足以下要件：一是商标使用人是商标权利人或经权利人授权的人；二是商标使用在指定或核定使用的商品或者服务上；三是规范使用商标标志；四是商标使用地点在中国境内，包括在中国境内从事商品的生产、加工、销售或提供的相关服务；五是商标的使用应为公开、真实、合法的商业性使用。《商标法》第四十九条规定：注册商标成为其核定使用的商品的通用名称或者没有正当理由连续三年不使用的，任何单位或者个人可以向商标局申请撤销该注册商标。商标局应当自收到申请之日起九个月内做出决定。有特殊情况需要延长的，经国务院工商行政管理部门批准，可以延长三个月。

（二）商标使用判定

对商标注册人提供的商标使用证据，应结合其市场主体类型、实际经营形式、商标注册情况综合判断其是否真实、公开、合法地使用商标。商标注册人应当在核定使用的商品上使用注册商标。商标注册人在核定使用的商品上使用注册商标的，在与该商品相类似的商品上的注册可予以维持。商标注册人在核定使用商品之外的类似商品上使用其注册商标，不能视为对其注册商标的使用。系争商标实际使用的商品不属于《类似商品和服务区分表》中的规范商品名称，但其与系争商标核定使用的商品仅名称不同，本质上属于同一商品的，或是实际使用的商品属于核定商品下位概念的，可以认定构成在核定商品上的使用。商标核准注册时，核定的未实际使用商品与已实际使用商品在《类似商品和服务区分表》中不属于类似商品，但因《类似商品和服务区分表》的变化，在案件审理时属于类似商品的，以案件审理时的事实状态为准，可以维持未实际使用商品的注册。系争商标核准注册时，核定的未实际使用商品与已实际使用商品在《类似商品和服务区分表》中属于类似商品，但因《类似商品和服务区分表》的变化，在案件审理时不属于类似商品的，以核准注册时的事实状态为准，可以维持未实际使用商品的注册。

以下情形，不被视为商标法意义上的商标使用：①商标注册信息的公布或者商标注册人关于对其注册商标享有专用权的声明；②未在公开的商业领域使用；③改变了注册商标主要部分和显著特征的使用；④仅有转让或许可行为而没有实际使用；⑤仅以维持商标注册为目的的象征性使用。

（三）商标使用的具体表现形式

1. 对于商品的判断

商品的判断标准包括：①采取直接贴附、刻印、烙印或者编织等方式将商标附着在商品、商品包装、容器、标签等上，或者使用在商品附加标牌、产品说明书、介绍手册、价目表等上；②商标使用在与商品销售有联系的交易文书上，包括使用在商品销售合同、发票、票据、收据、商品进出口检验检疫证明、报关单据、电子商务经营的交易单据或者交易记录等上；③商标使用在广播、电视、互联网等媒体上，或者在公开发行的出版物中发布，以及以广告牌、邮寄广告或者其他广告方式为商标或者使用商标的商品进行的广告宣传；④商标在展览会、博览会上使用，包括但不限于在展会印刷品及其他资料、工牌、指示牌和背景牌等处用于指示商品和服务来源；⑤商标使用体现在国家机关、检测或鉴定机构及行业组织出具的法律文书、证明文书上；⑥其他符合法律规定的商标使用形式。

2. 对于服务的判断

服务的判断标准包括：①商标直接使用于服务场所，包括使用于服务的介绍手册、服务场所招牌、店堂装饰、工作人员服饰、招贴、菜单、价目表、奖券、办公文具、信笺以及其他与指定服务相关的用品上；②商标使用于和服务有联系的文件资料上，如发票、汇款单据、提供服务协议、维修维护证明、电子商务经营的交易单据或者交易记录等；③商标使用在广播、电视、互联网等媒体上，或者在公开发行的出版物中发布，以及以广告牌、邮寄广告或者其他广告方式为商标或者使用商标的服务进行的广告宣传；④商标在展览会、博览会上使用，包括但不限于在展会印刷品及其他资料、工牌、指示牌和背景牌等处用于指示商品和服务来源；⑤商标使用体现在国家机关、检测或鉴定机构及行业组织出具的法律文书、证明文书上。

3. 对主观状态的判断

判断商标是否经过真实使用，除了要查明是否存在客观使用的事实，还要进一步考察行为人的主观状态，即行为人是否具有真实的使用意图。与此相反，"象征性使用"仅以或主要以维持注册效力为目的，其不符合真实使用行为所具有的使注册商标发挥区分商品或服务来源的功能，不会形成或积累商誉，因而不能视为真实的使用。对此，境外也有相关规定。例如，美国《兰哈姆法》第45条规定，商标权利人对商标的使用必须是对商标的"真诚使用"，也即贸易过程中真诚地使用商标，而非仅仅为保留其权利而使用该商标。P&G公司诉J&J公司商标侵权一案是美国关于"象征性使用"的典型案例，该案涉及P&G公司的两个次要商标"Sure"和"Assure"。经查，P&G公司每年都会向市场投入50箱贴有上述两个商标的商品，将其销往美国至少十个州。这些商品通常没有货主，甚至在公司印发的产品说明书及价格表上都找不到这些商品。对于该两个商标是否在商业中实际使用，法官在判决中重述了美国专利商标局审判和上诉委员会判断商标使用个案的基本原则：商标权不能通过附有某商标的商品的零星的、偶尔的、象征性地出运而产生，而必须通过商品的实际交易或者起码是为此种交易而进行积极地公开地行动。法官认为，P&G公司从未真正地在市场上使用过上述商标，也未提出任何令人信服的现有使用计划，因为该公司长达十余年的每年50箱的运送固然不是零星的、偶尔的，但是无疑是名义上的并且没有体现出真正意义上建立此种交易的诚信。由于P&G公司没有在商业中善意地使用上述两个商标，该公司对其并不拥有有效的商标权利。

判断商标使用的具体考量因素有以下几个方面：①使用人的经营范围及能力。这包括两个层面：一是要判断使用人的经营范围是否与商标所核定使用的商品或服务相关。二是要判断商标使用人本身的性质及生产经营规模。对于规模较大的商标使用人，其业务范围广泛、生产或销售能力较强、各项制度较为规范，商标使用的证据所显示的销售量、销售对象、销售金额等也应较为丰富，对于规模较小的商标使用人则相反。②商品或服务本身的性质。不同的商品或者服务有着不同的商业惯例和交易习惯，而且商品或服务的提供难度、使用时间、价格及数量不同，其体现在使用证据上也会有所差异。③商标使用的具体方式。仅有上述单一形式的证据尚不足以证明商标的真实使用，即当事人提交的在案证据形式越多，越能证明其真实的使用意图。④有效使用的规模和范围。商标权人或被许可人唯有使用其注册商标实际从事了生产经营活动且达到一定规模，方能让社会公众通过其商标认识到某种商品或服务的来源，商标也才能逐渐积累起商誉，避免商标资源的浪费。因此，在认定商标是否为"象征性使用"时，应按照商品或服务的特性，结合实际的销售数量、地域范围、辐射群体、营业额度等因素来综合判断。

（四）商标使用的证明

商标不存在连续三年不使用情形的举证责任由商标注册人承担，这种举证责任的规定主要是从社会效率的角度考虑。商标未使用是一个消极事实，证明一个消极事实难度大、成本高，不符合效率原则，特别是我国幅员辽阔，穷尽每个省、市、县、村调查取证商标是否使用并不现实。即使有此调查结果，可信度也仍然存疑。因此，由商标注册人来提交使用证据，符合我国国情。若注册人确实没有使用被撤销商标，那么其因未能提交使用证据而导致商标被撤销能够实现撤销制度的设置目的。用以证明系争商标不存在连续三年不使用的情形的证据材料，应当符合以下要求：①能够显示出使用的系争商标标识；②能够显示出系争商标使用在指定使用的商品或者服务上；③能够显示出系争商标的使用人，既包括商标注册人自己，也包括商标注册人许可的他人以及其他不违背商标权人意志使用商标的人，如许可他人使用的，应当能够证明许可使用关系的存在；④能够显示出系争商标的使用日期，且应当在自撤销申请之日起向前推算三年内；⑤能够证明系争商标在《商标法》效力所及地域范围内的使用。

仅提交下列证据，不视为商标法意义上的商标使用：①商品销售合同或提供服务的协议、合同；②书面证言；③难以识别是否经过修改的物证、视听资料、网站信息等；④实物与复制品。但是，该制度设计也存在一定缺陷。提交证据后，商标注册人并不会因此而额外"获利"，而仅是维持了其原有商标的注册。此外，还有一个不可忽略的问题，就是商标撤销通知送达的风险。商标注册人可能因未收到或者未及时收到撤销通知，而丧失提交使用证据的机会，从而直接导致其商标注册失效。

案例：成超与通用磨坊食品亚洲有限公司商标撤销复审行政纠纷申请再审

【案情简介】在再审申请人成超与被申请人通用磨坊食品亚洲有限公司（简称"通用磨坊公司"）、一审被告国家工商行政管理总局商标评审委员会商标撤销复审行政纠纷案中，第1591629号"湾仔码头"（复审商标）由中山市南区百鸟归巢火锅美食店于2000年3月31日申请注册，核定使用在第42类的"咖啡馆、自助食堂、餐厅等服务"上。2001月13日，复审商标经核准转让给成超。2009年8月21日，通用磨坊以复审商标连续三年停止使用为由，向国家工商行政管理总局商标局提出撤销申请。后商标局以成超提供的使用证据无效为由，决定对复审商标予以撤销。成超不服，向商标评审委员会提出复审申请。商标评审委员会于2013年6月2日作出商评字〔2013〕第18947号《关于第1591"湾仔码头"商标撤销复审决定书》（简称"第18947号决定"），对商标予以撤销。成超不服，提起行政诉讼。北京市第一中级人民法院一审认为成超在指定期限内对复审商标进行了真实的商业使用，遂判决撤销第18947决定，并责令商标评审委员会重新做出复审决定。通用磨坊公司不服，向北京市高级人民法院提起上诉。北京市高级人民法院二审认为，成超提供的使用证据多为意在维持复审商标注册的象征性使用，商标评审委员会所做出的复审商标在指定期间并无真实商业使用行为的结论正确，遂判决撤销一审判决，维持第18947号决定。成超不服，向最高人民法院申请再审。最高人民法院于2015年12月2日裁定驳回成超的再审申请。

【裁判意见】最高人民法院审查认为：商标的价值在于识别商品或者服务的来源，《商标法》第四十四条规定商标连续三年停止使用予以撤销的制度目的，在于促使商标的实际使用，发挥商标的实际效用，防止浪费商标资源。商标的使用。不仅包括商标权人自用，也包括许可他人使用以及其他不违背商标权人意志的使用，没有实际使用注册商标，仅有转让、许可行为，或商标注册信息的公布以及享有注册商标专用权的声明等，不能被认定为商标使用。判断商标是否实际使用，需要判断商标注册人是否有真实的使用意图和实际的使用行为，仅为维持注册商标的存在而进行的象征性使用，不构成商标的实际使用。本案中，成超主张复审商标在指定期间内以广告宣传和许可他人使用的方式进行使用，但其提交的广告代理合同等证据，或无相关证据予以佐证，或发生时间晚于商标局指定期间，均不能证明其对复审商标进行了实际使用。此外，二审法院参考成超申请注册50余件与他人知名商标相同或近似商标的情况，认定其并无对复审商标进行真实使用的意图。

案例："好药师及图"商标撤销复审

【基本案情】刘蕊（案件申请人）以无正当理由连续三年不使用为由于2016年10月19日对沈阳市千红生物科技有限公司（本案被申请人）注册的第6511078号"好药师及图"商标（下称"复审商标"）提出撤销申请，请求撤销复审商标在第5类"人用药"等全部核定使用商品上的注册。经审查，管理部门认为申请人提供的商标使用证据有效，复审商标不予撤销。申请人不服，依法提出撤销复审。在撤销复审程序中，双方当事人对证据争议较大，故申请人提出口头审理的请求。被申请人也于2018年8月2日提交了《声明书》表示同意本案进行口头审理。为查明相关案件事实，依据《商标法实施条例》第六十条、《商标评审案件口头审理办法》第二条的规定，相关法院于2018年8月24日对本案进行口头审理。在口头审理过程中，双方当事人对本案各项证据一一陈述和质证，合议组充分了解了各方陈述的意见。

【裁判意见】相关法院经审理认为，被申请人提交的与御室公司签订的《商标使用授权书》约定，被申请人同意御室公司在第5类商品上使用复审商标。由于商标使用许可行为本身并非商标法意义上的商标使用行为，因此，该项证据无法直接证明复审商标的使用情况，只有与其他证据形成证据链才能够起到证明作用。虽然被申请人还提交了在指定期间内御室公司与宝华公司、万隆公司、康芏源公司签订的《药品全国总代理协议书》、发票、随货同行单、实物图片、药品说明书等证据予以佐证，但被申请人还注册了第8401036号"好药师及图"商标，上述证据指向的商标为第8401036号"好药师及图"商标，该商标与本案复审商标存在差异。根据最高人民法院《关于审理商标授权确权行政案件若干问题的规定》，"实际使用的商标标志与核准注册的商标标志有细微差别，但未改变其显著特征的，可以视为注册商标的使用"。因此，商标的使用应当规范，如果需要改变商标标志，应当重新进行申请，但考虑到商业活动的复杂性，未改变商标显著特征的使用，也应当视为对注册商标的使用，如允许对注册商标在原有的基础上进行细微的改变。但在注册商标专用人有多个商标时，对商标标志的改变应当不至于与其他商标标志相混淆，更不能以其他商标标志的使用来认定该商标标志的使用。被申请人提交的证据可以证明在指定期间内，其在六味地黄胶囊、脉通颗粒、胃痛宁片、壮阳春胶囊和复方颠茄氢氧化铝片商品上真实、有效地使用了前述第8401036号"好药师及图"商标，但此使用不能被当然视为本案复审商标的使用。综上，被申请人提交的在案证据不能证明复审商标在指定期间内在其核定使用的商品上进行了真实、合法、有效的使用，故复审商标应予撤销。

三、商标退化为通用名称

商标法的核心是商标专用权保护，而商标要得以核准注册且维持商标意义的使用需要满足显著性的条件。商标通用名称化会淡化商标的显著性，使商标丧失专用权的基础。商标通用名称化对权利人不利，注册商标一旦被通用名称化便会失去受保护的正当性，从专有领域向公有领域转化。商标通用名称化虽然成因较为复杂，但在特定的条件下，特定种类的商标会天然地向通用名称演化，这是该类商标发展的重要趋势。对于潜在权利人来说，在选择商标的时候就应该选择显著性较强且公众接受程度较高的商标。对于商标权利人而言，应当多下功夫努力提升自身商品或服务的质量，通过商标意义性的使用增强商标的显著性，使商标增强抗通用名称化风险的能力。权利人不能垄断属于公共领域的资源，公共领域的保护也应和私权保护形成动态平衡，这样才能实现商标法的立法宗旨，维护社会关系的稳定，从而实现公平正义，促进良性竞争从而刺激经济良性增长。

（一）基本理论

注册商标成为其核定使用商品的通用名称，是指原本具有商标显著特征的注册商标，在市场实际使用过程中，退化为其核定使用商品的通用名称。通用名称形成的内在机理从符号学说以及相关公众的视角来看，是符号的固定语义发生了变化。传统商标的三元结构包括的能指、所指和对象，分别指代的是标志、出处、商品或服务。而随着符号语义的演化，商标的所指逐渐模糊，不再指明特定的生产商或服务者。商标符号的语义变化就是通用名称形成的内在机理。从通用名称的形成原因上看，既有可归因于商标权人的内部原因，也有不可归因于商标权人的外部原因，主要包括以下几点：①商标权人选择作为商标注册的标志天然地易退化为通用名称。《商标法》第十一条规定了不具有显著性不得注册的标志，描述性标志之所以不能注册，是因为构成该标志的词汇具有其天然的基本含义，而该含义与产品或者注册商标描述性标志在没有通过使用获得"第二含义"之前，通常是不能获得注册的，即使在核准注册之后也不能禁止他人正当使用。对商品的质量、功能等的描述性越强，成为通用名称的可能性就越大。②商标权人使用商标的形式不规范也是导致商标退化为通用名称的重要原因。商标权人使用商标的形式不规范引起商标退化为通用名称，主要是指商标权人把注册商标作为商品名称使用，使用时间过长，可能导致消费者慢慢地把商标与商品名称等同起来。对于他人将商标作为商品名称使用的行为，应当认为是侵犯商标专用权的行为。商标权人对商标的过度宣传也极有可能造成商标的通用名称化，过度宣传易使消费者对商标与特定生产商的联系越来越淡化，久而久之商标很可能成为一类商品的代名词。③商标权人维权意识不强也助推了商标的通用名称化进程。商标越知名，就越有被其他竞争者作为商品名称使用的动力。例如：Google 公司最担心的事情之一是"Google"太常用，以至于它变成了"搜索"的同义词。如此一来，他人则可随意使用这个词来命名自身的产品。我国也经常出现此种情况，如："解百纳"是张裕的注册商标，具有悠久的历史。在国内葡萄酒行业兴起之时，很多葡萄酒生产商的系列产品中都有"解百纳"系列葡萄酒，行业内逐渐形成了"解百纳"是一种葡萄酒品种的代名词，而张裕却鲜有针对市场上使用"解百纳"商标的维权行为。虽然商标权人以"解百纳"商标并不属于法定通用名称为由最终维持了注册的效力，但有不少观点认为商标权人保护商标不力已经使"解百纳"退化为了通用名称①。

（二）判定标准

判定系争商标是否属于商品的通用名称，应当从商标标志整体上进行审查，且应当认定通用名称指向的具体商品，对与该商品类似的商品不予考虑。关键是判定该商标的功能是区分不同商品还是区分不同商品来源，如果商标的主要功能是区分不同商品，应判定为通用名称。相关部门除依据《商标法》"仅有本商品的通用名称、图形、型号的"条款的规定外，还可以参考辞典、专用工具书、国家或者行业标准、相关行业组织的证明、市场调查报告、市场上的宣传使用证据以及其他主体在同种商品上使用该商标标志的证据进行审查审理。判断注册商标成为其核定使用商品的通用名称的时间点，一般应以提出撤销申请时的事实状态为准，案件审查审理时的事实状态可以作为参考。

（三）适用要件

适用要件包括：①注册商标在其获准注册之时尚未成为其核定使用商品的通用名称。②注册商标在实际使用过程中，丧失了其识别商品来源的功能，在被提出撤销申请时已成为其核定使用商品的通用名称。判定注册商标是否成为其核定使用商品的通用名称、图形、型号，参照上述关于通用名称标准进行判定。例如，在山西沁州黄小米（集团）有限公司诉商标评审委员会商标驳回复审行政纠纷案中，法院认为诉争商标是否属于通用名称，应当至少具备下列条件之一：一是按照法律规定以及国家标准、行业标准的规定，应当认定为通用名称；二是专业工具书、词典的认定，在无相反证据的情况下，应当认定为通用名称；三是在全国范围内相关公众的认知中属于通用名称的，应当认定为通用名称；四是在特定区域，诉争商标能够指代该区域某一类商品的也可以认定为是通用名称。该判决书对通用名称判断标准的列举是司法机关裁判思路的一个缩影。所有这些标准中，当事人只要能够举证证

① 赵克. 注册商标如何退化成商品的通用名称？［J］. 中华商标，2016（7）：79-83.

明符合了其中的一种标准，法院就可以据此作出裁决。在王亮等诉商标评审委员会商标行政纠纷案中，法院就结合公开出版物和主管机关的答复来综合认定通用名称。法院认为，三楚公司提交的证据仅能证明"丁香""肉桂"作为中药名称的存在，尚不足以证明争议商标"丁桂"文字组合已成为片剂、贴剂、膏剂商品上的通用名称。法院进一步认为，经向药品行政主管机关咨询、了解，在尚未将"丁桂"作为药品通用名称的情况下，商标局不认定"丁桂"为通用名称并无不当。通常，当事人就使用每一种标准的证据都进行举证的情况，也是一种常态，法院根据当事人的举证综合认定涉案商标是否属于商品的通用名称①。

案例："鲁锦"商标纠纷

【案情摘要】原告山东鲁锦实业有限公司于1999年申请注册了"鲁锦"文字商标，核定使用商品为第25类"服装、鞋、帽类"。被告鄄城县鲁锦工艺品有限责任公司和济宁礼之邦家纺有限公司分别生产和销售了在显著位置标有"鲁锦"字样的床上用品。原告认为被告上述行为侵犯了其注册商标专用权并构成不正当竞争，诉请判令被告停止生产、销售带有"鲁锦"字样的侵权产品，责令被告变更企业名称并不得使用"鲁锦"两字，赔偿经济损失50万元。山东省济宁市中级人民法院一审支持了原告的诉讼请求。二被告上诉后，山东省高级人民法院二审认为，"鲁锦"在1999年原告将其注册为商标之前已是山东民间手工棉纺织品的通用名称，"鲁锦"织造技艺是国务院公布的非物质文化遗产；两被告的生产、销售行为属于对商标的正当使用行为，不构成商标侵权，也不构成不正当竞争，遂判决驳回了原告的诉讼请求。

【典型意义】本案提出了具有地域性特点的商品通用名称的判断标准。商品通用名称应当具有广泛性、规范性。对于具有地域性特点的商品通用名称，在判断其是否具有广泛性时，应以特定产区及相关公众的接受程度的高低为标准，而不应以是否在全国范围内广泛使用为标准；在判断其是否具有规范性时，应以相关公众的一般认识及其指代是否明确为标准。对于约定俗成、已为相关公众认可的名称，即使其不尽符合相关科学原理，也不影响其被认定为通用名称。本案中，二审法院在综合考虑"鲁锦"已被山东地区纺织业普遍使用并为相关公众所接受、"鲁锦"织造技艺已被确定为国家级非物质文化遗产、"鲁锦"代表的纯棉手工纺织品的生产原料由山东不特定地区广泛种植等事实的基础上，认定"鲁锦"在1999年原告将其注册为商标之前已成为山东民间手工棉纺织品的通用名称，进而认定被告的使用行为属于对"鲁锦"商标的正当使用，不构成对"鲁锦"商标专用权的侵犯，也不构成不正当竞争。

四、商标撤销的行政程序及司法审查

除3年不使用商标及商标退化为通用名称的情况是依申请外，撤销商标一般是商标主管机关依职权采取的行为。根据《商标法》第四十九条的规定，注册商标的

---

① 赵克. 注册商标如何退化成商品的通用名称？[J]. 中华商标，2016（7）：79-83.

撤销程序因构成要件的不同而有所区别。

（一）商标撤销的行政程序

1. 因自行改变注册商标而导致撤销的程序

商标注册人应自行改变注册商标、注册人名义、地址或者其他注册事项的，先由地方工商行政管理部门责令限期改正。在限期内不改正的，由商标局撤销其注册商标。

2. 因注册商标成为商品通用名称或者连续3年不使用而导致的撤销程序

（1）任何单位或者个人都可以向商标局提出申请，请求撤销该注册商标；

（2）商标局收到撤销申请以后，应当在收到撤销申请之日起9个月内做出决定，有特殊情况需要延长时限的，经国务院工商行政管理部门批准可以延长3个月。

（3）对商标局撤销或者不予撤销注册商标的决定，当事人不服的，可以自收到通知之日起15日内向商标评审委员会申请复审。商标评审委员会应当自收到申请之日起9个月内做出决定，并书面通知当事人。有特殊情况需要延长的，经国务院工商行政管理部门批准，可以延长3个月。

（二）商标撤销的司法审查

当事人对商标评审委员会撤销或者不予撤销注册商标的决定不服的，可以自收到通知之日起30日内向人民法院起诉。

五、商标撤销的法律后果

被撤销注册的事由，并非商标权本身存在瑕疵，而是因为该商标使用不当。故撤销注册的效力，不能追溯到注册之初，只能及于后来撤销之时。但由于商标被撤销后存在复审和行政诉讼等救济手段，这样就会出现两个问题：一个是撤销决定何时生效，另一个是撤销决定生效后商标专用权何时终止。

根据行政法的一般规定，行政机关的决定在复议、行政诉讼期间不停止执行。但《商标法》第五十五条规定："法定期限届满，当事人对商标局做出的撤销注册商标的决定不申请复审或者对商标评审委员会做出的复审决定不向人民法院起诉的，撤销注册商标的决定、复审决定生效。"从反面理解该规定，可以认为，如果当事人在法定期限内向商标评审委员会申请复审或向人民法院起诉，则商标局的决定或裁定以及商标评审委员会的决定或者裁定应当不立即产生法律效力。换句话说，复审或上诉应当对撤销决定具有中止效力，商标在此期间应被认为继续有效。

根据2001年版《商标法》及其实施条例，由于3年不使用或使用不规范，依照商标法的规定被撤销的注册商标，一旦撤销决定生效，则由商标局予以公告；该注册商标专用权自商标局的撤销决定做出之日起终止。2013年版《商标法》及其实施条例调整了撤销决定的生效时间，即被撤销的注册商标，由商标局予以公告，该注册商标专用权自公告之日起终止。鉴于撤销生效时间由之前的商标局撤销决定做出之日改为撤销公告之日，这一改变客观上会大大延长被撤销商标的存续时限。而且，从效力的方向看，这是一个针对将来的决定，被撤销的商标可能在未来不再有效，但并不影响其在撤销前的法律效力。鉴于此，法院在审理以正在被申请撤销或已被撤销但正在复审或行政诉讼的商标为基础所提起的民事诉讼中，应该中止侵权案件的审理，等待商标评审或法院的最终裁决，以避免不必要的冲突。

与注销的情况一样，注册商标被撤销后，原商标注册证作废；撤销该商标在部分指定商品上的注册的，一律由商标局重新核发商标注册证，并予公告。与商标不续展被注销的情况一样，为避免市场上可能出现的混乱，《商标法》第五十条同时规定，注册商标被撤销的，自撤销之日起1年内，商标局对与该商标相同或者近似的商标注册申请，不予核准。

第三节　商标无效

一、基本理论

商标无效是指商标在先权利人或者利害关系人认为已经注册的商标，违反《商标法》相关规定，请求商标评审委员会撤销该注册商标的法律程序。商标法以"商标权"作为制度设计的起点，综观商标法的所有制度，除一些原则性的规定外，大体可分为两个体系：一是确权，即通过审查授权、异议、无效程序来确认商标权；二是保护，即对依法确认之商标权通过法律保护，禁止假冒、仿冒等侵权行为，对商标权人提供救济。确权制度包括商标标识制度、注册申请制度、审查核准制度、异议制度、无效宣告制度和注册商标撤销制度。其中，审查核准制度规定审查程序、审查依据、初步审定公告、异议、核准注册，以及对商标局做出的不予注册决定的复审和司法救济。在这一程序中，异议既是向利害关系人提供的救济程序，使之可以利用该程序保护自己的在先权利，也是让利害关系人帮助审查机关发现和纠正审查失误的程序。这部分规定与注册商标无效宣告制度的关系十分密切。无效宣告实质上就是对核准商标注册决定效力的否定，是纠正商标核准注册的失误、保证商标注册正确的最后一道程序。无效宣告与异议的区别在于，异议程序在核准注册之前，其作用是防止不符合注册条件的注册申请被核准注册；无效宣告程序在注册之后，其作用是纠正已经发生的注册错误。概而言之，注册商标无效制度属于商标确权制度体系中的最后一道程序，该制度对于纠正商标注册工作中的失误，保证注册商标实质上的正确性，具有重要的意义。

首先，该制度是程序正义的体现。程序正义的一个要求就是争议双方都应有平等享受司法保护的权利。《TRIPS协定》也要求有关获得或维持知识产权的行政终决应受司法或准司法当局的审查。最新修正的《商标法》规定，利害关系人对初步审定公告的注册申请提出异议的，如果商标局经审查认为异议不成立，即可直接核准注册，异议人不能向商标评审委员会申请复审，更不能向法院起诉；而如果商标局认为异议成立，驳回注册申请，申请人则可以向商标评审委员会申请复审，对复审决定不服，还可以向法院起诉。如果不给予异议人申请注册商标无效的程序权利，则双方当事人的程序权利失衡，显然违背程序正义的要求，也不符合《TRIPS协定》的要求。其次，从商标确权的实际情况来看，无效宣告制度也是必需的。商标注册审查颇为复杂，申请注册的商标是否有应当驳回申请的事由，特别是相对事由，很多情况下不易判断。因此，商标局在审查过程中出现一些判断失误往往难以避免，这也是各国商标法都规定有异议制度的实质性原因。即使经过异议程序，也难免有一些失误仍然不能被发现和纠正。因为异议期限只有自初步审定公告之日起三个月，很多利害关系人可能根本不知道他的商标已经被他人申请注册并初步审定，无从提出异议，就此剥夺他们寻求救济的权利，未免不合情理。最后，注册商标是否会与自己在先注册或在先使用的商标或其他在先商业标识在市场上产生混淆，在很多情况下，只有在经营过程中才能显现出来，三个月的异议期显然无法适应这种客观情况的需要。

综上，商标无效程序具有以下功能：①纠错功能。如前所述，商标注册申请的审查难免发生失误，异议制度和商标注册无效制度就是为了纠正审查失误而设置的。通过无效程序，在社会公众和利害关系人的参与下，对注册商标是否符合商标法的规定，应当予以维持还是宣告注册无效，能够做出最接近正确的判断。②权利救济功能。从在先权利人的角度看，商标注册无效制度是向在先权利（权益）人提供的一种权利救济机制。在先权利（权益）人如果发现注册商标侵害或者有可能侵害自己的在先权利（权益），可以提起无效请求，通过宣告注册商标无效，恢复自己权利的圆满状态。③权利确定功能。《商标法》第四十五条规定。在先权利人和利害关系人申请宣告注册商标无效的期限是自商标注册之日起五年。对恶意注册的情况，驰名商标所有人不受五年的时间限制。这就是说，除抢注驰名商标以外，商标注册满五年，其法律效力便确定下来①。

二、申请商标注册无效的情形

（一）相对理由

此类行为都是损害他人在先权利或者在先存在的正当利益的行为，而不直接涉及公共利益和商标注册秩序。因此，此类事由虽然可以引起注册商标无效的法律后果，但是，无效宣告程序必须经由受注册商标损害的相对人申请启动，商标局不能依职权宣告注册无效；相对人申请无效也有期限的限制，且只能由在先权利人、利害关系人提出：①违反《商标法》第十三条第二款和第三款，即驰名商标保护：就相同或者类似商品申请注册的商标是复制、模仿或者翻译他人未在中国注册的驰名商标，容易导致混淆的，不予注册并禁止使用。就不相同或者不相类似商品申请注册的商标是复制、模仿或者翻译他人已经在中国注册的驰名商标，误导公众，致使该驰名商标注册人的利益可能受到损害的，不予注册并禁止使用。②违反《商标法》第十五条，即商标代理规制：未经授权，代理人或者代表人以自己的名义将被代理人或者被代表人的商标进行注册，被代理人或者被代表人提出异议的。就同一种商品或者类似商品申请注册的商标与他人在先使用的未注册商标相同或者近似，申请人与该他人具有前款规定以外的合同、业务往来关系或者其他关系而明知该他人商标存在，该他人提出异议。③违反《商标法》第十六条第一款，即地理标志保

① 曹博. 商标注册无效制度的体系化研究［J］. 知识产权，2015（4）：112-117.

护：商标中有商品的地理标志，而该商品并非来源于该标志所标示的地区，误导公众的。④违反《商标法》第三十条，即商标相同或近似：申请注册的商标，凡不符合……有关规定或者同他人在同一种商品或者类似商品上已经注册的或者初步审定的商标相同或者近似的。⑤违反《商标法》第三十一条，即同时申请相同或近似商标的：两个或者两个以上的商标注册申请人，在同一种商品或者类似商品上，以相同或者近似的商标申请注册的，初步审定并公告申请在先的商标；同一天申请的，初步审定并公告使用在先的商标，驳回其他人的申请。⑥违反《商标法》第三十二条，即在先权利保护：申请商标注册不得损害他人现有的在先权利，也不得以不正当手段抢先注册他人已经使用并有一定影响的商标。

案例：第36699370号"云铜"等系列商标无效宣告

【基本案情】"云铜"、牛角图形等系列97件商标分别由云南云瑞之祥文化传播有限公司（以下简称"云瑞之祥"）、美国奥洛海集团公司（以下简称"美国奥洛海"）、中国云铜集团有限公司（以下简称"中国云铜"）（上述三方公司统称为"被申请人"）在多个商品及服务类别上注册。云南铜业（集团）有限公司（系列案件申请人，以下简称"云南铜业集团"）分别对上述"云铜"等系列商标（以下称"争议商标"）提出无效宣告请求。申请人主张其为1996年经批准成立的大型企业，"云铜"作为申请人简称，已经与申请人建立了唯一、固定的对应关系。美国奥洛海、中国云铜均系以云瑞之祥为核心设立的公司，上述三家公司联合囤积注册大量"云铜"等商标，虚假宣传，以牟取非法利益，其系列注册行为严重违反诚实信用原则，对商标注册秩序造成破坏，请求依据《商标法》第四条、第四十四条第一款等规定，对争议商标予以无效宣告。被申请人在商标局规定期限内未予答辩。

【案件评析】商标局审理认为，在案证据显示争议商标申请日前，"云铜"已作为申请人云南铜业集团企业名称的简称与申请人形成对应关系，在有色金属行业具有一定知名度。争议商标与申请人的企业名称的简称完全相同，被申请人对此无合理解释。被申请人三方核心股东重合，中国云铜昆明代表处与云瑞之祥地址相同，上述三家公司具有关联关系。云瑞之祥、美国奥洛海以及中国云铜在全部45个商品及服务类别上通过申请注册、转让等方式大量持有"云铜"及与云南铜业集团企业标识完全相同的牛角图形等商标，并以此为权利基础对申请人提出多起民事侵权诉讼，同时通过中金通汇国际投资有限公司向申请人关联公司发出报价80亿元人民币的《关于就"云铜"等商标进行合作与服务的报告》。被申请人大量申请、囤积注册商标，以合作为名索取高额转让费，同时利用注册商标进行恶意诉讼，中国云铜于2019年和2020年分别以2.34亿美元和43.7亿美元收购美国奥洛海持有的"云铜"商标，并进行炒作。上述行为明显有悖于诚实信用原则，具有通过抢注商标牟取不当利益的目的，严重扰乱了正常的商标注册秩序，已构成2019年版《商标法》第四条"不以使用为目的的恶意商标注册申请"以及2013年版和2019年版《商标法》第四十四条第一款所指"以其他不正当手段取得注册"之情形。

【典型意义】规制恶意注册、保护合法在先权利，商标确权授权案件审理实践中所涉及的法律条款包括《商标法》第十三条、第十五条以及第三十二条。若系争商标权利人的注册行为超出损害特定民事权益，构成不正当占用公共资源、损害公共利益、扰乱商标注册秩序或者其他不正当方式谋取不正当利益等其他不正当手段取得注册的情形，则属于《商标法》第四十四条第一款"以其他不正当手段取得注册"情形调整的范围。2019 年版《商标法》（下称"新商标法"）第四条增设了"不以使用为目的的恶意商标注册申请，应当予以驳回"的规定，旨在坚决遏制"不以使用为目的"的恶意申请商标注册行为，打击囤积商标的注册申请行为。该条款中"不以使用为目的的注册"以"恶意"为限定，即豁免了对于申请人为防止他人抢注其注册商标基于防御目的申请相同或近似商标，以及为具有现实预期的未来业务预先适量申请商标的情形。商标申请人"不以使用为目的"的大量申请商标和意欲借此牟利而囤积商标的行为，构成不正当占用商标资源和扰乱商标注册秩序，此为第四条所规制的"恶意"。新商标法第四条和第四十四条第一款"以其他不正当手段取得注册"情形中恶意申请注册的商标均不以系争商标申请人本人申请注册的商标为限，还包括与该行为人具有串通合谋行为或者具有特定身份关系或者其他特定联系的自然人、法人或者其他组织申请注册的商标。

"云铜"等系列无效宣告案件中，云瑞之祥、美国奥洛海、中国云铜三方关联公司在全部 45 个商品及服务类别上通过申请注册、相互转让等方式大量持有与申请人知名企业名称简称及企业标识相同的"云铜"及牛角图形等商标，并以此为权利基础对申请人提起多个民事侵权诉讼，同时通过第三方向申请人关联公司发出报价数十亿元人民币的"云铜"系列商标转让邀约，发布天价收购"云铜"商标新闻意图炒作。上述大量囤积商标、以此牟利的恶意注册行为，严重违反了诚实信用原则且破坏了商标注册秩序，在社会上造成恶劣影响，足可见商标注册的"恶意"且已构成"以其他不正当手段取得注册"之情形。

新商标法第四条在设置方面强调规制"不以使用为目的"的恶意注册，商标是否以使用为目，可作为区分该法律条款和第四十四条第一款的适用依据。值得注意的，两个法律条款设置的根本均源于商标注册人违反诚信义务。当商标权人的注册行为不具备真实使用意图，不当占用了公共资源，客观结果均造成对商标注册秩序的扰乱和公平竞争市场秩序的冲击，此时二者在法律适用上存在竞合。打击恶意注册要保持高压态势，多效并举、合理运用法律规范商标注册行为，是营造良好营商环境的初心和践行。

（二）绝对理由

该类行为均是直接损害社会公共利益的商标注册，而不是对相对人私人利益的损害。为了维护社会公共利益和商标注册秩序，法律赋予商标局依其职权宣告商标注册无效的权力。为了发挥公众在监督商标注册工作、维护社会公共利益方面的作用和积极性，法律同时规定："其他单位或者个人可以请求商标评审委员会宣告该注册商标无效。"对此类注册商标，无论是依职权还是依申请宣告无效，都没有时间的限制，因此任何人都可以提出：①违反《商标法》第四条，即不得作为标志使用的；②违反《商标法》第十一条，即缺乏显著特征的；③违反《商标法》第十二条，即仅由商品自身的性质产生的形状、为获得技术效果而需有的商品形状或者使商品具有实质性价值的形状；④违反《商标法》第十九条第四款，即商标代理机构除对其代理服务申请商标注册外申请注册其他商标，以及以欺骗手段或者其他不正当手段取得注册的。

案例：第 17393381 号"佳丽芙 Jialifu"商标无效宣告

【基本案情】　第 17393381 号"佳丽芙 Jialifu"商标（下称"争议商标"，见图 7-1）由马继辉（下称"争议商标原申请人"）于 2015 年 7 月 9 日申请注册，于 2017 年 11 月 21 日核准注册，核定使用在第 3 类"化妆品、洗发液"等商品上，商标专用权期限至 2026 年 9 月 6 日。该商标于 2018 年 8 月 13 日转让至杨冬平（本案被申请人）名下。S. C. 庄臣父子公司（本案申请人）于 2019 年 4 月 15 日对争议商标提出无效宣告请求。申请人称：争议商标原申请人是经备案的商标代理机构"广州市洋智广告设计有限公司"的唯一自然人股东，在《商标法》第十九条第四款规定的制约下，该代理机构转而以其唯一自然人股东名义提出商标注册申请，恶意囤积商标并进行转让牟利。依据《商标法》第十九条第四款的规定，申请人请求对争议商标予以无效宣告。被申请人在规定期限内未予答辩。

图 7-1　"佳丽芙 Jialifu"商标

【案情解析】　本案的关键在于争议商标的申请注册是否违反《商标法》第十九条第四款之规定。本案中，广州市洋智广告设计有限公司为自然人独资的有限责任公司，系经商标局备案的商标代理机构，争议商标原申请人马继辉系其唯一股东，马继辉申请注册商标多达两千余件，其中，包含"喜运登""三菱""丽仕""保罗约翰顿""御佰草""美汝莲""卡诗娇""娇韵尚""LG""佐米菲"等大量与他人知名商标相同或者近似的商标，包括争议商标在内的其名下大量商标由该代理机构代理申请注册。据此可以认定，争议商标原申请人、广州市洋智广告设计有限公司具有抢注他人商标、囤积商标的共同故意，争议商标系该商标代理机构假借其唯一股东之名申请注册，以达到规避法律之目的，争议商标原申请人的行为应视为商标代理机构的行为。争议商标指定使用的"化妆品"等商品不属于《商标法》第十九条第四款中所规定的"代理服务"。综上，争议商标的申请注册违反了《商标法》第十九条第四款之规定。

【典型意义】　本案涉及商标代理机构假借他人名义恶意规避《商标法》第十九条第四款的规定进行抢注和囤积商标的问题。《商标法》第十九条第四款规定："商标代理机构除对其代理服务申请商标注册外，不得申请注册其他商标。"其立法目的在于防止商标代理机构利用自身优势恶意抢注商标或者囤积商标牟取利益的行为，规范商标代理市场。为解决商标代理活动中的混乱现象以及严重扰乱商标市场秩序情形的出现，《商标法》有关商标代理机构行为规范的内容应当被严格执行。与商标代理机构具有串通合谋行为或者具有特定关系的人抢注、囤积商标的行为，应视为商标代理机构的行为，适用《商标法》第十九条第四款予以规制，以防止商标代理机构假借他人名义恶意规避该规定抢注和囤积商标，致使该条款立法目的无法实现。本案中，广州市洋智广告设计有限公司系经商标局备案的商标代理机构，争议商标原申请人马继辉系该代理机构股东（持股比例100%），其申请注册商标多达两千余件。其中包含大量与他人知名商标相同或者近似的商标，涵盖的商品类别广泛，并多由该代理机构代理申请注册，显然不是为了正常的商业使用目的，两者具有明显串通合谋抢注他人商标、囤积商标的共同故意。该商标代理机构假借其股东之名义在第3类"化妆品"等商品上申请注册争议商标，以规避《商标法》第十九条第四款的规定，该股东的行为应视为商标代理机构的行为。其申请注册争议商标时所具有的不正当性不因争议商标转让而改变，被申请人是否善意受让争议商标亦不影响对上述行为的判断，因为，此种"毒树之果"缺乏受法律保护的正当性基础。由此，本案适用《商标法》第十九条第四款之规定对上述行为予以规制。

三、商标注册无效的程序

（一）对于绝对理由

商标局做出宣告注册商标无效的决定，应当书面通知当事人。当事人对商标局的决定不服的，可以自收到通知之日起十五日内向商标评审委员会申请复审。商标评审委员会应当自收到申请之日起九个月内做出决定，并书面通知当事人。有特殊情况需要延长的，经国务院工商行政管理部门批准，可以延长三个月。当事人对商标评审委员会的决定不服的，可以自收到通知之日起三十日内向人民法院起诉。其他单位或者个人请求商标评审委员会宣告注册商标无效的，商标评审委员会收到申请后，应当书面通知有关当事人，并限期提出答辩。商标评审委员会应当自收到申请之日起九个月内做出维持注册商标或者宣告注册商标无效的裁定，并书面通知当事人。有特殊情况需要延长的，经国务院工商行政管理部门批准，可以延长三个月。当事人对商标评审委员会的裁定不服的，可以自收到通知之日起三十日内向人民法院起诉。人民法院应当通知商标裁定程序的对方当事人作为第三人参加诉讼。

（二）对于相对理由

商标评审委员会收到宣告注册商标无效的申请后，应当书面通知有关当事人，并限期提出答辩。商标评审委员会应当自收到申请之日起十二个月内做出维持注册商标或者宣告注册商标无效的裁定，并书面通知当事人。有特殊情况需要延长的，经国务院工商行政管理部门批准，可以延长六个月。当事人对商标评审委员会的裁定不服的，可以自收到通知之日起三十日内向人民法院起诉。人民法院应当通知商标裁定程序的对方当事人作为第三人参加诉讼。商标评审委员会在依照对无效宣告请求进行审查的过程中，所涉及的在先权利的确定必须以人民法院正在审理或者行政机关正在处理的另一案件的结果为依据的，可以中止审查。中止原因消除后，应当恢复审查程序。

（三）无效救济

法定期限届满，当事人对商标局宣告注册商标无效的决定不申请复审或者对商标评审委员会的复审决定、维持注册商标或者宣告注册商标无效的裁定不向人民法院起诉的，商标局的决定或者商标评审委员会的复审决定、裁定生效。

四、商标无效的法律效力

《商标法》第四十七条规定了注册商标被宣告无效的效力，注册商标被宣告无效后，该注册商标专用权视为自始即不存在。但是法律也做出了限制性规定：有关宣告注册商标无效的决定或者裁定，对于宣告无效前人民法院做出并已执行的商标侵权案件的判决、裁定、调解书，工商行政管理部门做出并已执行的商标侵权案件的处理决定，以及已经履行的商标转让或者使用许可合同，不具有追溯力。以上限制性规定体现了对司法裁判和行政执法决定的尊重，能够有效维持社会交易的安全和财产关系的稳定。比如，在注册商标被宣告无效之前，许可使用人已经向注册人支付了许可费的，作为已经履行的合同，法律并不使其回复到合同成立前的状态，原因在于：许可使用人如认为该商标在注册时就存在不予注册的绝对理由或相对理由，完全可以向商标评审委员会请求宣告该注册商标无效；此人怠于利用法律规定的救济途径，应当对由此引起的不利后果承担一定责任。

但是，《商标法》第四十七条的但书条款也规定了两种例外情形：①因商标注册人的恶意给他人造成的损失，应当给予赔偿。比如，注册人明知自己的注册是违法的，却仍然申请注册，并在注册后起诉他人侵权并获得赔偿；这就属于注册人恶意给他人造成损失。②如果不返还商标侵权赔偿金、商标转让费、商标使用费，明显违反公平原则的，应当全部或者部分返还。比如，被许可人刚向商标注册人全额支付了商标使用许可费，尚未开始使用商标，该注册商标就被宣告无效；此时许可人若不向被许可人返还许可费则明显违反公平原则。

与因3年不使用或使用不当而被撤销的商标一样，无效的决定在复审或行政诉讼期间，暂不产生效力。也就是说，法定期限届满，当事人对商标局宣告注册商标无效的决定不申请复审或者对商标评审委员会的复审决定、维持注册商标或者宣告注册商标无效的裁定不向人民法院起诉的，商标局的决定或者商标评审委员会的复审决定、裁定生效。

申请人撤回商标评审申请的，不得以相同的事实和理由再次提出评审申请；商标评审委员会对商标评审申请已经做出裁定或者决定的，任何人不得以相同的事实和理由再次提出评审申请。但是，经不予注册复审程序予以核准注册后向商标评审委员会提起宣告注册商标无效的除外。商标被撤销后，该撤销决定不仅对有关当事人生效，而且对所有人都发生法律效力。也就是说，任何依据该商标产生的法律纠纷，如果尚未结案，都将受到撤销决定的制约。

宣告无效的注册商标，由商标局予以公告，该注册商标专用权视为自始即不存在。宣告注册商标无效的决定或者裁定，对宣告无效前人民法院做出并已执行的商标侵权案件的判决、裁定、调解书和工商行政管理部门做出并已执行的商标侵权案件的处理决定，以及已经履行的商标转让或者使用许可合同不具有追溯力。但是，因商标注册人的恶意给他人造成的损失，应当给予赔偿。依照规定不返还商标侵权赔偿金、商标转让费、商标使用费，明显违反公平原则的，应当全部或者部分返还。

第四节　商标注册终止隔离期

一、终止隔离期的基本理论

通常认为，"之所以这样规定是因为商标注册被撤销或者注销后，原商标注册人生产的使用该注册商标的商品并不能立即退出市场，如果此时其他企业注册与之相同或者近似的商标，就有可能使市场上同时出现不同企业生产的带有相同或者近似商标的商品，从而造成消费者的混淆，为了防止出现此种情况，本条规定了一年的期限，在此期限内，商标局不核准他人提出的相同或者近似商标的申请。超过此期限，原注册人的商品一般销售完毕，就不受此规定的限制"[①]。2013年版《商标法》第五十条规定仍然出于同样考虑。"本条规定并不是仍要保护已被撤销、被宣告无效或注销的商标的权利，而主要是出于维护市场秩序和保护消费者的利益、防止消费者对商品来源产生混淆的考虑"[②]。也就是说，该条是出于保护消费者的利益而设立的。被撤销或被注销的商标虽然不再享有商标专用权，但由于失效前的使用行为，该商标在市场上仍残存信誉，通过禁止他人在一年内在类似商品上注册相同或近似商标，对使用这些商标的原有商品提供一年的过渡期保护，以避免消费者的混淆。待过渡期满后，原有的商品已大致销售完毕，再对这样的申请予以核准。

注册商标被撤销、被宣告无效或者期满不再续展的，商标注册人的商标专用权不再存在。在此种情况下，其他单位或者个人提出与该商标相同或者近似的商标注册申请，在权利上不存在冲突问题，理应允许。但是，被撤销、被宣告无效或者被注销的注册商标，在被撤销、被宣告无效或者被注销之前，除连续三年不使用这种情形外，毕竟已经使用，并或多或少在市场上产生一定的影响。为了避免市场上同时存在不同主体提供相同或者近似商标的商品或者服务，使消费者对商品或者服务的来源产生混淆，有必要设置一定时间的隔离期限。因此，注册商标被撤销、被宣告无效或者期满不再续展的，自撤销、宣告无效或者注销之日起一年内，商标注册部门对与该商标相同或者近似的商标注册申请，不予核准。

对"失效商标"给予一年的"过渡期"保护的做法最早来源于日本商标法。2011年日本商标法第四条第一款第13项规定，"自商标权失效之日（如为通过商标撤销决定被撤销的，则指确定之日）起未满一年的他人商标（他人的商标在商标权失效日前一年以上的时间未曾使用的情况除外）或与其近似的商标，并用于该商标权所指定的商品或服务或与其类似的商品或服务上的"。《商标法》第五十条规定：注册商标被撤销，被宣告无效或者期满不再续展的，自撤销、宣告无效或者注销之日起一年内，商标局对与该商标相同或者近似的商标注册申请，不予核准。

[①] 国家工商行政管理总局商标局. 中华人民共和国商标法释义［M］. 北京：中国工商出版社，2003：186.

[②] 全国人大常委会法制工作委员会. 中华人民共和国商标法释义［M］. 北京：法律出版社，2013：99.

二、终止隔离的适用情形

以做出审查决定为时间基点和判断标准，他人在先相同或者近似的注册商标被撤销（因连续三年不使用而被撤销的除外）的，自撤销公告之日起未满一年的，应适用《商标法》第五十条予以引证；他人在先相同或者近似的注册商标被宣告无效的，自宣告无效决定或者裁定的应诉期届满之日起未满一年的，应适用《商标法》第五十条予以引证；他人在先相同或者近似的注册商标有效期满不再续展的，自注册商标有效期届满之日起未满一年的，应适用《商标法》第五十条予以引证；他人在先相同或者近似的注册商标因连续一年不使用被撤销的，自撤销公告之日起，不适用《商标法》第五十条的规定。

一年过渡期的起算时间点：①撤销之日。根据《商标法》第五十条规定，对被撤销商标，一年的过渡期起算之日是撤销之日。撤销之日应指撤销决定生效之日，但是根据《商标法》第五十五条规定，被撤销的注册商标的注册商标专用权自公告之日起终止。在公告之前该商标仍享有商标专用权，自然不符合适用此条的条件，因此更合理的解释应为撤销公告之日。对于被撤销商标一年的过渡期起算之日应是指撤销公告之日。②宣告无效之日。被宣告无效的商标自始无效，宣告无效之日应该就是指宣告无效决定的生效之日，对于被宣告无效的商标一年的过渡期起算之日应是指宣告无效决定的生效之日。③注销之日。对于期满不再续展的商标，一年的过渡期是自"注销之日"起算，有三种可能的理解：一是指有效期届满之日，二是指宽展期届满之日，三是指刊登注销公告之日。除非法律有明确规定，否则根据《商标法》第四十条"宽展期满仍未提出申请的，注销其注册商标"的规定，"注销之日"不应该是其有效期届满之日，而应发生在商标有效期满六个月后。注销是否应刊发注销公告，《商标法》及实施条例未做规定。实践中，商标局对期满不再续展的商标刊发注销公告。如果根据《商标法》对被撤销的注册商标的专用权自公告之日起终止的规定，注销之日应理解为注销公告之日。

对于一年过渡期的终止时间点，即实际上是判断一年过渡期的审理时间节点问题，有两种理解：一是以申请日计算，即距原注册商标撤销、无效或者注销之日起一年内申请的商标，商标局都不予核准；二是只要"核准之日"距原注册商标撤销、无效或者注销之日已满一年就不违反该条规定。第一种理解无疑延长了过渡期的期限，因为一年之内申请的商标获得注册可能已经是两年之后了。后一种理解更符合文义和立法目的。《商标法》中所指"核准"，理解为注册更为合适。按照这种理解，在审查程序中适用该条时，应该考虑该商标通过初步审定后获得注册的时间是否超过了一年。如果是在驳回复审程序中，也应同样考察该商标通过复审获得注册之日距离原注册商标撤销、无效或者注销之日是否已满一年。但是，因为做出审查决定到刊登初步审定公告的时间不确定，这种做法会造成法律适用的不确定。例如，A商标于2014年1月1日被宣告无效，他人在相同或类似商品上申请近似商标B，如果审查时间为2014年10月1日，考虑到做出审查决定到刊登初步审定公告还有一个时间差，初步审定公告后还有三个月的异议期，B商标被核准注册的日期距离 A 商标被注册之日应该已超过一年，因而 B 商标被核准不会违反该条规定。如果审查时间为 2014 年 8 月 1 日，由于不能确定刊登初步审定公告的时间，这时做出初审决定，无法判断 B 商标被核准注册的日期距离 A 商标被无效之日是否超过一年①。

课后习题：

1. 如何认定"商标撤销"判断中的"使用"要素？
2. 商标撤销和注销的区别和相同点是什么？

① 戴山鹏. 失效商标过渡期保护之必要性探讨［J］. 中华商标，2015（11）：7-12.

第九章　商标权的内容

第一节　商标权的概念和特征

一、商标权的概念

商标权即通常所称的商标所有权，在《商标法》里被称为注册商标专用权，是指商标权人即商标注册人（注册商标所有人）对其注册商标享有的在核定的商品上使用核准的商标标识的专有权利。"注册商标专用权"顾名思义，该权利的客体限于注册商标，没有获得核准注册的商标即未注册商标不享有专用权，一般无权禁止他人使用。但《商标法》第十三条第二款规定："就相同或者类似商品申请注册的商标是复制、摹仿或者翻译他人未在中国注册的驰名商标，容易导致混淆的，不予注册并禁止使用。"这意味着若未注册商标构成驰名商标，则可以享有一定限度的独占权、排他权。因此，实际上在我国，商标权的客体包括注册商标和构成驰名商标的未注册商标，商标权的内容包括占有权、使用权、收益权和处分权。因此商标权是指商标所有人所享有的对其注册商标及未注册驰名商标的支配权。

一个商标若既不是注册商标也不是驰名商标，就无法援引《商标法》的规定阻止他人使用。当然若未注册商标标识本身构成作品，可以通过行使著作权的方式禁止他人使用。商标专用权是一个权利束，体现在商标权人对其拥有的注册商标享有专有使用权、转让权、使用许可权、续展权、标记权、请求权等。其中商标专用权是最基础的权利，其他权利都是从这一权利基础上衍生出来的。

二、商标权的特征

商标权是知识产权的重要组成部分，既具有一般知识产权的共性特征，如对世（独占）性、排他性、期限性、地域性，也有其相对于著作权和专利权而言的个性，如期限的相对永久性、权利受限制较少、无人身权内容等。

（一）对世（独占）性

包括商标权在内的所有知识产权和物权一样，也具有对世性，其权利主体是特定的，而义务主体是不特定的，常称为独占性或垄断性。商标权人对其注册商标享有的独占专有权也是如此，未经商标权人许可，任何人不得在相同或类似商品（服务）上使用该注册商标用以标识商品或服务的来源。赋予商标权独占性的目的是建立特定注册商标与特定商品之间的固定联系，从而保证消费者能够避免混淆，且可接受准确无误的商品来源信息。这种独占性体现在三个方面：①商标注册人有权将其注册商标标识使用在核定使用的商品、商品包装上或服务、服务设施上，其他任何单位或个人无权干涉；②商标注册人有权禁止他人未经其许可在同一种或类似商品上使用与其注册商标相同或者近似的商标；③商标注册人有权许可他人使用自己的注册商标，也可将自己的注册商标转让给他人。

（二）较强的排他性

该特征体现在相同商品上使用的相同商标只能产生一个注册商标专用权（这个权利可以多人共有），不可能并存有两个以上的注册商标专用权。因此，当一个商标标识在某种商品上被核准为注册商标后，他人再将该标识申请使用在与之相同的商品上，商标局将驳回其申请，不会再予以核准注册。也即当有多人就同样的标识在同一种商品上申请注册商标时，只能有一个申请者最终获得核准，这一点与专利权相似。至于谁能获得，在商标权的取得一章中已有详细介绍。

物权虽然也有排他性，它排除的是同一客体上出现两个以上独立的所有权，但并不禁止多人同时拥有客体相同的物权。如我们都可以拥有品牌、型号相同的手机，这些手机出厂时的外形、内部构造、技术方案、所用材料、功能特征完全一样，不妨碍购买者对各自的手机拥有完整的所有权。但商标权的排他性更强，不仅禁止使用在相同商品或服务上的相同商标出现两个以上的注册商标专用权，还禁止他人在相同或类似商品上使用的与注册商标近似的商标获得注册商标。如"康师傅"在方便面上有商标专用权，他人不可能再对"康帅傅"拥有方便面上的注册商标专用权，且商标局对他人提出的以"康帅傅"使用在方便面上的商标注册申请也不会予以核准。

著作权与此更不相同，著作权的客体——作品强调独创性，理论上只要是作者独自创作出来的作品，没有抄袭，该作品就产生一个著作权，至于是否已有其他作品与此作品相同，均不影响该著作权的产生和存在。大家拥有各自的著作权，彼此独立、互不影响。当然，现实生活中在没有抄袭的情况下，两人各自独立创作出完全相同的作品情况几乎不可能。

（三）期限的相对永久性

许多知名企业红红火火几十年，其注册商标也存续几十年，甚至其持有者——所属企业都破产注销了，而商标权还在，其他人依然不敢随意使用。这是否意味着商标一经注册成功，就像物权一样具有永久性，可以无限期存续？甚至可以比物权更永久？因为物权的客体会有绝对灭失毁损的一天，皮之不存毛将焉附？客体一旦绝对灭失，权利将不复存在。商标权的客体是无形的①，不存在有形的灭失、损耗、交付等问题，当然也不存在客体绝对灭失的可能，商标权就可以永世存续吗？当然不是！

---

① 所有知识产权的客体都是无形的，但它们可以在各种各样的载体上呈现，借助这些载体我们可以通过视觉、触觉、听觉甚至是嗅觉来感知它们的存在。

绝大多数知识产权都具有期限性①，商标权也不例外。根据《商标法》第三十九条之规定："注册商标的有效期为十年，自核准注册之日起计算。"但是可以续展，《商标法》第四十条规定："注册商标有效期满，需要继续使用的，商标注册人应当在期满前十二个月内按照规定办理续展手续；在此期间未能办理的，可以给予六个月的宽展期。每次续展注册的有效期为十年，自该商标上一届有效期满次日起计算。期满未办理续展手续的，注销其注册商标。"只要商标权人有继续持有的需要，都可以在法律规定的期限内按期提出续展申请，获得核准后就又产生十年的专用权，并且续展次数没有限制。著作权和专利权都不能够进行续展，只要期限届满，专利权及著作权中的财产权即告终止。因此可以说商标权具有相对永久性。

（四）权利受限制少

相对于著作权的客体——作品、专利权的客体——技术方案，商标权的客体——商标本身只是一种识别性标志，一般不会与社会公共利益发生冲突。因此，立法上对商标权的限制比较少，没有法定许可、指定许可、强制许可等制度，仅有的几个限制主要体现在《商标法》第五十九条和《商标法实施条例》第九十二条的规定里，其是为了平衡商标注册人与其他同行业者之间的利益关系而设置的。这些限制主要有叙述性使用、指示性使用，先用权人使用等，详细内容将在第十章注册商标专用权的权利限制一章中详细介绍。

（五）权利内容的财产性

著作权有人身权和财产权内容，专利法里有发明人、设计人在专利证书上的署名制度，但商标权不涉及人身权，即使商标标识本身构成作品，商标在使用时也不需要为作者署名。但商标权也具有名誉性特征，由于商标附着于商品或服务之上，一定程度上承载着产品或服务质量以及企业文化等，能够给商品生产者或服务提供者带来正面的评价，因此，商标会承载一定的商誉价值。

（六）地域性

和大多数知识产权一样，商标权也具有地域性。商标权的地域性指的是商标权只在授予其权利的国家或地区产生，并且只能在该国范围内受该国法律的保护，其他国家没有保护的义务。商标权所有人要想在其他国家获得商标专用权并受到该国法律保护，则须在这些国家进行合法的注册。商标权的这一特征有别于物权。一般来说，对物权的保护，原则上没有地域性的限制。一个人在中国购买的相机，因旅游需要携带到美国、日本，若在当地被盗、被抢、被人为损坏，物权人仍然可以寻求当地法律的保护；相反，外国人来我国旅游、投资或贸易，其携带的有形财产同样会受到我国法律的平等保护。商标权则不同，按照一国法律获得授权核准的注册商标，只在该国受法律保护，其他国家和地区没有保护的义务。地域性具体体现在以下三方面：

（1）商标权只能依据一定国家的法律在该国提出申请而产生，且没有域外效力，其他国家对该权利没有保护的义务。商标权不会自动产生，必须依申请获得授

---

① 商业秘密权除外。

权才能产生。例如，一个企业在我国从事餐饮经营，一段时间经营后，口碑很好，在消费者心目中颇有知名度，因怕其他企业假冒跟风而无法维权，其就可以向我国商标局提出商标注册申请，获得核准后即受我国商标法的保护。该企业如欲在他国拓展业务并获得商标权，必须依他国商标法的规定向该国主管机关提出申请，获得核准通过被授予商标权后，才能获得该外国的法律保护；也可以根据《马德里协定》提出商标国际申请。

（2）同一商标在不同国家获得的商标权各自独立。《保护工业产权巴黎公约》第六条规定了同一商标在不同国家获得的商标权无关，即工业产权相互独立原则。这些商标权可能归属于同一主体，也可能分属于不同的主体，各自有各自的权利起始点，无论主体是否相同，针对一国商标权的行使、处分行为不涉及在别国获得的商标权。例如，一公司就同一个商标在同一种产品上在 A、B 两个国家都取得了商标专用权。该公司把在 A 国获得的商标权转让给甲公司，则甲公司只获得在 A 国的该商标专用权，在 B 国该商标专用权没有发生变化。

（3）同一商标在不同国家注册，商标权分地域行使。因为同一商标在不同国家获得的商标权相互独立，因此在不同国家获得的商标专用权可以单独行使。比如一个公司分别就同一个商标在同一种产品上向 A、B、C、D 四个国家提出了商标注册申请，并获得授权。该公司可以把在 A 国的商标权转让出去，把在 B 国的商标权许可给甲公司使用，在 C 国的商标权许可给乙公司使用，在 D 国自己经营使用该商标。

因为商标权的地域性特征，于是出现跨国抢注商标的现象，我国企业在这方面深受其害。2006 年 7 月，王致和公司出于拓展德国市场的需要，去德国注册其商标，但却被告知，其商标于 2006 年 2 月被一家名为"欧凯"的德国百货公司在德国成功抢注。王致和集团遂在德国起诉欧凯公司，并于 2009 年 4 月最终获得胜诉，这是国内老字号首次在海外通过诉讼成功拿回抢注的商标①。

但很多品牌被抢注后多采取花钱买回的策略，如海信在欧洲使用的"HiSense"被德国博世西门子公司在德国抢注，2004 年 10 月德国博世西门子公司派代表与海信公司谈判索价 4 000 万欧元，最终西门子集团介入促使双方在 2005 年达成和解协议，海信出资 50 万欧元回购该商标。上海的"芭蕾牌"珍珠霜畅销东南亚，在中国香港、印尼、新加坡等地被外商抢注，我国商标权人花了近 200 万人民币从外商手中买回。也有一些品牌被抢注后，干脆放弃海外市场或者更换商标，上海的"英雄"牌金笔被日商抢注后，日商要求我国商标权人每在日本销售一支"英雄"牌金笔，就要按每支笔销售利润的 5% 支付商标使用费，商标权人拒绝支付，退出日本市场。北京的"五星"啤酒在美国销路很好，被外商抢注后无奈改用"九星"啤酒，销售大减。

我国著名商标、老字号在国外被抢注的还有很多，如："新科""康佳""德赛"商标在俄罗斯被抢注；"大宝"商标在美国、英国、荷兰、比利时被抢注；"龙井茶"

① 谭书旺. 王致和商标在德国被抢注 [EB/OL]. (2011-08-16) [2021-07-26]. https://www.sohu.com/a397247513_120639951.

"碧螺春""大红袍""信阳毛尖"在韩国被抢注;"红塔山""阿诗玛""云烟""红梅"等香烟商标在菲律宾被抢注;"竹叶青酒""健力宝"在韩国被抢注;"五粮液"在加拿大被抢注;"青岛啤酒"在美国被抢注;"红星二锅头"在瑞典、爱尔兰、新西兰、英国等国家被一家英国公司抢注;"大白兔"奶糖商标在日本、菲律宾、印度尼西亚、美国和英国被抢注;"狗不理"在日本被抢注;"格力"在巴西被抢注;等等。这些抢注行为给我国企业走出国门设置了障碍。当然外国品牌在我国也有被抢注的案例。

延伸阅读——地域性启示

目前世界上大多数国家和地区都采取注册在先原则,即谁先在该国和该地区注册商标,谁就拥有该商标的专用权。由于商标保护具有地域性的特征,商标一旦抢注成功,被抢注商标的企业就不得在该国或该区域内使用此商标,否则构成侵权。于是,一批"国际职业注标人"应运而生。一些国家的商标咨询公司和商标事务所,从中嗅到了一些商机,他们有资金、有实力并且深谙各国相关法律。他们一方面向企业提供有偿追回商标的服务,另一方面又暗地进行商标转卖炒作,抢注了很多知名企业的商标,衍生出一条产业利益链:抢注—炒作—胁迫赎回或者转卖。

这种产业链条的形成更使商标抢注现象日益加剧。所以在国际贸易中,我们要尽量做到"产品未动,商标先行",在产品出口到该国之前,先去销售目标国家进行调研,若该国已有与自己的商标相同或近似的商标被注册,则要暂缓产品出口,想办法先扫清商标障碍,如通过购买该注册商标,或寻找证据撤销该注册商标,或获得该国商标权人的授权许可,否则可能招致侵权诉讼。若在该国无相关注册商标存在,则需尽快在该国申请获得注册商标专用权,防止被抢注而面临被动侵权的风险。

相关案例:IPAD 商标之争——地域性的体现

【案情摘要】香港上市公司唯冠控股公司旗下子公司唯冠科技(深圳)有限公司(以下简称"深圳唯冠")于 2001 年在中国大陆成功注册了"IPAD"商标。2001年至 2004 年,唯冠控股公司旗下另一子公司"台湾唯冠"在欧盟国家、韩国、墨西哥、新加坡等共获得 8 个"IPAD"相关注册商标专用权。2009 年 12 月,在英国设立的 IP 应用发展有限公司(IP Application Development Limitd,以下简称"IP 公司")与中国台湾唯冠公司签署 IPAD 商标整体转让协议,协议对价 3.5 万英镑。2010 年 4 月 7 日,苹果公司与 IP 公司签订转让协议,以 10 英镑价格"受让"包括涉案商标在内的所有商标。2010 年苹果公司联合 IP 公司在深圳中院起诉深圳唯冠,请求法院确认两 IPAD 商标专用权归苹果公司所有。法院审理认为,商标转让合同系英国 IP 公司与中国台湾唯冠公司签订,深圳唯冠公司没有参与谈判,也没有授权他人处分其商标及订立商标转让合同,涉案的商标转让合同对深圳唯冠公司没有约束力。后案件上诉至广东高院。后经广东高院调解,双方达成和解,苹果公司自愿支付深圳唯冠 6 000 万美元而获得 IPAD 商标权。有人戏称这是"蚂蚁吃大象、蚍蜉撼大树"的传奇。

【典型意义】本案例体现了商标权的地域性特征，同一商标在不同的国家和地区，分由不同的主体持有，每个主体各自享有各该国赋予的权利。苹果公司受让了IPAD 商标在其他国家和地区的专用权，这个专用权的地域范围并不包括中国境内。相反苹果公司还侵害了中国境内的商标注册人的商标权①。

第二节　注册商标专用权

注册商标专用权是指商标权人对其注册商标所享有的独占、专有的使用权，分为专有使用权和禁止权。它是商标权的核心，注册商标的转让权、许可权、续展权、标识权都是在此权利基础上产生的。

一、专有使用权

（一）专有使用的商品范围

《商标法》第五十六条规定："注册商标的专用权，以核准注册的商标和核定使用的商品为限。"由此可知商标被核准注册后，注册人即对核准注册的商标拥有了专有、独占的使用权，其专用的商品对象仅以核定使用的商品为限，即只限于在核定使用的商品上有专用权，在其他商品上没有。不仅在其他商品上没有专用权，而且在与核定使用的商品相类似的商品上也没有专用权。《商标法》第二十三条规定："注册商标需要在核定使用范围之外的商品上取得商标专用权的，应当另行提出注册申请。"由此可知若经营者需要在别的商品上也取得该商标的专用权，应当就该商标再行提出一个新的注册申请。

如我们熟知的"老干妈"是贵阳南明老干妈风味食品有限责任公司的注册商标，该商标是于 2002 年申请用在第 30 类中的"辣椒油、豆豉、酱菜、调味酱等3016 小类商品"上的注册商标。该公司为了在更多商品上对"老干妈"拥有专用权，又在第 30 类"其他小类如糖、酵母、豆粉、家用嫩肉剂、搅稠奶油制剂等"与前述产品类似的商品上申请获得了"老干妈"注册商标，在别的商品上如第 32类"啤酒饮料"、第 43 类"餐饮住宿"、第 44 类"医疗园艺"、第 45 类"社会法律"等商品类别上也申请获得了"老干妈"注册商标。

（二）专有使用的商标范围

根据前述《商标法》第五十六条规定可知，商标权人只对被核准注册的商标享有专用权，对与核准注册的商标相近似的标识不享有专用权。前述贵阳南明老干妈风味食品有限责任公司在获得"老干妈"注册商标后，并不意味着该公司对与"老干妈"近似的"老于妈""老千妈""老十妈"也自然拥有专用权。若想要对与其近似的标识也享有商标专用权，应当提出注册申请。因此贵阳南明老干妈风味食品有

---

① 苹果公司与深圳唯冠商标权纠纷案件解读［EB/OL］.［2021-07-26］. http://www.epbiao.com/anli/12521.html.

限责任公司为了拥有更大范围的商标专用权，又在 2018 年申请注册了"老于妈""老千妈"等系列商标。

（三）专有使用的方式

《商标法》第四十八条规定："本法所称商标的使用，是指将商标用于商品、商品包装或者容器以及商品交易文书上，或者将商标用于广告宣传、展览以及其他商业活动中，用于识别商品来源的行为。"因此，商标权人对任何以识别商品来源为目的的商标使用方式都有独占权。这种使用可以是在核定的商品本身、商品的包装、装潢或者容器以及商品交易文书上，或者将商标用于前述核定商品的广告宣传、展览以及其他商业活动中等。

实践中商标具体的使用方式表现各异。在 2020 年 6 月 15 日国家知识产权局发布的《商标侵权判断标准》中对此有详细的列举：

商标用于商品、商品包装、容器以及商品交易文书上的具体表现形式包括但不限于：①采取直接贴附、刻印、烙印或者编织等方式将商标附着在商品、商品包装、容器、标签等上，或者使用在商品附加标牌、产品说明书、介绍手册、价目表等上；②商标使用在与商品销售有联系的交易文书上，包括商品销售合同、发票、票据、收据、商品进出口检验检疫证明、报关单据等。

商标用于服务场所以及服务交易文书上的具体表现形式包括但不限于：①商标直接使用于服务场所，包括介绍手册、工作人员服饰、招贴、菜单、价目表、名片、奖券、办公文具、信笺以及其他提供服务所使用的相关物品上；②商标使用于和服务有联系的文件资料上，如发票、票据、收据、汇款单据、服务协议、维修维护证明等。

商标用于广告宣传、展览以及其他商业活动中的具体表现形式包括但不限于：①商标使用在广播、电视、电影、互联网等媒体中，或者使用在公开发行的出版物上，或者使用在广告牌、邮寄广告或者其他广告载体上；②商标在展览会、博览会上使用，包括在展览会、博览会上提供的使用商标的印刷品、展台照片、参展证明及其他资料；③商标使用在网站、即时通信工具、社交网络平台、应用程序等载体上；④商标使用在二维码等信息载体上；⑤商标使用在店铺招牌、店堂装饰装潢上。

二、禁止权

禁止权是指商标权人有权禁止他人未经许可使用其注册商标。相比注册商标专有使用权的范围——以核准注册的商标在核定使用的商品上为限，禁止权的范围比专用权的范围要大得多。这是因为商标最主要的功能是标识功能，即区别商品或服务来源的作用。为了使商标真正达到区别商品或服务来源的作用，《商标法》将商标权人的禁止权扩大到"类似的商品"和"近似的商标"等任何可能造成混淆的方面。就出现了虽然商标权人本人在这些商品上对注册商标不享有专用权，但却有权禁止他人使用的现象。根据《商标法》第五十七条的规定，以下几种情形商标权人都有权禁止：

（一）未经许可在相同商品上使用相同商标

商标权人有权禁止他人未经许可，在同一种商品上使用与其注册商标相同的商标，如未经农夫山泉股份有限公司的许可，在矿泉水这种商品上使用"农夫山泉"字样的商标进行生产销售，就侵犯了该公司的"农夫山泉"注册商标专用权。这种将与注册商标相同的商标使用在与核定的商品相同商品上的行为，就是生活中所谓的假冒行为，权利人当然有权禁止，并有权要求赔偿损失。若假冒者的行为情节严重的话，还可能构成犯罪。

（二）在相同商品上使用与注册商标近似的商标容易导致混淆的

对他人未经商标权人许可，在同一种商品上使用与商标权人注册商标近似的商标，容易导致公众混淆、误认商品来源的行为，商标权人有权禁止。例如，有人在方便面食品上使用"康帅傅""庚师傅""康师博"等作为商标从事生产经营活动，若字体书写与"康师傅"的书写方式风格相同，很容易使消费者认错商品，误以为就是"康师傅"方便面。这种情况下，商标权人有权予以禁止。

（三）在类似商品上使用与注册商标相同的商标容易导致混淆的

对他人未经商标权人许可，在类似商品上使用与商标权人注册商标相同的商标，容易导致公众混淆、误认商品来源的行为，商标权人也有权禁止。例如，一家运动服制衣公司在运动衣上使用"七匹狼"商标。"七匹狼"是核定使用在男装上的注册商标，运动衣和西装同属服装类别，属于类似商品，会使公众以为该批服装也是七匹狼品牌的，或以为七匹狼品牌拓展了业务范围。因此，商标权人福建七匹狼公司实业股份有限公司对此行为也有权予以禁止。

（四）在类似商品上使用与注册商标近似的商标容易导致混淆的

他人未经商标权人许可，在类似商品上使用与商标权人注册商标近似的商标，容易导致公众混淆、误认商品来源的，商标权人也有权禁止。例如，有企业在果汁上使用"王老古"商标，这里果汁与凉茶都属于饮料范畴，构成类似商品。"王老古"和"王老吉"在字形上非常近似，很容易被消费者误认，从而使消费者以为该果汁也来自"王老吉"品牌方。对此行为，商标权人广州白云山医药集团股份有限公司有权禁止。

（五）将注册商标作为企业字号使用

若企业名称中含有他人已经注册的文字商标，误导公众，但在使用中没有突出使用字号，属于不正当竞争行为。若在使用过程中突出使用字号，误导公众，则属于商标侵权。对这两种行为，商标权人都有权予以禁止。

广州经营者张某在2003年提出"尚艺"服务商标的注册申请，2005年获得核准注册，核定使用在第44类中的"美容院、理发店、保健、按摩等服务行业"。内地多家理发店名字中都含有"尚艺"字样，如尚艺美发设计店、尚艺造型理发店、尚艺理发店、尚艺烫染之家、尚艺剪理店等。后张某授权广州尚艺投资管理有限公司使用，并授权其可以对商标侵权行为进行维权。2020年以来该公司在四川、安徽、河南、山东等省份集中开展批量维权行动，多家理发店被诉[①]。在这些案件中，有的被告在使用中突出使用了"尚艺"字样，根据《最高人民法院关于审理商标民

---

① 参见中国裁判文书网、北大法宝、企查查。

事纠纷案件适用法律若干问题的解释》① 第一条第一项规定："将与他人注册商标相同或者相近似的文字作为企业的字号在相同或者类似商品上突出使用，容易使相关公众产生误认的，属于商标法第五十七条第（七）项规定的给他人注册商标专用权造成其他损害的行为。"因此这类行为构成商标侵权无疑。

在上述案例中，有的被告在使用过程中没有突出使用字号，而是把理发店的全名中的每一个字都以相同的字号、字体、颜色无差别地展示出来。根据《商标法》第五十八条规定："将他人注册商标、未注册的驰名商标作为企业名称中的字号使用，误导公众，构成不正当竞争行为的，依照《中华人民共和国反不正当竞争法》处理。"这虽不属于商标侵权，但可能构成不正当竞争行为。

（六）将注册商标作为商品名称、商品装潢、域名使用

《商标法实施条例》第七十六条规定：在同一种商品或者类似商品上将与他人注册商标相同或者近似的标志作为商品名称或者商品装潢使用，误导公众的，属于《商标法》第五十七条第二项规定的侵犯注册商标专用权的行为。

第三节　注册商标转让权

注册商标转让权是指商标注册人享有将自己的注册商标依法定的程序和条件有偿或者无偿地转让给他人的权利，将商标专用权让渡给他人。注册商标被依法转让后，受让人依法取得该注册商标的商标权，转让人丧失该注册商标的商标权。

145

一、注册商标转让的规则

《商标法》第四十二条规定：转让注册商标的，转让人和受让人应当签订转让协议，并共同向商标局提出申请。受让人应当保证使用该注册商标的商品的质量。转让注册商标的，商标注册人对其在同一种商品上注册的近似的商标，或者在类似商品上注册的相同或者近似的商标，应当一并转让。对容易导致混淆或者有其他不良影响的转让，商标局不予核准，书面通知申请人并说明理由。转让注册商标经核准后，予以公告。受让人自公告之日起享有商标专用权。

（一）签订注册商标转让合同

注册商标转让应当签订书面协议，协议一般应包括下列内容：

（1）转让人和受让人的基本信息：单位名称、住所地、统一社会信用代码、法定代表人、联系方式等，若当事人有自然人的则包括自然人的姓名、国籍、身份证号码等信息。

（2）注册商标的基本情况：注册商标的商标图样、名称、注册日期、商标注册证号；核定使用的商品范围；转让所涉及的地域范围；在同一种或类似商品上转让人有无与该注册商标近似的其他注册商标；有无还未终止的使用许可合同及许可合

---

① 该文件于 2002 年 10 月 12 日由最高人民法院审判委员会第 1246 次会议通过，于 2020 年 12 月 23 日由最高人民法院审判委员会第 1823 次会议通过修改。

同的类型；等等。

（3）保证事项：如有无权属争议、有无被查封质押情况、商标有无对外许可、是否有未完结的商标争议程序等。当然稳妥起见，作为合同交易相对方的商标受让人，最好主动去调查目标商标的相关状态，而不是仅凭转让方的单方声明、保证。

（4）权利义务约定：双方向商标局申请办理转让注册商标核准手续的时间；注册商标证的交付时间；转让费的数额及其支付时间、方式等；发生有关商标纠纷后的协助配合义务；协议的生效时间或生效条件；违约责任；争议的解决方法；等等。实践中往往还会约定在商标局核准转让之前，受让人对转让的注册商标有独占使用权。或者在注册商标转让合同之外，双方单独订立一个独占使用许可合同，约定注册商标核准转让之后许可合同自动终止。

（二）共同向商标局提出转让申请

注册商标转让合同没有特别约定的，合同自双方当事人签字或盖章之日起成立并生效。但转让合同的生效并不直接带来商标权的移转，这一点不同于著作权的转让。著作权转让合同生效之日著作权就自动转移，或者合同另外约定著作权具体的转移日期，约定的日期到来则著作权转移，无须履行任何法定手续。商标权的转让和专利权的转让类似，必须经历法定的核准程序。

《商标法实施条例》第三十一条第一款规定："转让注册商标的，转让人和受让人应当向商标局提交申请书。转让注册商标申请手续应当由转让人和受让人共同办理。"若合同双方都是公司，需要提供有效的营业执照以示公司正常运营；如有一方系自然人，个人需提供有效身份证件。"商标局核准转让注册商标申请的，发给受让人相应证明，并予以公告。"受让人自公告之日起取得注册商标专用权。受让人持有原商标注册证和商标转让核准证明就可以行使权利了。因此，若转让方拒不配合向商标局提交转让申请，受让人不能依据生效的商标转让合同而自动获得商标权，也不应据此要求法院确认商标权归其所有，但可以请求法院责令转让方履行合同义务，并依法请求转让方承担违约责任。

（三）相同近似的商标一并转让

《商标法》第四十二条第二款规定："转让注册商标的，商标注册人对其在同一种商品上注册的近似的商标，或者在类似商品上注册的相同或者近似的商标，应当一并转让。"《商标法实施条例》第三十一条第二款规定："转让注册商标，商标注册人对其在同一种或者类似商品上注册的相同或者近似的商标未一并转让的，由商标局通知其限期改正；期满未改正的，视为放弃转让该注册商标的申请，商标局应当书面通知申请人。"之所以做出如此规定，是为了防止产生误认、混淆或者其他不良影响。

（四）可能导致混淆、不良影响的转让申请不予核准

《商标法》第四十二条第三款规定："对容易导致混淆或者有其他不良影响的转让，商标局不予核准，书面通知申请人并说明理由。"有些注册商标转让后可能会产生误认、混淆或者其他不良影响，如注册商标里含有地名的，转让后会引起原产地的误认。对该类注册商标转让的申请，商标局应不予核准，书面通知申请人并说

明理由。例如，某公司旗下有多个商标，一些商标和公司字号相同，当某公司想把这些注册商标转让与第三人时，就会出现转让困难。原因是很难找到一个公司字号相同且愿意购买该商标的企业。若随便转让给一家企业，商标局将以"容易导致混淆"为由，不予核准。

2019 年《商标法》第四次修改时，在第四条里增加了"不以使用为目的的恶意商标注册申请，应当予以驳回"的规定。因此以牟利为目的，将恶意囤积的商标进行转让的行为，将被视为具有其他不良影响而不能通过商标局的核准。例如，2021 年 2 月 20 日国家知识产权局发出一份转让补正通知："经查，转让人……公司累计申请和注册商标数量较多，且累计转让商标较多、受让人较为分散，涉嫌囤积商标转让牟利，具有不良影响。为此，请补充提供转让商标的相关使用证据或者使用意图；无正当理由不能提供或证据无效的，我局将认定上述转让申请构成《商标法》第四十二条第三款所指有其他不良影响的转让。"①

二、注册商标移转的规则

（一）注册商标的移转

除商标转让协议会引起商标权属发生变更外，企业的合并、分立、强制执行、继承等事由也会引起商标权的变更，我们将合同转让之外的原因引起的商标权变更称为注册商标的移转。注册商标的移转也要求防止混淆可能。为此《商标法实施条例》第三十二条第二款规定："注册商标专用权移转的，注册商标专用权人在同一种或者类似商品上注册的相同或者近似的商标，应当一并移转；未一并移转的，由商标局通知其限期改正；期满未改正的，视为放弃该移转注册商标的申请，商标局应当书面通知申请人。"当然商标的移转也应当遵守《商标法》第四十二条第三款之规定：不应当有其他不良影响。如出于恶意已经成功注册的不以使用为目的的商标，这些被囤积待售的注册商标本应被宣告无效，在权利人死亡或终止后，亦不应准予移转。

（二）移转手续的办理

2002 年版《商标法实施条例》第四十七条规定："商标注册人死亡或者终止，自死亡或者终止之日起 1 年期满，该注册商标没有办理移转手续的，任何人可以向商标局申请注销该注册商标。……注册商标因商标注册人死亡或者终止而被注销的，该注册商标专用权自商标注册人死亡或者终止之日起终止。"2014 年该实施条例修改时，删去了该条款，也没有做出新的规定，意味着办理移转手续不再受时间限制，只要注册商标权没有终止或被撤销，原权利人死亡或终止后的任何时间都可以办理，即使超过 1 年的时间也无妨。其他人也无权以满 1 年无人办理移转手续为由要求商标局注销该注册商标。

---

① ipcode. 4 年前商标申请量全国第 4，如今商标转让被认涉嫌囤积牟利，不良影响……［EB/OL］.（2021－03－01）［2022－07－05］. https://mp. weixin. qq. com/s?＿＿biz＝MzAwNDE3MjA5NA＝＝&mid＝2677369767&idx＝1&sn＝9610d12302642da23fe9a65f452a7a8b&chksm＝814e3bf6b639b2e0588b20d54eb5771e1f0de816f273a44b6f16a9eab1e019685d0dbc05778c&scene＝21#wechat_redirect.

根据《商标法实施条例》第三十二条第一款之规定："注册商标专用权因转让以外的继承等其他事由发生移转的，接受该注册商标专用权的当事人应当凭有关证明文件或者法律文书到商标局办理注册商标专用权移转手续。"例如：在继承情形下，证明文件包括原商标注册人死亡证明、申请人为唯一法定继承人身份证明或公证文书、继承纠纷案件中法院做出的生效判决书、调解书等。因强制执行而发生的商标权移转，受移转人持人民法院拍卖成交确认书、抵债裁定书办理。当然除此之外，还要提交申请人的身份证明。

（三）权利发生移转的时间

《商标法实施条例》第三十二条第三款规定：商标移转申请经核准的，予以公告。接受该注册商标专用权移转的当事人自公告之日起享有商标专用权。可见，商标移转和商标转让的权利变更时间规则相同，并不是在移转事由发生之日商标权自动变更，仍是以核准公告日为准。

但是也有例外，2005年1月1日起实施的《最高人民法院关于人民法院民事执行中拍卖、变卖财产的规定》第二十九条规定："动产拍卖成交或者抵债后，其所有权自该动产交付时起转移给买受人或者承受人。不动产、有登记的特定动产或者其他财产权拍卖成交或者抵债后，该不动产、特定动产的所有权、其他财产权自拍卖成交或者抵债裁定送达买受人或者承受人时起转移。"该条规定里的"其他财产权"应包括商标权，意味着因拍卖或抵债导致商标权转移的，其商标权移转时间不是核准公告日，而是拍卖成交确认书或抵债裁定送达买受人或承受人之日。

第四节　注册商标使用许可权

《商标法》第四十三条规定："商标注册人可以通过签订商标使用许可合同，许可他人使用其注册商标。"由此可知，注册商标使用许可权是指商标权人将自己的注册商标许可他人在一定的期限、地域范围内使用在指定的商品或服务上，并收取使用费的权利。

一、注册商标使用许可的类型

《商标法》对注册商标使用许可的种类未做规定。《最高人民法院关于审理商标民事纠纷案件适用法律若干问题的解释》第三条规定注册商标的使用许可有以下三种形式：

（一）独占使用许可

商标的独占使用许可，是指商标注册人在约定的期限、地域和以约定的方式，将该注册商标仅许可一个被许可人使用，商标注册人依约定不得使用该注册商标。其特征是在该许可合同约定的期限、地域和商品范围内，商标权人不会就该注册商标再与第三人订立内容重复或有交叉的使用许可合同，且商标权人本人也不得使用，合同所涉注册商标能够产生的使用收益机会均归被许可人一人独享。因此，在该独占合同约定的使用期限、地域、方式范围内，若有人对该注册商标实施侵权行为，被许可人的市场份额将会因侵权行为的存在而受不利影响，进而收益受损；而商标权人的收益——许可费一般是合同中事先约定的固定数额，不受市场状况、被许可人收益的影响，因此此时利益受损的仅是被许可人。故前述司法解释第四条规定被许可人可以原告身份向人民法院提起诉讼，当然诉讼收益也归被许可人享有。

实践中，注册商标独占使用许可合同有时会和商标转让合同结合使用。由于注册商标转让需要报商标局核准，自商标转让合同签订到核准转让需要一段时间，在此期间受让人不拥有转让合同项下的注册商标专用权，但又有即刻使用该注册商标的需要，于是双方会在商标转让合同里（也可另外单独签订一个独占使用许可合同）增加一个独占使用许可条款，约定自合同生效之日至核准转让的公告出来之前，受让人一方对合同项下的注册商标拥有无偿的独占使用权。

（二）排他使用许可

商标排他使用许可，是指商标注册人在约定的期限、地域和以约定的方式，将该注册商标仅许可一个被许可人使用，商标注册人依约定可以使用该注册商标但不得另行许可他人使用该注册商标。这意味着在该许可合同约定的期限、地域和商品或服务范围内，商标权人不会就该注册商标再与第三人订立内容重复或有交叉的使用许可合同，但商标权人本人的使用行为不受限制，理论上合同所涉注册商标能够产生的使用收益机会均等地归属于商标权人和被许可人二人。因此，在该排他许可合同约定的使用期限、地域、方式范围内，若有人对该注册商标实施侵权行为，商标权人和被许可人的利益将会共同受损。故前述司法解释第四条规定被许可人可以和商标权人共同起诉，也可以在商标权人不起诉的情况下，自行提起诉讼。

（三）普通使用许可

商标普通使用许可是指商标注册人在约定的期限、地域和以约定的方式，许可他人使用其注册商标，并可自行使用该注册商标和许可他人使用其注册商标。其特征表现为：在该许可合同约定的期限、地域和商品范围内，商标权人可以不受数量限制地与他人订立内容重复或有交叉的使用许可合同，且商标权人本人也可以使用，合同所涉注册商标能够产生的使用收益机会由所有的被许可人和商标权人共享。因此，在该独占合同约定的使用期限、地域、方式范围内，若有人对该注册商标实施侵权行为，商标权人和所有被许可人的市场份额都会因侵权行为的存在而受不利影响，进而收益受损。对此，前述司法解释第四条规定：普通使用许可合同的被许可人不能以自己的名义起诉，但若经商标权人明确授权则可以提起诉讼。

二、注册商标使用许可合同的内容

注册商标使用许可合同一般应包括：

（1）许可人和被许可人的基本情况：如许可人和被许可人的名称、地址、法定代表人或负责人的姓名等。

（2）被许可使用的注册商标情况：注册商标的编号、注册商标的有效期限；注册商标核定的商品范围；使用许可的类型；使用许可的期限及地域范围、被许可使用该注册商标的商品名称；许可费的数额或计算方法及其支付的时间和方式；使用注册商标的商品质量要求及质量监督办法；商标标识的印制或者供应方式及要求；合同的变更、解除和终止条件；违约责任；争议的解决方法；合同生效条件或时间。

三、注册商标使用许可的备案

《商标法》第四十三条第三款规定："许可他人使用其注册商标的，许可人应当将其商标使用许可报商标局备案，由商标局公告。商标使用许可未经备案不得对抗善意第三人。"

（一）备案的时间

2002 年版《商标法实施条例》规定，许可人应当自商标使用许可合同签订之日起 3 个月内报送国家商标局备案。该条例要求备案申请应在合同签订之日 3 个月内提交。3 个月的时限要求对双方当事人来说都相对较短，不便于其行使权利。2014年实施条例修订，将 3 个月时限取消，改为"许可人应当在许可合同有效期内向商标局备案并报送备案材料"。

（二）备案的内容

2002 年版《商标法》第四十条第三款规定"商标使用许可合同应当报商标局备案"，要求许可人将商标使用许可合同副本报送国家商标局备案。在实践中，很多当事人认为商标许可合同涉及商业秘密，不愿将合同副本交主管机关备案。2013 年修订《商标法》及 2014 年修订《商标法实施条例》时，将"许可合同备案"制改为"许可备案"制。现行《商标法实施条例》第六十九条规定："许可他人使用其注册商标的，许可人应当在许可合同有效期内向商标局备案并报送备案材料。备案材料应当说明注册商标使用许可人、被许可人、许可期限、许可使用的商品或者服务范围等事项。"《商标法》第四十三条第三款规定"许可他人使用其注册商标的，许可人应当将其商标使用许可报商标局备案，由商标局公告"，意味着许可人无须将全部合同内容向商标局报送过去，只需在报送的备案材料里注明注册商标使用许可人、被许可人、许可期限、许可使用的商品或者服务范围等事项就可以了，不必显示许可费、违约金等当事双方不愿泄露的无关内容。

但 2021 年 1 月 1 日实施的经修订的《最高人民法院关于审理商标民事纠纷案件适用法律若干问题的解释》第十九条依然使用的是"商标使用许可合同未经备案的"这样的表述，不知是否系疏漏所致，根据目前的备案制度严谨的表述应该是"商标使用许可"。

（三）备案的效力

《商标法》第四十三条第三款规定："许可他人使用其注册商标的，许可人应当将其商标使用许可报商标局备案，由商标局公告。商标使用许可未经备案不得对抗善意第三人。"2021 年 1 月 1 日实施的《最高人民法院关于审理商标民事纠纷案件适用法律若干问题的解释》第十九条规定："商标使用许可合同未经备案的，不影响该许可合同的效力，但当事人另有约定的除外。"与修改前的 2002 年版本相比少了"商标使用许可合同未在商标局备案的，不得对抗善意第三人"。盖因《商标法》

里已有明确规定，不用再重复。

可见，商标使用许可备案与合同效力没有必然联系。若当事人将商标使用许可备案约定为合同生效的要件，则不备案合同不生效。如果没有此项特别约定，备案与否不影响商标使用许可合同的效力。只是未经备案不得对抗善意第三人。如果商标权人违约又与第三人订立了内容排他的许可协议，并办理了备案，则没有备案的在先被许可人无法取得有效的商标使用权。

四、许可合同当事人的权利义务

（一）许可人的权利义务

许可人有按约定收取商标使用许可费的权利，保证许可的注册商标专用权无瑕疵，如未被撤销或被宣告无效、保证不存在侵犯第三人在先权利的情形，不存在权属争议。许可人应积极应对相关撤销申请、无效宣告申请；不得提前放弃、注销商标专用权，及时办理续展申请，按合同约定的时间要求履行备案义务，配合被许可人打击商标侵权行为等，监督被许可人使用其注册商标的商品的质量。根据最高人民法院《关于产品侵权案件的受害人能否以产品的商标所有人为被告提起民事诉讼的批复》，若产品质量存在问题，受害人可以将商标权人一并列为被告。该批复全文如下：

北京市高级人民法院："你院京高法〔2001〕271 号《关于荆其廉、张新荣等诉美国通用汽车公司、美国通用汽车海外公司损害赔偿案诉讼主体确立问题处理结果的请示报告》收悉。经研究，我们认为，任何将自己的姓名、名称、商标或者可资识别的其他标识体现在产品上，表示其为产品制造者的企业或个人，均属于《中华人民共和国民法典》和《中华人民共和国产品质量法》规定的'生产者'。本案中美国通用汽车公司为事故车的商标所有人，根据受害人的起诉和本案的实际情况，本案以通用汽车公司、通用汽车海外公司、通用汽车巴西公司为被告并无不当。"[①]

根据 1993 年 10 月 19 日商标局的《关于开展清理商标使用许可合同工作的通知》要求，"许可使用的商标必须与注册商标相一致，许可使用注册商标的商品，应当以注册商标核定使用的商品为限。商标使用许可合同，不得超过注册商标的有效期。期满续展注册后双方需继续保持合同关系的，必须重新签订合同"。如本章第二节所述，注册商标专用权小于禁止权，商标权人只能在专用权范围内许可别人使用，在只有禁止权的范围内无权发放许可。

（二）被许可人的权利义务

被许可人对侵权行为有依法启动维权程序的权利，如向法院起诉或向行政机关请求调处。如前所述，商标使用许可合同类型不同，被许可人享有的权利也有区别。被许可人需视具体获得的许可类型采取相应的维权方式。被许可人还有权在许可使用商标的商品上标注注册商标标识的权利。

[①] 该批复于 2002 年 7 月 4 日由最高人民法院审判委员会第 1229 次会议通过，根据 2020 年 12 月 23 日最高人民法院审判委员会第 1823 次会议通过的《最高人民法院关于修改〈最高人民法院关于人民法院民事调解工作若干问题的规定〉等十九件民事诉讼类司法解释的决定》修正。

被许可人需履行的约定义务：按约定的时间、数额、方式支付商标使用许可费，未经许可人同意不得擅自转许可等。被许可人还需履行如下法定义务：保证使用注册商标的商品质量、在许可的范围内以规范的方式使用注册商标；必须在使用该注册商标的商品上标明被许可人的名称和产地，这是一项法定义务，即使合同里没有约定此项标注义务，被许可人也要标注。对于被许可人没有在使用该注册商标的商品上标明自己的名称和产地的，市场监督管理部门将会责令其限期改正；逾期不改正的，责令停止销售，拒不停止销售的，处10万元以下的罚款。

五、注册商标转让对使用许可的影响

《最高人民法院关于审理商标民事纠纷案件适用法律若干问题的解释》第二十条规定："注册商标的转让不影响转让前已经生效的商标使用许可合同的效力，但商标使用许可合同另有约定的除外。"即使用许可合同约定优先，若合同中明确约定"使用许可期间该注册商标转让的，自转让合同生效（或转让核准公告）之日本许可合同自动终止"，则注册商标的转让将会影响之前已经成立生效的许可合同。若许可合同没有对此约定，则注册商标的转让不影响被许可人已经取得的该注册商标使用权。

第五节　注册商标续展权

《商标法》第四十条规定：注册商标有效期满，需要继续使用的，商标注册人应当在期满前十二个月内按照规定办理续展手续；在此期间未能办理的，可以给予六个月的宽展期。每次续展注册的有效期为十年，自该商标上一届有效期满次日起计算。期满未办理续展手续的，注销其注册商标。商标局应当对续展注册的商标予以公告。商标注册人或者利害关系人在注册商标续展宽展期内提出续展申请。

对于宽展期内的商标权状态有两种观点：第一种认为，在宽展期内，注册商标已经失效，宽展期内的续展申请是商标失效后的重新申请，而法律规定宽展期内可以申请续展是赋予原注册人的优先注册权。第二种认为，宽展期内注册商标并不当然已经失效，而是处于效力待定状态。关于这个问题，原国家工商行政管理局在1999年12月29日发布的《国家工商局关于商标行政执法中若干问题的意见》第十二条指出："在注册商标的宽展期内，商标注册人提出续展申请且被核准的，商标专用权连续存在，他人在此期间内使用与该商标相同或者近似商标的，属于商标侵权行为；商标注册人未提出续展申请，或者提出续展申请但未被核准的，该商标专用权自有效期满后不受法律保护。""请求保护处于宽展期的商标的，投诉人应当提供续展申请证明，否则，工商行政管理机关不予立案；已经立案的，应当中止，待续展核准情况确定后再行处理。"可见，注册商标续展申请在被核准前，商标权处于效力待定状态，此时如有人未经许可使用了该商标，注册人提起注册商标侵权诉讼的，人民法院应当受理，视续展结果再做决定。

第六节　注册商标标记权

　　《商标法实施条例》第六十三条规定，商标权人使用注册商标，可以在商品、商品包装、说明书或者其他附着物上标注该商标为注册商标。注册商标的标注方式有三种方式：①在注册商标后面加注"注册商标"四个中文字；②在注册商标的右上角或者右下角标记"注"；③在注册商标的右上角或者右下角标记"R"。商标注册人有上述标注权利，但也可以不做任何标注，法律并不要求必须标明注册商标标识，而未注册商标不可以加注这样的标识。

　　生活中经常看到在某个图形或文字的右上角标注"TM"字母组合，它是英文trade markd 的首字母缩写，意为商标，早期也有将其翻译成"贸易牌号""货牌""商牌"的。这样标注表示该图形不是装饰图案，该文字不是商品的名称或广告宣传语，它们是被作为商标在使用，表明该商标已向商标局提交商标注册申请，并被受理，目前还没有核准注册，不是注册商标。

课后复习题

1. 商标权的内容有哪些？商标注册人有权禁止哪些未经许可行为？
2. 商标使用许可的类型有哪几种？各自的内涵、特点是什么？
3. 商标许可期间，商标权转让对被许可人会产生什么影响？
4. 简述一下商标许可备案的规则及效力。
5. 简述一下商标权转让和移转的规则。
6. 简述商标续展的规则。

第十章 注册商标专用权的权利限制

商标只是一种帮助消费者识别商品来源的符号，一般不会与公众的利益发生冲突，因而商标法对商标权的限制比较少，没有诸如强制许可、指定许可、法定许可等限制制度，《商标法》刚制定时并没有对商标权做出限制性规定。但是如果允许商标权人绝对自由地行使权利，可能会产生垄断的危害，不利于塑造公平竞争的市场环境。因此，有必要对商标权给予一定的限制，把有关的"合理使用"行为排除在商标权人的禁止权之外，方能平衡商标注册人与其他同行业者之间的利益关系。关于对商标权的限制，《TRIPS 协定》也有相关规定，协定第 17 条是关于商标权的例外规定：缔约方可以规定对商标所赋予的权利的例外，例如善意使用描述性词语等，只要这种例外规定顾及了商标所有者和第三方的合法利益。

第一节 我国商标权限制制度的产生与发展

我国对商标的最早的限制性规定出现在 1993 年，当时对《商标法》进行了第一次修改，增加了服务商标的规定。同年《商标法实施细则》修改时增加了一条对服务商标注册人的权利限制，作为第四十八条："续使用至一九九三年七月一日的服务商标，与他人在相同或者类似的服务上已注册的服务商标（公众熟知的服务商标除外）相同或者近似的，可以依照国家工商行政管理局有关规定继续使用。"

此后，2002 年 9 月 15 日《商标法实施细则》废止，该条款被同日施行的《商标法实施条例》第五十四条承继并进一步完善为"连续使用至 1993 年 7 月 1 日的服务商标，与他人在相同或者类似的服务上已注册的服务商标相同或者近似的，可以继续使用；但是，1993 年 7 月 1 日后中断使用 3 年以上的，不得继续使用"。同时该条例第四十九条新规定了"注册商标中含有的本商品的通用名称、图形、型号，或者直接表示商品的质量、主要原料、功能、用途、重量、数量及其他特点，或者含有地名，注册商标专用权人无权禁止他人正当使用"。

2006 年 3 月 7 日北京市高级人民法院印发了《关于审理商标民事纠纷案件若干问题的解答》（京高法发〔2006〕68 号），其中第 26、27 项回答了商标正当使用的要件及情形。构成正当使用商标标识的行为应当具备以下要件：①使用出于善意；②不是作为自己商品的商标使用；③使用只是为了说明或者描述自己的商品。满足前列要件的下列行为，属于正当使用商标标识的行为：①使用注册商标中含有的本商品的通用名称、图形、型号的；②使用注册商标中直接表示商品的性质、用途、质量、主要原料、种类及其他特征的标志的；③在销售商品时，为说明来源、指示用途等在必要范围内使用他人注册商标标识的；④规范使用与他人注册商标相同或者近似的自己的企业名称及其字号的；⑤使用与他人注册商标相同或者近似的自己所在地的地名的；⑥其他属于正当使用商标标识的行为。

《商标法》于 2013 年进行第三次修改时将当时《商标法实施条例》第四十九条纳入进来放在第五十九条第一款，同时增加了第二、三款权利限制情形："三维标志注册商标中含有的商品自身的性质产生的形状、为获得技术效果而需有的商品形状或者使商品具有实质性价值的形状，注册商标专用权人无权禁止他人正当使用。商标注册人申请商标注册前，他人已经在同一种商品或者类似商品上先于商标注册人使用与注册商标相同或者近似并有一定影响的商标的，注册商标专用权人无权禁止该使用人在原使用范围内继续使用该商标，但可以要求其附加适当区别标识。"

《商标法实施条例》于 2014 年修改时，将原第五十四条调整至第九十二条，又增加了一种情形的权利限制放在第二款："已连续使用至商标局首次受理新放开商品或者服务项目之日的商标，与他人在新放开商品或者服务项目相同或者类似的商品或者服务上已注册的商标相同或者近似的，可以继续使用；但是，首次受理之日后中断使用 3 年以上的，不得继续使用。"

通过上述梳理，我们发现对商标权的限制主要来自在先权利的限制和公有领域词汇的限制。只要他人是善意且正当地使用这两类用语，商标权人即无权禁止。商标权限制的情形概括起来大致有描述性使用、先用权人使用、商标权用尽、指示性使用、比较广告等，其中指示性使用、比较广告目前在我国立法上没有明确规定。

第二节　描述性使用

一、描述性使用的概念

描述性使用也称叙述性使用或说明性使用，是指他人在经营商品的过程中，仅为说明、介绍、描述商品的形状、名称、产地、质量、风味、功能、用途、特征、数量、原料、工艺等目的，不可避免地使用到与他人已注册商标相同或近似文字的行为，该使用行为本质上不属于《商标法》第四十八条规定的"将商标用于商品、商品包装或者容器以及商品交易文书上，或者将商标用于广告宣传、展览以及其他商业活动中，用于识别商品来源的行为"，因此商标注册人无权禁止。

根据《商标法》第十条第二款、第十一条第二款的规定，允许地名在有"第二含义"或描述性词汇获得显著性特征的情况下作为商标注册，注册成功后将使这些公共资源变为垄断性资源，对其他同行业经营者不公平，对正常的市场竞争也是有害的。

因此《商标法》第五十九条第一、第二款规定："注册商标中含有的本商品的通用名称、图形、型号，或者直接表示商品的质量、主要原料、功能、用途、重量、数量及其他特点，或者含有的地名，注册商标专用权人无权禁止他人正当使用。三维标志注册商标中含有的商品自身的性质产生的形状、为获得技术效果而需有的商品形状或者使商品具有实质性价值的形状，注册商标专用权人无权禁止他人正当使用。"这就是允许他人在该词的普通含义上进行叙述性使用、描述性使用或说明性使用。由于该使用行为起不到识别商品来源的作用，不属于商标法意义上的商标使用，因此商标注册人无权禁止。

二、描述性使用的构成要件

在比对被控侵权标识与涉案注册商标相似程度、具体使用方式的基础上，使用者需要具备：①目的正当。使用者没有将他人商标标识作为自己商品或服务的标识使用的故意，而是为了标明商品的通用名称，说明产品的原料成分、介绍、描述商品的形状、名称、产地、质量、风味、功能、用途、特征、数量、原料、工艺等目的。②方式合理。使用者仅是在说明或者描述自己经营的商品或服务的特点等必要范围内使用。③没有使相关公众产生混淆和误认等因素。因此，需要综合判断被控侵权行为究竟是商标侵权行为，还是正当使用行为，以合理界定注册商标专用权的保护范围，达到商标专用权和公共利益之间的平衡。

三、描述性使用的表现

以下情形，行为人在经营过程中出于善意不可避免地且规范地使用与他人的注册商标或注册商标的主要部分、显著部分相同或近似的文字，均属于描述性使用。

（一）作为本商品的通用名称进行使用

2014 年 5 月 22 日沧州海利鱼粉销售有限公司（以下简称"海利公司"）向国家商标局申请注册"舔砖"文字加图形商标，2015 年 7 月 7 日国家商标局向其下发了注册号为第 14744470 号的商标注册证，商标核定使用商品为第 31 类：谷（谷类）；新鲜水果；新鲜蔬菜；豆饼（饲料）；饲料；牲畜饲料；下蛋家禽用备料；动物食用花生粗粉；宠物食品；动物食用鱼粉。新乡市华畜商贸有限公司（以下简称"华畜公司"）在淘宝开设华畜旗舰店、网牧旗舰店、华畜宠物用品专营店三家网店销售家畜用饲料，介绍产品时使用了"舔砖"字样，如"催肥型舔砖""××营养育肥舔砖舔块牛羊饲料专用盐块舔块盐砖""华畜马牛羊舔砖"。海利公司发现后认为依据《商标法》第五十七条第一款、第二款、第七款的规定，华畜公司的行为对其构成商标侵权，遂分别于 2015 年 12 月 28 日、2016 年 1 月 4 日在淘宝上对华畜公司进行知识产权线上投诉，淘宝依据其知识产权保护平台中滥用商标关键字的规定，将其产品强制下架半个月，后经华畜公司申诉产品重新上架。之后，华畜公司于 2016 年 3 月 3 日向新乡市中级人民法院提起诉讼，请求法院确认自己的行为不侵犯海利公司的商标专用权。法院根据华畜公司提供的证据，认定"舔砖"[①] 为该商品的通

---

① 舔砖是一种补充牛羊等反刍动物微量元素的一种饲料添加剂，主要载体为盐，通常做成方体或柱体形状，便于牛羊舔食，故名舔砖。海利公司自己建立的百度舔砖贴吧上，也是在使用"海利"牌舔砖。

用名称，系行业通用词。法院依照《商标法》第五十九条第（一）款，注册商标中含有的本商品的通用名称的，注册商标专用权人无权禁止他人正当使用，判决确认原告新乡市华畜商贸有限公司销售带有"舔砖"字样的涉案家畜用饲料的行为，不侵害被告沧州海利鱼粉销售有限公司的 14744470 号"舔砖"商标专用权①。

（二）意在表明商品的性质、特征、用途、质量

2014 年 7 月 7 日美食达人股份有限公司（以下简称"美食达人公司"）经商标局核准注册了第 11817439 号商标（见图 10-1），核定使用商品为第 29 类：牛奶制品、奶茶（以奶为主）、可可牛奶等。2016 年 5 月，美食达人公司发现光明乳业股份有限公司（以下简称"光明乳业"）在其生产的鲜牛奶产品外包装显著位置上使用了"85℃"（见图 10-2），且在广告宣传中突出使用了"85℃"，遂诉至法院，请求赔偿其经济损失 500 万元及合理开支 5.95 万元。一审法院经审理认为，美食达人公司对"85度C"系列商标使用在先，且经美食达人公司的宣传具有较高知名度。光明乳业对"85℃"的使用缺乏事实基础，且其对有一定知名度的原告商标应负有一定的注意、避让义务，故光明乳业在商品外包装盒正面显著位置突出标明"85℃"字样，不构成正当使用，属于商标侵权行为②。

图 10-1　涉案注册商标 　　　　图 10-2　涉案的光明产品包装

一审判决后光明乳业提起上诉，二审法院认为："85℃"是温度的标准表达方式，且与案涉注册商标具有明显区别。美食达人对光明乳业使用了巴氏杀菌技术生产工艺及 15 秒钟 85℃ 的温度杀菌事实无异议，因此光明乳业使用"85℃"具有事实基础。虽然产品包装上"85℃"的字号大于旁侧文字，但分别配以"85℃巴氏杀菌乳新鲜说""85℃巴氏杀菌乳高品质鲜牛奶"等文字。上述文字充分说明光明乳业使用"85℃"的目的是向公众说明其采用的杀菌技术的工艺特征，属于合理描述商品特点的范围，是对温度表达方式的正当使用。并且光明乳业在牛奶盒上使用有自己的"光明"商标，该商标为驰名商标。美食达人公司表示其从未生产过牛奶，未在牛奶商品上使用过涉案商标，故在牛奶商品上相关公众对于美食达人公司并无认知，光明乳业未造成相关公众的混淆和误认，故不构成侵权③。

（三）表示制作商品的主要原料

2015 年 4 月 15 日最高人民法院发布指导案例 46 号《山东鲁锦实业有限公司诉鄄城县鲁锦工艺品有限责任公司、济宁礼之邦家纺有限公司侵害商标权及不正当竞

① 参见华畜商贸有限公司诉沧州海利鱼粉销售有限公司确认不侵害商标权纠纷案河南省新乡市中级人民法院（2016）豫 07 民初 14 号民事判决书。
② 参见光明乳业股份有限公司等与美食达人股份有限公司侵害商标权纠纷案一审：（2016）沪 0101 民初 24718 号判决书。
③ 参见上海知识产权法院典型案例（2015—2019）之七：光明乳业股份有限公司等与美食达人股份有限公司侵害商标权纠纷案二审，（2018）沪 73 民终 289 号判决书。

争纠纷案》，该案例作为指导性案例，其指导意义在于确认了具有地域性特点的商品通用名称的判断标准：①该名称在某一地区或领域约定俗成，长期普遍使用并被相关公众认可；②该名称所指代的商品生产工艺经某一地区或领域群众长期共同劳动实践而形成；③该名称所指代的商品生产原料在某一地区或领域普遍生产。这意味着商品通用名称广泛性的判断不再一律以全国范围的相关公众为标准，特定产区及相关公众也可作为判断标准。同时，该案还反映了作为山东民间手工棉纺织品的通用名称"鲁锦"被注册为商标核定使用在服装商品上后，他人在服装上用其来标识制作服装所用布料为"鲁锦"时也属正当使用。

该案大致案情如下：山东鲁锦实业有限公司（以下简称"鲁锦公司"）的前身于1999年12月21日取得注册号为第1345914号的"鲁锦"文字商标（见图10-3），核定使用商品为第25类"服装、鞋、帽类"。2007年3月，鲁锦公司发现被告鄄城县鲁锦工艺品有限责任公司（以下简称"鄄城鲁锦公司"）在其生产的服装标签、包装盒、包装袋上均带有"鲁锦"字样。在产品上使用的商标是"精一坊文字+图形"组合商标（见图10-4），遂对鄄城鲁锦公司及销售商提起商标侵权之诉。山东省济宁市中级人民法院于2008年8月25日作出（2007）济民五初字第6号民事判决，认定被告商标侵权成立。被告不服提出上诉，山东省高级人民法院于2009年8月5日作出（2009）鲁民三终字第34号民事判决，判决认为：根据案件事实可以认定，"鲁锦"在鲁西南地区已有上千年的历史，是山东民间手工织花棉布，以棉花为主要原料，手工织线、染色、织造，俗称"土布"或"手织布"，因此种布料色彩斑斓，似锦似绣，故称"鲁锦"。"鲁锦"虽不是鲁锦服装的通用名称，但却是山东民间手工棉纺织品的通用名称。商标注册人对商标中通用名称部分不享有专用权，不影响他人将"鲁锦"作为通用名称正当使用。鲁西南地区有不少以鲁锦为面料生产床上用品、工艺品、服饰的厂家，这些厂家均可以正当使用"鲁锦"名称，在其产品上叙述性标明其面料采用鲁锦。故鄄城鲁锦公司、济宁礼之邦公司的行为不构成商标侵权，也非不正当竞争。该法院遂根据2002年《中华人民共和国商标法实施条例》第四十九条之规定"注册商标中含有的本商品的通用名称、图形、型号，或者直接表示商品的质量、主要原料、功能、用途、重量、数量及其他特点，或者含有地名，注册商标专用权人无权禁止他人正当使用"，撤销山东省济宁市中级人民法院（2007）济民五初字第6号民事判决；驳回鲁锦公司的诉讼请求①。

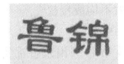

图 10-3　原告注册商标

图 10-4　被告注册商标

（四）描述商品的款式、图形、型号、形状

当某一词汇是用来描述某类产品的形状、款式、型号时，含有该词汇的注册商

---

① 参见山东鲁锦实业有限公司诉鄄城县鲁锦工艺品有限责任公司、济宁礼之邦家纺有限公司侵害商标权及不正当竞争纠纷案（2009）鲁民三终字第34号判决书。

标权利人无权禁止他人以不导致公众混淆的使用方式描述商品的形状、款式、型号图形等。

2021 年 5 月 28 日，最高人民法院对福州市马尾区大掌柜贸易有限公司（以下简称"大掌柜公司"）诉莆田市佰良信息技术有限公司（以下简称"佰良公司"）侵害商标权纠纷再审一案做出裁定认为：虽然"椰子""椰子鞋"或"椰子款"与"yeezy"不具有唯一对应性，未构成特定鞋款的通用名称，但认定某一鞋款的表述方式应当结合相关公众的通常认知。佰良公司在网店销售标题中使用的是"椰子款"，且未突出"椰子"文字，亦标注了自己的商标及商品型号，二审法院认定上述标注方式系对鞋款的描述而非指示商品来源，并无不当，驳回了大掌柜公司的再审申请①。至此备受关注的"椰子"案件尘埃落定。

该案中，第 384939 号文字商标"椰子"于 1991 年 3 月 30 日被核准注册使用在第 25 类"鞋"上，2019 年 5 月 1 日至 2021 年 4 月 30 日期间大掌柜公司获得使用"椰子"商标的普通许可，并被授权可以自己的名义对侵权行为进行维权。2019 年 9 月大掌柜公司在拼多多电商平台上发现佰良公司开设的"丁丽姿运动户外旗舰店"页面内容显示有"椰子"字样，如"Dliziz 旗舰店正品椰子款 350v2 白冰淇淋男鞋女鞋运动跑步鞋小白鞋"，遂进行取证后提起商标侵权诉讼。一、二审法院审理后均认为："椰子鞋"是 Adidas 和美国说唱界歌手侃爷（Kanye West）联名发布的 yeezy（国内网友将其音译为"椰子"）运动鞋以及类似样式的流行鞋子，大掌柜公司也认可市场上把 yeezy 音译为椰子，认可椰子是一款鞋型。此类鞋子的主要特点是编织鞋面配泡沫中底，外底为框架简单的半透明弹性橡胶。涉案椰子鞋亦符合该主要特征，可见椰子鞋是对一类鞋的款式的描述。大掌柜公司未能提供其在鞋上使用、宣传"椰子"商标的证据，网络搜索"椰子鞋"也没有导向其生产、销售的商品上。佰良公司在其销售的鞋子标题上使用"椰子款"时没有突出使用文字"椰子"，不会使相关公众误认文字"椰子"与商标"椰子"存在关联关系。这只是对所售鞋子款式的描述，并非商标性使用；其标题中的"Dliziz 丁丽姿"才是商标性使用，用于识别所售鞋子的来源②。

（五）使用自己的企业名称、字号、所在地的地名

国家工商局在 1999 年《关于商标行政执法中的若干问题的意见》中还提到，善意地使用自己的名称或者地址的，不构成侵权③。例如，巴东县三峡旅行社在"旅游"等项目上注册了"三峡""长江三峡""大三峡"等商标，随后即与其他使用"三峡""长江三峡""大三峡"文字的旅游公司协商签订许可合同，但未获得成功，随即便以其他企业擅自使用"长江三峡"等字样为由，向当地工商局投诉。工商局以企业名称中含有三峡地名属于正当使用，不构成侵权为由，未予处理。

159

---

① 参见最高人民法院（2021）最高法民申 1784 号裁定书。
② 参见福建省高级人民法院（2020）闽民终 161 号民事判决、福建省莆田市中级人民法院（2019）闽03 民初 965 号民事判决书。
③ 参见《国家工商行政管理局关于商标行政执法中若干问题的意见》工商标字〔1999〕第 331 号第九条。

第三节　先用权人使用

世界上大多数国家对于商标采取的都是注册取得制。我国商标专用权的授予也是如此，原则上采取先申请制，即如有多人在同一种商品或者类似商品上，以相同或者近似的商标提出注册申请，商标局会初步审定并公告最先申请者的商标。若最先申请者有多位即存在多位同日最先申请者，则商标局会初步审定并公告最先使用者的商标。若先使用者没有及时提出注册申请，商标被在后使用者或未使用者注册，原则上商标注册人有权禁止在先使用者继续使用。但有两个例外。

一、连续使用至 1993 年 7 月 1 日的服务商标

根据《商标法实施条例》第九十二条第一款之规定：连续使用至 1993 年 7 月 1 日的服务商标，与他人在相同或者类似的服务上已注册的服务商标相同或者近似的，可以继续使用；但是，1993 年 7 月 1 日后中断使用 3 年以上的，不得继续使用。

（一）制度发展

我国在 1982 年刚刚制定《商标法》时，只规定了商品商标，没有规定服务商标，因此经营者无法就自己使用的服务商标提出注册申请进行专用权保护。1993 年我国对《商标法》进行第一次修改并于同年 7 月 1 日施行，此次修改扩大了商标的保护范围，在原《商标法》第四条里增加了两款有关服务商标的注册和保护内容的规定，即 1993 年《商标法》第四条第二款规定"企业、事业单位和个体工商业者，对其提供的服务项目，需要取得商标专用权的，应当向商标局申请服务商标注册"，第三款规定"本法有关商品商标的规定，适用于服务商标"。

为了公平起见，平衡服务商标先用人与服务商标注册人的利益，1993 年 7 月 15 日国务院批准了《商标法实施细则》的第二次修订，此次修订增加了一条，即第四十八条："连续使用至一九九三年七月一日的服务商标，与他人在相同或者类似的服务上已注册的服务商标（公众熟知的服务商标除外）相同或者近似的，可以依照国家工商行政管理局有关规定继续使用。"按照此规定，若注册商标构成熟知商标的话，该注册商标专用权不受此种限制，他人不可以继续使用。

2002 年 9 月 15 日《商标法实施条例》施行的同时，《商标法实施细则》废止，该条例第五十四条规定："连续使用至 1993 年 7 月 1 日的服务商标，与他人在相同或者类似的服务上已注册的服务商标相同或者近似的，可以继续使用；但是，1993 年 7 月 1 日后中断使用 3 年以上的，不得继续使用。"可见该条款在承继原《商标法实施细则》第四十八条规定的基础上做了修改，删去了"公众熟知的服务商标除外"的限制。这意味着无论注册的服务商标知名度有多高，即使构成驰名商标，在相同或者类似的服务上使用的相同或类似的服务商标连续使用至 1993 年 7 月 1 日，依然可以继续使用。该条款同时增加了但书规定："1993 年 7 月 1 日后中断使用 3 年以上的，不得继续使用。"

（二）适用要件

①只适用于服务商标，商品商标不适用。因为《商标法》一开始施行，商品商标就可以注册，而服务商标是 1993 年《商标法》修改时才允许注册，为了稳定市场秩序，平衡商标注册人和先用人的利益关系，才做此规定。②该服务商标连续使用至 1993 年 7 月 1 日。"连续"意为持续，没有中断停止使用过。至于持续使用多久，立法没有要求，意味着只要 1993 年 7 月 1 日之前一直在使用，1993 年 6 月 20 日开始使用和 1983 年 1 月 1 日开始使用，效果是一样的。重点在于 1993 年 7 月 1 日之前就已经开始使用并且没有中断过。至于开始使用的时间是否早于商标注册人的使用时间，不影响其继续使用的权利。开始使用时是否有"搭便车"的故意也不予考虑。③继续使用权的丧失情形。1993 年 7 月 1 日后中断使用 3 年以上，则不得继续使用。

（三）需要注意的问题

（1）该服务商标与他人已注册的服务商标相同或近似，且使用的服务与注册商标使用的服务相同或类似。停用超过三年的能不能继续使用，取决于是否有人已经在与之相同或类似的服务上注册了与之相同或近似的服务商标，若没有人注册则依然可以使用。总体来说，凡是 1993 年 7 月 1 日之前已经开始使用的服务商标，只要 1993 年 7 月 1 日之后没有中断三年以上，都可以以原有标识在原有服务上继续使用。

（2）可以继续使用者仅有继续使用该服务商标的权利，即使用者无须征得商标注册人同意、也无须向商标注册人支付费用。对该继续使用的权利可以放弃，但不能转让、不能许可、不能质押、不能作为一项独立的财产权进行互换、抵债或对其强制执行等，也不能在使用时标注注册商标标识。

（3）在使用范围上，只能以原有标识在原有服务上继续使用，不可以更改标识、更改服务。至于经营规模方面没有限制，可以扩大经营规模，开分店扩充营业面积。但不可以加盟方式开店，因加盟的本质是许可授权，先用权无此权能。

（4）可以继续使用的人理论上可以有多个。

案例："狗不理"商标侵权纠纷案

狗不理集团有限公司于 1994 年 10 月 7 日取得第 769005 号"狗不理"注册商标，核定服务项目为第 42 类。2006 年 10 月，狗不理集团将济南市大观园商场天丰园饭店诉至法院，称天丰园饭店长期以来冒用"狗不理"名义从事餐饮经营活动，在其经营过程中突出使用"狗不理"服务标识。一审法院审理认为：被告天丰园饭店自 20 世纪 40 年代在济南经营"狗不理猪肉灌汤包"，历史由来已久，1993 年 7 月 1 日之后一直处于持续经营的状态，且其经营地域以及经营方式从未发生改变，并且"天丰园狗不理"招牌区别于天津"狗不理"。被告也从未将"狗不理"文字用于其提供的其他服务或商品上。综上，根据 2002 年《中华人民共和国商标法实施条例》第五十四条之规定，驳回原告狗不理集团公司的诉讼请求①。狗不理集团不服提出上诉。

二审法院审理认为：天丰园饭店并非将"狗不理"用作服务标识，仅是作为一种菜品名称使用，且由来已久，该使用是善意的在先使用。但天丰园饭店在广告中突出使用"狗不理"三字，消费者看到后可能会与狗不理集团提供的餐饮服务联系到一起，形成误导，应予纠正。但"狗不理猪肉灌汤包"这一菜品仍可使用②。狗不理集团不服向最高院申请再审，最高院认为：原审法院考虑狗不理集团公司注册"狗不理"服务商标前，天丰园饭店持续使用"狗不理猪肉灌汤包"这一菜品名称的历史因素，判决天丰园饭店仍可以保留"狗不理猪肉灌汤包"菜品名称，但禁止其做其他扩张性使用，符合公平原则，适用法律并无不当③。

二、连续使用至首次受理新放开项目之日

（一）制度背景

申请商标注册时需要在商品分类表里选择该商标使用在何种商品或服务上，如果一些商品和服务还未被《商标注册用商品和服务国际分类》和《类似商品和服务区分表》收录，使用者就无法通过商标注册申请保护其商标。例如，2013 年以前如果注册商标申请里有要求保护"批发、零售"服务商标的，是要被通知补正的，要么删除，要么改为"替他人推销"。商标局于 2004 年 8 月 13 日做出《关于国际分类第 35 类是否包括商场、超市服务问题的批复》④，该批复根据当时《商标注册用商品和服务国际分类》（尼斯分类）和《类似商品和服务区分表》（第八版）第 35 类的注释"尤其不包括：其主要职能是销售商品的企业，即商业企业的活动"，认为第 35 类现有的服务项目不包括批发、零售服务，不接受批发、零售服务项目上的注册申请，且认为批发、零售服务与替他人推销服务不是一回事也不类似。这意味着即使在"替他人推销"服务上成功注册商标，在其从事的批发零售服务领域也无法享有专用权。

但实践中批发零售实体店（如迪尼斯、胖东来）和互联网销售平台（如当当、天猫、京东）对批发、零售服务的保护仍然是通过在第 35 类"推销（替他人）"和"为商品和服务的买卖双方提供在线市场"服务项目上注册服务商标，对批发、零售服务进行商标保护。司法实践中，不同法院在审理此类商标侵权纠纷案件时，每每涉及对该批复的适用及"批发、零售"服务与"推销（替他人）"关系的理

---

① 参见济南市中级人民法院（2006）济民三初字第 229 号民事判决书。
② 参见山东省高级人民法院（2007）鲁民三终字第 70 号民事判决。
③ 参见狗不理集团有限公司与济南市大观园商场天丰园饭店侵犯商标权纠纷申请再审案，中华人民共和国最高人民法院（2008）民三监字第 10-1 号裁定书。
④ 该批复内容如下：商场、超市属于销售商品的企业，其主要活动是批发、零售。《商标注册用商品和服务国际分类》第 35 类的注释明确说明，该类别服务的主要目的在于"对商业企业的经营或管理进行帮助"，或者"对工商企业的业务活动或者商业职能的管理进行帮助"，且"尤其不包括：其主要职能是销售商品的企业，即商业企业的活动"。因此，《商标注册用商品和服务国际分类》第 35 类的服务项目不包括"商品的批发、零售"，商场、超市的服务不属于该类的内容。该类"推销（替他人）"服务的内容是：为他人销售商品（服务）提供建议、策划、宣传、咨询等服务。

解时，都力图对批发、零售提供者做出公平公正的判决①。

在 2007 年 1 月 1 日起适用的《商标注册用商品和服务国际分类》第九版中，该分类表关于第 35 类的注释中删除了"尤其不包括其主要职能是销售商品的企业，即商业企业的活动"的内容。2013 年 1 月 1 日起，商标局在第 35 类中新增医药领域的"药品、医疗用品零售或批发服务"，目的是更好地保护已使用商标权利人利益，维护稳定的市场秩序。在《关于申请注册新增零售或批发服务商标有关事项的通知》中，商标局根据《商标注册用商品和服务国际分类》即《尼斯分类》第十版 2013 文本，在《类似商品和服务区分表》3509 类似群中设立"药用、兽医用、卫生用制剂和医疗用品的零售或批发服务""药品零售或批发服务""药用制剂零售或批发服务""卫生制剂零售或批发服务""医疗用品零售或批发服务""兽药零售或批发服务"和"兽医用制剂零售或批发服务"。

若 2013 年 1 月 1 日之前，A 药店一直在药品零售服务上使用 A 商标，但该商标在 2013 年后被 B 公司抢先一步注册，该药店是否必须停止使用 A 商标？否则将对 B 公司构成商标侵权？2014 年我国修订《商标法实施条例》，原第五十四条调整至第九十二条，同时增加一款作为第二款："已连续使用至商标局首次受理新放开商品或者服务项目之日的商标，与他人在新放开商品或者服务项目相同或者类似的商品或者服务上已注册的商标相同或者近似的，可以继续使用；但是，首次受理之日后中断使用 3 年以上的，不得继续使用。"根据该款规定，对于公众来讲，药品、医用制剂的批发、零售服务就属于首次放开的服务商标，A 公司享有继续使用的权利。

（二）适用要件

①适用对象可以是商品商标也可以是服务商标，只要是首次放开的都可以。②先用人需在首次受理新放开项目之日前连续使用，同前述服务商标的先用规则一样，"连续"意为持续，没有中断或停止使用过，至于持续使用多久，立法没有明确要求。这意味着只要在首次受理新放开项目之日前一直在使用就可以，至于开始使用的时间是否早于商标注册人的使用时间，不影响继续使用的权利。③继续使用

163

---

① 参见案例一：索俪榕与湖南友谊阿波罗商业股份有限公司侵害商标权纠纷（2014）湘高法民三终字第 146 号判决书。湖南省高级人民法院认为批发、零售服务与"推销（替他人）"为类似服务，考虑到注册背景、现实市场情况、司法解释对类似服务的规定，以及知名商业企业在"推销（替他人）"服务上的商标被认定为驰名商标的事实情况，友谊阿波罗商业公司提供的百货商品销售服务与"友阿"注册商标核定使用的"推销（替他人）"服务系类似服务。

案例二：深圳市米兰站商贸有限公司与米兰站（香港）有限公司侵害商标权纠纷（2013）深中法知民终字第 46 号判决书。深圳市中级人民法院认为商标局 2004 年的批复不再适用，并认为：米兰站香港公司主营业务系二手名牌包的回收、清洗及出售，属于提供商品零售服务，与第 35 类"推销（替他人）"构成类似服务。《商标注册用商品和服务国际分类》第九版于 2007 年 1 月 1 日起适用，该分类表关于第 35 类的注释中，已经删除了"尤其不包括其主要职能是销售商品的企业，即商业企业的活动"的内容，故提供商品零售服务属于第 35 类服务项目中的推销（替他人）。因此，米兰站香港公司系在其注册商标核定服务的范围内使用涉案商标，米兰站商贸公司主张二手包零售服务不属于第 35 类服务主张不能成立，本院不予支持。

案件三：顶超（开曼岛）控股有限公司与闵芬侵犯商标专用权纠纷、不正当竞争纠纷上诉案（2012）苏知民终字第 0307 号。江苏省高级人民法院认为闵芬在其经营超市过程中突出使用"乐购"标识构成对顶超（开曼岛）控股有限公司在"乐购"商标上在第 35 类上的注册的侵权。涉案商标核定使用的服务类别为第 35 类，而在商品服务国际分类表中，第 35 类服务中是否包括商场或者超市目前尚未形成一致认识，但一审法院的认定在本质上并不影响商标侵权事实的认定，也不会影响本案的实体处理结果，并无不当。

权的丧失，首次受理之日后中断使用 3 年以上无权继续使用。

（三）需要注意的问题

①该商标与他人已注册的商标相同或近似，且使用的商品或服务与注册商标使用的商品或服务相同或类似。停用超过 3 年的能不能继续使用，取决于是否有人已经在与之相同或类似的商品或服务上注册了与之相同或近似的商标，若没有人注册则原有标识依然可以使用。总之，凡是在首次受理新放开项目之日前已经开始使用的商标，只要之后没有中断 3 年以上，都可以以原有标识在原有商品或服务上继续使用。②享有继续使用权者仅有继续使用该商标的权利，该权利既不是专用权，也不是基于商标权人的授权而产生的，仅是一个抗辩权，系消极权利非请求权。因此不存在任何积极权能，在使用时不能标注注册商标标识，无权做出如转让、许可、质押等处分行为；不能作为一项独立的财产权进行互换、抵债或对其强制执行，也无权禁止他人使用等，当然也可以放弃。放弃后能否重新使用，本书认为，使用人的放弃方式通常以停止使用的方式表现出来，一般不会发声明表示放弃，只要其停止使用没有满 3 年，都有权再次使用该商标。③在使用范围上，只能以原有标识在原有商品或服务上继续使用，不可以更改商标标识、更改使用对象。当然并不是说使用者绝对不能更改，只是若更改之后与注册商标近似就无权引用该条款主张享有继续使用的权利。若更改之后与注册商标不近似或完全不同，相当于使用者自行中断了对原商标的使用，这是商标权人乐意看到的情形，更不会去干涉。至于更改后的商标是否会对其他商标权人构成侵权，则另当别论。至于经营规模方面，没有限制，可以扩大经营规模，开分店扩充营业面积。但不可以加盟方式开店，因为加盟的本质是许可他人使用，而先用权人无此权能。

三、思考：先用权制度的不足及完善

（一）"中断使用 3 年以上"是否仅限持续中断

"中断使用 3 年以上的，不得继续使用"，究竟指连续停用 3 年，还是包括多次中断使用合计达 3 年？易产生歧义。本书认为应指连续停用 3 年，而非多次中断合计达 3 年。若一个商标一直在用或偶有歇业，消费者对多家共存的商标现状已有认识，能够区分得清商品或服务来源的不同。当一个商标连续 3 年停用，消费者基本上会将其遗忘，若允许其再次使用，可能会使消费者对商品或服务的来源产生混淆、误认，有损商标注册人的利益。基于此，将"中断使用 3 年以上"理解为"连续停用 3 年以上"比较符合立法目的。因此，为避免歧义减少实践中适用时可能发生的争议，对于权利的丧失，修改为"中断使用持续 3 年以上的，不得继续使用"比较可行。

（二）"中断使用"是否应有原因限制

至于中断使用的原因是什么，是否有正当理由，立法上未予考虑，只要中断使用 3 年以上一律丧失继续使用的权利。这个规定未免有些绝对，连续 3 年不使用他人可申请撤销注册商标（撤三制度）的规定，尚且要求"无正当理由"连续 3 年不使用才可以撤销。这里是否也应附加中断使用的原因。本书认为将其修改为"中断

使用持续 3 年以上的，不得继续使用，但因不可抗力致中断使用持续 3 年以上的除外"比较合适。

（三）"连续使用"是否应有最短时限

前述两种情形都有一个"连续使用"的要件且没有限定最短的持续时间，意味着十年前开始的连续使用和十天前开始的连续使用，最终待遇没有区别。如果十年前已开始使用，其间因正当原因短时间中断，就会因使用不连续导致无法获得此项权利。因此，本书认为如此规定易产生不公平的结果。除此之外，实践中一旦发生纠纷，举证也很麻烦，举证责任如何分配？由先用人举证证明自己连续使用了，举证到什么程度才算完成举证责任？使用了二十年，是否要证明每年都有使用？可能比较困难。

本书认为有必要对该规则进行修改，比较可行的是规定一个具体的使用期限（三年或五年）。如对服务商标先用权的规定，可以修改为"1993 年 7 月 1 日前已连续使用满三年的，在他人注册后，仍有权继续使用"。对新放开商标的规定，可以修改为"商标局首次受理新放开项目之日前已连续使用满三年的，在他人注册后仍有权继续使用"。这样更具公平性，也减轻了举证责任。

1994 年，国家工商行政管理局曾经就服务商标继续使用问题发布过通知，"连续使用至 1993 年 7 月 1 日的服务商标"，是指在该日前开始使用，且在该日仍使用在同一服务项目上的服务商标；但在该日前三年内一直未使用的除外[①]。按此通知意味着：1993 年 7 月 1 日前三年内有使用行为即可，不要求是连续的，可以有中断。

（四）是否应对使用范围加以限制

法律规定并没有要求在原有范围内继续使用，并不意味着使用人可以不受限制。至少前述 1994 年的那个通知还要求：服务商标继续使用时，使用人不得增加该服务商标使用的服务项目；不得改变该服务商标的图形、文字、色彩、结构、书写方式等内容，但以同他人注册的服务商标相区别为目的而进行的改变除外；不得将该服务商标转让或者许可他人使用[②]。1999 年国家工商行政管理局在给湖南省工商行政管理局的请示答复中指出："不得扩大该服务商标的使用地域。"这里的"地域"指的是，1993 年 7 月 1 日前，服务商标所有人实际使用其服务商标向消费者提供服务（包括进行广告等促销活动）的地域[③]。

（五）应否规定权利丧失

《关于服务商标继续使用问题的通知》第五条：可以继续使用的服务商标连续三年停止使用的，则原使用人不得再继续使用。第六条：继续使用与注册人的使用

165

[①] 参见 1994 年 8 月 12 日国家工商行政管理局发布的《关于服务商标继续使用问题的通知》（工商标字〔1994〕第 216 号）第一条。

[②] 参见 1994 年 8 月 12 日国家工商行政管理局发布的《关于服务商标继续使用问题的通知》（工商标字〔1994〕第 216 号）第三条。

[③] 参见 1999 年 2 月 10 日，国家工商行政管理局对湖南省工商行政管理局《关于服务商标使用有关问题的请示》（湘工商标字〔1998〕183 号）给予的《关于服务商标使用有关问题的答复》（工商标字〔1999〕第 27 号）第二条。

发生实际混淆，造成消费者误认的，继续使用人应在使用服务商标时，增加地理名称标志，以便于与注册人使用的服务商标相区别①。这些规定在实践中为受案法官和行政执法人员提供了非常明确具体的指引。但前述提到的 1994 年国家工商行政管理局发布的通知已于 2004 年 6 月 30 日废止。通知中的这些规定在《商标法》其后的几次修改过程中都没有体现出来。

第四节　商标在先使用抗辩

《商标法》第五十九条第三款规定：商标注册人申请商标注册前，他人已经在同一种商品或者类似商品上先于商标注册人使用与注册商标相同或者近似并有一定影响的商标的，注册商标专用权人无权禁止该使用人在原使用范围内继续使用该商标，但可以要求其附加适当区别标识。

一、商标在先使用抗辩制度的立法目的

（一）为弥补注册制缺陷而设置

商标在先使用抗辩制度是为平衡商标注册人与商标在先使用人之间的利益，以弥补商标注册制度的缺陷而设置的。根据《商标法》第三条、第四条之规定可知②，我国商标专用权采取注册取得制度，商标专用权仅基于注册产生，与商标是否使用无关。但商标作为一种商业符号，其价值本质上仍源于商标在经营活动中的实际使用，只有经过实际使用的商标才可能发挥标识功能产生生命力。一个已经实际使用的商标，即使未经注册，但由于其已负载了一定的商誉，亦已产生应予保护的正当利益，商标注册人不能剥夺商标在先使用人经过正当、合法的投资和使用而产生的商誉和利益。《商标法》第五十九条第三款的规定赋予商标在先使用人针对他人注册商标的在先使用抗辩权，便是在注册原则作为基本原则之外，为商标在先使用人提供的补充保护。该规定是为了平衡商标在先使用人和注册商标专用权人之间的利益，主要目的在于保护那些已经在市场上具有一定影响但未注册的商标所有人的权益。但是，商标在先使用抗辩制度的引入并不意味着在《商标法》框架下，未注册商标与注册商标可以获得同等的保护。我国仍是"以商标注册制度为主，虽然法律上有必要给予在先使用的未注册商标一定保护，但保护水准不宜过高，以免冲击到注册制这一商标管理中的基本制度"。

1982 年我国初始制定《商标法》时就采取单一注册制，引发商标抢注，为遏制这种不诚信行为，在此后《商标法》的修订过程中逐步强调商标使用的作用。1993

---

① 参见 1994 年 8 月 12 日国家工商行政管理局发布的《关于服务商标继续使用问题的通知》（工商标字〔1994〕第 216 号）第五条、第六条。

② 我国《商标法》第三条第一款："经商标局核准注册的商标为注册商标，包括商品商标、服务商标和集体商标、证明商标；商标注册人享有商标专用权，受法律保护。"第四条："自然人、法人或者其他组织在生产经营活动中，对其商品或者服务需要取得商标专用权的，应当向商标局申请商标注册。不以使用为目的的恶意商标注册申请，应当予以驳回。本法有关商品商标的规定，适用于服务商标。"

年《商标法》第一次修正时，规定了禁止恶意抢注他人在先使用并已为公众熟知的未注册商标，并赋予商标先用人对恶意抢注商标的撤销请求权。2001 年第二次修正时，将禁止恶意抢注的商标从"为公众熟知的商标"扩大到"有一定影响的商标"，并对未注册驰名商标规定了保护制度。以上保护制度均体现在商标注册程序中。2002 年施行的《商标法实施条例》规定了先用权，明确规定了在侵权诉讼中商标在先使用人的利益保护，但仅限于连续使用至 1993 年 7 月 1 日的未注册服务商标，这是为了解决 1982 年《商标法》未规定服务商标而导致的在先使用的服务商标无法得到保护的问题，并不涉及在先使用的商品商标。2013 年《商标法》第三次修正时，增加了新放开商品或服务商标的先用人继续使用的权利规则和商标先用权抗辩制度。

商标先用抗辩与专利法中的先用权人实施制度类似，我国专利法规定专利权的取得采取先申请制而非先发明制，导致一些相同技术方案的发明人因未及时提出专利申请而无权使用，对在后申请人或未提出申请的发明人显然是不公平的，尤其是已经将其付诸实施者。据此专利法规定先用权人实施属于侵权例外或不视为侵权的情形①。

我国《商标法》对商标权的取得采取的也是注册制而非先使用制。若先用人商标有了一定的影响力，但该影响力尚未达到足以让注册人知晓的高度，注册者在没有恶意的情况下抢注了该商标。注册者没有抢注的恶意，《商标法》第三十二条对其并不适用，先用人无权据此条款请求宣告无效。其获得的注册商标专用权是稳定的，在此情形下若给予其专用权以绝对的保护，在先使用者不仅要停止使用，还要承担赔偿责任。如在"杜家鸡"商标侵权纠纷案中就是如此状况，法院认为被告在先、善意使用并不影响侵权行为成立②。这显然有失公平。

商标权采取注册取得制度，不是因为商标的实质价值来源于注册行为，而是因为注册制比使用制更易操作，且社会成本如权利公示成本、维权成本等更低。商标的价值仍源于商标的实际使用，实际使用的商标才具有真正的识别作用③。2014 年《商标法》新增第五十九条第三款，可以说是《商标法》里的合理使用或称侵权例外情形，该制度对两者的利益保护尽可能地予以平衡。

（二）非为解决恶意抢注而设置

《商标法》第五十九条第三款的出现不是为了解决恶意抢注问题，也并非对恶意抢注商标行为进行限制。对于恶意抢注行为，立法态度是明确禁止的，即使抢注成功，也可通过无效宣告程序将其灭掉，并且其商标权利自始无效。

而先用人抗辩条款，是在认可注册商标权利的前提下，允许先用人在原有范围

---

① 参见《专利法》第七十五条："有下列情形之一的，不视为侵犯专利权……（二）在专利申请日前已经制造相同产品、使用相同方法或者已经作好制造、使用的必要准备，并且仅在原有范围内继续制造、使用的。"

② 参见江岸区人民法院（2010）岸知民初字第 70 号民事判决书。

③ 参见：芮松艳，陈锦川.《商标法》第 59 条第 3 款的理解与适用［EB/OL］.［2021-08-04］. http://www.sohu.com/a/110326901_119909.

内继续使用该商标。既赋予先用人一定的权利，限缩权利人注册商标的禁止权，又赋予其要求先用人附加 定区别标识的权利。可见《商标法》对两者的权益均是保护的，而非注册商标未被宣告无效之前暂且平息纠纷的权宜之策，被诉侵权人只能以先用人进行抗辩，而不可能宣告对方的注册商标无效。

二、在先使用抗辩的适用条件

除在先使用的商标与注册商标相同或近似，在先商标使用的商品与注册商标核定使用的商品相同或类似外，还需要其他要件。根据2016年北京高院发布的《当前知识产权审判中需要注意的若干法律问题（商标篇）》中关于商标在先使用抗辩的适用条件问题，以及《商标法》第五十九条第三款之规定，该抗辩成立应当具备以下条件：

（一）有在先使用行为

从《商标法》第五十九条第三款的字面表述来看，在先使用人将特定标识作为商标使用的时间只要早于涉案商标的申请注册日即可，至于是否早于商标注册人的使用可以不予考虑。在北京中创东方教育科技有限公司与北京市海淀区启航考试培训学校等侵害商标权纠纷案中，北京知识产权法院即持此观点："并非商标注册人早于在先使用人对商标进行了使用便当然认定先用抗辩不成立。如商标注册人虽存在在先使用行为，但在先使用人对此并不知晓，且亦无其他证据证明在先使用人存在明知或应知商标注册人对注册商标的'申请意图'却仍在同一种或类似商品或服务上使用相同或相近似的商标等其他恶意情形的，即不能仅因商标注册人具有在先使用行为而否认先用抗辩的成立。"[1] 这意味着使用人只要早于商标申请注册日使用涉案商标，在注册人不能证明使用人具有侵权过错时，即使晚于商标注册人使用该商标，使用人的在先使用抗辩亦可成立。

但从最高法院再审的林明恺诉成都武侯区富运家具经营部侵害商标权纠纷案中的裁判观点来看，认为在先使用的时间点要满足两个"先于"，也就是所谓的"双优先"。2019年最高院对该案作出的（2018）最高法民再43号判决书认为："在先使用人不侵权抗辩成立，应当同时满足以下条件：1.使相同或者近似商标时间在先。在先使用人对相关标志的使用，应当早于该商标注册人申请商标注册的时间，同时亦必须早于该商标注册人使用该商标标志的时间……"[2] 2021年5月21日国家知识产权局在给《上海市知识产权局关于〈商标法〉第五十九条第三款相关法律适用问题的请示》（沪知局〔2020〕7号）的批复中也是要求"双优先"，适用该款规定，在先使用人须同时满足以下五个要件：一是在商标注册人申请商标注册前已经使用；二是先于商标注册人使用；三是在商标注册人申请商标注册前的使用达到"有一定影响"的程度；四是不得超出原经营商品或服务、原经营区域等原使用

---

① 参见2015年中国法院10大知识产权案件之一〔2015〕京知民终字第588号判决书。
② 参见最高人民法院林明恺、成都武侯区富运家具经营部侵害商标权纠纷（2018）最高法民再43号判决书。该案入选《最高人民法院知识产权案件年度报告（2019）》。

范围；五是商标注册人要求其附加适当区别标识的，在先使用人应当附加区别标识①。

（二）在相同或类似的商品上使用与注册商标相同或近似的商标

在先使用人赖以成立先用权的先用行为，必须是在与注册商标核定使用的商品或服务相同或者类似的商品和服务上使用未注册商标，若在先使用行为所用商品与注册商标核定使用的商品或服务不相同亦不类似，而被诉先用行为人在此案中的被诉侵权行为却是发生在与注册商标核定使用的商品或服务相同或类似的商品或服务上，则在此件中先用权抗辩不能成立。被控侵权人主张的先用行为中，使用的商标也应当与原告的注册商标相同或近似。若先用行为的商标标识与注册商标不相同也不近似，但在被控侵权行为中，改变了之前一直使用的标识，积极向注册商标靠拢，则先用抗辩不能成立。

（三）在先使用的商标应具有"一定影响"

首先，"一定影响"即一定的知名度，在一定地域范围内知名，而不要求全国知名。实践中在多大范围内界定知名度，全国还是某个区域，是有分歧的。2016年北京高院在发布的《当前知识产权审判中需要注意的若干法律问题（商标篇）》里主张：《商标法》第五十九条第三款规定的在先使用抗辩条件之一："在先使用人所使用的商标应当具有'一定影响'。关于知名度的高低程度，一般不宜要求过苛，即只要满足在先使用人对其商标的使用确系真实使用，且经过使用已使得商标在使用地域内起到识别作用，则符合具有'一定影响'的要求。"这个标准显然比较宽松，宽松到只要能证明在当地实际进行了商标性使用就可以了，是否有影响似乎可有可无。《最高人民法院关于审理商标授权确权行政案件若干问题的规定》② 第二十三条第二款规定："在先使用人举证证明其在先商标有一定的持续使用时间、区域、销售量或者广告宣传的，人民法院可以认定为有一定影响。"该规定要求在一定区域内有知名度。2020年国家知识产权局发布的《商标侵权判断标准》（国知发保字〔2020〕23号）第三十三条规定："《商标法》第五十九条第三款规定的'有一定影响的商标'是指在国内在先使用并为一定范围内相关公众所知晓的未注册商标。有一定影响的商标的认定，应当考虑该商标的持续使用时间、销售量、经营额、广告

---

① 国知发保函字〔2021〕77号上海市知识产权局：《上海市知识产权局关于〈商标法〉第五十九条第三款相关法律适用问题的请示》（沪知局〔2020〕7号）收悉。经研究，现批复如下：《商标法》第五十九条第三款规定"商标注册人申请商标注册前，他人已经在同一种商品或者类似商品上先于商标注册人使用与注册商标相同或者近似并有一定影响的商标的，注册商标专用权人无权禁止该使用人在原使用范围内继续使用该商标，但可以要求其附加适当区别标识。"该款规定的目的在于平衡商标注册人和商标在先使用人之间的利益，在不损害商标权注册取得制度的基础上，维护在市场上已经具有一定影响但未注册商标的在先使用人的权益。我局认为适用该款规定，在先使用人须同时满足以下五个要件：一是在商标注册人申请商标注册前已经使用；二是先于商标注册人使用；三是在商标注册人申请商标注册前的使用达到"有一定影响"的程度；四是不得超出原经营商品或服务、原经营区域等原使用范围；五是商标注册人要求其附加适当区别标识的，在先使用人应附加区别标识。该函由国家知识产权局于2021年5月21日发出。

② 该司法解释于2016年12月12日最高人民法院审判委员会第1703次会议通过，根据2020年12月23日最高人民法院审判委员会第1823次会议通过的《最高人民法院关于修改〈最高人民法院关于审理侵犯专利权纠纷案件应用法律若干问题的解释（二）〉等十八件知识产权类司法解释的决定》修正，2021年1月1日起施行。

宣传等因素进行综合判断。"比较起来，司法机关对"一定影响"的认定标准相对宽松，行政机关对"一定影响"的认定标准比较高。

其次，"一定影响"应形成于申请日前，在前述林明恺案中，法院认为"一定影响"应形成于两个时间节点前，两个时间节点之后才形成的"一定影响"不予考虑①。其实"一定影响"时间节点只要形成于注册商标申请注册前即可，至于是否同时形成于注册人使用前，不影响该要件的成立。若在商标注册后或纠纷发生时才具有知名度，不能产生抗辩权。该制度建立的目的在于维护先申请制的基础上，赋予已经为商标知名度贡献力量的在先使用者一定的权益。考虑到商标已经被在先使用者做到了具有"一定影响"的知名度，其付出的宣传费用、在提供产品或服务方面所投入的精力、成本应该得到一定的保护。因此先用者以"在先使用抗辩"时，应以提供申请日前的影响力证据为主，对申请日后产生的影响力证据，法院不应采纳。但并非申请日后产生的所有证据都不能使用，如虽产生自申请日后，但系对申请日前的年度销量排名及荣誉称号。

最后，"一定影响"应归功于在先使用者，具有"一定影响"的知名度应是在先使用者创造的，该商标的知名度并非源自注册商标申请者，而是在先使用者。正因为在先使用者创造了该商标的"一定影响"，法律才赋予他先用抗辩权，不是所有的先用者都有抗辩权。

案例：钱程诉北京音乐厅商标侵权纠纷案

【基本案情】北京音乐厅数年来一直以"打开音乐之门"为名义举办一系列演出活动。钱程系北京音乐厅原总经理，其在任职期间申请注册了"打开音乐之门"文字商标。离职后，钱程对北京音乐厅提起商标侵权之诉。

【裁判结果】北京市西城区人民法院一审认为，北京音乐厅在钱程申请商标注册之前，已在同一种商品上先于商标注册人使用与注册商标近似并有一定影响的商标，钱程无权禁止北京音乐厅在原使用范围内继续使用涉案商标，钱程的诉讼请求没有事实和法律依据，不予支持。钱程不服提起上诉，北京知识产权法院二审认为，在使用"打开音乐之门"标识的一系列演出及宣传活动中，对外宣称的主体均为北京音乐厅，该标识与北京音乐厅之间已建立起较为固定的联系，北京音乐厅的商标在先使用抗辩权成立，其对"打开音乐之门"的使用不构成侵权，遂维持一审判决。

【典型意义】本案涉及商标法规定的商标在先使用抗辩权的法律适用问题。审理法院深入分析了商标法有关在先使用抗辩权的适用条件，对在先商标性使用、标识知名度、使用者主观态度等问题进行了较为深入的探讨，说理充分。本案判决依法维护了北京音乐厅当时已持续使用近十二年的"打开音乐之门"这一品牌，合理平衡了商标在先使用者与注册商标权利人的利益②。

---

① 参见（2018）最高法民再43号判决书："判断富运公司在先使用的未注册商标是否具有'一定影响'，时间节点也应当分别掌握在这两个时间节点之前，对于其在这两个时间节点之后使用'理想空间'未注册商标的证据，不应予以考虑。"

② 参见2015年9月9日最高人民法院发布14起北京、上海、广州知识产权法院审结的典型案例之五：钱程诉北京音乐厅侵害注册商标专用权纠纷案【法宝引证码】CLI.C.6995212.

三、在先使用抗辩人的权利、义务

（一）在商标被注册后有权继续无偿使用

关于在先使用抗辩的法律性质，有的认为在先使用抗辩是一种民事法益，具有使用权、请求权、抗辩权等积极权能；本书认为在先使用抗辩仅是一项消极的不侵权抗辩理由，不具有任何积极的权能，不能转让、许可、质押、投资入股，亦无权禁止他人使用该商标。对此问题，我国最高人民法院佟姝法官认为：立法者将先用权问题设置在侵权行为认定条款之后、抗辩条款之中的目的，显然是将其作为不侵权抗辩事由之一，而非授予先用者获得排他性保护的权利[①]。最高人民法院在林明恺与富运经营部、美凯龙公司侵害商标权纠纷再审案中（该案入选 2019《最高人民法院知识产权案件年度报告》）认为《商标法》第五十九条第三款规定的内容是针对具体情况而设置的在先使用人不侵权抗辩事由[②]。因此最高院也认为其性质仅为消极的抗辩权能，不具有积极权能。

（二）仅能在原范围内继续使用

关于原有范围的界定，《商标法》及其司法解释均无明确规定，理论界、实务界对此问题分歧还比较大。2020 年国家知识产权局发布的《商标侵权判断标准》（国知发保字〔2020〕23 号）第三十三条第三款列举了三种"超出原有范围"的表现：①增加商标使用的商品或服务项目；②改变该商标标识，但以与他人注册商标相区别为目的而进行的改变除外；③超出原使用范围的其他情形。

该款规定存在以下不足：①"原有范围"的时间界点不清，是以注册商标申请日为准，还是以商标核准注册日为准，没有明确。②判断标准不科学不严谨。若增加使用的商品或服务项目与注册商标核定的商品或服务完全不同，商标注册人无权干涉，只有增加使用的商品或服务项目与注册商标核定的商品或服务构成相同或类似时，才属于超出《商标法》第五十九条第三款所指的"原有范围"。也非所有不以区别为目的的改变商标标识的行为都属于超出原有范围。若使用人不是为了做出明显区别，只是为了商标标识更有个性、更具吸引力而改变就被认定超出原有范围，显然不科学。只有商标变得与注册商标更为近似甚至相同时，才应被认定为超出范围。商标标识的改变使得与注册商标的差别缩小时，才可被认定为超出原有范围。若改变使两者差异更加明显则商标注册人无权干涉。至于是否会侵犯其他商标注册人的权利，则与先用人抗辩制度无关了。③其他情形究竟涵盖哪些情形，不明。

有的认为应参照《专利法实施条例》关于专利先用权中原有范围的规定[③]，以量的规定性来界定，即不能超过申请日前已有的生产规模以及利用已有的生产设备或者根据已有的生产准备可以达到的生产规模。先用权人在专利申请日后将其已经

---

①　佟姝. 商标先用权抗辩制度若干问题研究：以最高人民法院公布的部分典型案例为研究范本［J］. 法律适用，2016（9）：64-69.

②　详见最高人民法院（2018）最高法民再 43 号民事判决书。

③　法释〔2009〕21 号《最高人民法院关于审理侵犯专利权纠纷案件应用法律若干问题的解释》第十五条第三款：专利法第六十九条第（二）项规定的原有范围，包括专利申请日前已有的生产规模以及利用已有的生产设备或者根据已有的生产准备可以达到的生产规模。

实施或做好实施必要准备的技术或设计转让或者许可他人实施，被诉侵权人主张该实施行为属于在原有范围内继续实施的，人民法院不予支持，但该技术或设计与原有企业一并转让或者承继的除外。

实务中也有法官认为：关于"原有范围"的理解问题，"商标法强调的是使用范围而非使用规模，因此，在确定原有范围时，应当主要考量商标使用的地域范围和使用方式。一般而言，在先仅通过实体店铺销售商品或者提供服务的，在商标注册人申请商标注册或使用该商标后，又在原实体店铺影响范围之外的地域新设店铺或者拓展到互联网环境中销售商品、提供服务，则应当认定为超出了原有范围。此外，使用该商标的商品产能、经营规模等也可以在个案中作为考量因素予以考量"。

"原有范围"的科学认定，应以申请日前先用权商标所形成的商誉所及的范围为主要判断依据。包括商品范围和地域范围，不能扩大所使用的商品或服务范围，也不应跨区域建设商品的生产制造基地，或到异地开辟服务场馆。当然扩展的领域若与注册商标权人核定的商品不相同也不近似，则是可以的。

（三）不能转让且应附加区别标识

在先使用抗辩只是可以帮助行为人免受侵权认定，它不是一项独立的权利，不具有积极权能，可以放弃，但不能单独转让，当然随企业整体转让的除外；不能授权他人使用商标、也不具有质押、投资入股的可能；不具有排他性，因此也不存在被侵权的可能。商标注册人虽无权禁止先用人在原有范围内继续使用，但可以要求先用权人附加适当的区别标识以区别于自己，防止公众混淆或误认。

四、商标注册者的主观状态要求

（一）在先使用抗辩中商标注册者主观状态要求之理论争鸣

《商标法》对先使用人抗辩制度仅做了原则性规定，在《商标法实施条例》及相关《商标法》司法解释中均未进一步给出细致规定。实践中如何适用存有很多方面的争议，对在后注册商标注册者申请注册时的主观状态要求方面也存在不同观点。有的认为该抗辩只能对恶意抢注者抗辩，《商标法》并不禁止善意抢注，因此善意抢注的商标权不受任何限制；有的认为仅适用于善意抢注，对恶意抢注不适用，因为《商标法》已有条款明确禁止恶意抢注，先用人可以通过商标异议和无效宣告制度救济，但对善意抢注《商标法》并不禁止，为了平衡善意抢注者和先用人的利益，才特意设定该制度。有的认为该制度是对所有商标抢注人的权利限制，不论注册人当初是出于恶意还是善意，抢注成功后，先用人都有权适用该抗辩制度。下面将详细介绍各观点。

1. 恶意说——仅能对抗恶意抢注的注册商标

最高人民法院在法发〔2011〕18号22条里规定，人民法院在审理案件时，原告的注册商标属于恶意抢注他人商标的，被告作为商标在先使用人以此为由提出抗辩的，人民法院应予支持。据此司法政策之规定，作为在先商标使用人的被告可以注册商标存在恶意抢注为由成功进行抗辩，且法院不会对其限制使用范围，也不会要求其附加区别标识，即恶意抢注者对在先使用人不享有禁止权。

《商标法》第五十九条第三款的规定相较于前述的司法政策，在对恶意抢注商标的权利限制力度上显然降低了很多，似乎与商标法强调的诚实信用原则精神不符。但这自有缘由，其理由主要在于：①我国商标法鼓励诚实信用前提下的商标注册。若允许在先使用人对抗在后善意获得注册的商标权，则有违立法精神；若不允许对抗，则可促使经营者积极提出正当目的的商标注册申请。②目前立法对注册商标专用权采取的是强保护精神。注册商标是在全国范围内有效的权利。在先使用不构成善意注册商标的抗辩事由，可以维护注册商标的效力，符合对注册商标专用权强保护的立法精神。③有利于保护消费者权益和维护市场秩序。倘若允许在先使用人任意对抗注册商标权，易造成市场混淆和误导消费者，不利于维护经济秩序。

原最高人民法院知识产权庭庭长孔祥俊也曾经指出，注册商标倘若不构成恶意抢注，则在先使用不能成为抗辩事由。这就是说，只有原告据以主张权利的注册商标存在恶意抢注的，才可适用先用权抗辩。善意抢注的注册商标不允许适用先用抗辩，即禁用权不受此种限制①。

2. 善意说——仅能对抗善意抢注的注册商标

国家鼓励经营者尽早申请商标注册，但不鼓励恶意抢注，无论基于先用取得还是先申请原则，在先原则获得商标权均不得违反善意规则，权益获得者必须为善意的②。恶意取得者不应获得有效的权利。北京知识产权法院蒋利玮法官认为按照体系解释的方法，商标先用抗辩应限于涉案商标注册时注册人为善意的③。该种主张也不无道理，结合《商标法》第三十二条和第四十五条的规定④，可见《商标法》对恶意抢注情形明确规定属于不予注册和宣告无效的情形。《商标法》第五十九条第三款在语言表述上，使用了非贬义的概念"先注册"，它包含下位概念"抢先注册"，更包含"恶意抢先注册"和"善意抢先注册"。对恶意抢注的情形，《商标法》第三十二条和第四十五条已明确规定了被抢注者的救济措施——在注册程序中提出异议，请求不予注册；即使注册成功也可向商标复审委员会提出宣告无效的请求，而善意抢注的被抢注者显然不能适用前述两个条款。既然如此，可得出结论：在先使用抗辩条款就是为善意抢注情形下被抢注者的正当利益保护而设置的。

3. 混合说——不考虑涉案注册商标抢注者的主观状态

被诉侵权人能否要求适用先用抗辩，与原告主张权利的注册商标在注册时申请人的主观善恶状态无关。只要被告主张适用《商标法》第五十九条先用抗辩，并有相应证据支撑，法院都应支持。其理由在于，商标一经授权其法律效力应受保护，即使存在应被宣告无效的事由，未经行政程序裁决，法院也不得直接否定其效力。

173

---

① 蒋利玮. 从目的解释的角度看商标法 59 条第 3 款 [EB/OL]. [2020-12-29]. http://blog.sina.com.cn/s/blog_1626c5d8b0102wpuq.html.

② 黄武双，阮开欣. 商标申请人与在后使用人利益的冲突与权衡 [J]. 知识产权，2015（4）：45-52.

③ 蒋利玮. 论商标在先使用抗辩：对新商标法 59 条 3 款的理解和适用 [J]. 中华商标，2013（11）：36.

④《商标法》第三十二条：申请商标注册不得损害他人现有的在先权利，也不得以不正当手段抢先注册他人已经使用并有一定影响的商标。《商标法》第四十五条：已经注册的商标，违反本法第十三条第二款和第三款、第十五条、第十六条第一款、第三十条、第三十一条、第三十二条规定的，自商标注册之日起五年内，在先权利人或者利害关系人可以请求商标评审委员会宣告该注册商标无效。对恶意注册的，驰名商标所有人不受五年的时间限制。

基于此，原告的注册商标在申请注册时申请人的主观状态如何，在未被宣告无效前均不影响其拥有的法定权利并获得相应的保护。

因此在一些案件中，判决书对原告的注册商标是否存在恶意抢注未予论述。在谭斯月诉北京"尚丹尼"商标侵权案件中[1]，原告在申请注册涉案商标"尚丹尼"前，其丈夫曾在被告处工作，明显具有抢注的恶意。法院认为被告在先使用且有一定影响，因此，"认定尚丹尼中心对涉案商标的使用行为符合上述《商标法》第五十九条第三款规定，谭斯月无权禁止尚丹尼中心在涉案使用范围内继续使用尚丹尼商标，考虑到谭斯月主张权利的涉案商标目前仍处于有效状态，尚丹尼中心对尚丹尼商标的使用不得超出涉案范围，谭斯月亦可以要求尚丹尼中心在使用涉案商标时适当附加区别标识以区别服务来源"。

深圳大学法学院祝建军博士认为被控侵权人以商标先用权提出抗辩，应符合三个条件、两个限制，抗辩方能成立。三个条件即有先用行为、先用商标有一定影响、先用商标与注册商标相同或近似且商品相同或近似；两个限制即原有范围和适当的区别标识[2]。其中并未对原告方商标注册时的主观状态提出要求[3]。最高人民法院知识产权庭佟姝法官认为，商标先用权抗辩成立需要四个要件、两个限制，四个要件即有先用行为、先用商标有一定知名度、先用商标与注册商标相同或近似且商品相同、仅在原有范围内使用；两个限制即先用行为必须基于善意、必要时附加区别标识。可见佟姝法官认为，对被诉侵权人先用时的主观状态应予考察，对恶意者的先用抗辩不予支持，但其对原告的注册商标是否存在恶意抢注没有论及[4]。

（二）先用抗辩对注册者主观状态之应然要求

1. 若仅对恶意抢注者适用有违立法目的

通过前文分析可知，该规则不是为遏制商标的恶意抢注而建立的。对恶意抢注行为，立法上有一套系统的制度加以阻止、救济，如不予注册、禁止使用等，对抢注成功者有无效宣告程序、权利滥用抗辩等。即使被诉侵权人未提无效宣告请求，法院也可认定原告违反诚实信用原则，扰乱市场正当竞争秩序，其恶意取得并主张在先权利人侵权，构成权利滥用而不予支持其诉讼请求[5]。因此对恶意抢注的在先使用人有比先用抗辩更完善更彻底的制度予以救济，无须增加该救济制度。

孔祥俊主张非恶意抢注不能适用先用抗辩，主张先用抗辩仅适用恶意抢注，不可适用善意抢注者，理由在于善意抢注者获得的专用权是无瑕疵的，因此应是绝对的、不容抗辩的。该观点忽略了先用人的利益保护，从先用人角度看，抢注者无论是出于善意还是恶意都导致先用人使用行为受限、权益受损。对恶意者尚且有各种途径予以阻止救济，对善意者却无任何还击手段。因此相比恶意抢注者，先用人会

① 参见朝阳区人民法院（2014）朝民初字第 25490 号判决书。

② 祝建军. 商标先用权抗辩成立的条件［J］. 人民司法，2015（14）：69-72.

③ 杜颖. 商标先使用权解读：《商标法》第 59 条第 3 款的理解与适用［J］. 中外法学，2014（5）：1358-1373.

④ 佟姝. 商标先用权抗辩制度若干问题研究：以最高人民法院公布的部分典型案例为研究范本［J］. 法律适用，2016（9）：64-69.

⑤ 参见最高人民法院（2014）民提字第 168 号民事判决书。

更加痛恨善意抢注者，这显然有悖常理，与立法鼓励善意注册亦相矛盾。

2. 善意抢注应是先用抗辩适用的主要情形

先用抗辩是"为平衡商标在先使用人和注册商标专用权人之间的利益，保护已经在市场上具有一定影响但未注册的商标所有人的权益"①。该立法释义与法条表述均虽未指明注册人注册时的主观状态，但从注册者权利的角度讲，既然商标注册人有权要求对方附加区别标识，表明立法是认可其注册行为，并尊重其专用权的。恶意抢注者的商标权是建立在有违诚信的基础上的，立法评价倾向于从根本上否认其权益效力，因此立法想要平衡的利益相关人中不应含有恶意抢注者。善意抢注者能够获得有效稳定的商标权，但为公平起见，对善意的先用人要做出一定的权利让渡，即对先用人的禁止权受到限制——无权禁止先用人在原有范围内继续使用。为防止混淆，可要求先用人附加适当的区别标识。

3. 恶意抢注——个别情形下的适用

对注册者的主观状态不加区分，对当事人来说固然是降低了举证质证的麻烦，法官也省去对案件分析说理论证的麻烦，但司法适用的结果可能会有违逻辑且不符合公平价值②。先用抗辩虽是针对善意抢注而设置的，但对恶意抢注并非绝对不能适用。①过了宣告无效除斥期间的可以适用；《商标法》第四十五条规定：已经注册的商标，违反本法第十三条第二款……第三十二条规定的，自商标注册之日起五年内，在先权利人或者利害关系人可以请求商标评审委员会宣告该注册商标无效。距商标注册之日起满 5 年，无法申请宣告无效的，可以适用先用抗辩③。②拒绝提出无效宣告请求的也可以适用；对恶意抢注者的诉请，被诉侵权人若不愿提起无效宣告请求，而要求适用先用抗辩，实际上这相当于被告放弃了为自己争取更大权利的途径。选择更快捷的结束纠纷的方式，是当事人对自己民事权利的一种处分，法院应当向当事人释明法律后果，并尊重当事人的选择。可参照刑法中"举轻以明重"原则——对善意抢注者尚且限制其禁用权，对恶意抢注者更应该加以限制，因此应允许被诉侵权人在不提无效宣告请求的前提下，直接要求适用《商标法》第五十九条第三款主张先用权抗辩，而非简单地对被告的抗辩主张不予采纳或避而不谈，且此时原告无权要求加注区别标识。被诉侵权人做出此种选择之后，不得依据《商标法》第四十五条的规定以原告申请的涉案注册商标违反《商标法》第三十二条的规定为由，向商标局提出宣告该注册商标无效的请求。否则，作为原告的恶意注册人可以提出抗辩。此举在于尊重当事人的选择，并尽快解决纠纷。

五、在先使用抗辩与先用权人使用的不同

本节叙述的先用抗辩与前文中介绍的《商标法实施条例》第九十二条规定的先用权人使用情形不同，该情形下先用权人不用附加区别标识，也没要求局限在原有

---

① 郎胜. 中华人民共和国商标法释义 [M]. 北京：法律出版社，2013：113.
② 凌宗亮. 未注册商标在先使用抗辩的司法适用 [M] //中国知识产权蓝皮书. 北京：知识产权出版社，2018：355.
③ 蒋利玮. 论商标在先使用抗辩：对新商标法 59 条 3 款的理解和适用 [J]. 中华商标，2013（11）：37.

范围内使用，可以自由使用，但如果停用三年以上就不得再用。先用抗辩适用的对象是在先使用并有一定影响的商标使用者，可以在原有范围内继续使用，但要附加适当的区别标识，但无停用三年以上不得再使用的限制。两者的区别有：

①立法目的不同，先用人使用是为了稳定市场秩序，商标先用抗辩规则应是基于平衡有一定影响的商标先用人和善意抢注者的利益关系而设置的。②是否要求先用人先于注册人使用的规定不同，先用权人使用只要先用人开始使用涉案商标的时间早于某一特定时间点（首次受理新放开项目之日，或服务商标早于1993年7月1日）即可，至于是否早于涉案商标注册人开始使用的时间点则不予考虑。在先用抗辩场合下，先用人开始使用涉案商标的时间必须早于涉案商标注册人开始使用的时间，并且同时还要早于申请日。③是否要求先用人必须连续使用的规定不同，先用权人使用涉案商标的行为，自其开始至某一特定时间点这段时间内必须持续存在，不允许中断，若有停用行为，在他人就该商标注册后则不能享受先用权。且某一特定时间点之后先用人如连续停用满三年，也不得继续使用。先用抗辩无此规定。④是否要求先用商标有一定影响的规定不同，先用权人使用不要求先用人使用的涉案商标有一定影响。先用抗辩中先用人使用的涉案商标必须具有一定影响。⑤继续使用行为是否受原有范围限制的规定不同，先用权人使用中没有规定只能在原有范围内继续使用，而先用抗辩明确要求先用人只能在原有范围内继续使用涉案商标。当然两者应该都隐含着以原有标识继续在原有商品或服务上继续使用的要求，但对经营规模方面是否有限制这一点不同。⑥商标注册人是否有权要求先用人附加区别标识的规定不同，先用权人使用中没有赋予商标注册人要求先用人附加区别标识；先用抗辩中明确赋予商标注册人可以要求先用人附加区别标识。⑦继续使用的权利是否因停用而终止的规定不同，先用权人使用中规定，中断使用满三年的，不得继续使用，即丧失继续使用的权利。先用抗辩中没有此项要求。

案例："尚丹尼"商标侵权纠纷案

【基本案情】2008年1月11日，北京尚丹尼美发中心（下称"尚丹尼中心"）经核准成立，并分别于2011年5月3日开办了北京尚丹尼美发中心朝阳建外店、2013年3月29日开办了北京尚丹尼美发中心朝阳三里屯店、2013年5月27日开办了北京尚丹尼美发中心东城王府井分店。尚丹尼中心以及上述店面的经营范围均为理发服务。在上述店面的门头以及路边指示牌上，均使用有"尚·丹尼造型"字样。自2008年1月起至今，尚丹尼中心一直通过大众点评网以"尚·丹尼造型"名义推广其多家店面，并提供团购服务，其尚丹尼建国门店在大众点评网累计被点评1 960次，并被标注为五星服务。大众点评网上多家店面地址也以"尚丹尼造型"作为位置指向标。另外，尚丹尼中心还通过新浪微博进行推广，并购买"微博卡企业版服务"促进微博粉丝到店消费。

2014年1月14日，谭某经核准在第44类美容院、理发店等服务上注册了第11358870号"尚丹尼"文字商标。谭某的配偶曾于2010年10月至2011年2月期间在尚丹尼中心处工作。谭某在获得商标证后将尚丹尼中心诉至法院，认为尚丹尼中心未经其许可，擅自在其店面门头、网络宣传推广中使用尚丹尼商标，侵犯了其享有的上述商标专用权。故请求法院判令尚丹尼中心立即停止侵权并赔偿经济损失及诉讼合理支出共计 20 万元。

【裁判结果】法院经审理后认为，第一，尚丹尼中心成立于 2008 年，并自 2008 年开始就通过网络以"尚·丹尼造型"的名义进行服务推广，同时在门店及指路标识上同样以"尚·丹尼造型"进行标注。因此，可以确认尚丹尼中心自 2008 年成立以来，一直以"尚丹尼"作为商业标识予以使用，这种标识经过长期使用已经可以界定为商标意义上的使用，即已经构成未注册商标。第二，尚丹尼中心尽管未将"尚丹尼"作为商标进行注册，但是根据尚丹尼中心自 2008 年成立以来北京多家门店与大众点评网进行合作推广以及在新浪微博推广的事实，可以确认尚丹尼中心将"尚丹尼"作为商标使用已经在一定范围内具有了一定影响。第三，虽然尚丹尼中心使用"尚丹尼"商标的服务范围同样为理发，即与谭某享有商标专用权的涉案商标属于相同服务，并且商标标识字样一致。但是，根据案件查明的事实，尚丹尼中心在谭某申请涉案商标注册前，已经在理发服务上使用未注册商标"尚丹尼"多年，即尚丹尼中心属于使用在先。第四，谭某就其主张权利的涉案"尚丹尼"文字商标也并未予以实际使用。因此，综合上述几点，法院认定尚丹尼中心对涉案商标的使用行为符合现行《商标法》第五十九条第三款规定，谭某无权禁止尚丹尼中心在涉案使用范围内继续使用"尚丹尼"商标。据此，法院最终判决驳回了谭某的全部诉讼请求。同时法院还阐明，考虑到谭某主张权利的涉案商标目前仍处于有效状态，尚丹尼中心对"尚丹尼"商标的使用不得超出涉案范围，谭某也可以要求尚丹尼中心在使用涉案商标时适当附加区别标识以区别服务来源。

【典型意义】本案是 2014 年版《商标法》颁布后，司法实践中首次适用《商标法》第五十九条第三款，未注册商标先用人适用商标先用权进行抗辩取得成功的案件。该案的审理在当时引起了广泛的社会关注，为进一步规范商标注册秩序，遏制商标抢注行为，进行了有益的尝试。

案例："苏荷"酒吧商标侵权纠纷案

深圳某文化有限公司 2006 年 2 月 7 日注册商标"苏荷"，2014 年 3 月 7 日注册商标"SOHOBAR"被核准公告，核定服务项目均为咖啡馆、自助餐厅、餐吧、酒吧、餐馆及鸡尾酒会服务。该公司对被告防城港市防城区的苏荷咖啡吧提起商标侵权诉讼。被告以先用抗辩并举证，2004 年 9 月 2 日取得营业执照，此前 5 月份已经试营业。法院审理后认为，根据《中华人民共和国商标法》第五十九条第三款规定和《商标法实施条例》第九十二条第二款规定，原告应当提供证据证明被告的使用行为是在原告申请后，但原告提供的证据不能证明原告提出注册申请或商标局受理申请的时间。对于被告何时首次使用"苏荷酒吧""SOHO"标识，是否存在中断使用三年以上情形以及在原告取得注册商标后是否存在扩大使用和影响等事实，原告也不能提供证据证明，应当承担举证不能的不利法律后果。可推定被告首次使用"苏荷酒吧""SOHO"标识时间先于原告注册商标的有效起始时间，应依法享有在先使用权，不构成原告合法权利的侵犯。因此，法院驳回原告的诉讼请求。

第五节 注册商标的权利用尽

权利用尽原则即权利穷竭原则，也称首次销售原则，在知识产权领域普遍适用，商标权用尽系知识产权用尽的一种具体体现。《TRIPS 协定》第 6 条关于权利用尽的规定："就本协定下的争端解决而言，在遵守第 3 条和第 4 条规定的前提下，本协定的任何规定不得用于处理知识产权的权利用尽问题。"但该协议对权利用尽的内涵没有规定，而是交由成员国自行规定。我国只在《专利法》第六十九条中明确规定了专利权用尽原则，《商标法》及司法解释、实施条例均没有对商标权用尽做出任何规定；但在我国商标法学界及司法实践中该原则是被普遍接受的。

一、注册商标权用尽的概念

除个别学者外（如：张永艾认为商标权与专利权、著作权不同，不存在权利穷竭问题，其禁止权、使用权一直存在，直至商品退出流通领域①；黄鸿才认为"知识产权权利穷尽说"是一个似是而非的伪命题②），我国学术界对商标权用尽原则都是普遍认可的，但该原则的内涵界定目前尚不统一。马强认为，商标权用尽原则指的是"商标权产品如经商标权人或经其同意的许可人以合法的方式销售或转让，权利人就不再享有商标权，无权禁止他人在市场上再次销售或使用该产品"③。张玉敏教授、王法强博士认为："商标权用尽原则是指附有其商标的商品经商标权人同意投放市场后，他人可任意转销该商品，商标权人无权禁止。"④ 李晓秋教授等认为："商品经商标权人或许可使用人合法售出后，商标权人的控制权用尽，不再对该商品享有权利，买受人可自由处分该商品，商标权人不得随意干涉。"⑤王迁教授认为："商标权用尽是指经商标权人许可或以其他方式合法投放到市场上的商品，他人在购买后无须经商标权人许可，就可将该商品再次出售或以其他方式提供给公众，包括为此目的在广告宣传中使用该商品的商标。"⑥

2016 年《北京市高级人民法院关于当前知识产权审判中需要注意的若干法律问题（商标篇）》提出：商标法虽未将"指示性使用"明确列为不侵权的抗辩事由，但是考虑到商标法所保护的是标志与商品来源的对应性，而商标禁用权也是为此而设置的，绝不是为商标权人垄断商品的流通环节所创设，即商标权利用尽规则应当是市场自由竞争所必须存在的基本规则之一。

从以上我国学者给出的定义及司法实践来看，大家对商标权用尽的内涵理解上

---

① 张永艾. 商标权穷竭原则质疑 [J]. 政法论丛，2004（1）：22-26.
② 黄鸿才. "知识产权权利穷尽说"理论误区探要：兼论商标标识的消极权能 [J]. 中华商标，2013（1）：48-55.
③ 马强. 商标权利穷竭研究 [J]. 现代法学，2000（1）：84.
④ 张玉敏，王法强. 论商标反向假冒的性质：兼谈商标的使用权 [J]. 知识产权，2004（1）：32.
⑤ 李晓秋，吴垩. 旧货翻新销售中商标侵权判定的是与非：以商标权用尽原则的适用为分析中心 [J]. 重庆邮电大学学报（社会科学版），2014（6）：30-37.
⑥ 王迁. 知识产权法教程 [M]. 5 版. 北京：中国人民大学出版社，2016：489.

基本一致：经合法授权附着有权利人商标的商品进入流通流域后，商标权人即无权控制该商品，至于无权控制的内容是什么？前述学者表述的是"销售、转销、转让、使用、自由处分、二次销售或合理的商业营销"该商品。学者们对此时商标与商品的关联状态如何均没有提及，但从前述论文的后续内容来看，对商标权人无权禁止商标继续附着在商品上进行流通这一点大家又是一致认同的，似乎商标与商品不分离是商标权用尽规则适用的天然前提，无须特别提出。

二、被用尽的权利的内容

（一）专用权的用尽观点

该观点认为商标权穷竭用尽的是商标注册人的专有使用权。因此，商标权穷竭是指注册商标所有人将其商品合法置于流通过程时，在从购买者那里取得对价后，商标权已经耗尽。故购买者无论以何种形式将该商品继续进行流通，均无损于商标注册人的商标权益。这意味着当商品合法置于流通过程后，购买者再将此商品按照原样继续流通，不构成商标侵权；购买者即使将商品的注册商标标识去除后进行转让，也不构成商标侵权；购买者如将去除商标的商品贴上第三人的商标继续流通，虽然构成商标侵权，但被侵权者是第三者，而不是被撕掉注册商标的所有人。

1993年12月29日，鳄鱼国际机构（私人）有限公司（以下简称"鳄鱼公司"）授权开发促进会原下属企业北京同益广告公司（以下简称"同益公司"）在北京贩卖鳄鱼牌（CROCODILE BRAND）皮鞋、皮带、皮夹等皮革制品和卡帝乐牌（CARTELD BRAND）男装、女装、童装服饰系列等，授权期限为1994年1月1日至1995年12月31日。同年4月7日同益公司与北京百盛轻工发展有限公司（以下简称"百盛购物中心"）签订设置专柜合同书，约定：百盛购物中心同意同益公司在该中心内设置专卖柜，双方联合销售鳄鱼牌（CROCODILE BRAND）和卡帝乐牌（CARTELD BRAND）商品。1994年4月15日，同益公司购进北京市京上服装工业集团服装一厂（以下简称"服装一厂"）生产的"枫叶"牌男西裤26条，每条价格188.03元；随后将其中的25条男西裤的"枫叶"商标更换为"卡帝乐"商标，在百盛购物中心"鳄鱼专柜"以560元的价格进行销售。该行为于1994年4月28日被服装一厂取证，随后服装一厂以前述单位侵犯其商业信誉、不正当竞争为由向北京市第一中级人民法院提起诉讼。

当时一种观点认为，该行为是一种反向假冒商标行为，性质为商标侵权；另一种观点则认为，反向假冒仅存在理论探讨中，不是法定的侵权表现，不能作为判案依据，该行为属商标权的滥用，虽损及消费者权益，却与原告无关，故原告无诉权。因分歧严重，该案被长期搁置。直到1998年6月10日法院才最终做出判决，法院认为："社会主义市场经济是法制经济，经营者必须遵循诚实信用、公平竞争原则和遵守公认的商业道德，任何通过不正当手段损害他人商业信誉、进行不正当竞争的行为都是法律所禁止的。原告服装一厂的'枫叶'西裤满足了不同的消费者的需求，占有了一定的市场份额，在市场竞争中取得了一定的信誉，'枫叶'商标也在市场上享有一定的知名度。服装一厂对其享有的商业信誉和公平竞争的权利，应受到法律保护。……同益公司虽曾得到被告鳄鱼公司的授权，在北京贩卖卡帝乐服装、服饰，但该授权并不意味着同益公司可以自行组织货源（将他人的商标从已进入流通的产品上撕下，更换成'卡帝乐'商标）销售。同益公司表面上通过购买行为使原告的商标权权利用尽，使其行为合法化，但同益公司并不是最终用户。同益公司利用原告的优质产品为其牟取暴利，无偿地占有了原告为创立其商业信誉和通过正当竞争占有市场而付出的劳动。其行为违反了诚实信用、公平竞争原则，妨碍了原告商业信誉、品牌的建立，使原告的商业信誉受到一定程度的损害，正当竞争的权利受到一定的影响。"法院依照《中华人民共和国民法通则》和《中华人民共和国反不正当竞争法》相关规定认定被告同益公司的行为构成侵权①。

判决书中"同益公司表面上通过购买行为使原告的商标权权利用尽，使其行为合法化，但同益公司并不是最终用户"的表述，意味着审理法院认为产品在到达最终用户之前，专用权并没有用尽。但由于原告主张的是不正当竞争，因此按不正当竞争来认定本案被告行为的性质亦无不当。该案在法学理论界引发了激烈的争论，其中关于反向假冒②是否构成商标侵权是争论的焦点。2001年修改《商标法》时将原来的第三十八条调整为第五十二条并增加了反向假冒侵权的行为表现③，结束了多年来法学界关于商标反向假冒行为是否损害商标权的争议，也确认了商标权用尽的权利不是商标专有使用权。

（二）禁止权的用尽观点

该观点认为商标权穷竭用尽的是商标注册人的禁止权。这意味着经商标权人许可而将其有效注册商标附贴在商品上进入市场后，有关商品的进一步转销、分销，乃至分销时分包装，商标权人均无权禁止他人在该商品上继续使用其注册商标。现行的《商标法》第五十七条第（五）项规定：未经商标注册人同意，更换其注册商标并将该更换商标的商品又投入市场的，属于侵犯注册商标专用权的行为。由此可以看出商标权的穷竭是注册商标禁止权的穷竭，而非专用权的穷竭，即商品进入流通流域之后，商标权人依然有权要求在商品上继续附着自己的商标，但无权要求将商标去除。他人未经商标权人许可也不能将已经合法使用在商品上的商标去除或更换。

三、商标权用尽的适用要件

商标权用尽需要满足以下三个要件才能适用：①商标使用系有权。将商标使用

---

① 参见北京市京工服装工业集团服装一厂诉北京百盛轻工发展有限公司、香港鳄鱼国际机构（私人）有限公司、中国地区开发促进会侵犯商业信誉及不正当竞争纠纷案北京市第一中级人民法院（1994）中经知初字第566号民事判决书。

② 反向假冒即未经他人同意在他人的商品上使用自己的商标。详细内容将在本书第十一章第三节中论及。

③ 2001年版《商标法》第五十二条："有下列行为之一的，均属侵犯注册商标专用权：（一）未经商标注册人的许可，在同一种商品或者类似商品上使用与其注册商标相同或者近似的商标的；（二）销售侵犯注册商标专用权的商品的；（三）伪造、擅自制造他人注册商标标识或者销售伪造、擅自制造的注册商标标识的；（四）未经商标注册人同意，更换其注册商标并将该更换商标的商品又投入市场的；（五）给他人的注册商标专用权造成其他损害的。"

在商品上的主体为有权使用者，其可以是商标权人本人，也可以是经商标权人授权使用的被许可人。若商标的使用系侵权使用，其产品自然属于侵权产品，则该产品的任何流通环节均属侵权。②商品投放进市场。根据前述学者的表述，要件之一必须有标注该商标的商品已经被商标权人或被许可人及其他有权使用该商标者投入市场。若还没有投入市场，意味着商标权人对该批商品依然有控制权，即使该批商品不是产自商标权人，而是由被许可人或其他有权使用该商标的人生产的。比如商品入市之前被盗，随后该批商品流入市场，则销售该批商品的人依然构成侵权，商标权穷竭的抗辩无法获得支持。③商标跟着商品走。购买该商品的人转让该商品时，必须使商标继续附着在商品上，不得将商标去除、更换或改变。如去除原商标后无标销售，或将此商标去除换成彼商标，均不适用权利穷竭原则。更换后的商标是商标权人的其他商标，包括：将此商品的商标更换成彼商品的商标，如将苹果公司生产的手机上的"iPhone"商标换成"iPad"商标后出售；或低端商品上使用的商标更换为高端商品使用的商标，如4S店将奇瑞公司生产的"旗云"车上的商标换成"瑞虎"商标后销售。在这样的情况下，尽管商品和商标都是同一家公司的，该行为依然属于侵权，权利穷竭原则不适用。

四、权利用尽适用的地域范围

权利用尽的适用范围有两种规则，一种是国内用尽规则，一种是国际用尽规则。①国内用尽规则：在国内购买合法产出销售的贴有某注册商标的产品之后，在国内进行再次销售，不构成侵权，该商标注册人无权干涉。若要将该批产品直接出口到其他国家则可能构成侵权，即使该其他国家的商标权人与国内权利人是同一人。因为按照商标的地域性特征，同一商标权人在不同国家的商标权各自独立、分别行使，商标权人当然有权禁止商品进入其他国家。②国际用尽规则：同一主体在两个以上国家就某个商标在某产品上获得注册商标专用权，从某一国家购入的合法产出销售的标有该商标的商品之后，既可以径直在该国继续转售，也可以不经商标权人同意将商品出口到其他商标权人也有专用权的国家销售，商标权利人无权禁止也无权要求支付费用。如某一商标权人在A、B两个国家就C商标在D商品上进行注册获得专用权，行为人从A国购买合法使用C注册商标的D产品之后，运到另一国家B国进行销售，这种行为即所谓的平行进口行为，不构成侵权，商标权人无权干涉。国际用尽规则显然无视了商标的地域性特征，一个国家究竟采用国内用尽规则还是国际用尽规则，取决于该国立法时更多地关注哪方的利益。国内用尽规则显然对商标权人有利，可以使商标权人从中获得更多的收益，国际用尽规则更多地限制了权利人的商标权，凡在一国经其授权合法生产卖出去的产品，无论转销到哪国，他都无权干涉。国际用尽规则不仅对转销者有利，如会降低跨国代购者的侵权风险；对消费者也是有利的，消费者可以买到更多经济实惠的产品。

我国目前的司法实践倾向于采国际用尽规则，2016年5月北京高院《当前知识产权审判中需要注意的若干法律问题（商标篇）——关于平行进口是否构成侵害商标权的问题》指出："商标法虽未将'指示性使用'明确列为不侵权的抗辩事由，但是考虑到商标法所保护的是标志与商品来源的对应性，而商标禁用权也是为此而设置的，绝不是为商标权人垄断商品的流通环节所创设，即商标权利用尽规则应当是市场自由竞争所必须存在的基本规则之一。在此基础上，若被控侵权商品确实来源于商标权人或其授权主体，此时商标权人已经从'第一次'销售中实现了商标的商业价值，而不能再阻止他人进行'二次'销售或合理的商业营销，否则将阻碍市场的正常自由竞争秩序建立的进程，因此'平行进口'应被司法所接受，不认定构成侵害商标权。"

五、商标权用尽适用的例外

然而近年来出现了一些新的案件，如分销时分包装销售引致的商标侵权纠纷、二手货销售过程中的商标侵权纠纷。尤其是智能电子产品的普及率不断提升，加之这类产品迭代升级快，使得产品换手率极高，无论是线上还是线下对应的旧货交易也随之活跃起来，加之商家对知识产权保护意识的增强，在旧货流通领域出现一些商标侵权纠纷案，个别案件甚至涉及刑事责任的承担问题。由此引发学术界对旧货再售、旧货修复再售等行为中商标侵权问题的激烈探讨。学者们纷纷各抒己见，提供解决对策，很多学者建议借鉴国外的做法，设立权利用尽的例外适用情形，或称商标权激活规则。

（一）域外相关立法

欧洲议会和欧盟理事会第 2008/95/EC 号指令第七条规定："（1）商标权人将带有其商标的商品投入或同意他人投入欧盟市场后，无权再对与该商品有关的商标使用加以阻止；（2）商标所有人有正当理由对抗商品进入商业流通，尤其是商品状况在投放市场后遭到改变或损坏时，不适用第一款的规定。"德国商标法第 24 条规定："（1）权利人或经其同意的人，将使用其商标或商业标志的商品投入德国、欧盟其他成员或其他欧洲经济区协定缔约国的市场之后，该商标或商业标志的权利人，无权禁止该标志在上述商品上的使用。（2）在商标或商业标志的所有权人有合法的理由反对该商品的进一步商业利用情况下，不适用第（1）款，特别是在商品投放市场后，该商品的状况发生了变化或损害。"[1]

《法国知识产权法典》法律部分 L.713-4 条：商标权所有人无权禁止他人在所有人本人或经其同意将带有该商标的商品投放欧洲经济共同体或欧洲经济空间的市场后使用该商标。但是，如有正当理由，尤其是投放市场后商品的状况有所改变或损坏的，商标所有人可禁止进一步的商业流通[2]《意大利商标法》第 1 条之二：注册商标专用权也不授权专用权人禁止将注册商标用于专用权人或经其同意以该商标为标识投放于欧洲经济共同体市场的商品上。但是，专用权人有合法理由反对商品进一步营销的，尤其是商品投放市场之后条件发生变化或受到损害的，则不适用对

① 中国人民大学知识产权教学与研究中心，中国人民大学知识产权学院《十二国商标法》翻译组. 十二国商标法 [M]. 北京：清华大学出版社，2013：86.
② 中国人民大学知识产权教学与研究中心，中国人民大学知识产权学院《十二国商标法》翻译组. 十二国商标法 [M]. 北京：清华大学出版社，2013：53.

专用权人权利的这一限制。第 12 条：销售商可以将自己的商标贴附在其销售的商品上，但是，不得移除向其提供产品或商品的生产商或销售商的商标①。

《俄罗斯联邦商标、服务商标和商品原产地名称法》第二十三条注册商标权的用尽：注册商标没有赋予权利人禁止他人在通过权利所有人自己或经其允许进入俄罗斯联邦境内的民事流通领域的商品上使用该商标②。新加坡商标法第 29 条规定商标权用尽的例外，以投放市场的商品状况发生改变或受损害和使用原商标会以不公平的方式淡化商标的显著性为条件。英国商标法第 12 条注册商标所赋予权利的穷尽："（1）由注册商标所有人或经注册商标所有人同意在已经投放欧洲经济地区市场的有关商品上使用该商标的，不构成侵权。（2）对注册商标所有人有法律依据不同意进一步处理这些商品的（尤其是在商品投放市场后，商品的条件已发生变化或发生损害），本条（1）款不适用。"③

（二）域外司法实践

1947 年美国最高法院审理的"Champion 火花塞案"中，被告将回收的使用过的 Champion 火花塞经修理、翻新后再行销售，但依然保留原商标，同时标有"完美翻新的火花塞"字样。美国最高法院认为，经修理、翻新的火花塞仅为产品初始性能和条件的恢复，并无新的设计，在质量、性能等方面会次于新品，这对于二手商品是可以预期的，只要商品明显、清楚地作为经修理、翻新的商品予以销售，就仍可使用原商标。欧共体法院审理的 DAVIDOFF 案提出商标权用尽原则的两项例外：①对外包装内部产品的原有物理状况造成了相反改变；②对产品的精神面貌或气味造成了相反改变，比如重新包装的行为改变了商标权人的商标图案。在 Dior 案（C-337/95）里，欧共体法院认为继续进行销售但如果宣传资料太劣质以致会损害迪奥声誉的，商标权利人可以阻止该商品的进一步流通④。

从以上域外的立法规定及司法案中可以看出，上述国家和地区在承认商标权权利用尽的同时，又规定了在商品首次进入流通流域后，若商品的状况发生改变或质量发生变化后的再销售行为，可能对商标声誉造成损害时，商标权利被激活，权利人有权对商品的再销售行为予以制止。

（三）我国的司法现状

我国司法实践中也有案件循此思路进行判决⑤。国内有学者建议在新品销售中可以适用例外情形，但对旧物再售不适用激活规则，但要明示二手商品信息⑥。也

---

① 中国人民大学知识产权教学与研究中心，中国人民大学知识产权学院《十二国商标法》翻译组. 十二国商标法［M］. 北京：清华大学出版社，2013：204.

② 中国人民大学知识产权教学与研究中心，中国人民大学知识产权学院《十二国商标法》翻译组. 十二国商标法［M］. 北京：清华大学出版社，2013：304-305.

③ 中国人民大学知识产权教学与研究中心，中国人民大学知识产权学院《十二国商标法》翻译组. 十二国商标法［M］. 北京：清华大学出版社，2013：419-420.

④ 黄晖. 中欧商标立法和实务比较［EB/OL］.（2020-05-28）［2021-08-06］. https://mp.weixin.qq.com/s/OB94iKB610Rw9Zor8VCrWw.

⑤ 参见（2015）杭余知初字第 416 号民事判决书"不二家"案中，受案法院认为被告的分装行为降低相关公众对涉案商标所指向的商品信誉，损害涉案商标的信誉承载功能，构成商标侵权.

⑥ 史凡凡. 商标权权利用尽与激活：从商标侵权角度对闲鱼等网络平台二手商品转售行为的分析［J］. 中华商标，2020（2/3）：111.

有学者提出商品状况改变并不必然导致权利穷竭规则失效，当商品未发生实质性改变且商品的真实信息被充分披露的前提下，仍适用商标权用尽规则①。2021 年 4 月 15 日江苏省高级人民法院发布的《侵犯商标权纠纷案件审理指南》② 里第 4.8 条："损害商标品质保障功能的侵权认定：商标既具有识别商品或服务来源的基本功能，也具有品质保障、信誉承载等衍生功能，其中来源识别功能是商标的首要功能。司法实践中，除主要以是否破坏来源识别功能来判断是否构成侵害商标权外，也以是否损害品质保障功能来判定是否构成侵害商标权，商标权人对降低商品或服务品质、减损或损害其商标所负载商誉的商标使用行为有权制止。判断将正品重新包装并贴附权利人商标后再行出售的行为是否构成侵害商标权，关键在于判断重新包装的行为是否损害了商标的品质保障功能，是否对商标权人的商誉造成损害。如果重新包装再转售的行为并未对商标的品质保障功能造成损害，则该行为属于合法的商品转售行为，适用权利用尽原则。但如果被控侵权人将较低质量标准的商品或服务通过改变包装等形成按较高质量标准的商品或服务出售或提供，则可以认定被控侵权人的行为即便未造成消费者混淆，亦构成侵害商标权。"

在一些学术论文和相关案件判决中总能看到类似表述：该行为毁损了商标权人在市场上的商誉，破坏了注册商标的质量保证功能，不能适用权利穷竭原则，该行为构成商标侵权③。以至于江苏省高级人民法院在 2020 年年底修订商标侵权案件纠纷审理指南时直接将其作为商标权穷竭原则的适用例外，即若有损商标品质保障功能或有损商标权人商誉的继续销售行为，则商标权穷竭原则不适用。实际上，上述例外原则的适用可能会导致出现以下问题：

①物权的正当行使将遇障碍。所有商品状态改变时商标权均唤醒，也会产生不当后果。如将布料做成衣服，将三轮车加装防雨棚出售，原商品状态改变了；将瓷器摆件当痰盂出售，将积压的货物折价处理……商标权人可能会以有损商标声誉的"其他正当理由"进行阻止。2009 年 Dior 案（C-59/08）中被许可人擅自将香水贱卖给折扣店造成品牌形象受损，欧盟法院支持了迪奥关于损害品牌形象的主张，并支持了迪奥方面主张的侵权诉求。在美国有人把 LV 包做成宠物玩具，LV 公司去主

---

① 魏丽丽. 商品状况改变后再销售中商标权用尽规则的适用问题研究 [J]. 中州学刊, 2021 (2)：58.

② 本指南于 2011 年发布，先后于 2013 年、2019 年修订，第三次修订于 2020 年 12 月 29 日经江苏省高级人民法院审判委员会第 36 次全体会议讨论通过，并按最高人民法院审查意见修改完成，2021 年 4 月 15 日发布。本次修订版反映了法院在司法实践中积累的审判经验和裁判思路。如旧瓶回收中商标侵权的认定、损害品质保障功能的侵权认定等内容。

③ 参见 (2020) 粤 06 刑终 494 号判决书："毁损了商标权人在市场上的商誉，破坏了注册商标的质量保证功能，商标权用尽原则的辩解不成立，认定该行为构成侵犯注册商标罪。"颜某、魏某、李某等人回收"小米"电视机，更换损毁配件、重新包装后在闲鱼 APP 上以全新原装正品销售，案涉金额五十多万，被认定构成侵犯注册商标罪。参见 (2016) 粤 0304 刑初 1069 号和 (2016) 粤 03 刑终 2881 号判决书："但商品在被投放市场之后状态已经发生了改变或商品受到了损害，继续销售将可能损害商标权人的商誉，则商标权用尽原则不再适用。"陈啸、左强回收二手苹果手机，修复后标注"二手"手机销售，案涉金额 60 余万，被认定为犯罪。参见成文娟、张书青《破坏商标品质保证功能构成商标侵权——"不二家案"判前判后的思考》："分装转售会破坏商标的品质保证功能，对此不应适用商标权用尽规则。"

张侵权，不过法官觉得这种情况是在恶搞，让权利人不要当真，没有支持权利人①。②旧物回收再售将遭遇障碍尽管上述各国规定，能更好地保护商标权人的利益，但没有区分商品状态改变或损害的原因、类型及归责主体，会使商标权人的权利范围不当膨胀。若是出厂时已损坏，但肉眼无从察觉，也要归责于销售者则不公平。以明知为要件，对于样品机、旧物、经修理的商品，其品质相较于新品当属品质变化，未经商标权人同意岂不是无法销售。一些知名品牌，他们的产品质量本身就很好，初始用户的经济实力普遍较高，使用环境也相对优良，诸如在粉尘、油污、高温、寒冷等不良环境下过度使用的可能性极小，且多是用新不用旧，淘汰时质量往往处于不错的状态或稍有瑕疵。这些品牌往往更加注意自己的形象（如前述 Dior 案），若商标权人过分爱惜自己的羽毛，决不允许旧物、样品出售，那只能作为废物拆解销毁，岂不浪费资源。③与循环经济原则相矛盾。循环经济要求在生产、流通和消费等环节中遵循 3R 准则即减量化、再利用、资源化②，以提高资源利用效率，保护和改善环境，实现可持续发展。其中的"再利用"就包括将旧物经修复、翻新、再制造后继续作为产品使用的情形③。循环经济原则也是国际公认的环境资源保护原则。若旧物再售构成侵权，则循环经济促进法的实施将会部分受阻。④将会助长恶意维权行为。当前商标侵权行为较多且性质恶劣，重复侵权、相同侵权现象严重，为严厉打击恶意侵权，我国于 2019 年修改了《商标法》，提高了赔偿限额，2020 年修改刑法对侵犯商标犯罪加重了刑罚④。但也不乏商标权人利用法律规则过度行使权利、恶意维权。若规定商品质量改变属侵犯商标权的话，二手产品经营领域即刻成为商标侵权的"重灾区"，一些职业维权者的身影将很快活跃其间，扰乱正常经营的二手货市场。

这种做法不仅会带来上述四种弊端，且与商标法不符。①商标法只对商标的识别来源功能提供保护。根据《商标法》第五十七条的规定可知，只有未经授权且起到识别商品来源的商标使用行为，才构成商标侵权。从《商标法》第五十七条对商标侵权情形的列举规定来看，对商标权人提供的保护体现在禁止假冒、混淆、

① 黄晖. 中欧商标立法和实务比较［EB/OL］.（2020-05-28）［2021-08-06］. https://mp.weixin.qq.com/s/OB94iKB610Rw9Zor8VCrWw.
② 3R 是英文单词 reduce、recycle、reuse 的缩写。
③ 《中华人民共和国循环经济促进法》第二条：本法所称循环经济，是指在生产、流通和消费等过程中进行的减量化、再利用、资源化活动的总称。本法所称减量化，是指在生产、流通和消费等过程中减少资源消耗和废物产生。本法所称再利用，是指将废物直接作为产品或者经修复、翻新、再制造后继续作为产品使用，或者将废物的全部或者部分作为其他产品的部件予以使用。本法所称资源化，是将废物直接作为原料进行利用或者对废物进行再生利用。
④ 《商标法》2019 年进行了第四次修改，关于恶意侵犯商标权的赔偿计算方法，由原来的"一倍以上三倍以下"，修改为"一倍以上五倍以下"。法定赔偿最高限额由原来的"三百万元"提高到"五百万元"。2020 年的《刑法修正案（十一）》第十七、第十八、第十九条将刑法第二百一十三、第二百一十四、第二百一十五条规定的量刑标准从原来的"三年以下有期徒刑、拘役或者管制，并处或者单处罚金；情节特别严重的，处三年以上七年以下有期徒刑，并处罚金"修改为"三年以下有期徒刑，并处或者单处罚金；情特别节严重的，处三年以上十年以下有期徒刑，并处罚金"。

误认上①，即未经商标权人许可的商标使用行为构成商标侵权。对于"商标使用"，《商标法》第四十八条专门做了界定，强调该使用行为系"用于识别商品来源的行为"②。可见商标法保护的是商标的识别商品来源功能。一种行为只要没有破坏识别商品来源功能，就不应被认定为商标侵权。至于在没有破坏商标的识别商品来源功能的前提下，做了有损商标声誉或质量保证功能的行为，不应被认定为商标侵权，如更换包装、低价出售。②商标法没有也无法保护商标的品质保证和广告竞争功能。识别商品来源功能是商标最原始最基本的功能，后随着 OEM 代加工模式的出现，又衍生出品质保障功能、广告竞争功能。本书认为并非所有的商标都具有品质保障和广告竞争功能，只有具备一定知名度的商标才能衍生出后两项功能。商标法只对商标的识别功能提供保护，并没有对商标的品质保障功能、广告竞争功能提供保护，事实上也无法提供保护。销售质量有瑕疵或损坏的商品，或者重新包装、贱卖商品，固然存在对商标权人造成损害商标美誉度的可能性，但商标美誉度不是商标法所能保护的，该问题不应依赖或寻求商标法来解决。对某些行为可以通过民法典合同编、产品质量法、消费者权益保护法、反不正当竞争法进行调整。若销售者明知产品损坏仍违背商标权人意志销售，则需自己承担相应的责任，如消费者权益保护法、产品质量法规定的责任。若不明知而销售则应由导致产品质量出现问题的商标权人、生产者或销售者本人承担相应的责任。

知识产权类似于物权，亦要遵循权利法定原则，商标法没有赋予商标权人禁止他人改动商品的权利。并且这些行为不是以搭乘商标权人的商誉为手段谋取自己的产品收益，不会损害商标权人的利益。如 4S 店将车辆加贴印有商标的太阳膜后销售，将印有商标 logo 的布料做成服装销售，将烙有商标的锁具安装在成品门上销售，在自行车上加装儿童座椅明示后销售等。凡此种种，对此诸多改变商品形态的行为，只要没有造成购买者混淆的可能性，商标权人均无权禁止。行为导致产品质量出现问题，如实施分包装时致产品污染、改装致车辆安全性能下降，均与商标权人无关，可以适用《产品质量法》第四十二条之规定："由于销售者的过错。使产品存在缺陷，造成人身、他人财产损害的，销售者应当承担赔偿责任。销售者不能指明缺陷产品的生产者也不能指明缺陷产品的供货者的。销售者应当承担赔偿责任。"知识产权的保护无论多么重要，也要把握适当的限度，不可无限放大商标权的功能作用。在目前维权市场存在过度维权、恶意维权的情况下，尤其不能放开适用。

---

① 《商标法》第五十七条："有下列行为之一的，均属侵犯注册商标专用权：（一）未经商标注册人的许可，在同一种商品上使用与其注册商标相同的商标的；（二）未经商标注册人的许可，在同一种商品上使用与其注册商标近似的商标，或者在类似商品上使用与其注册商标相同或者近似的商标，容易导致混淆的；（三）销售侵犯注册商标专用权的商品的；（四）伪造、擅自制造他人注册商标标识或者销售伪造、擅自制造的注册商标标识的；（五）未经商标注册人同意，更换其注册商标并将该更换商标的商品又投入市场的；（六）故意为侵犯他人商标专用权行为提供便利条件，帮助他人实施侵犯商标专用权行为的；（七）给他人的注册商标专用权造成其他损害的。"

② 《商标法》第四十八条："本法所称商标的使用，是指将商标用于商品、商品包装或者容器以及商品交易文书上，或者将商标用于广告宣传、展览以及其他商业活动中，用于识别商品来源的行为。"

六、对现有商标权穷竭原则适用规则的反思

对域外的规定和实践进行批判，并不意味着我国的理论是完美的。事实上国内外的现有理论及规定都存在不足，这些不足有共性的也有个性的，需要对该规则进行重新审视和构建。共性的不足体现在现有商标权穷竭理论的规定适用范围狭窄，以及起点设置不科学、终点设置不明确两大方面。

第一，现有商标权穷竭理论规定的适用范围狭窄。无论是国内还是国外都把"带有商标的商品"适用范围限定在商标权人或其被许可人生产的商品上，意味着除此两种主体之外，对其他人生产的带有该商标的商品，商标权人权利不发生穷竭。事实上未经商标权人许可在相关商品上使用商标权人的商标未必均是无权使用，如根据《商标法》第五十九条第二款规定的先用抗辩权人[①]，及《商标法实施条例》第九十二条第二款规定的主体[②]。

第二，穷竭起点设置不科学、终点设置不明确致商标权范围不当扩大。首先，起点设置不科学导致销售正品也可能构成侵权。按照目前国内学者给出的定义及国外的立法规定，商标权穷竭自商品"首次投入市场"之后，意味着无论产品是商标权人自己生产的，还是被许可人生产的。在产品生产出来之后进入市场之前，商标权人都有权控制该批产品，导致出售正品也可能被认定为侵权。这并非纯粹假想，实践中已有类似案件发生。江苏省盐城市中级人民法院曾审理过一个西瓜种子的商标侵权纠纷案件，特别具有典型意义。该案中原告并不主张被告销售的是假种子，也未否认种子系他们生产的，只主张商标侵权。案件事实是原告农友公司的员工李立荣邮寄5公斤"小兰"种子给被告陈发兵，陈发兵将这5公斤种子卖给了同案被告施泽喜。被告陈发兵曾在"中天农业发展（昆山）有限公司"从事销售工作，后从该公司离职，而该公司经原告授权在江苏省及上海市范围内可以对"小兰"种子进行试作、推广、销售发货及售后服务。法院认为陈发兵离职后无权对外销售"小兰"种子，据此认定被告陈发兵构成商标侵权[③]。因施泽喜是从陈发兵处购入种子，属善意侵权免除赔偿责任。若判决书不能全面反映案件事实和法官裁判思路的话，通过该案件书记员就此案所撰论文《侵权案件中如何适用"商标权穷竭原则"》则可全面了解该案全貌。该文中显示本案在审理过程中存在两种意见：一种意见认为，若种子是正宗"小兰"西瓜种子，则陈发兵不构成商标侵权；另一种意见认为，无论种子是否"正宗"，只要该种子系非经原告授权或许可进入流通领域的，陈发兵

---

① 《商标法》第五十九条第三款："商标注册人申请商标注册前，他人已经在同一种商品或者类似商品上先于商标注册人使用与注册商标相同或者近似并有一定影响的商标的，注册商标专用权人无权禁止该使用人在原使用范围内继续使用该商标，但可以要求其附加适当区别标识。"

② 《商标法实施条例》第九十二条第二款："已连续使用至商标局首次受理新放开商品或者服务项目之日的商标，与他人在新放开商品或者服务项目相同或者类似的商品或者服务上已注册的商标相同或者近似的，可以继续使用；但是，首次受理之日后中断使用3年以上的，不得继续使用。"

③ 参见农友种苗（中国）有限公司诉施泽喜、陈发兵等销售假冒注册商标的商品纠纷案（2007）盐民三初字第0018号判决书。即使按照该案的审理思路，依照案件事实，原告公司员工李立荣邮寄给陈发兵种子，陈发兵不可能知晓李立荣无销售代理权，符合善意和来源合法要求，陈发兵和施泽喜一样也理应属于善意侵权。

就构成商标侵权①。其次，起点设置不科学导致被许可人无法自由处分商品，作为注册商标的被许可使用人的物权人要将该批产品赠予他人、受赠人若要转让该物，都将会涉嫌商标侵权；该批产品的定价、出售对象若不合商标权人心意，也可能会面临商标权人的侵权指责。再次，起点设置不科学使得法律适用、纠纷处理复杂化，若该批产品被盗被抢，随后进入市场，商标权人发现有人销售被盗抢的产品，将有权提出商标侵权之诉，作为商标使用的被许可人既可以物权人身份基于物权法提起返还之诉，又可能因商标权人授以维权权能提起商标侵权之诉。销售者若是该批货物的善意取得人，对于物权人的主张，销售者尚有善意取得制度可以抗辩，取得完全物权。对于商标权人的主张，只有善意侵权可以抗辩，但仅是免除赔偿责任，停止销售多半是必须的，那么销售者该如何处置这批产品，自用？送人？毁掉？对于明知赃物依然受让并销售的人，则可能构成销赃罪和侵犯商标权罪，要数罪并罚还是择一罪处罚？这些显然是讲不通的，因为该批产品并非假冒，确实是权利人自己或经其授权合法使用涉案注册商标的。既然不是假冒、那么后续的销售行为当然与商标权人无关。最后，穷竭终点设置不明确导致二手市场里商标权自动复活，商标权人无权禁止合法投入市场的带标商品继续流通，毫无疑问商品在进入首个终端购买者之前商标权利都是穷竭的。但当商品经首次终端购买者之手重新回到流通领域时，商标权穷竭是否还在适用是不明确的，导致二手货再售引发大量商标侵权纠纷。

七、商标权穷竭原则适用规则的重构

（一）扩大商标权穷竭的商品适用对象

商标权人无权干涉流通的商品不应限于自己或其授权的人合法生产的带有其注册商标的产品，还应包括虽未经商标权人授权但依法有权使用该商标的其他主体生产的产品。根据目前《商标法》及其实施条例的规定，虽未获得商标权人的授权但有权使用该商标的主体有两类，一类是《商标法》第五十九条第三款规定的主体。该类主体是指在该商标申请注册前，已经在同一种商品或者类似商品上先于商标注册人使用与注册商标相同或者近似并有一定影响的商标的人，该使用人只要在原使用范围内继续使用该商标，商标专用权人都无权禁止。另一类是《商标法实施条例》第九十二条第二款规定的主体，该类主体是指已连续使用至商标局首次受理新放开商品或者服务项目之日的商标，与他人在新放开商品或者服务项目相同或者类似的商品或者服务上已注册的商标相同或者近似的人，可以继续使用。前一种情况下商标权人可以要求使用者附加适当区别标识。后一类若在首次受理之日后中断使用3年以上的，则不得继续使用。对前述两类主体，商标权人不仅无权禁止他们使用该商标，对于他们生产的附着有该商标的商品应允许流通、转售，其他人在经销、转售标有该商标的商品时，商标权人也同样无权干涉。

---

① 参见：贾娟. 侵权案件中如何适用"商标权穷竭原则"［J］. 中华商标，2008（9）：27-29. 文中观点是：寄件人一栏显示是李立荣而非原告农友公司，李立荣虽是原告员工但无代理或代表资格；收件人是陈发兵而非被许可人中天农业发展（昆山）有限公司，陈发兵提供的证据不足以证明该种子是经原告农友公司的授权或许可而被合法投入市场的，因此权利穷竭不具备适用前提，故陈发兵商标侵权成立。该观点应该与审理该案的合议庭意见一致。

（二）自商标合法使用在商品上时即发生商标权穷竭

被许可人在商标权人的授权范围内（时间、数量、地域及产品类别）生产了使用涉案商标的商品，自产品制造完成合法贴附涉案商标之时，商标权人对产品的控制力即告消失。有学者提出类似观点①。至于该批产品将被用于捐赠还是售出，售价如何，抑或被盗抢、遗失，均与商标权人无碍，仅与物权人有关。即使是商标权人本人生产的产品基于前述原因流入市场，对该批货物的后续销售者也无权主张商标侵权。因为此时商品的确产自商标权人或其授权的被许可人，商标的识别商品来源功能及品质保证功能均无受损。商标法所保护的权益并未受损，没有商标法的适用余地，仅仅是物权被侵犯。

（三）商品进入首位终端购买者之前禁止权穷竭使用权仍在

商品自产出至其寿命终结期间，可能会经过两个流通阶段：第一阶段，为产品制造完成出厂至首次进入终端购买者或消费者手中；第二阶段，为首个终端消费者弃用并将其投入市场经流转进入旧货消费者手中。前者我们暂且称为商品的一级市场，后者称为商品的二级市场。这两个阶段中的商品状态显然是不同的。商标权穷竭理论是在纠纷审理过程中逐渐建立的，目的在于平衡商标权人与物权人之间的利益关系，其主要适用于商品首次进入市场至进入终端购买者之间这一阶段的流转过程。商标的产品来源识别功能、品质保证功能、广告竞争功能主要集中在第一阶段体现，商誉的建立也主要集中在此阶段。注册商标权人的经济收益也在此阶段得以实现。商品物权人虽可以自由处分所有物，但不能擅自将商标与商品分离，更不可以更换，否则前述功能将无法发挥。商品经使用后重回市场的第二阶段，商标权人无权从中获取收益，其直接的经济利益归于消灭，商标的商品来源识别及商誉承载功能也急剧弱化。购买旧货的消费者对旧货不如新货的品质性能已有心理预期，即使低于其心理预期，也不会影响其对品牌的评价。用户识别有误或体验不好并不会给一级市场带来消极影响，二级市场愈加繁荣反而可能会影响一级市场的销量。

（四）商品被首位终端消费者购入之时禁止权、使用权均告穷竭

商标权在商品首次进入终端用户手中之时其使用权和禁止权均告用尽，首先该商品的物权人就该商品在使用过程中可以自由决定是保留还是去除原商标。例如，商标权人不能要求消费者购来的服装在穿上身时依然不可以摘牌，即使商家把商标以花纹、装饰要素的方式印制在衣物鞋袜上，物权人在使用时也可以将其去除或覆盖而不构成侵权，消费者可能认可衣物的品质但不喜欢高调的炫耀。

其次，消费者将淘汰弃用的旧物转手时也可自由进行，商标权人无权要求在转让旧货时必须去除或带有原商标。旧货经营者在修复转售旧货过程中，即在本书所称的商品二级市场里，行为人无论是带标还是无标销售，商标权人都无权干涉。当然行为人需要明示产品的真实信息，如"旧货、翻新或修复及原始品牌"等，也可以加注翻新者商标，但不得对消费者有将此品牌旧货误导为彼品牌旧货的行为，如更换商标，以保障购买者的知情权。如果没有明示，也不属于商标侵权，而属于消

---

① 齐爱民教授认为，知识产品完成后，知识产权即穷竭，而无须投入市场。参见：齐爱民. 知识产权法总论［M］. 北京：北京大学出版社，2010.

费者权益保护法调整的范围。

综上，注册商标权的权利用尽可以归纳为：有权使用注册商标的主体（商标经商标权人或其授权的人及其他有权使用该商标的人）在授权商品上合法标注该商标后，商标权人或被许可人即无权援引商标法禁止他人处分该商品。在该批商品的一级市场，禁止权用尽但使用权仍在；在该批商品的二级市场，使用权和禁止权均用尽，无论带标或去标销售，抑或添加翻新者、维修商的商标销售，旧货销售者只要不以新品名义销售，均不构成商标侵权。此时原始商标的识别功能、品质保证功能、广告竞争功能业已完成应有的使命。若出现换标销售欺骗旧货消费者，则属于消费者权益保护法调整的范畴，若以新品名义销售，则可适用商标法、产品质量法、消费者权益保护法来调整。

案例：销售二手茅台酒被罚

2010 年 12 月有一则新闻报道：王某从个人手中零星收购茅台酒，然后加价来卖，共计货值金额 28 884 元。经鉴定这些酒均为真酒。执法人员认定这些是"侵犯注册商标专用权"的商品，开出罚单：没收商品，罚款 7.5 万元！执法人员解释道，这个酒不是从正规厂家进货的，没经过授权，即使是真酒，从其他渠道进过来的，也可以判定为侵犯商标权。

讨论：执法人员的解释是否正确？

本案王某的行为是否构成商标侵权？

第六节　指示性使用

美国最高法院大法官霍姆斯 1924 年说过："一件商标给予其所有人的排他权只能用来保护其产品的声誉，以防止他人的产品利用该商标。在一件标志的使用方式并没有欺骗公众的情况下，该标志还达不到不许别人用来出售真实产品的神圣地步。"目前，在我国，指示性合理使用仍缺乏明确的法律规定，导致在司法实践中纠纷双方对商标的这类使用性质争议较大。2006 年 3 月 7 日，北京市高级人民法院发布了《关于审理商标民事纠纷案件若干问题的解答》（京高法发〔2006〕68 号），在第 26 个、第 27 个问题的解答中明确了：在销售商品时，为说明来源、指示用途等在必要范围内使用他人注册商标标识的，属于正当使用商标标识的行为。

为了使一般公众了解与产品有关的真实信息，标示商品的用途，允许指示性地使用他人的商标，尤其是作为零配件所必需时，可以使用该商标。例如，生产手机电池的厂家在电池上标注"FOR OPPO""FOR HUAWEI"字符，目的在于向消费者标明本电池可以与哪个品牌型号的手机匹配使用，只要使用行为符合工商业的惯例，就不属于侵权。指示使用时不仅范围限于必要，方式也要以不引起误导为必须。如在电池的显著位置标注"FOR OPPO""FOR HUAWEI"字符，并将字符"FOR"尽可能地缩小甚至不予标注，刻意突出"OPPO""HUAWEI"字符，而将自己的商标以很不显眼的位置、很小的字号进行标注，显然具有引人误认的故意，不属于正当使用。

·

早在 1995 年 7 月 27 日，国家工商行政管理局曾针对一些地方的汽车零部件销售商店、汽车维修站点，未经商标注册人许可，在店铺的招牌上使用汽车企业的注册商标，并且将其放置在醒目的位置上，如使用"奔驰""吉普"等文字或图形商标的行为，专门发文要求："汽车零部件销售商店和汽车维修站点，为了说明本店经营汽车零部件品种及提供服务的范围，应直接使用叙述性的文字，如'本店销售×××汽车零部件''本店维修×××汽车'等字样，其字体应一致，不得突出其中的文字商标部分，也不得使用他人的图形商标或者单独使用他人的文字商标。"①国家工商行政管理局要求各地工商行政管理机关对当地汽车零部件销售商店和汽车维修站点使用他人注册商标的情况进行清理，认为这种将他人注册商标用于商业目的的行为，客观上会使消费者误认为该店铺的经营者与商标注册人存在某种联系。这自觉或不自觉地侵犯了商标注册人的商标专用权。

1999 年 6 月国家工商行政管理局不断接到一些商标注册人的投诉，反映有些地方的商品销售网点和服务站点，未经商标注册人允许，擅自将其注册商标作为自己的企业名称或营业招牌使用，如 Gucci 专卖店、奔驰汽车专修店、迅达电梯专营店等。国家工商行政管理局认为"××专卖店""××专修店""××专营店"等，应当是该商标注册人指定销售其商品或提供其服务的营业场所。商品销售网点和服务站点，未经商标注册人允许，擅自"××专卖""××专营""××专修"等字样，使消费者认为该店与商标注册人存在紧密的联系，从而使消费者对商品或服务来源产生误认。同时，出于货源、专有技术、经营水平及店堂布局等方面的原因，其商品的真伪优劣及服务质量等也难以保证。这种行为给商标注册人的商标专用权造成了一定损害，应依法制止。遂发布通知如下：①未经商标注册人允许，他人不得将其注册商标作为专卖店、专营店、专修店的企业名称或营业招牌使用。②商品销售网点和提供某种服务的站点，在需说明本店经营商品及提供服务的业务范围时，可使用"本店修理××产品""本店销售××西服"等叙述性文字，且其字体应一致，不得突出其中商标部分②。

目前这两个文件虽已被废止，并不意味着店家可以随意使用他人商标，依然要遵循诚实信用原则，使用时以不会产生误导相关公众的使用方式和范围为限。

案例：BMW 案

欧共体法院曾审理过一个案件，在该案中，原告 BMW 公司通过一个销售网络在荷兰经销它的汽车，这些特约经销商必须具有一定的专业水平以提供高质量的售前促销以及售后包修服务。被告 Deenik 先生有一个汽车修理厂，主要经营 BMW 的二手车并从事 BMW 汽车的修理和维护，但他不属于 BMW 的特约经销商。围绕

---

① 参见《国家工商行政管理局关于禁止汽车零部件销售商店、汽车维修站点擅自使用他人注册商标的通知》（工商标字〔1995〕第 195 号）。该文件已被《国家工商行政管理局关于废止有关工商行政管理规章、规范性文件的决定》（发布日期：2004 年 6 月 30 日，实施日期：2004 年 6 月 30 日）废止。

② 参见《国家工商行政管理局关于禁止擅自将他人注册商标用作专卖店（专修店）企业名称及营业招牌的通知》（工商标字〔1996〕第 157 号），该文件已被《国家工商行政管理局关于废止有关工商行政管理规章、规范性文件的决定》（发布日期：2004 年 6 月 30 日，实施日期：2004 年 6 月 30 日）废止。

Deenik 先生是否有权在经营中使用"BMW 修理维护"的广告，以及是否允许自称"BMW 专家"，该案一直上诉到荷兰最高法院，最高法院于是决定首先寻求欧共体法院的初裁意见。欧共体法院对以下两个问题进行了分析：一是被告是否有权在经销二手车时使用原告的商标做广告。欧共体法院根据商标权用尽原则，认为专销商既然有权专销该商标所有人合法投放市场的商品，就应该有权使用该商标通过广告告诉公众该商品的继续流通。在二手车的经营过程中，如果不使用 BMW 商标，被告实际就不可能将他特别从事该商标汽车的销售和维修的事实传达给公众。二是被告是否有权使用原告的商标指示服务的用途。正如一些非原厂生产的零配件需要指出它们可以匹配的产品，可以使用诸如"for HONDA"的字样。如果禁止使用原告的商标，被告将无法向公众传达他有能力维修这一车型的信息。鉴于此，欧共体法院认为：被告有权在经销二手车时使用原告的商标做广告，也有权使用原告商标指示服务的用途，因为这是保障被告将从事该种牌号的汽车销售和维修信息提供给社会公众所必需的。但被告不能使人误认为其经营与商标权人存在商业上的联系，特别是不能使人认为他是商标权人的特约经销商和维修商。

第七节　平行使用

"平行使用"的概念由美国学者阿瑟·米勒首创，指"在自己的商品上不显著地正当使用带有先前商标的商品"，这也是一种商标合理使用的形式。在现实生活中，将附载他人商标的商品进行组装的现象十分普遍。根据平行使用理论，将附载他人商标的商品作为自己商品的一部分时，只要不是突出使用该商标，以至使人误认为是自己商品的商标，就属于商标的合理使用。这也是促进商品贸易特别是加工、配件贸易发展所需的，因而得到了一些国家商标立法的肯定。例如，澳大利亚商标法规定，指明商品（特别是附件或零件）出处的善意使用商标行为，不构成商标侵权。德国商标法第 23 条也有类似规定。

第八节　比较广告

比较广告是广告主以直接或者含蓄的方式将自己与竞争对手、将自己的商品或服务与竞争对手的商品或服务加以对比的广告。这里所包含的竞争关系应作广义的理解，不仅指具有直接竞争关系，还包括具有可替代性的潜在的竞争关系。既然是比较，广告中难免会出现对方的商标。

一、比较广告的类别

（一）攀附性比较广告

攀附性比较广告也称倚靠性比较广告。它期望借助竞争者良好的品牌声誉来促进自己产品的销售。如"林河酒，XO 的享受""宁城老窖，塞外茅台"等属此类广告。也有跨行业攀附的，秦池酒曾发过一则广告"可以不坐奔驰，但是要喝秦池"；郑州某房产公司广告语"联盟新城，住宅中的劳斯莱斯"；西门子家电的"开宝马，坐奔驰，家用电器西门子"。这几家都是把自己的产品与汽车领域高端品牌相提并论。

（二）贬损性比较广告

贬损性比较广告也称批评性比较广告、骄傲广告。这类广告多通过贬低性对比达到宣传自己的目的。有通俗直白型的，如："福特品质，丰田、本田无法超越"；高雅含蓄型的，如"惠普"针对"联想"品牌发布的"连想，连想都不要想！"；"统一"方便面针对"康师傅"方便面发布广告"师傅，师傅，连师傅也自叹弗如！"，一语双关又不失幽默。"掌上通"为与商务通竞争，宣称："网络上不了，商务怎么通？"还有讲预言型故事的：百事可乐打过一个广告，未来的考古学家在考古时发现了一个可口可乐的瓶子，以此来说明在未来可口可乐已成了文物，而百事可乐将永远存在。

二、欧美对比较广告的立法态度

比较广告有的是虚假的贬损，有的是真实的比较。对此，美国通行的观点是比较广告既然能够帮助消费者选购商品或服务，本身并没有可指责的，只要没有混淆和不实之词，无论商标权人是如何的不乐意，都没有理由阻止比较广告。美国兰汉姆（商标）法[①]第 1125 条：禁止虚假的原产地标示、虚假的描述和淡化。其（a）款民事诉讼第（1）项中规定：在商业广告或推广中，错误表示了他或她或他人的商品或服务或商业活动的性质、特征、质量或原产地。任何人认为这种行为已经或可能使其蒙受损害而提起的民事诉讼中，该人应承担责任。同时（c）款知名商标淡化的救济第（4）项又规定，对他人为识别知名商标所有人的竞争商品或服务，在比较商业广告或推广中对该知名商标的公平使用行为，不可以依照本条规定起诉[②]。可见美国商标法禁止"错误"的比较广告，并不禁止"正确"的比较广告，即使是贬损性的比较广告只要广告内容属实即可。欧洲议会在 1997 年放开骄傲广告，并从八个方面进行了限制：确保比较广告不能是误导性广告；不能诋毁或贬低竞争对手；不得在市场上产生广告主与竞争对手之间的混淆，否则将被视为不正当竞争等。

三、我国对比较广告的相关法律规定

我国《广告法》第十二条规定广告不得贬低其他生产经营者的商品或者服务，意味着《广告法》法并不禁止真实的比较广告。《商标法》第四十八条："本法所称商标的使用，是指将商标用于商品、商品包装或者容器以及商品交易文书上，或者将商标用于广告宣传、展览以及其他商业活动中，用于识别商品来源的行为。"这意味着"将商标用于广告宣传"若起到识别商品来源的作用，将构成商标侵权，否

---

① 2004 年 12 月 23 日修订版。
② 中国人民大学知识产权教学与研究中心，中国人民大学知识产权学院《十二国商标法》翻译组. 十二国商标法 [M]. 北京：清华大学出版社，2013：505-506.

则不属于商标侵权。但是，比较广告无非是"攀"或"贬"，"攀"的有可能会被认定为故意利用对方的名气"搭便车"，尤其是对驰名商标可能被认定为不正当竞争。

案例：房地产户外广告中突出使用 LV 包

2004 年 7 月至 10 月间，某房地产公司设置一规格为高 60 米宽 300 米的巨幅户外广告牌，一位手拎 LV 包的模特半蹲图像居在广告中央，约占据整个广告幅面的三分之一，包身为均布的 LV 花图形图案，其中包含"LV"商标图案。模特左右两边是"自己当世界的主人""左拥南京西路商圈""右抱 8 万平方米公园绿地"等文字广告语。路易威登公司由此发起诉讼。法院经审理认为：就原告指控的商标侵权行为，因广告中的"LV"图案对被告的楼盘没有商标性标识作用，该图案也不会使消费者产生混淆，故不构成商标侵权。但两被告明知"LV"手提包有较高的知名度，仍在巨幅广告中以近三分之一的比例和夺目的橙红色突出模特和模特手中的"LV"包，目的在于向公众传递其商品与他人知名商品一样，具有类似的特征和形象，从本质上讲，系故意利用原告资源，不正当地获取利益，构成不正当竞争。法院据此判决两被告共同赔偿原告经济损失 5 万元[1]。该广告本质上就是一种攀附广告，意为凡是入住该楼盘的人士如这位模特一般具有高端的生活品位。该行为虽在商标法意义上不构成商标性使用，不构成商标侵权，但可能涉嫌搭乘别人商誉的嫌疑。

第九节　国外商标权限制的简单介绍

一、日本

日本商标法[2]第三十二条：（一）他人商标注册申请之前，非基于不正当竞争目的，于日本国内在该商标注册申请的指定服务或与其类似商品或类似服务上使用该商标或与其近似商标，且在该商标申请注册之际，已被消费者广泛认为是表彰其所经营之商品或服务的商标时，若其继续于该商品或服务上使用该商标，则其就该商品或服务享有使用该商标的权利，该营业的承继人，亦同。（二）对于依前款规定享有商标使用权者，该商标权人或专有使用权人为防止该人业务上商品或服务与自己业务上商品或服务混淆，可请求其附加适当标识。第三十二条之（二）规定的是对集体商标的商标权限制[3]。

该条规定和《商标法》第五十九条第三款的先用抗辩近似，要求申请日前已使用，且注册之际被消费者广泛认为是作为商标使用的，"广泛认为"应该与我国商标法要求的"一定影响"含义近似，注册商标权人也有权要求在先使用人附加区别标识。不同的是，日本商标法明确规定先用人的先用必须是出于善意即"非基于不

---

① 参见路易威登马利蒂公司（LOUISVUITTONMALLETIER）诉上海某房地产开发有限公司等不正当竞争纠纷案，上海市二中院（2004）沪二中民五（知）初字第 242 号判决书。

② 该法 1959 年制定，2008 年修改。

③ 中国人民大学知识产权教学与研究中心，中国人民大学知识产权学院《十二国商标法》翻译组. 十二国商标法 [M]. 北京：清华大学出版社，2013：251.

正当竞争目的"，且规定营业承继人亦有权使用。我国商标法对此没有明确，但在司法实践适用中，当事人和法院并不会忽略这两个问题，法院会查明事实并作为裁判的依据。善意先用方面，原告会举证证明被告即使有先用行为也是出于恶意的，如北京知识产权法院在徐州市环球雅思培训学校等与北京环球天下教育科技有限公司侵害商标权纠纷二审判决书中认为，"先使用抗辩应当满足的条件之一是被控侵权人的使用行为早于权利商标的申请注册日及商标注册人使用该商标的时间，其使用行为应属善意使用"，"在环球天下公司对其授权终止后，徐州环球公司在明知'环球'标识系他人在先权利的情况下，继续使用'环球雅思'标识的行为，并非善意使用，亦不构成对环球天下公司商标权的先用抗辩"[①]。

被告若没有直接的先用行为，会证明其系其他先用行为的承继行为，如在成都良丰企业管理有限公司诉廖记食品连锁股份有限公司、浙江天猫网络有限公司侵害商标权纠纷一案中，浙江省杭州市余杭区人民法院认为：被告廖记公司的关联企业及相关经营者存在在先使用行为，廖记公司作为该在先使用行为产生的商誉的合理承继人，其继续使用该商标仍属在"原有范围"内使用[②]。2020 年安徽省高级人民法院在审理老百姓大药房连锁股份有限公司与阜南县老百姓大药房零售连锁有限公司侵害商标权纠纷一案中也有涉及承继的认定问题[③]。

二、英国

英国商标法[④]第 11 条专门规定了注册商标效力的限制，下列使用行为只要符合工商事务中的诚实信用原则即不构成对注册商标的侵权：①一个人使用自己的名字或地址；②使用关于种类、质量、数量、用途、价值、地理来源、商品生产或服务提供日期或商品或服务的其他特点的说明；③当有必要说明某一产品或服务的用途（尤其是附件和备用件）时。该条还规定了先用权人使用，只要一个人或其前任的使用行为早于商标注册时间及注册商标所有人或其前任以其名义在有关商品或服务上的使用时间，并连续使用，在原使用地区继续使用不构成对注册商标的侵权[⑤]。根据英国商标法的规定，注册商标权限制体现在描述性使用和先用抗辩。描述性使用和我国的规定大同小异；先用抗辩中明确规定仅限在原使用地区内有效（大致相当于"原有范围"的要求），先用人的承继人也享有先用权，先用权的成立不以使用的商标要具有"一定影响"为要件，也未规定注册商标权人可以要求在先使用人附加区别标识。

三、韩国

韩国商标法[⑥]第五十一条规定商标权效力不涉及的范围：①他人将本人的姓名、

① 参见北大法宝推荐案例（2017）京 73 民终 1106 号判决书，【法宝引证码】CLI. C. 60755955。
② 参见北大法宝推荐案例（2018）浙 0110 民初 17476 号民事判决书，【法宝引证码】CLI. C. 95200414。
③ 参见法宝推荐案例（2020）皖民终 429 号判决书，【法宝引证码】CLI. C.115693217。
④ 本法在 1994 年商标法基础上依据 2008 年《商标（在先商标条例）》（SI2008/1067）（2008 年 5 月 10 日）等法案做相应修订。
⑤ 中国人民大学知识产权教学与研究中心，中国人民大学知识产权学院《十二国商标法》翻译组.十二国商标法 [M]. 北京：清华大学出版社，2013：419.
⑥ 1949 年 12 月 28 日军事法案第 71 号颁布，2011 年修改，2012 年 1 月 1 日施行.

名称或商号、肖像、签名、印章，或者本人著名的雅号、艺名、笔名及其缩写，以通常的使用方法标示的商标。但是，在商标权设立登记之后，出于不正当竞争意图使用这些商标的除外。②将与注册商标核定使用商品相同或类似商品的通用名称、产地、质量、原料、功能、用途、数量、形状（包括包装的形状）、价格或者生产、加工、使用这些商品的方法以及时间，以通常的使用方法标示的商标。③不具有足够区分商品来源的特征的三维形状、由指定商品的三维形状构成的注册商标，而该三维形状是因商品自身功能或其包装功能而须有的形状，或由色彩或其组合构成的商标。④习惯上用于注册商标指定商品上的商标，以及由著名地名或其缩写或地图组成的商标。此外本条第二款还对地理标志集体商标权的效力做了限制性规定。

该法第五十七条之三规定了依据在先使用而继续使用商标的权利：

（1）在同一种或类似的商品上，使用与他人已注册的商标相同或近似的商标。且符合下列全部要件的人（包括承继其地位的人，以下称为"在先使用人"）有权在其使用的商品上继续使用该商标。①在他人申请注册商标之前，该人已经在国内开始使用此商标，且没有故意从事不正当竞争的意图而持续使用该商标。②依照前第一项在先使用人使用其商标的结果，使得国内消费者在他人申请注册商标之际，已知晓在先使用人的商标是标示具体个人商品的商标。

（2）商标权人或专有使用权人可以要求在先使用人在其商品上做出适当的标记，以防止在自己的商品与在先使用人的商品之间产生对商品来源的误认或混淆①。

韩国商标法第五十一条规定的描述性使用限制情形比我国规定的更细致更详细。我国商标法没有明确规定个人对自己姓名、肖像、印章等的使用可以对抗他人的注册商标专用权，知名人士可以以侵犯自己的姓名肖像权为由通过无效程序将注册商标无效掉，如乔丹案②，也可以直接提起侵权诉讼③。普通人只能寻求在先使用抗辩，若不符合在先使用，则可能会因为有不正当竞争意图而被禁止。例如，宝钢集

---

① 中国人民大学知识产权教学与研究中心，中国人民大学知识产权学院《十二国商标法》翻译组. 十二国商标法［M］. 北京：清华大学出版社，2013：377-378，381.

② 参见：迈克尔·杰弗里·乔丹与国家工商行政管理总局商标评审委员会、乔丹体育股份有限公司"乔丹"商标争议行政纠纷案（2016）最高法行再27号判决书，最高院认为未过五年争议期的"乔丹"中文商标应予撤销，判决商标局重新作出裁决。本案经最高人民法院审判委员会讨论通过2019年12月24日发布为指导案例113号。【裁判要点】1. 姓名权是自然人对其姓名享有的人身权，姓名权可以构成商标法规定的在先权利。外国自然人外文姓名的中文译名符合条件的，可以依法主张作为特定名称按照姓名权的有关规定予以保护。2. 外国自然人就特定名称主张姓名权保护的，该特定名称应当符合以下三项条件：（1）该特定名称在我国具有一定的知名度，为相关公众所知悉；（2）相关公众使用该特定名称指代该自然人；（3）该特定名称已经与该自然人之间建立了稳定的对应关系。3. 使用是姓名权人享有的权利内容之一，并非姓名权人主张保护其姓名权的法定前提条件。特定名称按照姓名权受法律保护的，即使自然人并未主动使用，也不影响姓名权人按照商标法关于在先权利的规定主张权利。4. 违反诚实信用原则，恶意申请注册商标，侵犯他人现有在先权利的"商标权人"，以该商标的宣传、使用、获奖、被保护情况形成了"市场秩序"或者"商业成功"为由，主张该注册商标合法有效的，人民法院不予支持。

③ 参见上海市第二中级人民法院2020年12月30日审结的迈克尔·杰弗里·乔丹（Michael Jeffrey Jordan）诉乔丹体育股份有限公司等姓名权纠纷案（2012）沪二中民一（民）初字第1号民事判决书。上海市第二中级人民法院认为乔丹体育公司侵害了原告的姓名权，判决被告登报声明，澄清与原告迈克尔·杰弗里·乔丹（Michael Jeffrey Jordan）之间的关系，并公开赔礼道歉；停止使用其企业名称中的"乔丹"商号；停止使用涉及"乔丹"的商标，但对于超过五年争议期的涉及"乔丹"的商标，应采用包括区别性标识等在内的合理方式，注明其与美国前篮球运动员迈克尔·乔丹不存在任何关联，以消除联系，显示区别，停止侵害（形式与内容需经本院审核）；赔偿原告精神损害抚慰金人民币30万元。

团有限公司等与舞钢市宝钢金属材料有限公司侵犯商标专用权及不正当竞争纠纷案中，韩宝钢 2003 年 11 月 20 日出资成立舞钢市宝钢金属材料公司并担任法定代表人，2011 年 12 月 22 日，宝钢集团和宝钢股份对其提起商标侵权和不正当竞争之诉，请求被告停止使用"宝钢"文字的行为。一审法院认为被告是对自己姓名的正当使用，不构成侵权①。2013 年河南省高级人民法院二审撤销原审判决，改判舞钢市宝钢金属材料公司停止在其企业名称中使用"宝钢"字号。二审法院认为：企业名称中可以使用自然人姓名，但行使姓名权绝非无任何限制。不同市场主体的字号如果相同，必然导致公众对两者之间是否存在关联关系的合理怀疑。相应地，市场主体在从事和已有一定知名度的商标同领域的业务并注册商号时，其姓名权必然受到一定限制，自然人姓名商业利用应避免混淆可能②。先用权的适用要件，申请日前已善意开始持续使用，国内消费者已知晓该商标（类似于我国的"一定影响"要件），注册人也可以要求在先使用人附加区别标识，没有原有范围的限制。

四、法国

《法国知识产权法典》（法律部分）L.713-6 条规定商标注册并不妨碍下列情况下使用与其相同或近似的标记：①用公司名称、厂商名称或标牌，只要该使用行为先于商标注册，或者是第三人善意使用其姓氏；②标批商品或服务尤其是附件或零部件的用途时所必需的参照说明，只要不导致产源误认。但是这种使用损害注册人权利的，注册人可要求限制或禁止其使用③。

五、德国

《德国商标改革法》④第 23 条规定，商标权利人在下述三种情形下无权阻止第三人对其商标的使用，只要这种使用尽到满足商业和交易习惯的审慎义务：①自然人对其姓名和地址的使用；②对于缺乏显著性的与商标或商业标识相同或相似的使用，或是将与商标或商业标识相同或相似的标识作为商品的特征或特性，例如种类、质量、功能用途、价值、地理来源或生产、制作时间等的标记来使用；③用商标和商业标识来识别或者指明其权利人所提供的商品或服务，特别是为了提示特定的物品是权利人提供的商品或服务的组成部分或者代替部分，并且此种使用是为达到这一目的的必需的⑤。关于在比较广告中使用他人商标的行为，已按照《欧盟关于比较广告和误导性广告的指令》的要求通过《德国反不正当竞争法》加以规制，《德国反不正当竞争法》第 8 条第 3 款规定只有竞争者和消费者保护组织才可以提起民事

197

---

① 参见（2013）郑民三初字第 134 号判决书，【法宝引证码】CLI. C. 2138036。
② 参见（2013）豫法知民终字第 39 号判决书。【法宝引证码】CLI. C. 2138036。
③ 中国人民大学知识产权教学与研究中心，中国人民大学知识产权学院《十二国商标法》翻译组. 十二国商标法［M］. 北京：清华大学出版社，2013：53-54.
④ 《德国商标法改革法》于 2019 年 1 月 14 日正式实施，德国通过《德国商标法改革法》对《德国商标法》及其配套制度进行"一揽子"改革，其修订内容不仅包括《德国商标法》本身，还包括《德国商标实施细则》《德国专利法》中商标适用的程序规范以及《有关德国专利商标局和专利法院费用的法律》中相关的条文等。参见：孙靖洲. 德国商标法的最新修订及其对我国的启示［J］. 知识产权，2019（6）：81.
⑤ 孙靖洲. 德国商标法的最新修订及其对我国的启示［J］. 知识产权，2019（6）：87.

诉讼，新《德国商标法》明确表明如果比较广告是合法的话，权利人不再拥有商标法上的请求权[①]。

六、美国

美国《2006年联邦商标反淡化修正案》第2条（3）规定，在此条款下，下列行为不应当因淡化、黯化或丑化商标而被指控：任何合理使用，包括他人对驰名商标指示性或描述性合理使用或者促进这种合理使用的行为，而并非指示此人商品或服务的来源。美国《兰哈姆法》第33条b（4）规定，使用名称、名词、图形而不构成侵权的方式有：不作为商标而是作为当事人的企业名称或作为任何当事人的个人名称使用，或仅为描述该当事人的商品、服务或它们的地理来源而合理、诚实地使用叙述性的名词或图形。该法第1125条c（4）规定，下列情况下不可以依照本条规定起诉：①为识别知名商标所有人的竞争商品或服务，由他人在比较商业广告或推广中对该知名商标的公平使用。②对商标的非商业性使用。③所有形式的新闻报道和新闻评论[②]。

课后复习题：

1. 商标权限制制度的立法目的是什么？商标权限制的情形有哪些？

2. 商标权权利用尽的适用要件是什么？

3. 立法基于何种原因设置先用权人抗辩制度？先用权人抗辩成立的要件是什么？

4. 当下商标权穷竭的司法适用原则是否存在不足？如果存在不足，应如何完善？

① 孙靖洲. 德国商标法的最新修订及其对我国的启示［J］. 知识产权，2019（6）：86.

② 中国人民大学知识产权教学与研究中心，中国人民大学知识产权学院《十二国商标法》翻译组. 十二国商标法［M］. 北京：清华大学出版社，2013：506.

第十一章　注册商标专用权的侵权认定及表现

第一节　注册商标专用权的侵权认定

一、商标侵权行为的概念

商标侵权行为是指未经商标专用权人许可也无法定理由，将与他人的注册商标相同或近似的商标用在与该注册商标核定使用的商品相同或类似的商品、商品包装或者容器以及商品交易文书上，或者用在广告宣传、展览以及其他商业活动中，用以识别商品来源，误导消费者的行为；或者超出商标权人许可的商品或者服务的类别、期限、数量、地域等使用商标的行为。

二、商标侵权构成要件

（一）未经许可或超出许可范围

获得商标权人授权的使用行为，不属于侵权，当然如符合本书第九章所述的情形，即使未经许可也不构成侵权。但如超出授权范围使用，比如超出约定的期限、地域、商品类别、数量则会构成侵权，此时是违约与侵权的竞合，权利人可自主选择以何种诉由起诉维权。如毕加索公司的"脸谱图形"商标核定使用的商品包括服装、鞋、帽、袜子4种。2009年5月25日，毕加索公司与三舟公司签订一份商标使用许可合同。合同约定毕加索公司将其注册号为1541＊＊＊，尼斯分类第25类"脸谱图形"的注册商标许可三舟公司使用，许可使用的商品为袜子，许可使用期限为2009年6月1日至2019年5月31日。2011年11月，毕加索公司发现三舟公司在袜子上使用的同时，还在一种名为"袜裤"的产品上大量使用"脸谱图形"商标。毕加索公司认为该行为超出授权范围构成侵权，遂向工商局投诉，要求工商局责令三舟公司停止在袜裤产品上使用"脸谱图形"商标并对三舟公司进行行政处罚。

（二）有商标使用行为

《商标法》第四十八条规定："本法所称商标的使用，是指将商标用于商品、商品包装或者容器以及商品交易文书上，或者将商标用于广告宣传、展览以及其他商业活动中，用于识别商品来源的行为。"因此，判断一个行为是否构成商标侵权，

199

需要判断涉嫌侵权行为是否构成商标法意义上的商标使用，关于商标使用的具体表现，国家知识产权局在 2020 年发布的《商标侵权判断标准》里列举了一些常见的情形。

（1）商品商标使用的方式。实践中"将商标用于商品、商品包装、容器以及商品交易文书上"的具体表现形式很多。例如，行为人对商品商标的使用可以是将商标直接贴附、刻印、烙印或者以编织等方式将商标附着在商品、商品包装、容器、标签等载体上；或者在商品的附加标牌、产品说明书、介绍手册、价目表等中使用；或在与商品销售有关的交易文书上使用，这些文书可以是商品销售合同、发票、票据、收据、商品进出口检验检疫证明、报关单据等。

（2）服务商标的使用方式。服务商标的具体使用形式也很多，如在服务场所将商标直接使用在店铺招牌、店堂装饰装潢、介绍手册、工作人员服饰、招贴、菜单、价目表、名片、奖券、办公文具、信笺、一次性用品以及其他提供服务所使用的相关物品上；或者将商标使用于和服务有关的交易文书上，如店面的设计装修协议、服务用品采购合同、发票、票据、收据、汇款单据、服务协议、维修维护证明等。

（3）广告宣传中的商标使用。将"商标用于广告宣传、展览以及其他商业活动中"的具体表现形式：将商标使用在广播、电视、电影、互联网等媒体中，或者使用在公开发行的出版物上，或者使用在广告牌、邮寄广告或者其他广告载体上；在展览会、博览会上使用商标，如在展览会、博览会上的印刷品、展台照片、参展证明及其他资料上使用商标；在网站、即时通信工具、社交网络平台、应用程序、二维码等载体上使用商标[①]。前述所有使用情形的列举并非现有商标使用情形的穷尽列举，并且随着科技的发展，其使用方式和使用载体还会不断丰富。

（三）商品或服务与他人注册商标核定的商品或服务相同或类似

（1）比对原则。判断被控侵权的商品或者服务与他人注册商标核定使用的商品或者服务是否构成相同商品或者相同服务、类似商品或者类似服务，应当在权利人注册商标核定使用的商品或者服务与被控侵权的商品或者服务之间进行比对，以相关公众对商品或者服务的一般认识综合判断，《商标注册用商品和服务国际分类表》《类似商品和服务区分表》可以作为判断类似商品或者服务的参考。《最高人民法院关于审理商标民事纠纷案件适用法律若干问题的解释》第八条："商标法所称相关公众，是指与商标所标识的某类商品或者服务有关的消费者和与前述商品或者服务的营销有密切关系的其他经营者。"

（2）相同商品、相同服务。相同商品是指被控侵权人实际生产销售的商品名称与他人注册商标核定使用的商品名称相同的商品，或者二者商品名称不同但在功能、用途、主要原料、生产部门、消费对象、销售渠道等方面相同或者基本相同，相关公众一般认为是同一事物的商品。相同服务是指被控侵权人实际提供的服务名称与他人注册商标核定使用的服务名称相同的服务，或者二者服务名称不同但在服务的目的、内容、方式、提供者、对象、场所等方面相同或者基本相同，相关公众一般

① 参见国知发保字〔2020〕23 号《商标侵权判断标准》第四、五、六条。

认为是同一方式的服务。核定使用的商品或者服务名称是指国家知识产权局在商标注册工作中对商品或者服务使用的名称，包括《类似商品和服务区分表》中列出的商品或者服务名称和未在区分表中列出但在商标注册中接受的商品或者服务名称①。

（3）类似商品、类似服务。《最高人民法院关于审理商标民事纠纷案件适用法律若干问题的解释》第十一条规定："商标法规定的类似商品，是指在功能、用途、生产部门、销售渠道、消费对象等方面具有一定共同性的商品。或者相关公众一般认为其存在特定联系、容易造成混淆的商品。类似服务，是指在服务的目的、内容、方式、对象、场所等方面具有一定共同性的服务，或者相关公众一般认为存在特定联系、容易造成混淆的服务。商品与服务类似，是指商品和服务之间存在特定联系，容易使相关公众混淆。"对于《类似商品和服务区分表》未涵盖的商品，应当基于相关公众的一般认识，综合考虑商品的功能、用途、主要原料、生产部门、消费对象、销售渠道等因素认定是否构成同一种或者类似商品。对于该区分表未涵盖的服务，应当基于相关公众的一般认识，综合考虑服务的目的、内容、方式、提供者、对象、场所等因素来认定是否构成同一种或者类似服务②。

如果两个商品使用同一商标有可能被顾客认为来自同一个产源，即可认定类似。如它们可能有同一性质（如船与帆船），同一用途（如外衣与内衣，香水与化妆品和服装），同一销售习惯（如干果与饼干，橘子汁与食品调料），共同构成企业的多元化（如复印机与电脑，"鞋底注塑机"与"制鞋机"）。如果某些商品在生产工艺、主要原材料、功能、用途、消费对象、销售渠道等某一方面有相同之处，如冰柜与冰箱、运动服和旅游鞋、照相机和摄像机，则它们互为类似商品。对于服务来说，如果在服务的目的、方式、对象等方面相关，或者存在着特定的联系的服务，可认定为构成类似服务，如经营餐饮业务的宾馆和饭店。实际生活中，含有相同词根的商品不一定都是相同或类似商品，例如锅，有菜锅、电炒锅、医院里使用的蒸气锅、化学试剂中的干锅。虽然都有一个"锅"字，但并不是相同或者类似的商品。

（4）商品与服务也可能构成类似。北京高院 2016 年发布的《当前知识产权审判中需要注意的若干法律问题（商标篇）》，在关于类似商品、近似商标与混淆可能性的关系问题中，提出根据商品本身的属性来判断是否类似时，《类似商品和服务区分表》是较为重要的参考，除非现实中存在相反的证据，否则应当尽量尊重《类似商品和服务区分表》的判断，个案中突破《类似商品和服务区分表》的认定应当慎重，应当具有较充分的依据并进行细致的分析。虽然北京高院认为《类似商品和服务区分表》是重要的参考标准，突破需谨慎，但并非绝对不可突破。实践中商品与服务之间也可能被认定构成类似，《最高人民法院关于审理商标民事纠纷案件适用法律若干问题的解释》第十一条涉及的商品与服务类似，是指商品和服务之间存在特定联系，容易使相关公众混淆。例如汽车制造与汽车修理，火锅底料产品与火锅餐饮服务之间，衡量的标准仍然是普通消费者是否会将服务提供者与原料或配件

201

---

① 参见国知发保字〔2020〕23 号《商标侵权判断标准》第九条。
② 参见国知发保字〔2020〕23 号《商标侵权判断标准》第十二条。

生产商认作同一主体。若服务行业与提供该服务所使用的商品之间存在特定联系的（如成衣定制服务者与布料生产商之间），则该服务与为提供该服务所使用的商品视为类似。

（四）所用商标与他人注册商标相同或近似

（1）比对原则。判断商标是否相同或者近似，应当将权利人的注册商标与被诉侵权商标进行比对[①]，而不是就权利人实际使用的商标与被诉侵权商标之间进行比对。若权利人本人在使用时擅自改变了商标标识，将其使用的商标与被诉商标进行比对，则比对出的结果就不客观不准确。事实上构成相同可以直接认定侵权的，结果比对出来可能只是近似，判断是否构成侵权时就还要进一步考察是否会构成混淆，最终判断的结果可能是不构成侵权。

判断与注册商标相同或者近似的商标时，应当以相关公众的一般注意力和认知力为标准，那些注意力和认知力明显高于常人或明显低于常人的人，识别出的结果不能作为认定依据。同时要采用隔离观察、整体比对和主要部分比对的方法进行认定[②]。隔离观察一般指的是进行商标近似判断时应当在比对对象隔离的状态下分别进行。但在审查商标时，比对只能是直接的，非隔离的，因此隔离观察在审查中要求的是应当尽可能以消费者选购商品的真实场景去判断两商标是否会引起混淆。整体比对是基础，但同时去考虑商标的主要部分或显著识别部分。如果两商标的主要部分或显著识别部分相同或近似，也容易导致相关公众混淆[③]。

《最高人民法院关于审理商标民事纠纷案件适用法律若干问题的解释》第十条规定："人民法院依据商标法第五十七条第（一）（二）项的规定，认定商标相同或者近似按照以下原则进行：（一）以相关公众的一般注意力为标准；（二）既要进行对商标的整体比对，又要进行对商标主要部分的比对，比对应当在比对对象隔离的状态下分别进行；（三）判断商标是否近似，应当考虑请求保护注册商标的显著性和知名度。"具体判断时，针对不同类型的商标有不同的关注点。

（2）商标相同的认定。商标相同是指两视觉商标在视觉效果上或者声音商标在听觉感知上完全相同或基本无差别。基本无差别意味着并非要求被诉侵权商标与注册商标完全相同、丝毫不差，两商标主要部分完全相同或者在整体上几乎没有差别，只是个别次要部分稍有差异，以至于相关公众或普通消费者在一般注意力下，很难将两者区别开来，就构成相同。《最高人民法院关于审理商标民事纠纷案件适用法律若干问题的解释》第九条第一款的规定："商标法第五十七条第（一）（二）项规定的商标相同，是指被控侵权的商标与原告的注册商标相比较，二者在视觉上基本无差别。"国家知识产权局于2020年6月15日发布施行的《商标侵权判断标准》第十三条的规定："与注册商标相同的商标是指涉嫌侵权的商标与他人注册商标完全相同，以及虽有不同但视觉效果或者声音商标的听觉感知基本无差别、相关公众

---

① 参见国知发保字〔2020〕23号《商标侵权判断标准》第十七条。
② 参见国知发保字〔2020〕23号《商标侵权判断标准》第十八条。
③ 参见国家知识产权局发布的自2022年1月1日起施行的《商标审查审理指南》下编《商标审查审理编》第五章。

难以分辨的商标。"

就文字商标而言，涉嫌侵权的商标与他人注册商标相比较符合下列情形之一的在实践中均会被认定为相同。①文字构成、排列顺序均相同的。②仅商标的字体不同、字母大小写不同或文字横竖排列变化等与注册商标之间基本无差别的；如五斗米与五斗米、Lifebloom 与 LifeBloom、Susanna 与 SUSANNA、泰山与泰山。③改变注册商标的文字、字母、数字等之间的间距与注册商标之间基本无差别的，如 JANTAMINIAU 与 JAN TAMINIAU。④改变注册商标颜色不影响体现注册商标显著特征的，如喜茶与喜茶。⑤在注册商标上仅增加商品通用名称、图形、型号等缺乏显著特征的内容，不影响体现注册商标显著特征的。

图形商标只要在构图要素、表现形式等视觉上基本无差别的均应视为相同①。例如，有人假冒凤凰牌自行车，被告认为并不构成假冒，因为真正的凤凰牌自行车，其凤凰图案商标后面的羽毛是 12 根，而侵权人使用的凤凰图案中少一根羽毛。这个辩解肯定不能成立，否则，从哲学意义上说，世界上根本没有完全相同的商标。构

成要素相同的情况下，即使改变图形朝向或颜色如 ， 与

，依然属于相同。文字图形组合商标的文字构成、图形外观及其排列组合方式基本相同，商标在呼叫和整体视觉上基本无差别的，易使相关公众对商品或服务

的来源产生混淆、误认。例如 Doppel herz 与 Doppel herz。立体商标中的显著三维标志和显著平面要素相同，或者基本无差别的；颜色组合商标中组合的颜色和排列的方式相同，或者基本无差别的；声音商标的听觉感知和整体音乐形象相同，或者基本无差别的；其他与注册商标在视觉效果或者听觉感知上基本无差别的。实践中有的行为人自己有几个注册商标，将自己的注册商标自行改变或者把自己的注册商标通过组合使用使之与他人的注册商标相同，也属于商标相同。

（3）商标近似的认定。商标近似是指文字、图形、字母、数字、三维标志、颜色组合和声音等商标的构成要素在发音、视觉、含义或排列顺序等方面虽有一定区别，但整体差异不大。《最高人民法院关于审理商标民事纠纷案件适用法律若干问题的解释》第九条第二款规定："商标近似，是指被控侵权的商标与原告的注册商标相比较，其文字的字形、读音、含义或者图形的构图及颜色，或者其各要素组合后的整体结构相似，或者其立体形状、颜色组合近似，易使相关公众对商品的来源产生误认或者认为其来源与原告注册商标的商品有特定的联系。"《商标侵权判断标准》第十五条也有类似规定："与注册商标近似的商标是指涉嫌侵权的商标与他人注册商标相比较，文字商标的字形、读音、含义近似，或者图形商标的构图、着色、外形近似，或者文字图形组合商标的整体排列组合方式和外形近似，或者立体商标

① 参见国知发保字〔2020〕23 号《商标侵权判断标准》第十四条及《商标审查审理指南》。

的三维标志的形状和外形近似，或者颜色组合商标的颜色或者组合近似，或者声音商标的听觉感知或者整体音乐形象近似等。"

如 雅乐YAYUE 与 YALE雅乐，两者注音不同，但汉字部分完全相同，"斯波帝卡"与"波斯·卡帝""新康得"与"新得康"两组商标中，作为主要识别标志的汉字构成相同，只是排列顺序不同。还有读音不同但字形近似的，如麦劫与脉动、老千妈与老干妈、康帅傅与康师傅、江牛与红牛、长城与长域、泰山与秦山、天民与大民、金利来与金来来、重庆与重厌、乐百氏 Robust 与乐石氏和禾石氏、娃哈哈与姓哈哈等；字形不同但读音近似的，如经典与金典 、旺子与旺仔、梦娜丽莎与蒙娜丽莎、CATANA 与 KATANA、AUTEC 与 AUTEK 和 AUTECH；红梅与宏美、美尔美与美而美、活力旺与活力汪、SK-TWO 与 SK-Ⅱ；商标个别汉字不同，且含义无明显区别的，如 Life Solutions 与 LIVING SOLUTIONS、心至必达与心之必达、皇冠与王冠、熊猫老爸与熊猫爸爸；文字无含义但发音近似的，如"屈臣氏"变成"区城市"、"WOWO"等便利店变成"MOMO"店。商标文字经过书写或者艺术设计，使商标的整体外观近似，也属于近似商标，如 与 、 与

酷儿、**BOSS** 与 **BO88**、 （clunlzill）与 （dunhill）、 等。商标图形部分相同或近似，易使相关公众对商品或服务的来源产生混淆的，也应认定为近似商标，如 与 。判断商标是否近似，还应当考虑请求保护注册商标的显著性和知名度。易在普通消费者中造成误认误购，引起消费者投诉的，是认定近似商标的重要依据，但不应是唯一依据。

（五）商标使用方式起到识别商品来源的作用

如果行为人的使用行为符合以上要件，但不产生识别商品来源的作用，不构成商标侵权，如只是为了标明产地、原材料、组分等，该行为可能属于说明性、指示性合理使用。某些商标使用行为虽不构成商标侵权，但可能构成不正当竞争，比如将他人注册商标设置为搜索关键词吸引网民进入自己的网店，而网店中销售的只是自己品牌的商品。判断是否产生识别商品来源的作用应当综合考虑使用人的主观意图、使用方式、宣传方式、行业惯例、消费者认知等因素①。行为人最初的使用意图不是唯一的判断标准，而是以实际的使用效果，需要从一般公众的判断力去认定。如果相关公众看到后容易产生误认则构成商标侵权，否则不构成。

（六）容易导致相关公众混淆、误认商品或服务的来源

容易导致混淆的可能，是指公众可能就有关商品或服务的来源发生错误认识，或被控侵权人与商标权人存在商标许可关系，或在经济上存在投资、控股等关联关系。在商标侵权判断中，对"在同一种商品上使用与注册商标近似的商标""在类似商品上使用与注册商标相同的商标"以及"在类似商品上使用与注册商标近似的

---

① 参见国知发保字〔2020〕23 号《商标侵权判断标准》第七条。

商标"三种商标使用行为还应当对是否容易导致混淆进行判断。我国 2001 年《商标法》在第五十二条第一项中规定的侵权表现为"未经商标注册人的许可，在同一种商品或者类似商品上使用与其注册商标相同或者近似的商标的"。2014 年《商标法》第五十七条将该侵权情形细分成两种类型："（一）未经商标注册人的许可，在同一种商品上使用与其注册商标相同的商标的；（二）未经商标注册人的许可，在同一种商品上使用与其注册商标近似的商标，或者在类似商品上使用与其注册商标相同或者近似的商标，容易导致混淆的。"这对于不属于在"同一种商品上使用相同商标"情形的侵权判定增加了"容易导致混淆的"构成要件。

国家知识产权局制定的《商标侵权判断标准》规定："容易导致混淆包括以下情形：（一）足以使相关公众认为涉案商品或者服务是由注册商标权利人生产或者提供；（二）足以使相关公众认为涉案商品或者服务的提供者与注册商标权利人存在投资、许可、加盟或者合作等关系。实践中判断是否容易导致混淆，应当综合考量以下因素以及各因素之间的相互影响：（一）商标的近似情况；（二）商品或者服务的类似情况；（三）注册商标的显著性和知名度；（四）商品或者服务的特点及商标使用的方式；（五）相关公众的注意和认知程度；（六）其他相关因素。"[1]

另外《最高人民法院关于审理涉及驰名商标保护的民事纠纷案件应用法律若干问题的解释》第九条规定：足以使相关公众对使用驰名商标和被诉商标的商品来源产生误认，或者足以使相关公众认为使用驰名商标和被诉商标的经营者之间具有许可使用、关联企业关系等特定联系的，属于《商标法》第十三条第二款规定的"容易导致混淆"。足以使相关公众认为被诉商标与驰名商标具有相当程度的联系，而减弱驰名商标的显著性、贬损驰名商标的市场声誉，或者不正当利用驰名商标的市场声誉的，属于《商标法》第十三条第三款规定的"误导公众，致使该驰名商标注册人的利益可能受到损害"。

第二节　混淆的内涵及判定

一、正向混淆与反向混淆

对《商标法》规定的"容易导致混淆"中的"混淆"，我们通常理解为：足以使相关公众认为涉案商品或者服务是由注册商标权利人生产或者提供的；足以使相关公众认为涉案商品或者服务的提供者是注册商标权利人投资设立的，或者是注册商标的被许可人、加盟商等；在绝大部分的商标侵权案件里，侵权者都是意在攀附商标权人良好的商誉、较高的名气以便多销商品，此即"正向混淆"。如果侵权行为导致公众发生混淆的认识方向刚好相反，比如由于侵权人的知名度很高，导致公众以为注册商标权人才是侵权人，误认为权利人的商品来自侵权人，则谓之"反向混淆"。

---

[1] 参见国知发保字〔2020〕23 号《商标侵权判断标准》第二十、二十一条。

"反向混淆"是美国法院在司法判例中提出的概念，美国法院制止"反向混淆"，是为了防止作为在后使用者的大公司借助自己的宣传实力任意侵害小公司的商标权，使得小公司难以建立自己的市场信誉。"反向混淆"的非正当性在于：在后使用者不是为了从在先商标权人的商誉中获取利益，而是以一个相似的商标对市场进行饱和轰炸，并且淹没在先商标权人。结果则是在先商标权人丧失了其商标的价值，也即丧失了它的产品身份、企业身份、它对自己商誉和名誉的控制力以及它进入新的市场的能力[①]。

《商标法》中只规定了"容易导致混淆的"，至于是仅指"正向混淆"还是也包括"反向混淆"，并未做出明确规定。根据国家知识产权局制定的《商标侵权判断标准》第二十条中的"足以使相关公众认为涉案商品或者服务是由注册商标权利人生产或者提供"来看，应仅指"正向混淆"。但在我国的司法实践中，法院是认可"反向混淆"构成侵权的。在2007年的蓝野酒业公司诉百事可乐公司"蓝色风暴"商标侵权纠纷案中，浙江省高级人民法院在判决书中对"混淆"的含义进行了阐释：对商品来源产生误认或混淆，"不仅包括相关公众误认为后商标使用人的产品来源于在先注册的商标专用权人；也包括相关公众误认在先注册的商标专用权人的产品来源于后商标使用人。"浙江高院认为："百事可乐公司通过一系列的宣传促销活动，已经使'蓝色风暴'商标具有很强的显著性，形成了良好的市场声誉，当蓝野酒业公司在自己的产品上使用自己合法注册的'蓝色风暴'商标时，消费者往往会将其与百事可乐公司产生联系，误认为蓝野酒业公司生产的'蓝色风暴'产品与百事可乐公司有关，使蓝野酒业公司与其注册的'蓝色风暴'商标的联系被割裂，'蓝色风暴'注册商标将失去其基本的识别功能，蓝野酒业公司寄予'蓝色风暴'商标谋求市场声誉，拓展企业发展空间，塑造良好企业品牌的价值将受到抑制，其受到的利益损失是明显的。"法院最终认定被告百事可乐公司构成商标侵权[②]。

在"金戈铁马"商标侵权纠纷案件中，云南省高级人民法院二审时认为："被控侵权商品上所使用的'下关沱茶'商标的知名度远远高于涉案商标的知名度，被控侵权商品没有必要攀附涉案商标来提高自己的知名度。"[③] 最高人民法院认为："但该推断忽视了注册商标作为一项标识性民事权利的权能和作用，其不仅有权禁止他人在相同类似商品上使用该注册商标标识，更有权使用其注册商标标识其商品或者服务，在相关公众中建立该商标标识与其商品来源的联系。相关公众是否会混淆误认，既包括将使用被诉侵权标识的商品误认为商标权人的商品或者与商标权人有某种联系，也包括将商标权人的商品误认为被诉侵权人的商品或者误认商标权人与被诉侵权人有某种联系，妨碍商标权人行使其注册商标专用权，进而实质性妨碍该注册商标发挥识别作用。因此，如果认为被诉侵权人享有的注册商标更有知名度，即可以任意在其商品上使用他人享有注册商标的标识，将实质性损害该注册商标发

---

① 李明德. 美国知识产权法［M］. 2版. 北京：法律出版社，2014：592-593.
② 参见浙江省高级人民法院（2007）浙民三终字第74号判决书。
③ 参见云南省高级人民法院（2016）云民终738号民事判决书。

挥识别商品来源的基本功能，对该注册商标专用权造成基本性损害。"[1]

二、售前混淆、售中混淆与售后混淆

按照混淆认识发生的时间，可分为售中混淆、售前混淆与售后混淆。混淆中最为常见的是售中混淆，即消费者在做出购买决定时对商品或服务来源产生的混淆。但混淆发生的时间点也可能在此之前或之后，由此形成售前或售后混淆。

（1）售前混淆，又称"最初兴趣混淆"（initial interest confusion），是指消费者最初对商品或服务的来源产生了混淆，但在实际购买时没有发生混淆。例如，使用与某知名品牌相似的商标作为商店的名称，将青睐该品牌的消费者吸引过来，即使商店内的商品标识明显与该品牌完全不同，消费者也能清楚地意识到这并非某品牌的商品，但许多消费者会产生"既然进来了，就看看，不错的话可以考虑入手"的心理。这种做法实际上是利用了商标权人的商业声誉引流顾客，增加交易机会为自己牟取利益，商标权人因此可能失去一部分客源。

在八百客（北京）软件技术有限公司与北京沃力森信息技术有限公司侵害商标权纠纷上诉案中，北京市第一中级人民法院在判决书中明确指出：使用他人商标导致的售前混淆，是指消费者在购买商品或物品前会对产品来源产生混淆，但是在实际购买过程中，能有效区别商品来源，不会产生混淆。售前混淆虽然未能引起消费者对商品来源的误解，但是该行为同样会对他人的商标权利益造成损害：一方面这种使用行为会造成商标权人潜在客户的流失，另一方面也会降低商标权人与商标之间的关联性，因此使用人应当承担赔偿责任[2]。在中粮集团有限公司诉北京寺库商贸有限公司东城第一分公司、北京寺库商贸有限公司侵害商标权及不正当竞争纠纷中，北京市知识产权法院做出的判决书指出：①将他人商标作为关键词购买竞价排名服务的，属于《商标法》第四十八条规定的商标的使用。②行为人在搜索结果内容中使用他人商标，未在其网站中使用他人商标，引起相关公众产生售前混淆的，属于《商标法》第五十七条第（一）项、第（二）项禁止的混淆情形[3]。

（2）售后混淆（post-sale confusion）又被称为旁观者混淆[4]，售后混淆是指消费者在购买时明确知晓该商品为商标侵权产品，不存在误认或混淆，但消费者在此后使用商品的过程中，会使旁观者对该商品的来源产生错误认识，误认为他所购买的是被侵权的某品牌产品。例如，某些小商品市场出售所谓的高仿产品，售价为正品的几十分之一，卖家也毫不隐瞒仿冒真相，购买者前往此处购物时心知肚明，"买假"是理性之下积极追求的结果。但在他们实际使用时，公众会认为这是正品。

这种混淆对商标权人的商品销量貌似不会产生影响，因为正品和假货的售价差距巨大，即使没有假货存在，这部分消费者可能也无力承担正品消费，有能力消费正品的群体也不会去购买仿冒品。但长期来看，若任由这种现象发展，对权利人的

---

① 参见最高人民法院（2017）最高法民再 273 号民事判决书。
② 参见北京市第一中级人民法院（2010）一中民终字第 2779 号判决书。
③ 参见北京知识产权法院（2015）京知民终字第 1828 号判决书。
④ Academy of Motion Picture Arts and Sciences v. Creative House Promotions. Inc，944F. 2d 1446, 1455（9th Cir. 1991）。

损害是巨大的。对于某些奢侈品牌的商业标识,其不但具有产品来源的识别功能,最重要的是该品牌还具有使用者身份和地位的表彰功能。消费者在消费商品的同时也是在消费品牌,除为商品本身买单之外,消费者也在为商品的品牌付费。低价仿冒品的增多无疑会摧毁该品牌商品的稀缺性,影响其表彰功能的发挥,导致品牌价值降低,从而影响潜在消费者未来对该种商品的消费选择[①]。如果侵权者生产的商品质量低劣,旁观者中的潜在消费者会在内心对商标权人的商品进行否定评价,因此,售后混淆往往会给商标权人的良好商誉和商业经营带来不利影响,使得商标权人的商誉受损,潜在客户流失。商标售后混淆制度对混淆时间点的向后延伸,体现了对商标权人权益保护的强化。

在河南加宝置业有限公司与上海金茂投资管理集团有限公司商标侵权纠纷上诉案中,针对上诉人河南加宝置业提出的主张——其在楼盘介绍时消费者知晓商品的出处,不会产生混淆,上海知识产权法院认为:"商标混淆有售前、售中、售后混淆三种。本案中,因楼盘项目名称中含'金茂'二字,会让消费者认为该项目系被上诉人的项目而慕名而来,从而产生售前混淆可能性;也可能让消费者认为上诉人系被上诉人关联公司或与被上诉人存在某种联系,从而产生售中混淆可能性;商品房销售后,涉案项目的消费者以外的一般公众,也可能认为该项目系被上诉人开发或与被上诉人有关,存在售后混淆的可能性。"[②]

第三节　侵犯注册商标专用权的行为表现

《商标法》第五十七条规定:"有下列行为之一的,均属侵犯注册商标专用权:(一)未经商标注册人的许可,在同一种商品上使用与其注册商标相同的商标的;(二)未经商标注册人的许可,在同一种商品上使用与其注册商标近似的商标,或者在类似商品上使用与其注册商标相同或者近似的商标,容易导致混淆的;(三)销售侵犯注册商标专用权的商品的;(四)伪造、擅自制造他人注册商标标识或者销售伪造、擅自制造的注册商标标识的;(五)未经商标注册人同意,更换其注册商标并将该更换商标的商品又投入市场的;(六)故意为侵犯他人商标专用权行为提供便利条件,帮助他人实施侵犯商标专用权行为的;(七)给他人的注册商标专用权造成其他损害的。"

一、在相同商品上使用与注册商标相同的商标

未经商标注册人的许可,在同一种商品上使用与其注册商标相同的商标,无论是否容易导致混淆,造成消费者的误认误购,均构成侵权。如在苹果公司与深圳唯冠公司的 IPAD 商标侵权纠纷案中,消费者并不会认为苹果公司销售的标注有"IPAD"注册商标的平板来自深圳唯冠公司,但依然构成侵权。根据国家知识产权

① 王迁. 知识产权法教程［M］. 5 版. 北京:中国人民大学出版社,2016:502-503.
② 参见上海知识产权法院(2020)沪 73 民终 322 号判决书。

局于 2020 年 6 月 15 日以国知发保字〔2020〕23 号通知印发的《商标侵权判断标准》第二十二条第一款、第二十三条第一款之规定：自行改变注册商标或者将多件注册商标组合使用，与他人在同一种商品或者服务上的注册商标相同的，或者在同一种商品或者服务上，将企业名称中的字号突出使用，与他人注册商标相同的，均属于《商标法》第五十七条第一项规定的商标侵权行为，即属于该种侵权行为表现。

二、在相同商品上使用与注册商标近似的商标，或在类似商品上使用与注册商标相同或者近似的商标，容易导致混淆的

《商标法》第五十七条第二项规定："未经商标注册人的许可，在同一种商品上使用与其注册商标近似的商标，或者在类似商品上使用与其注册商标相同或者近似的商标，容易导致混淆的。"具体情形可以细分为以下几种：①在相同商品上使用与注册商标近似的商标，容易导致混淆的。②在类似商品上使用与注册商标相同的商标，容易导致混淆的。③在类似商品上使用与注册商标近似的商标，容易导致混淆的。④根据《商标法实施条例》（2014 年修订）第七十六条规定，在同一种商品或者类似商品上将与他人注册商标相同或者近似的标志作为商品名称或者商品装潢使用，误导公众的，也属于《商标法》第五十七条第二项规定的侵犯注册商标专用权的行为。不指定颜色的注册商标，可以自由附着颜色，但以攀附为目的附着颜色，与他人在同一种或者类似商品或者服务上的注册商标近似、容易导致混淆的，属于商标侵权行为。

案例：丰田公司与吉利汽车商标侵权纠纷案

2002 年丰田公司称吉利汽车公司从 2000 年 5 月开始在其"美日汽车"上使用的车标（见图 11-1）酷似丰田"牛头"造型的注册商标（见图 11-2），对消费者造成误导而侵害了丰田商标权。北京第二中级人民法院审理认为：相关公众能够判断出吉利和丰田的图形商标在整体视觉上存在较大差异，两个图形商标主要部分的线条结构明显不同。并且汽车应属高价位商品，相关公众对于所购买或所使用的汽车的品牌、性能、价格、制造厂商，一般都要进行较为仔细的了解，深思熟虑后才会购买，购买后通过对汽车的使用、保养、维修等，能够进一步加深对该汽车品牌和制造厂商的认识和了解。上述经营者往往对所经营的汽车品牌有一定的熟知程度和较高水平的认识，并能够对不同品牌的汽车产品和制造厂商加以区别，具有较强的识别能力。法官将原告的丰田图形注册商标与吉利公司所使用的美日图形商标进行隔离观察比对，凭借上述相关公众的一般注意力，能够判断出二者在整体视觉上存在着较大的差异，两个图形商标主要部分的线条结构也明显不同，且汽车销售不同于一般的商品，各自有独立的销售场所，相关公众不会将二者混淆或误认。

图 11-1　美日汽车商标　　　　　图 11-2　丰田汽车商标

案例：茶商不察，相峙"金戈铁马"

【基本案情】2009 年云南的一位茶商曹某将"金戈铁马"文字与一片叶子的图形组合在一起，注册了一个图文组合商标（见图 11-3），使用于第 30 类"茶、蜂蜜、糖等商品"上，并许可给其投资设立的公司使用。云南某公司于 2010 年、2014年在第 30 类商品上分别注册了"松鹤延年"和"下关沱茶"商标。该公司在其生产的茶饼包装上，除标有自己的注册商标"下关沱茶"外，还在显著位置印有"甲午金戈铁马铁饼"字样，字体为简体字，"甲午"和"铁饼"字体较小，"金戈铁马"四字旁边还配有一匹腾空而起的奔马图案（见图 11-4）。

图 11-3　原告的注册商标　　　　　图 11-4　涉案的侵权包装

【典型意义】在同一种商品或者类似商品上将与他人注册商标相同或者近似的标志作为商品名称或者商品装潢使用，误导公众的，也属于《商标法》第五十七条第二项规定的侵犯注册商标专用权的行为。

此外，《商标侵权判断标准》第二十二条第二款：自行改变注册商标或者将多件注册商标组合使用，与他人在同一种或者类似商品或者服务上的注册商标近似、容易导致混淆的，属于《商标法》第五十七条第二项规定的商标侵权行为。第二十三条第二款：在同一种或者类似商品或者服务上，将企业名称中的字号突出使用，与他人注册商标近似、容易导致混淆的，属于《商标法》第五十七条第二项规定的商标侵权行为。第二十四条不指定颜色的注册商标，可以自由附着颜色，但以攀附为目的附着颜色，与他人在同一种或者类似商品或者服务上的注册商标近似、容易导致混淆的，属于《商标法》第五十七条第二项规定的商标侵权行为。注册商标知名度较高，涉嫌侵权人与注册商标权利人处于同一行业或者具有较大关联性的行业，且无正当理由使用与注册商标相同或者近似标志的，应当认定涉嫌侵权人具有攀附意图。

相关案例："名创优品"诉"优宿優品"商标侵权案

在该案中，被告魏磊注册了第 14106857 号"USUPSO"和第 13844017 号"优宿優品"商标，但被告广州优宿公司、北京优宿公司使用时，将"USUPSO"商标拆分为"USUP""SO"并添加笑脸图形，再与"优宿優品"商标组合使用，且在排列方式、排列位置上刻意靠近两涉案商标的外观和整体视觉效果（见图 11-5）。被告主张系对自己注册商标的正当使用，北京知识产权法院对此抗辩不予支持。法院认为被告广州优宿公司、北京优宿公司未经原告名创优品（横琴）企业管理有限公司许可，在第 35 类服务上将自己的注册商标变形使用，与原告方注册商标构成高度近似，构成对广东赛曼公司、名创优品公司商标（见图 11-6）专用权的侵害。一审判令被告优宿优品：①立即停止侵害原告名创优品在第 35 类服务上的"MINISO 名創優品"系列注册商标专用权的行为及涉案不正当竞争行为；②赔偿原告经济损失及合理开支共计 400 万元；③在指定网站或报刊中就其侵害商标权及涉案不正当竞争行为刊登声明、消除影响①。

图 11-5　涉案侵权商标

图 11-6　涉案"名创优品"商标

【典型意义】本案中被告注册了"USUPSO"和"优宿優品"商标，但在使用时，确将"USUPSO"注册商标拆分为"USUP""SO"并添加笑脸图形，再与"优宿優品"注册商标组合使用，且在排列方式、排列位置上刻意靠近两涉案商标的外观和整体视觉效果。即使商标中的每个要素都分别取得了注册商标，在使用时故意拆分、组合成与他人注册商标近似的商标，也会构成侵权。

三、销售侵犯注册商标专用权的商品的

销售侵权不考虑主观故意，无论是否知晓所销售的商品为侵犯他人注册商标专用权的产品，均属侵权。近几年很多知名品牌都在全国各地发起大规模的维权行动，我们把它称为"地毯式"的维权，很多小商户因此遭遇商标侵权诉讼。对经销侵犯他人注册商标专用权商品的认定，应注意区分是明知应知还是不知：销售不知道是侵犯注册商标专用权的商品，能证明该商品是自己合法取得的并说明提供者的，不承担赔偿责任。国家知识产权局 2020 年 6 月颁布的《商标侵权判断标准》（以下简称《标准》）中，规定了使用商品构成侵犯注册商标专用权的情形。《标准》第二十五条规定："在包工包料的加工承揽经营活动中，承揽人使用侵犯注册商标专用权商品的，属于《商标法》第五十七条第三项规定的商标侵权行为。"第二十六条："经营者在销售商品时，附赠侵犯注册商标专用权商品的，属于《商标法》第五十七条第三项规定的商标侵权行为。"

四、伪造、擅自制造或销售伪造、擅自制造的他人注册商标标识的

这是《商标法》第五十七条第四项规定的商标侵权行为的一种表现形式，是其他商标侵权行为的基础和源头。这种行为实际上是为直接混淆商标权人产品的不正当竞争行为制造条件。"伪造"是指没有合法取得印制商标资格的单位和个人，未经注册商标合法使用人委托，非法制造他人注册商标标识的行为；"擅自制造"是指取得商标印制资格的经营者，未经注册商标合法使用人委托或超出委托权限，非

① 参见北京知识产权法院（2019）京 73 民初 765 号民事判决。

211

法制造他人注册商标标识的行为。两者之间无包含关系或交叉关系。

五、反向假冒

（一）反向假冒的概念

反向假冒即未经商标注册人同意，更换其注册商标并将该更换商标的商品又投入市场的。早在1994年5月北京有一个案件，新加坡鳄鱼公司经销商以230元的单价购进北京市服装厂制作的枫叶牌西服，将附着于其上的"枫叶"注册商标更换成"鳄鱼"商标，然后在北京市百盛购物中心的"鳄鱼"服装专柜上以560元的单价出售给顾客，此举被北京市服装厂察觉而引发诉讼。一种观点认为，该行为是一种反向假冒商标行为，同假冒商标行为一样，性质为商标侵权；另一种观点则认为，该行为不属于商标侵权而为商标权的滥用，虽损及消费者权益，却与原告无关，故原告无诉权。由于当时商标法对此类行为没有规定，该案被长期搁置。其实按现行商标法的规定，该案新加坡鳄鱼公司经销商的行为就是典型的反向假冒行为。

（二）反向假冒的构成要件

①未经注册商标权人同意。未经注册商标权人同意实施更换，必然是故意的，假冒商标行为人动机主要在于借他人商标声誉销售自己的产品而从中牟利。当然，也有少数行为人旨在借此行为贬低他人商标声誉，挤垮竞争对手。如甲故意在自己生产的劣质产品上使用竞争对手乙的商标。反向假冒商标行为人主观动机主要是盗用他人产品声誉为自己创品牌及牟取不当利润，如外国厂商购进我国厂家生产的物美价廉的商品后换用自己的商标进行销售。②实施更换商标的行为。更换行为在此应做扩大解释，既包括去除原商标后换上自己的商标、也包括换上第三人商标或者取出后补贴任何商标的行为。③将该商品继续投入流通。如果更换商标的商品没有投入流通，只是自己使用，则不构成侵权。

（三）反向假冒行为的危害

假冒商标行为直接指向他人的注册商标，其实质在于盗用或贬损他人商标声誉；而反向假冒商标行为则直接指向他人生产的产品，其目的在于盗用或贬损他人的产品声誉。危害在于隐瞒了商品的真实来源，侵占了本该属于原商标权人的市场份额，减少了原商标权人推广自己品牌的机会，欺骗了消费者。

如万利达公司遭遇的反向侵权案。万利达公司拥有"malata"注册商标，2014年7月，万利达公司发现安装在宁波某商务楼的平板电脑与其制造的"malata"品牌平板电脑十分近似。经调查后发现，安装在该商务楼的24台平板电脑系由原告制造，在平板电脑背部标有"AOV"标识，覆盖了原本喷涂在此处的"malata"商标及原告的企业名称。上述涉案平板电脑系被告B公司从被告A公司购买并出售给被告C公司，C公司将涉案平板电脑安装在该商务楼。原告遂向法院起诉，请求判令：①三被告立即停止侵犯原告享有的"malata"注册商标专用权；②连带赔偿其经济损失70万元及维权合理支出4.5万元。法院经审理认为：被告A公司将其经授权使用的"AOV"商标覆盖在"malata"商标之上，并将更换了商标的平板电脑又投入市场，剥夺了原告向相关公众展示其商标的权利，妨碍了"malata"注册商标发挥识别作用的功能，构成商标侵权。被告 B、销售公司不知道销售的商品为侵权商品，且能证明涉案商品的合法来源，故不应承担赔偿责任。遂判决：三被告立即停止侵权；A 公司赔偿原告经济损失 30 万元及维权合理支出 4.5 万元。

六、帮助侵权

按照《商标法》第五十七条第（六）项之规定，故意为侵犯他人商标专用权行为提供便利条件，帮助他人实施侵犯商标专用权行为的，也属商标侵权。《商标法实施条例》第七十五条规定：为侵犯他人商标专用权提供仓储、运输、邮寄、印制、隐匿、经营场所、网络商品交易平台等，属于《商标法》第五十七条第（六）项规定的提供便利条件。明知、应当知道而故意忽视，或之前确实不知道，但知道后继续帮助均构成帮助侵权行为。作为市场主办方、展会主办方、柜台出租人、电子商务平台等经营者怠于履行管理职责，明知或者应知市场内经营者、参展方、柜台承租人、平台内电子商务经营者实施商标侵权行为而不予制止的；或者虽然不知情，但经商标执法相关部门通知或者商标权利人持生效的行政、司法文书告知后，仍未采取必要措施制止商标侵权行为的，均属于帮助侵权行为[①]。

帮助侵权责任主体并没有一个确定的范围，虽然大多数情况下商场和网络平台上居多，但也可能包括其他主体。这个责任主体范围有多大，法律上没有一个确定的界限，学术界也存在一定争议。有的法院将所有为他人实施商标侵权行为起到重要作用的主体都纳入帮助侵权人范围。有人主张，不能将帮助侵权人仅限于那些帮助侵权人欺骗消费者的人，还应当追究那些应当意识到自己的行为会为不当使用商标提供机会的人。如提供信用卡服务的公司一般不会被追究帮助侵权人的责任，但是在美国某些案件判决中，为销售侵权商品的网站提供信用卡服务的公司和企业也被追究帮助侵权责任，支付平台提供商被法院认为具有故意忽视的情节。如在 Gucci America Inc. v. Frontline Processing Corp 案中，美国法院认为虽然作为提供支付服务的被告人并没有主动或有意识地去促使或推动第三方实施商标侵权行为，但是由于他明知购买其服务的侵权人的侵权事实，或故意忽视的侵权事实，且被告人有能力控制侵权人所使用的工具手段而不阻止侵权，仍然为其提供服务，所以被告人仍然承担帮助侵权责任[②]。

七、其他表现

关于《商标法》第五十七条第（七）项规定的给他人注册商标专用权造成其他损害的行为，在《最高人民法院关于审理商标民事纠纷案件适用法律若干问题的解释》第一条里列举规定了三种行为表现：

（1）将与他人注册商标相同或者相近似的文字作为企业的字号在相同或者类似商品上突出使用，容易使相关公众产生误认的；该司法解释的本条规定与《商标法》

[①] 参见国家知识产权局 2020 年 6 月 15 日以国知发保字〔2020〕23 号通知印发的《商标侵权判断标准》第三十条。

[②] 刘云飞. 商标侵权中网络服务商的帮助侵权责任认定 [J]. 知识产权与市场竞争，2019 (4).

第五十八条及《商标侵权判断标准》第二十三条的规定有交叉重合。《商标法》第五十八条："将他人注册商标、未注册的驰名商标作为企业名称中的字号使用，误导公众，构成不正当竞争行为的，依照《中华人民共和国反不正当竞争法》处理。"根据《商标法》第五十八条之规定，只要字号与他人注册商标、未注册的驰名商标相同，误导公众，就属于不正当竞争，不论使用的商品或者服务是否相同或类似，亦不论使用方式是否"突出"。该司法解释将作为字号使用行为中的，与他人注册商标"相同或近似"的字号在"相同或类似的"商品或者服务上"突出"使用的行为，列入《商标法》第五十七条第（七）项规定的给他人注册商标专用权造成其他损害的行为。

《商标侵权判断标准》第二十三条："在同一种商品或者服务上，将企业名称中的字号突出使用，与他人注册商标相同的，均属于商标法第五十七条第一项规定的商标侵权行为；在同一种或者类似商品或者服务上，将企业名称中的字号突出使用，与他人注册商标近似、容易导致混淆的，属于商标法第五十七条第二项规定的商标侵权行为。"可见国家知识产权局在执法实践中，将本司法解释里所述情形进一步细分，将与注册商标相同的字号突出使用在相同商品或者服务上的行为，认定为属于《商标法》第五十七条第一项规定的商标侵权行为，即相同侵权。若将与注册商标近似的字号在同一种或者类似商品或者服务上突出使用，容易导致混淆的，则认定为属于《商标法》第五十七条第二项规定的商标侵权行为，我们暂且称它为"混淆侵权"。

类似案件如"庆丰包子"侵权案，一名叫徐庆丰的自然人在山东成立山东庆丰餐饮公司，被北京庆丰包子铺起诉商标侵权。徐庆丰认为自己享有合法的姓名权，可以合理使用自己的姓名。山东高院认定其不侵权。最高院认为，徐庆丰曾在北京餐饮行业工作，应当知道庆丰包子铺商标的知名度和影响力，却仍在其网站、经营场所突出使用与庆丰包子铺注册商标相同或相近似的商标，明显具有攀附庆丰包子铺注册商标知名度的恶意，容易使相关公众产生误认，属于给他人注册商标专用权造成其他损害的行为，其行为不属于对该公司法定代表人姓名的合理使用①。

（2）复制、模仿、翻译他人注册的驰名商标或其主要部分在不相同或者不相类似商品上作为商标使用，误导公众，致使该驰名商标注册人的利益可能受到损害的。如"百度烤肉"侵权案，京百度餐饮公司等在所经营的店铺名称、装潢、广告宣传、微信公众号、美团 APP 等处使用大量"百度""百度烤肉""百度食糖"等标识。百度公司发现后将其诉至法院，法院根据百度公司提交的证据认定"百度"构成驰名商标，被告使用与"百度"相近似的"京百度"作为企业字号，具有攀附"百度"商标声誉、"搭便车"的主观故意，客观上也容易导致相关公众误认为被告与百度公司之间存在关联关系，造成服务来源的混淆，构成商标侵权及不正当竞争。2021 年 12 月份北京知识产权法院适用 3 倍惩罚性赔偿，判决京百度餐饮公司等五公司赔偿百度公司经济损失及合理支出 230 余万元。另有"微信食品"商标侵权

---

① 参见最高人民法院（2016）最高法民再 238 号判决书。

案，微信食品公司等在线上商城、生态体验餐厅、社区生活营行等大量使用"微信食品"标志。2018年12月14日北京知产法院依据腾讯公司提交的有关微信食品公司侵权获利的详细数据，结合腾讯公司"微信""Wechat"商标极高的知名度和品牌价值，以及被告极明显的恶意，确定了本案1 000万元的赔偿额。2019年8月北京高院二审维持判赔额，但对合理开支做了微调。

（3）将与他人注册商标相同或者相近似的文字注册为域名，并且通过该域名进行相关商品交易的电子商务，容易使相关公众产生误认的。根据《最高人民法院关于审理涉及计算机网络域名民事纠纷案件适用法律若干问题的解释》第四条之规定："人民法院审理域名纠纷案件，对符合以下各项条件的，应当认定被告注册、使用域名等行为构成侵权或者不正当竞争：（一）原告请求保护的民事权益合法有效；（二）被告域名或其主要部分构成对原告驰名商标的复制、模仿、翻译或音译；或者与原告的注册商标、域名等相同或近似，足以造成相关公众的误认；（三）被告对该域名或其主要部分不享有权益，也无注册、使用该域名的正当理由；（四）被告对该域名的注册、使用具有恶意。"

上述四个要件均都具备方构成侵权，若被告对自己注册的域名具有合法利益或正当理由，则不构成侵权。比如在深圳市宏亿邦电子有限公司与百利达（上海）商贸有限公司商标侵权不正当竞争纠纷案中，原告深圳市宏亿邦电子有限公司拥有"TANITA特需他"注册商标，核准使用在第9类商品"酒精测试仪"上，发现被告百利达（上海）商贸有限公司在域名为"tanita.com.cn"的网站上销售和宣传酒精测试仪、口气测试仪。原、被告均系销售酒精测试仪的企业，被告企业网站使用该域名销售相关产品，容易使相关公众误认为此网站属于原告设立或者原、被告之间存在某种联系，侵犯了原告的注册商标专用权，同时构成了不正当竞争。法院查明："tanita.com.cn"域名是案外人东莞百利达健康器材有限公司于2000年注册，并于2006年授权被告开立网站进行商业使用。东莞百利达健康器材有限公司经株式会社百利达授权，使用"TANITA"注册商标生产销售磅秤等各类衡量器具。"TANITA"同时也是被告商号，被告长期销售TANITA商标的磅秤等各类衡量器具商品，具有一定知名度。法院认为百利达公司基于其商号"TANI-TA"与注册商标"TANITA"，对域名"tanita.com.cn"中的英文部分"TANI-TA"具有合法权益，拥有注册该域名的正当理由，据此驳回了原告的诉讼请求①。

关于"恶意"的认定标准，该司法解释第五条规定，被告的行为被证明具有下列情形之一的，人民法院应当认定其具有恶意：①为商业目的将他人驰名商标注册为域名的；②为商业目的注册、使用与原告的注册商标、域名等相同或近似的域名，故意造成与原告提供的产品、服务或者原告网站的混淆，误导网络用户访问其网站或其他在线站点的；③曾要约高价出售、出租或者以其他方式转让该域名获取不正当利益的；④注册域名后自己并不使用也未准备使用，而有意阻止权利人注册该域名的；⑤具有其他恶意情形的。但若被告能够举证证明，在纠纷发生前其所持有的

215

---

① 参见上海市黄浦区人民法院（2015）黄浦民三（知）初字第49号判决书。

域名已经获得一定的知名度，且能与原告的注册商标、域名等相区别，或者具有其他情形足以证明其不具有恶意的，人民法院可以不认定被告具有恶意。人民法院在审理域名纠纷案件时，根据当事人的请求以及案件的具体情况，也可以对涉及的注册商标是否驰名依法做出认定。

课后复习题：

1. 商标侵权的构成要件有哪些？
2. 商标侵权的行为表现有哪些？
3. 反向假冒侵权行为的构成要件有哪些？
4. 反向假冒侵权行为的危害是什么？
5. 域名侵权的构成要件有哪些？
6. 试列举一下属于容易导致混淆的情形。
7. 辨析反向混淆、售前混淆、售后混淆的概念。

第十二章　注册商标专用权的侵权处理

第一节　商标侵权纠纷的处理途径

《商标法》第六十条规定："侵犯注册商标专用权引起的纠纷，由当事人协商解决；不愿协商或协商不成的，商标注册人或者利害关系人可以向人民法院起诉，也可以请求工商行政管理部门处理。"

一、自行协商

若商标注册人或者利害关系人发现侵权行为，可以有多种解决方式，自行协商是最灵活、便捷的一种方式。当然不是所有的纠纷都可以协商成功的，仅有一部分案件适合协商且有成功的可能性。例如，某餐饮服务商标权人发现有人正在装修饭店准备开张营业，而其使用的商标与自己的注册商标相同，这时可以先发个侵权警告函，若对方接到后停止使用了，则维权目的很快就可得以实现。再如，被许可人超越商标使用许可合同授权的商品范围使用商标，从而引发的商标侵权纠纷，也可以先尝试协商。

二、提请知识产权调解中心调解

大部分的侵权纠纷是无法协商的，对于无协商可能的侵权纠纷，可以考虑寻求其他救济途径。目前国家推进建立多元化解决知识产权纠纷的机制，人民调解作为多元化解决知识产权纠纷的重要手段，具有成本低、自治性强、专业性强等优势，是破解当前知识产权纠纷存在举证难、周期长、成本高、效果差等难题的有效途径。近年来多地成立了知识产权调解中心。当事人也可以将商标纠纷提交知识产权调解中心请求调解解决。

三、请求市场监督管理部门处理

市场监督管理部门对自行发现的、公众举报的、商标注册人或者利害关系人提出处理请求的商标侵权案件，有权依法进行查处。县级以上市场监督管理部门根据已经取得的违法嫌疑证据或者举报，对涉嫌侵犯他人注册商标专用权的行为进行查处时，可以根据《商标法》第六十二条赋予的以下职权进行调查：①询问有关当事人，调查与侵犯他人注册商标专用权有关的情况；②查阅、复制当事人与侵权活动有关的合同、发票、账簿以及其他有关资料；③对当事人涉嫌从事侵犯他人注册商标专用权活动的场所实施现场检查；④检查与侵权活动有关的物品；对有证据证明是侵犯他人注册商标专用权的物品，可以查封或者扣押。当事人在商标执法部门依法行使前款规定的职权时，应当予以协助、配合，不得拒绝、阻挠。

在查处商标侵权案件过程中，对商标权属存在争议或者权利人同时向人民法院提起商标侵权诉讼的，市场监督管理部门可以中止案件的查处，中止原因消除后，应当恢复或者终结案件查处程序。正在国家知识产权局审理或者人民法院诉讼中的下列案件：注册商标处于无效宣告中的、注册商标处于续展宽展期的、注册商标权属存在其他争议情形的，可以适用前述"中止"的规定①。

《商标法实施条例》第八十一条规定："涉案注册商标权属正在商标局、商标评审委员会审理或者人民法院诉讼中，案件结果可能影响案件定性的，属于商标法第六十二条第三款规定的商标权属存在争议。"对于"涉嫌侵权商标已获初步审定公告或处于异议程序的情形"是否属于商标权属存在争议的情形？广东省知识产权局曾专门就该问题向国家知识产权局发函请示。2021年11月24日，国家知识产权局经研究批复如下：对于涉嫌侵权商标已获初步审定公告或处于异议程序的情形，因其尚未获得注册商标专用权，一般不中止案件的审理。但考虑到涉嫌侵权商标的权利状态可能对案件定性产生影响，执法部门可以结合涉嫌侵权商标的实际使用情况、被异议的情况等具体案情决定是否中止案件的查处②。

市场监督管理部门处理时，认定侵权行为成立的，会做出责令立即停止侵权行为，没收、销毁侵权商品和侵权工具的处理决定，并可处以罚款；但对侵犯商标专用权的赔偿数额，市场监督管理部门不能直接做出认定，只能应当事人的请求进行调解，经市场监督管理部门调解，当事人未达成协议或者调解书生效后不履行的，商标注册人或者利害关系人可以依照《中华人民共和国民事诉讼法》向人民法院起

---

① 参见 2020 年 6 月 15 日国家知识产权局印发的《商标侵权判断标准》（国知发保字〔2020〕23 号）第三十五条的规定。

② 参见《国家知识产权局关于涉嫌侵权商标已获初步审定公告或被异议等程序问题的批复》国知发保函字（2021）191 号。

广东省知识产权局：

《广东省知识产权局关于〈商标法〉第六十二条第三款规定的"对商标权属存在争议"是否包括被举报涉嫌侵权商标已获初步审定公告或被异议情形的请示》（粤知〔2021〕97 号）收悉。经研究，现批复如下：

《商标法》第六十二条第三款规定："在查处商标侵权案件过程中，对商标权属存在争议或者权利人同时向人民法院提起商标侵权诉讼的，工商行政管理部门可以中止案件的查处。中止原因消除后，应当恢复或者终结案件查处程序。"《商标法实施条例》第八十一条规定："涉案注册商标权属正在商标局、商标评审委员会审理或者人民法院诉讼中，案件结果可能影响案件定性的，属于商标法第六十二条第三款规定的商标权属存在争议。"

对于涉嫌侵权商标已获初步审定公告或处于异议程序的情形，因其尚未获得注册商标专用权，一般不中止案件的审理。但考虑到涉嫌侵权商标的权利状态可能对案件定性产生影响，执法部门可以结合涉嫌侵权商标的实际使用情况、被异议的情况等具体案情决定是否中止案件的查处。

特此批复。

国家知识产权局
2021 年 11 月 24 日

诉。商标注册人或者利害关系人也可以不请求调解赔偿数额，而依照《中华人民共和国民事诉讼法》直接向人民法院提起诉讼。

四、向法院提起商标侵权诉讼

前几种纠纷解决方式尽管成本低、周期短，但由于自行协商成功的可能性比较小，而请求市场监督管理部门处理，赔偿金额方面不能达成调解协议的话，最终还要走司法途径。因此目前绝大部分商标注册人或者利害关系人采取的维权方式是直接向法院提起侵权之诉。但这种方式相较于前几种方式而言，取证难、成本高、周期长，加上赔偿数额偏低、执行不顺，很多商标注册人或者利害关系人只得无奈放任侵权发生，长此以往，会助长商标侵权之风，挫伤创新创业者的积极性。

针对这种状况，2020 年 4 月 15 日最高人民法院发布了《关于全面加强知识产权司法保护的意见》（法发〔2020〕11 号）。该意见指出知识产权司法保护是知识产权保护体系的重要力量，发挥着不可替代的关键作用。全面加强知识产权司法保护，不仅是我国遵守国际规则、履行国际承诺的客观需要，更是我国推动经济高质量发展、建设更高水平开放型经济新体制的内在要求。准确把握知识产权司法保护服务大局的出发点和目标定位，为创新型国家建设、社会主义现代化强国建设、国家治理体系和治理能力现代化提供有力的司法服务和保障。

意见要求着力解决突出问题，增强司法保护实际效果，具体而言要：①切实降低知识产权维权成本。制定知识产权民事诉讼证据司法解释，完善举证责任分配规则、举证妨碍排除制度和证人出庭作证制度，拓宽电子数据证据的收集途径，准确把握电子数据规则的适用，依法支持当事人的证据保全、调查取证申请，减轻当事人的举证负担。②大力缩短知识产权诉讼周期。积极开展繁简分流试点工作，推进案件繁简分流、轻重分离、快慢分道。深化知识产权裁判方式改革，实现专利商标民事、行政程序的无缝对接，防止循环诉讼。严格依法掌握委托鉴定、中止诉讼、发回重审等审查标准，减少不必要的时间消耗。依法支持知识产权行为保全申请，为裁判的及时执行创造条件。③有效提高侵权赔偿数额。充分运用市场监督管理及税务部门、第三方商业平台、侵权人网站或上市文件显示的相关数据以及行业平均利润率等，依法确定侵权获利情况。综合考虑知识产权市场价值、侵权人主观过错以及侵权行为的持续时间、影响范围、后果严重程度等因素，合理确定法定赔偿数额。对于情节严重的侵害知识产权行为，依法从高确定赔偿数额，依法没收、销毁假冒或盗版商品以及主要用于侵权的材料和工具，有效阻遏侵害知识产权行为的再次发生。④依法制止不诚信诉讼行为。妥善审理因恶意提起知识产权诉讼损害责任纠纷，依法支持包括律师费等合理支出在内的损害赔偿请求。强化知识产权管辖纠纷的规则指引，规制人为制造管辖连接点、滥用管辖权异议等恶意拖延诉讼的行为。研究将违反法院令状、伪造证据、恶意诉讼等不诚信的诉讼行为人纳入全国征信系统。⑤有效执行知识产权司法裁判。结合知识产权案件特点，全面优化知识产权案件执行管辖规则。研究完善行为保全和行为执行工作机制。制定知识产权裁判执行实施计划和工作指南，充分运用信息化网络查控、失信联合信用惩戒等手段加大裁判的执行力度，确保知识产权裁判得以有效执行。

219

第二节　商标纠纷案件的诉讼时效和管辖规则

一、诉讼时效

（一）诉讼时效的期间

2017 年 10 月 1 日实行的《民法总则》将我国原来的普通诉讼时效由两年改为三年，商标领域的民事纠纷案件相应地也遵照执行。2020 年 12 月 23 日最高人民法院审判委员会第 1823 次会议通过了《最高人民法院关于审理商标民事纠纷案件适用法律若干问题的解释》的修正，将原来的诉讼时效由两年改为三年，与现行的《民法典》保持一致。该司法解释第十八条规定："侵犯注册商标专用权的诉讼时效为三年，自商标注册人或者利害权利人知道或者应当知道权利受到损害以及义务人之日起计算。商标注册人或者利害关系人超过三年起诉的，如果侵权行为在起诉时仍在持续，在该注册商标专用权有效期限内，人民法院应当判决被告停止侵权行为，侵权损害赔偿数额应当自权利人向人民法院起诉之日起向前推算三年计算。"

（二）诉讼时效的起算点

《最高人民法院关于审理商标民事纠纷案件适用法律若干问题的解释》第十八条在 2002 年制定时规定的诉讼时效起算点是："自商标注册人或者利害权利人知道或者应当知道侵权行为之日起计算。"该司法解释于 2021 年 1 月 1 日修正实施之后改为："自商标注册人或者利害权利人知道或者应当知道权利受到损害以及义务人之日起计算。"在权利人仅知道侵权行为存在，不知道侵权人是谁的情况下，是无法启动维权程序的。但按修改前的规则，诉讼时效已经开始起算，若事实上权利人在三年后才确定具体的侵权人，而此时诉讼时效已过，尽管权利人依然不丧失诉权，但赔偿金额方面对权利人极为不利，对权利人不公平。修改后的规则更科学、合理，有利于保护商标注册人或利害关系人的合法利益。

此条款中的"利害权利人"和"利害关系人"含义没有区别，都是指注册商标使用许可合同的被许可人、注册商标财产权利的合法继承人等。在发生注册商标专用权被侵害时，独占使用许可合同的被许可人可以向人民法院提起诉讼；排他使用许可合同的被许可人可以和商标注册人共同起诉，也可以在商标注册人不起诉的情况下，自行提起诉讼；普通使用许可合同的被许可人经商标注册人明确授权，可以提起诉讼[①]。

（三）超期起诉的后果

商标注册人或者利害关系人超过三年起诉的，如果侵权行为在起诉时仍在持续，在该注册商标专用权有效期限内，人民法院应当判决被告停止侵权行为，侵权损害赔偿数额应当自权利人向人民法院起诉之日起向前推算三年计算。该规则是为了督促权利人及时行使权利，尽早解决纠纷，避免时间过长取证、查证困难；同时也防

---

① 参见《最高人民法院关于审理商标民事纠纷案件适用法律若干问题的解释》第四条。

止一些权利人故意放纵他人侵权，待到对方有实际获利或获利可观时再行维权，以获得较高赔偿金。对这种"放水养鱼"的知识产权钓鱼行为，法律不能予以鼓励，为此法律设置了不利于权利人的规则，算是对怠于维权行为的一个"惩罚"。

二、管辖规则

（一）事项管辖规则

根据《最高人民法院关于商标法修改决定施行后商标案件管辖和法律适用问题的解释》① 第一条之规定，人民法院受理以下商标案件：①不服国家知识产权局作出的复审决定或者裁定的行政案件；②不服国家知识产权局作出的有关商标的其他行政行为的案件；③商标权权属纠纷案件；④侵害商标权纠纷案件；⑤确认不侵害商标权纠纷案件；⑥商标权转让合同纠纷案件；⑦商标使用许可合同纠纷案件；⑧商标代理合同纠纷案件；⑨申请诉前停止侵害注册商标专用权案件；⑩申请停止侵害注册商标专用权损害责任案件；⑪申请诉前财产保全案件；⑫申请诉前证据保全案件；⑬其他商标案件。

（二）地域管辖规则

《最高人民法院关于商标法修改决定施行后商标案件管辖和法律适用问题的解释》第二条规定：不服商标评审委员会作出的复审决定或者裁定的行政案件及国家知识产权局作出的有关商标的具体行政行为案件，由北京市有关中级人民法院管辖，目前是北京知识产权法院负责管辖该类一审案件。商标民事案件依然遵循原告就被告的一般地域管辖原则，其中商标权转让合同纠纷案件、商标使用许可合同纠纷案件、商标代理合同纠纷案件由被告住所地或合同履行地法院管辖，当事人也可以在合同中约定由合同签订地、原告住所地、被告住所地、合同履行地等与争议有实际联系的地点的人民法院管辖；商标侵权纠纷案件由侵权行为地（包括侵权行为实施地和侵权结果发生地）或被告住所地法院管辖。

《最高人民法院关于审理商标民事纠纷案件适用法律若干问题的解释》第六条规定：因侵犯注册商标专用权行为提起的民事诉讼，由侵权行为的实施地、侵权商品的储藏地或者查封扣押地、被告住所地人民法院管辖。前款规定的侵权商品的储藏地，是指大量或者经常性储存、隐匿侵权商品所在地；查封扣押地，是指海关等行政机关依法查封、扣押侵权商品所在地。第七条规定：对涉及不同侵权行为实施地的多个被告提起的共同诉讼，原告可以选择其中一个被告的侵权行为实施地人民法院管辖；仅对其中某一被告提起的诉讼，该被告侵权行为实施地的人民法院有管辖权。

（三）级别管辖规则

《最高人民法院关于商标法修改决定施行后商标案件管辖和法律适用问题的解释》第三条规定："第一审商标民事案件，由中级以上人民法院及最高人民法院指

221

---

① 该解释于2014年2月10日最高人民法院审判委员会第1606次会议通过，根据2020年12月23日最高人民法院审判委员会第1823次会议通过的《最高人民法院关于修改〈最高人民法院关于审理侵犯专利权纠纷案件应用法律若干问题的解释（二）〉等十八件知识产权类司法解释的决定》修正。

定的基层人民法院管辖。涉及对驰名商标保护的民事、行政案件，由省、自治区人民政府所在地市、计划单列市、直辖市辖区中级人民法院及最高人民法院指定的其他中级人民法院管辖。"成立知识产权法院的由知识产权法院受理，如北京、上海知识产权法院管辖各自所在市辖区内的涉驰名商标认定的民事一审案件，广州知识产权法院管辖广东省内的涉驰名商标认定的民事一审案件。

为实现技术类知产案件审理的及时有效、标准统一，自2017年起最高人民法院陆续批复在成都、南京、苏州等26地相关中级人民法院内设立知识产权法庭，目前共设26家知识产权法庭；加上2014年以来先后挂牌成立的北京、广州、上海、海南自由贸易港四家知识产权法院和2019年1月1日挂牌成立的最高人民法院知识产权法庭，截至2022年2月8日，已形成1+4+26的知识产权司法保护格局，统一审理专业技术性较强的民事、行政知识产权案件。

为进一步明确北京、上海、广州知识产权法院的案件管辖，最高人民法院根据《中华人民共和国民事诉讼法》《中华人民共和国行政诉讼法》《全国人民代表大会常务委员会关于在北京、上海、广州设立知识产权法院的决定》等规定，制定了《最高人民法院关于北京、上海、广州知识产权法院案件管辖的规定》①。该规定明确了知识产权法院管辖所在市辖区内的专利、植物新品种、集成电路布图设计、技术秘密、计算机软件民事和行政一审案件；对国务院部门或者县级以上地方人民政府所作的涉及著作权、商标、不正当竞争等行政行为提起诉讼的行政一审案件；涉及驰名商标认定的民事一审案件。其中北京知识产权法院还管辖因不服国务院部门作出的有关商标的授权确权裁定、决定和其他行政行为而产生的一审行政案件。广州知识产权法院对广东省内涉及驰名商标认定的民事案件实行跨区域管辖，广东省其他中级人民法院和各基层人民法院不再受理此类案件。

北京市、上海市各中级人民法院和广州市中级人民法院不再受理知识产权民事和行政案件，由该地的知识产权法院管辖。北京市、上海市、广州市各基层人民法院不再受理涉及驰名商标认定的民事案件，但对其他商标民事纠纷案件依然有管辖权，由此产生的上诉案件由前述对应的知识产权法院审理。当事人对知识产权法院作出的第一审判决、裁定提起的上诉案件和依法申请上一级法院复议的案件，由知识产权法院所在地的高级人民法院知识产权审判庭审理。

（四）标的额巨大案件的级别管辖规则

为适应新时代审判工作发展要求，合理定位四级法院民事审判职能，促进矛盾纠纷化解重心下移，2019年4月最高人民法院下发了《关于调整高级人民法院和中级人民法院管辖第一审民事案件标准的通知》②：根据该通知的精神，诉讼标的额在50亿元（人民币）以上（包含本数）或者其他在本辖区有重大影响的第一审商标民事案件由高级人民法院管辖。诉讼标的额在50亿元（人民币）以下（不包含本数）

---

① 该规定于2014年10月27日最高人民法院审判委员会第1628次会议通过，根据2020年12月23日最高人民法院审判委员会第1823次会议通过的《最高人民法院关于修改〈最高人民法院关于审理侵犯专利权纠纷案件应用法律若干问题的解释（二）〉等十八件知识产权类司法解释的决定》修正。

② 该通知即法发〔2019〕14号，2019年5月1日起实施。第四条：知识产权民事案件的级别管辖标准按照本通知执行，但《最高人民法院关于知识产权法庭若干问题的规定》第二条所涉案件类型除外。

的第一审商标民事案件，除应当由经最高人民法院指定具有一般商标民事案件管辖权的基层人民法院管辖的以外，均由中级人民法院管辖。经最高人民法院指定具有一般商标民事案件管辖权的基层人民法院，可以管辖诉讼标的额在 500 万元以上 1 000 万元以下且当事人住所地均在其所属高级或中级人民法院辖区的第一审一般商标民事案件，具体标准由有关高级人民法院自行确定并报最高人民法院批准①。

第三节　商标侵权案件的诉讼规则

一、保全规则

（一）证据保全规则

《商标法》第六十六条规定：为制止侵权行为，在证据可能灭失或者以后难以取得的情况下，商标注册人或者利害关系人可以依法在起诉前向人民法院申请保全证据。人民法院对于当事人或者利害关系人的证据保全申请，应当结合下列因素进行审查：申请人是否已就其主张提供初步证据；证据是否可以由申请人自行收集；证据灭失或者以后难以取得的可能性及其对证明待证事实的影响；可能采取的保全措施对证据持有人的影响。

人民法院进行证据保全，可以要求当事人或者诉讼代理人到场，必要时可以根据当事人的申请通知有专门知识的人到场，也可以指派技术调查官参与证据保全。证据为案外人持有的，人民法院可以对其持有的证据采取保全措施。人民法院采取保全措施时，应当以有效固定证据为限，尽量减少对保全标的物价值的损害和对证据持有人正常生产经营的影响。当事人对人民法院的证据保全行为应当予以配合，无正当理由拒不配合或妨碍证据保全，致使无法保全证据的，人民法院可以确定由其承担不利后果。人民法院进行证据保全，应当制作笔录、保全证据清单，记录保全时间、地点、实施人、在场人、保全经过、保全标的物状态，由实施人、在场人签名或者盖章。有关人员拒绝签名或者盖章的，不影响保全的效力，人民法院可以在笔录上记明并拍照、录像。被申请人对证据保全的范围、措施、必要性等提出异议并提供相关证据，人民法院经审查认为异议理由成立的，可以变更、终止、解除证据保全②。

（二）行为保全规则

《商标法》第六十五条规定：商标注册人或者利害关系人有证据证明他人正在实施或者即将实施侵犯其注册商标专用权的行为，如不及时制止将会使其合法权益

---

① 参见《最高人民法院关于调整地方各级人民法院管辖第一审知识产权民事案件标准的通知》（法发〔2010〕5 号）第二条：中级人民法院管辖上述标准以下，除应当由经最高人民法院指定具有一般知识产权民事案件管辖权的基层人民法院管辖的案件之外的知识产权民事案件。第三条：经最高人民法院指定具有一般知识产权民事案件管辖权的基层人民法院可以管辖诉讼标的额在 500 万元以下的第一审一般知识产权民事案件，以及诉讼标的额在 500 万元以上 1 000 万元以下且当事人住所地均在其所属高级或中级人民法院辖区的第一审一般知识产权民事案件，具体标准由有关高级人民法院自行确定并报最高人民法院批准。

② 参见《最高人民法院关于知识产权民事诉讼证据的若干规定》第十一至十八条的规定。

受到难以弥补的损害的，可以依法在起诉前向人民法院申请采取责令停止有关行为和财产保全的措施。由于行为保全尤其是诉前行为保全作为一种严厉的提前介入的临时性救济措施，对双方当事人的利益都有着重大的影响，因此要慎重对待。为正确审查知识产权纠纷行为保全案件，及时有效保护当事人的合法权益，最高人民法院专门对行为保全适用法律问题做出规定①。申请诉前行为保全，应当向被申请人住所地具有相应知识产权纠纷管辖权的人民法院或者对案件具有管辖权的人民法院提出。当事人约定仲裁的，应当向前款规定的人民法院申请行为保全。当事人在仲裁过程中申请行为保全的，应当通过仲裁机构向人民法院提交申请书、仲裁案件受理通知书等相关材料。人民法院裁定采取行为保全措施或者裁定驳回申请的，应当将裁定书送达当事人，并通知仲裁机构。

当事人申请行为保全应当递交申请书和相应证据并按规定交纳申请费。申请书应当载明下列事项：①申请人与被申请人的身份、送达地址、联系方式；②申请采取行为保全措施的内容和期限；③申请所依据的事实、理由，包括被申请人的行为将会使申请人的合法权益受到难以弥补的损害或者造成案件裁决难以执行等损害的具体说明；④为行为保全提供担保的财产信息或资信证明，或者不需要提供担保的理由；⑤其他需要载明的事项。

人民法院接到当事人的行为保全申请后，要进行审查。审查行为保全申请，应当综合考量下列因素：①申请人的请求是否具有事实基础和法律依据，包括请求保护的知识产权效力是否稳定。判断申请人请求保护的知识产权效力是否稳定，应当综合考量下列因素：所涉权利是否处于宣告无效或者撤销程序中以及被宣告无效或者撤销的可能性；所涉权利是否存在权属争议；或是否存在可能导致所涉权利效力不稳定的其他因素。②不采取行为保全措施是否会使申请人的合法权益受到难以弥补的损害或者造成案件裁决难以执行等损害。当被申请人的行为将会侵害申请人享有的商誉且造成无法挽回的损害；被申请人的行为将会导致侵权行为难以控制且显著增加申请人损害；被申请人的侵害行为将会导致申请人的相关市场份额明显减少等情形时，即可认定若不采取行为保全措施将会使申请人的合法权益受到难以弥补的损害。③不采取行为保全措施对申请人造成的损害是否超过采取行为保全措施对被申请人造成的损害。④采取行为保全措施是否损害社会公共利益。⑤其他应当考量的因素。

人民法院裁定采取行为保全措施前，应当询问申请人和被申请人，但当诉争的商标权即将被非法处分；申请人的商标权在展销会等时效性较强的场合正在或者即将受到侵害；时效性较强的热播节目正在或者即将受到侵害等情形时，若不立即采取行为保全措施就会损害申请人利益的紧急情况时，或者询问可能影响保全措施执行等情形除外。人民法院裁定采取行为保全措施或者裁定驳回申请的，应当向申请人、被申请人送达裁定书。向被申请人送达裁定书可能影响采取保全措施的，人民法院可以在采取保全措施后及时向被申请人送达裁定书，最迟不得超过五日。

---

① 2018 年 11 月 26 日最高人民法院审判委员会第 1755 次会议通过了《最高人民法院关于审查知识产权纠纷行为保全案件适用法律若干问题的规定》，该规定自 2019 年 1 月 1 日起施行。

申请人申请行为保全的，应当依法提供担保。申请人提供的担保数额，应当相当于被申请人可能因执行行为保全措施所遭受的损失，包括责令停止侵权行为所涉产品的销售收益、保管费用等合理损失。在执行行为保全措施过程中，被申请人可能因此遭受的损失超过申请人担保数额的，人民法院可以责令申请人追加相应的担保。申请人拒不追加的，可以裁定解除或者部分解除保全措施。人民法院采取的行为保全措施，一般不因被申请人提供担保而解除，但是申请人同意的除外。

人民法院裁定采取行为保全措施的，应当根据申请人的请求或者案件具体情况等因素合理确定保全措施的期限。裁定停止侵害知识产权行为的效力，一般应当维持至案件裁判生效时止。人民法院裁定采取保全措施后，除做出保全裁定的人民法院自行解除或者其上级人民法院决定解除外，在保全期限内，任何单位不得解除保全措施。人民法院根据申请人的请求、追加担保等情况，可以裁定继续采取保全措施。申请人请求续行保全措施的，应当在期限届满前七日内提出。当事人不服行为保全裁定可以申请复议，人民法院应当在收到复议申请后十日内审查并作出裁定。

若存在申请人采取行为保全措施后三十日内不依法提起诉讼或者申请仲裁；行为保全措施因请求保护的商标权被宣告无效等原因自始不当；申请责令被申请人停止侵害商标权或者不正当竞争，但生效裁判认定不构成侵权或者不正当竞争；或其他申请有错误的情形；属于《民事诉讼法》第一百零五条规定"申请有错误"，申请人应当赔偿被申请人因保全所遭受的损失，申请人撤回行为保全申请或者申请解除行为保全措施的，不因此免除赔偿责任。若被申请人据此提起赔偿诉讼，管辖法院按如下规则确定：申请人申请诉前行为保全后没有起诉或者当事人约定仲裁的，由采取保全措施的人民法院管辖；申请人已经起诉的，由受理起诉的人民法院管辖。

申请人撤回保全申请；或者被申请人申请解除行为保全措施，人民法院收到申请后经审查发现存在保全错误的、申请人起诉或诉讼请求被生效裁判驳回的、或存在应当解除保全的其他情形，人民法院应当在五日内裁定解除。权利人有初步证据证明存在侵害知识产权行为且证据可能灭失或者以后难以取得的情形，申请证据保全的，人民法院应当依法及时审查并作出裁定。申请人同时申请行为保全、财产保全或者证据保全的，人民法院应当依法分别审查不同类型保全申请是否符合条件，并作出裁定。为避免被申请人实施转移财产、毁灭证据等行为致使保全目的无法实现，人民法院可以根据案件具体情况决定不同类型保全措施的执行顺序。

案例：行为禁令案例

【基本案情】Alibaba Group Holding Limited（阿里巴巴集团控股有限公司，以下简称"阿里巴巴集团"）、浙江天猫网络有限公司（以下简称"浙江天猫公司"）认为广东天猫投资集团有限公司及其作为股东设立的 16 家以"天猫"为企业字号的企业（以下合称为"广东天猫公司"）未经许可，将与其注册商标相同的"天猫"字样登记为企业字号并在商业经营活动中使用，使相关公众误认为广东天猫公司与其之间存在关联，构成商标侵权及不正当竞争。上述行为已经对其商誉和形象造成了巨大损害，且广东天猫公司等极有可能继续实施更加恶劣的行为，导致其合法权益受到难以弥补的损害。阿里巴巴集团、浙江天猫公司遂诉至法院，并于同日提出行为保全申请，请求法院责令：①广东天猫公司、周少文立即停止侵害注册商标专用权及不正当竞争行为；②广州天猫公司停止使用"天猫"或类似字样作为其企业字号；③广东天猫公司等不得在其设立的任何公司或其他主体的名称中使用"天猫"或其他与其享有专用权的标识相同或近似的字样。

【裁判结果】杭州市中级人民法院经审理认为：①阿里巴巴集团系第 10130978号等"天猫"系列商标的注册人，天猫公司系被许可人。被诉侵权标识与该"天猫"商标相同或高度近似，容易使相关公众联想到阿里巴巴集团的"天猫"商标，减弱其商标的显著性，从而对其商标权利造成损害，构成商标侵权的可能性较高。②广东天猫公司在明知涉案"天猫"商标和字号的情况下，仍然注册了一系列以"天猫"为字号的公司并在商业活动中使用，主观上存在攀附涉案"天猫"商标和字号声誉的意图，构成不正当竞争的可能性极高。③根据广东天猫公司网站上的宣传及陈述，其正在规划进行全产业、生态多元化的经营发展，如其继续上述商标侵权及不正当竞争行为，不仅会导致后续行为难以控制，造成相关公众进一步混淆误认，而且对涉案权利商标所承载的商誉可能会造成难以弥补的损害。且本案一旦认定侵权成立，存在广东天猫公司没有足够经济能力进行赔偿的可能性。④目前广东天猫公司为公司运营所投入的成本限于办公支出、申请相关知识产权的费用等，且其成立时间仅有 1~2 年，并没有通过自身的经营活动为其企业名称附加更高的价值，采取行为保全措施并不影响其正常的经营活动，对其造成的影响有限。⑤一般情况下，禁令的做出以在商业活动中停止使用相关企业名称即可。但本案中，广东天猫公司具有明显的主观恶意，且知识产权侵权行为具有一定的隐蔽性，若该公司在商业活动中继续使用被诉企业名称，其行为将难以准确、及时地被发现，故有必要责令其立即变更企业名称。

综上，该院于 2017 年 12 月 19 日裁定：①广东天猫公司立即停止在经营场所、网站上使用带有"天猫"字样的标识，效力维持至判决生效之日止；②广东天猫公司立即停止在商业活动中使用带有"天猫"字样的企业名称，并于裁定生效之日起十五日内申请变更企业名称，变更后的企业名称不得包含"天猫"字样，效力维持至判决生效之日止；③广东天猫公司立即停止被诉虚假宣传行为，效力维持至判决生效之日止[①]。

【典型意义】行为禁令作为一种严厉的提前介入的临时性救济措施，将对当事人的利益产生重大影响，法院在审查是否应当实施禁令时应当遵循积极审慎的原则。本案系杭州知识产权法庭挂牌成立后做出的首个行为禁令。法院重点围绕权利人商标的显著性和知名度、被诉侵权人的主观意图以及被诉侵权行为是否会对权利人的合法权益造成难以弥补的损失等方面展开审查，最终裁定被诉侵权人立即停止使用被诉侵权标识。同时，法院考虑到被诉侵权人主观恶意明显，且知识产权侵权行为具有较强的隐蔽性，故在禁令中要求被诉侵权人立即变更企业名称，在全国尚属首例。该禁令有效杜绝了被诉侵权人继续使用涉嫌侵权标识从事经营活动的可能性，避免了权利人损失的进一步扩大，体现了知识产权司法保护的及时性和实效性。

---

① 参见杭州市中级人民法院（2017）浙 01 民初 1681 号判决书。

二、证据规则

（一）举证责任的分配规则

为保障和便利当事人依法行使诉讼权利，保证人民法院公正、及时审理知识产权民事案件，最高人民法院根据《中华人民共和国民事诉讼法》等有关法律规定，结合知识产权民事审判实际，制定了《最高人民法院关于知识产权民事诉讼证据的若干规定》①。规定要求诉讼当事人应当遵循诚实信用原则，依照法律及司法解释的规定，积极、全面、正确、诚实地提供证据。商标纠纷案件中举证责任的分配依然遵循民事诉讼证据一般规则，即谁主张谁举证，同时立足知识产权诉讼"举证难"的特点和实际，适当减轻权利人举证负担，降低维权成本。根据案件审理情况，人民法院可以适用《民事诉讼法》第六十五条第二款的规定，根据当事人的主张及待证事实、当事人的证据持有情况、举证能力等，要求当事人提供有关证据。如人民法院为确定赔偿数额，在权利人已经尽力举证，而与侵权行为相关的账簿、资料主要由侵权人掌握的情况下，可以责令侵权人提供与侵权行为相关的账簿、资料；侵权人不提供或者提供虚假的账簿、资料的，人民法院可以参考权利人的主张和提供的证据判定赔偿数额②。承担举证责任的当事人书面申请人民法院责令控制证据的对方当事人提交证据，申请理由成立的，人民法院应当作出裁定，责令其提交。人民法院依法要求当事人提交有关证据，其无正当理由拒不提交、提交虚假证据、毁灭证据或者实施其他致使证据不能使用行为的，人民法院可以推定对方当事人就该证据所涉证明事项的主张成立③。

（二）证据的审查采纳规则

申请人放弃使用被保全证据，但被保全证据涉及案件基本事实查明或者其他当事人主张使用的，人民法院可以对该证据进行审查认定④。对于人民法院已经采取保全措施的证据，当事人擅自拆装证据实物、篡改证据材料或者实施其他破坏证据的行为，致使证据不能使用的，人民法院可以确定由其承担不利后果⑤。《最高人民法院关于依法加大知识产权侵权行为惩治力度的意见》法发〔2020〕33 号提出：对于已经被采取保全措施的被诉侵权产品或者其他证据，被诉侵权人擅自毁损、转移等，致使侵权事实无法查明的，人民法院可以推定权利人就该证据所涉证明事项的主张成立。对于没有在法定期限内提起行政诉讼的行政行为所认定的基本事实，或者行政行为认定的基本事实已为生效裁判所确认的部分，除有相反证据足以推翻的除外，当事人在商标诉讼中无须再证明⑥。当事人对公证文书提出异议，并提供相反证据足以推翻的，人民法院对该公证文书不予采纳。当事人对公证文书提出异议

---

① 该规定于 2020 年 11 月 9 日由最高人民法院审判委员会第 1815 次会议通过，自 2020 年 11 月 18 日起施行。

② 参见《中华人民共和国商标法》第六十三条第二款规定。

③ 参见《最高人民法院关于知识产权民事诉讼证据的若干规定》第二十四、二十五条的规定。

④ 参见《最高人民法院关于知识产权民事诉讼证据的若干规定》第十八条的规定。

⑤ 参见《最高人民法院关于知识产权民事诉讼证据的若干规定》第十四条的规定。

⑥ 参见《最高人民法院关于知识产权民事诉讼证据的若干规定》第六条的规定。

的理由成立的，人民法院可以要求公证机构出具说明或者补正，并结合其他相关证据对该公证文书进行审核认定①。

证据涉及商业秘密或者其他需要保密的商业信息的，人民法院应当在相关诉讼参与人接触该证据前，要求其签订保密协议、做出保密承诺，或者以裁定等法律文书责令其不得出于本案诉讼之外的任何目的披露、使用、允许他人使用在诉讼程序中接触到的秘密信息。当事人申请对接触前款所称证据的人员范围做出限制，人民法院经审查认为确有必要的，应当准许②。当事人提供的财务账簿、会计凭证、销售合同、进出货单据、上市公司年报、招股说明书、网站或者宣传册等有关记载，设备系统存储的交易数据，第三方平台统计的商品流通数据，评估报告，知识产权许可使用合同以及市场监管、税务、金融部门的记录等，可以作为证据，用以证明当事人主张的侵害知识产权赔偿数额③。

（三）隐名取证、陷阱取证的合法性规则

《最高人民法院关于知识产权民事诉讼证据的若干规定》第七条第一款：权利人为发现或者证明知识产权侵权行为，自行或者委托他人以普通购买者的名义向被诉侵权人购买侵权物品所取得的实物、票据等可以作为起诉被诉侵权人侵权的证据。本款规定确认了"隐名取证"的合法性。关于"隐名取证"的合法性问题，2002年出台的《最高人民法院关于审理著作权民事纠纷案件适用法律若干问题的解释》（法释〔2002〕31号）第八条第二款规定："公证人员在未向涉嫌侵权的一方当事人表明身份的情况下，如实对另一方当事人按照前款规定的方式取得的证据和取证过程出具的公证书，应当作为证据使用，但有相反证据的除外。"

此外，2009年中国公证协会发布的公协字〔2009〕007号《办理保全证据公证的指导意见（修订）》第十四条规定："办理侵权物证保全时，为便于申请人取证，公证人员可以不公开身份，但必须亲临现场，并进行现场记录或者事后及时补记现场记录。"与《最高人民法院关于审理著作权民事纠纷案件适用法律若干问题的解释》相比，《最高人民法院关于知识产权民事诉讼证据的若干规定》第七条第一款规定的"隐名取证"行为的合法性，不仅包括"隐名公证"的合法性，还确认了"自行"或"委托他人"实施的"隐名取证"均为合法，从而赋予权利人更多的取证方式，以降低维权成本。

《最高人民法院关于知识产权民事诉讼证据的若干规定》第七条第二款：被诉侵权人基于他人行为而实施侵害知识产权行为所形成的证据，可以作为权利人起诉其侵权的证据，但被诉侵权人仅基于权利人的取证行为而实施侵害知识产权行为的除外。该款是对"陷阱取证"的合法性问题所做的规定，明确了何种"陷阱取证"合法，何种"陷阱取证"不合法。该款前半部分所规定的"被诉侵权人基于他人行为而实施侵害知识产权行为所形成的证据"，我们可以称之为"机会提供型陷阱取证"，此类证据具有可采性。该款后半部分规定的"被诉侵权人仅基于权利人的取

---

① 参见《最高人民法院关于知识产权民事诉讼证据的若干规定》第三十条的规定。
② 参见《最高人民法院关于知识产权民事诉讼证据的若干规定》第二十六条的规定。
③ 参见《最高人民法院关于知识产权民事诉讼证据的若干规定》第三十一条的规定。

证行为而实施侵害知识产权行为的除外",我们称之为"引诱侵权型陷阱取证",此类证据不可采信。

案例:"陷阱取证"经典案例

【**基本案情**】北大方正集团有限公司、北京红楼计算机科学技术研究所诉北京高术天力科技有限公司、北京高术科技公司计算机软件著作权侵权纠纷案件,当时被媒体称为"全国最大的反盗版案"。本案中,两原告作为方正世纪 RIP 软件、北大方正 PostScript 中文字库、方正文合软件 V1.1 版的著作权人,发现两被告在全国范围内大规模非法复制及销售其拥有著作权的方正 RIP 软件、方正字库和方正文合软件,遂委托下属公司职员以消费者身份购买高术天力科技公司销售的激光照排机,并要求对方为其安装盗版的方正软件,并提供了刻录有上述软件的光盘。原告邀请公证处的公证人员对购买过程和盗版软件进行了现场公证和证据保全。之后,两原告向法院提起侵权诉讼,要求停止侵权、消除影响、赔礼道歉,并赔偿损失 300 万元。

【**裁判结果**】一审法院认为原告采取的"陷阱取证"方式并不为法律所禁止,应予采信,遂判决支持两原告的诉讼请求。二审法院则认为:该取证方式有违公平原则,一旦被广泛利用,将对正常的市场秩序造成破坏,故对该取证方式不予认可。但由于北京高术天力科技有限公司承认盗版行为,二审法院最终判令两被告按照一套正版软件的价格赔偿原告方 13 万元的经济损失和 1 万元的公证费。两原告不服,向最高人民法院申请再审。再审法院审理认为:北大方正集团有限公司通过公证取证方式,不仅取得了被告现场安装盗版方正软件的证据,而且获取了其向其他客户销售盗版软件,实施同类侵权行为的证据和证据线索,其目的并无不正当性,其行为并未损害社会公共利益和他人合法权益。加之计算机软件著作权侵权行为具有隐蔽性强、取证难度大等特点,采取该取证方式有利于解决此类案件取证难的问题,起到威慑和遏制侵权行为的作用,也符合依法加强知识产权保护的法律精神。2006年再审法院最终认定原告的取证方式合法有效,予以采信。遂撤销二审判决,判决两被告共同赔偿北大方正集团有限公司、北京红楼计算机科学技术研究所经济损失60 万元,以及调查取证费 1.3 万元①。

【**典型意义**】该案经过三审历时五年。最高人民法院的判决结果首次明确了知识产权诉讼中所谓"陷阱取证"的合法性问题。当然不是所有的陷阱取证都是合法的,正如该案二审审理法官周翔认为,该二审判决并不意味着法院会对所有的"陷阱取证"方式均不予认可,而仅对"犯意诱惑型"的"陷阱取证"方式不予认可。在当时,此案引发了大量学者关于"陷阱取证"的讨论。最终促使最高人民法院出台司法解释明确了机会提供型陷阱取证的合法性及诱惑型陷阱取证的非法性。

三、中止审理规则

《商标法》及其相关司法解释对于商标侵权民事诉讼中是否存在中止审理的情

---

① 参见北京市第一中级人民法院作出的(2001)一中知初字第 268 号民事判决书、北京市高级人民法院作出的(2002)高民终字第 194 号民事判决书、最高人民法院作出的(2006)民三提字第 1 号民事判决书。

形未做出任何明确的规定。《商标法》第三十五条、第四十五条和第六十二条中涉及案件中止的相关规定，但这些规定是关涉商标复审、无效宣告，商标侵权的行政处理程序，与诉讼中止无关。关于商标侵权纠纷的诉讼中止可以参考适用《民事诉讼法》第一百五十三条的规定："有下列情形之一的，中止诉讼：（一）一方当事人死亡，需要等待继承人表明是否参加诉讼的；（二）一方当事人丧失诉讼行为能力，尚未确定法定代理人的；（三）作为一方当事人的法人或者其他组织终止，尚未确定权利义务承受人的；（四）一方当事人因不可抗拒的事由，不能参加诉讼的；（五）本案必须以另一案的审理结果为依据，而另一案尚未审结的；（六）其他应当中止诉讼的情形。"

诉讼过程中被告就案涉商标向商标局提出请求，要求宣告该商标无效，受案法院是否应中止诉讼，待无效程序结束后再恢复审理？对此情形《最高人民法院关于审理专利纠纷案件适用法律问题的若干规定》是有明确规定的[①]。商标诉讼是否可以参照适用？本书认为不可参照，在商标侵权诉讼中，应坚持侵权诉讼优先，不中止审理。从《最高人民法院关于审理专利纠纷案件适用法律问题的若干规定》来看，专利实用新型和外观设计专利是不经过实质审查的专利，其权利稳定性弱，中途出现无效宣告程序时，以中止诉讼为原则，以不中止为例外。但发明专利是经过实质审查的，专利权较为稳定，中途出现无效宣告程序时，以不中止诉讼为原则。可见权利稳定性越强，立法对于中止诉讼的态度越谨慎。注册商标权稳定性要强一些，所以《商标法》及其司法解释没有特意将其规定为中止理由，司法实践中也不应因商标确权程序的启动而中止审理。

《中国知识产权司法保护纲要（2016—2020）》要求要强化司法主导理念，充分发挥司法保护的体制机制优势，妥善处理司法保护和行政保护之间的关系，积极改进民行交叉案件的审判机制，避免循环诉讼，加快纠纷的实质性解决，公正高效审理各类知识产权案件。过去专利侵权案件一直以中止诉讼为原则，导致侵权纠纷久拖不决，后来在"司法主导"的政策指引下不断压缩中止审理的适用情形。从原则上中止审理，到根据案件类型和提出时间区分是否中止审理，再到视具体情形确定是否中止审理[②]。2016年专利司法解释二又增加了"先行裁驳、另行起诉"制度[③]，这些专利领域的制度实践，源于法院认识到中止诉讼的危害，践行"司法主

[①] 《最高人民法院关于审理专利纠纷案件适用法律问题的若干规定》（法释〔2015〕4号）第九条："人民法院受理的侵犯实用新型、外观设计专利权纠纷案件，被告在答辩期间内请求宣告该项专利权无效的，人民法院应当中止诉讼，但具备下列情形之一的，可以不中止诉讼：（一）原告出具的检索报告或者专利权评价报告未发现导致实用新型或者外观设计专利权无效的事由的；（二）被告提供的证据足以证明其使用的技术已经公知的；（三）被告请求宣告该项专利权无效所提供的证据或者依据的理由明显不充分的；（四）人民法院认为不应当中止诉讼的其他情形。"第十一条："人民法院受理的侵犯发明专利权纠纷案件或者经专利复审委员会审查维持专利权的侵犯实用新型、外观设计专利权纠纷案件，被告在答辩期间内请求宣告该项专利权无效的，人民法院可以不中止诉讼。"

[②] 蒋华胜，孙远风，杨岚. 专利民事诉讼案件中行政确权困局的路径选择研究：以司法审查权为视角[J]. 科技与法律，2018（4）：44-45.

[③] 参见法释〔2016〕1号《最高人民法院关于审理侵犯专利权纠纷案件应用法律若干问题的解释（二）》第二条：权利人在专利侵权诉讼中主张的权利要求被国务院专利行政部门宣告无效的，审理侵犯专利权纠纷案件的人民法院可以裁定驳回权利人基于该无效权利要求的起诉。有证据证明宣告上述权利要求无效的决定被生效的行政判决撤销的，权利人可以另行起诉。

导"的尝试。如果在商标侵权案件中允许商标无效程序中止案件审理，依据国家知识产权局《2019 年中国知识产权保护状况》，商标无效宣告案件平均审理周期为 11个月，撤销注册商标复审案件平均审理周期为 9 个月①。如果不服，可以向北京知识产权法院提起行政诉讼，以及向北京市高级人民法院提起上诉。如此行政裁定、一审和二审程序累计，至少需要几年时间。一旦商标侵权诉讼中止，将使侵权诉讼处于悬而未决的状态，严重影响公平正义的实现。

四、恶意维权的应对

近年来恶意抢注、恶意囤积商标包括恶意提起商标侵权诉讼的现象比较严重。这对于商标制度的秩序化运行具有极大的破坏性。为打击知识产权恶意维权、滥用诉权的行为，最高人民法院 2009 年印发意见，确立了确认不侵权诉讼制度；并在2011 年版的《民事诉讼案由规定》里增加了因恶意提起知识产权诉讼损害责任纠纷的案由。最高人民法院在 2017 年 3 月 9 日发布的第 82 号指导案例里裁判要旨明确指出：王碎永诉深圳歌力思服饰股份有限公司、杭州银泰世纪百货有限公司侵害商标权纠纷案（以下简称"歌力思"案）中，当事人违反诚实信用原则，损害他人合法权益，扰乱市场正当竞争秩序，恶意取得、行使商标权并主张他人侵权的，人民法院应当以构成权利滥用为由，判决对其诉讼请求不予支持。2020 年最高人民法院再次印发意见，明确提出依法制止不诚信诉讼行为，对商标权滥用行为进行打击。

（一）确认不侵权诉讼制度

确认不侵权诉讼制度在我国始于 2002 年②。2009 年 4 月 21 日最高人民法院印发《关于当前经济形势下知识产权审判服务大局若干问题的意见》（法发〔2009〕23 号），意见第 13 条提出："完善确认不侵权诉讼制度，遏制知识产权滥用行为，为贸易和投资提供安全宽松的司法环境。继续探索和完善知识产权领域的确认不侵权诉讼制度，充分发挥其维护投资和经营活动安全的作用。除知识产权权利人针对特定主体发出侵权警告且未在合理期限内依法提起诉讼，被警告人可以提起确认不侵权诉讼……"随后最高人民法院发布的《关于审理侵犯专利权纠纷案件应用法律若干问题的解释》③ 第十八条对确认不侵犯专利权之诉的启动要件做了规定："权利人向他人发出侵犯专利权的警告，被警告人或者利害关系人经书面催告权利人行使诉权，自权利人收到该书面催告之日起一个月内或者自书面催告发出之日起二个月内，权利人不撤回警告也不提起诉讼，被警告人或者利害关系人向人民法院提起请求确认其行为不侵犯专利权的诉讼的，人民法院应当受理。"

其他知识产权类别的法律和司法解释并未规定确认不侵权之诉的受理条件。鉴于该制度所保护权利的性质和设计目的是一致的，一般情况下商标纠纷领域包括著作权领域均是参照前述专利司法解释的规定去适用。《最高人民法院关于知识产权民

231

---

① 参见国家知识产权局《2019 年中国知识产权保护状况》第 19 页。

② 在《最高人民法院关于苏州龙宝生物工程实业公司与苏州朗力福保健品有限公司请求确认不侵犯专利权纠纷案的批复》（〔2001〕民三他字第 4 号）中，最高人民法院首次确认人民法院应当受理此类案件。

③ 《最高人民法院关于审理侵犯专利权纠纷案件应用法律若干问题的解释》于 2009 年 12 月 21 日由最高人民法院审判委员会第 1480 次会议通过，自 2010 年 1 月 1 日起施行。

事诉讼证据的若干规定》（2020 年 11 月 18 日施行）第五条规定："提起确认不侵害知识产权之诉的原告应当举证证明下列事实：（一）被告向原告发出侵权警告或者对原告进行侵权投诉；（二）原告向被告发出诉权行使催告及催告时间、送达时间；（三）被告未在合理期限内提起诉讼。"

（二）恶意提起商标侵权诉讼的损害赔偿制度

恶意提起商标侵权诉讼是指行为人明知自己提起的侵权诉讼无事实或者法律依据，仍以损害他人合法权益或者获取非法利益为目的，故意针对他人提起商标侵权诉讼，造成他人损害的行为。其构成要件为：①行为人提起商标权侵权诉讼无事实或者法律依据。常常表现为行为人没有商标专用权或者行为人虽然享有形式上"合法"的商标权，但因该商标权系恶意取得而不具有实质上的正当性。比如行为人在明知某商标为他人在先使用，并具有一定影响力的情况下，仍抢先申请注册获得商标权。②行为人提起诉讼时主观上具有恶意，抢注成功后即展开对原使用人的"维权"行动。③行为人恶意提起知识产权诉讼给他人造成了损失，且损失与行为人恶意提起知识产权诉讼具有因果关系。如相对人因行为人的诉讼行为，基于谨慎考虑暂停商标使用而影响经营收入，以及付出的应诉成本。

最高人民法院在《关于全面加强知识产权司法保护的意见》（法发〔2020〕11号）中，提出要妥善审理因恶意提起知识产权诉讼损害责任纠纷，依法支持包括律师费等合理支出在内的损害赔偿请求。强化知识产权管辖纠纷的规则指引，规制人为制造管辖连接点、滥用管辖权异议等恶意拖延诉讼的行为。研究将违反法院令状、伪造证据、恶意诉讼等不诚信的诉讼行为人纳入全国征信系统。

2021 年，上海市高级人民法院曾就知识产权侵权诉讼中被告以原告滥用权利为由请求赔偿合理开支问题向最高人民法院请示。最高人民法院经研究批复如下："在知识产权侵权诉讼中，被告提交证据证明原告的起诉构成法律规定的滥用权利损害其合法权益，依法请求原告赔偿其因该诉讼所支付的合理的律师费、交通费、食宿费等开支的，人民法院依法予以支持。被告也可以另行起诉请求原告赔偿上述合理开支。"①

案例：恶意维权不成反被诉

【基本案情】原告：江苏中讯数码电子有限公司（以下简称"中讯公司"）。被告：山东比特智能科技股份有限公司（以下简称"比特公司"）。2006 年起中讯公司成为美国美爵信达有限公司（以下简称"美爵信达公司"）"TELEMATRIX"品牌的酒店专用电话机在中国的代工生产商，而比特公司在 1998 年至 2003 年也曾是该公司在中国的代工生产商。2004 年 11 月 12 日，比特公司前身兖矿集团山东比特电子公司（以下简称"兖矿比特公司"）申请注册"TELEMATRIX"商标，核定使用商品为第 9 类"电话机等"。2007 年 5 月 28 日，该商标获得注册。

2008 年 1 月比特公司向中讯公司发送侵权警告函，2008 年 3 月起诉要求中讯公

---

① 参见《关于知识产权侵权诉讼中被告以原告滥用权利为由请求赔偿合理开支问题的批复》（法释〔2021〕11 号），2021 年 5 月 31 日最高人民法院审判委员会第 1840 次会议通过，自 2021 年 6 月 3 日起施行。

司赔偿 612 万元，2008 年 8 月向工商行政管理部门投诉，后撤回诉讼，比特公司的一系列操作导致中讯公司被迫终止与美爵信达公司的代工合作，更换模具，产生物料损失和人工费支出。2010 年 8 月，比特公司又起诉北京美爵信达科技有限公司（以下简称"北京美爵信达公司"）侵害"TELEMATRIX"商标权。2010 年 9 月 6 日，北京美爵信达公司提出撤销比特公司"TELEMATRIX"商标的申请。2013 年 7 月 22 日，商评委认为比特公司系以不正当手段抢先注册他人已经使用并具有一定影响商标，遂作出撤销该注册商标的裁定。后比特公司不服提起行政诉讼，历经一审、二审、再审，比特公司的诉讼请求均被驳回。

【审判结果】2016 年 4 月，中讯公司对比特公司提起因恶意提起知识产权诉讼损害赔偿之诉。两审法院均认定比特公司的起诉不具有合法的权利基础，恶意抢注商标即表明起诉时有恶意，损害了中讯公司的合法权益，对其造成的损失应予赔偿，最终判赔经济损失及合理开支 100 万元[1]。2017 年 9 月北京美爵信达公司也对比特公司提起因恶意提起知识产权诉讼的损害赔偿之诉，最终判赔 500 万元[2]。

【典型意义】随着国家知识产权战略和商标战略的实施，我国商标申请注册量积聚攀升，随之而来的恶意抢注，恶意囤积现象日益严重。实践中已经普遍认识到包括恶意提起诉讼在内的滥用商标权行为，对于商标制度的秩序化运行具有极大的破坏性。本案双方的纠纷中，比特公司先前恶意提起的知识产权诉讼请求不但没有获得支持，还在后续中翻转被判赔偿对方的经济损失。该案体现了对商标权滥用行为的规制和打击，是诚实信用原则和禁止权利在知识产权司法实践中的具体运用。

233

第四节　商标侵权的法律责任

一、民事责任

（一）民事责任的形式

《最高人民法院关于审理商标民事纠纷案件适用法律若干问题的解释》第二十一条规定：人民法院在审理侵犯注册商标专用权纠纷案件中，依据《民法典》第一百七十九条、《商标法》第六十条的规定和案件具体情况，可以判决侵权人承担停止侵害、排除妨碍、消除危险、赔偿损失、消除影响等民事责任，还可以作出罚款，收缴侵权商品、伪造的商标标识和主要用于生产侵权商品的材料、工具、设备等财物的民事制裁决定。行政管理部门对同一侵犯注册商标专用权行为已经给予行政处罚的，人民法院不再予以民事制裁。

人民法院审理商标纠纷案件，应权利人请求，对属于假冒注册商标的商品，除特殊情况外，责令销毁；当销毁侵权产品有损公共利益时，可以不予支持。对主要用于制造假冒注册商标的商品的材料、工具，责令销毁，且不予补偿；或者在特殊

---

[1]　参见江苏省高级人民法院公报（2019）参阅案例 7 号（2017）苏民终 1874 号判决书。
[2]　参见北京市高级人民法院（2019）京民申 4215 号判决书。

情况下，责令禁止前述材料、工具进入商业渠道，且不予补偿。假冒注册商标的商品不得在仅去除假冒注册商标后进入商业渠道。涉及商誉损害的需要承担赔礼道歉、消除影响的民事责任。

（二）停止侵权

对于侵权事实已经清楚、能够认定侵权成立的，人民法院可以依法先行判决停止侵权。

对于假冒、盗版商品及主要用于生产或者制造假冒、盗版商品的材料和工具，权利人在民事诉讼中举证证明存在上述物品并请求迅速销毁的，除特殊情况外，人民法院应予支持。在特殊情况下，人民法院可以责令在商业渠道之外处置主要用于生产或者制造假冒、盗版商品的材料和工具，尽可能减少进一步侵权的风险；侵权人请求补偿的，人民法院不予支持。

（三）赔偿损失

1. 赔偿数额的确定方式

关于赔偿金额，《商标法》规定了四种确定赔偿数额的方法：权利人的实际损失、侵权人的侵权所得、许可费的合理倍数及法定赔偿。具体规定体现在《商标法》第六十三条第一款和第三款：①侵犯商标专用权的赔偿数额，按照权利人因被侵权所受到的实际损失确定。因被侵权所受到的损失，可以根据权利人因侵权所造成商品销售减少量或者侵权商品销售量与该注册商标商品的单位利润乘积计算。②实际损失难以确定的，可以按照侵权人因侵权所获得的利益确定。侵权所获得的利益，可以根据侵权商品销售量与该商品单位利润乘积计算；该商品单位利润无法查明的，按照注册商标商品的单位利润计算。③权利人的损失或者侵权人获得的利益难以确定的，参照该商标许可使用费的倍数合理确定。当事人主张参照许可使用费的合理倍数确定赔偿数额的，人民法院可以考量下列因素对许可使用费证据进行审核认定：许可使用费是否实际支付及支付方式，许可使用合同是否实际履行或者备案；许可使用的权利内容、方式、范围、期限；被许可人与许可人是否存在利害关系；行业许可的通常标准等①。当事人按照前述规定就赔偿数额达成协议的，人民法院应当准许。

《商标法》规定的这几种赔偿金额的计算方法，从行文上看似是有适用顺序的，不能任意选择，只有在前一种方法无法确定赔偿数额时，才适用后一种方法，但实践中并不要求适用顺序。《最高人民法院关于审理商标民事纠纷案件适用法律若干问题的解释》第十三条规定："人民法院依据商标法第六十三条第一款的规定确定侵权人的赔偿责任时，可以根据权利人选择的计算方法计算赔偿数额。"

除此之外，权利人为制止侵权行为所支付的合理开支，侵权人也应予以赔偿。"为制止侵权行为所支付的合理开支"也即维权费用，是在前述数额之外另行确定的，并不包含在前述数额之内。维权费用包括权利人为维权而支出的调查、取证费、律师费、差旅费、证据案卷材料的复印打印费等合理费用。这部分费用同样需要证

---

① 参见《最高人民法院关于知识产权民事诉讼证据的若干规定》（2020 年 11 月 18 日施行）第三十二条。

据支持，如各种费用的收据、发票，但若发票数额奇高，一个简单的小案子出具了一张十万元的律师费发票就不合理，此时受案的人民法院会综合考虑案情复杂程度、工作专业性和强度、行业惯例、当地政府指导价等因素，根据权利人提供的证据，合理确定权利人请求赔偿的律师费。权利人在二审程序中请求将新增的为制止侵权行为所支付的合理开支纳入赔偿数额的，人民法院可以一并审查。权利人因被侵权所受到的实际损失、侵权人因侵权所获得的利益、注册商标许可使用费难以确定的，由人民法院根据侵权行为的情节判决给予五百万元以下的赔偿。

赔偿数额的确定是非常困难的一件事，人民法院审理案件时应当充分运用举证妨碍、调查取证、证据保全、专业评估、经济分析等制度和方法，引导当事人积极、全面、正确、诚实举证，提高损害赔偿数额计算的科学性和合理性，充分弥补权利人损失。积极运用当事人提供的来源于市场监督管理及税务部门、第三方商业平台、侵权人网站、宣传资料或者依法披露文件的相关数据以及行业平均利润率等，依法确定侵权获利情况。

2. 惩罚性赔偿

商标权侵权赔偿数额发明一般情况下依然遵守损失填平原则，商标权利人损失多少就获赔多少。但是对恶意侵犯商标专用权、情节严重的，不再谨遵损失填平规则，采取的是惩罚性赔偿规则，即可以按照上述三种方法以一定倍数确定赔偿数额，这个"一定倍数"在 2019 年 11 月 1 日之前《商标法》规定的是一倍以上三倍以下，新的《商标法》修改为按照上述方法确定数额的一倍以上五倍以下确定赔偿数额。显然是进一步提高了惩罚性赔偿的数额，体现了严惩故意侵犯知识产权，加强知识产权保护的立法精神。

为正确实施知识产权惩罚性赔偿制度，依法惩处严重侵害知识产权行为，全面加强知识产权保护，最高人民法院审判委员会根据《中华人民共和国民法典》《中华人民共和国商标法》《中华人民共和国专利法》《中华人民共和国民事诉讼法》等有关法律规定，结合审判实践，于 2021 年 2 月 7 日第 1831 次会议通过了《关于审理侵害知识产权民事案件适用惩罚性赔偿的解释》，该司法解释自 2021 年 3 月 3 日起施行。

该司法解释明确了本解释所称故意，包括《商标法》第六十三条第一款和《反不正当竞争法》第十七条第三款规定的恶意。对于侵害商标权的故意的认定，人民法院应当综合考虑被侵害注册商标的知名度、被告与原告或者利害关系人之间的关系等因素。对于下列情形，人民法院可以初步认定被告具有侵害商标权的故意：被告经原告或者利害关系人通知、警告后，仍继续实施侵权行为的；被告或其法定代表人、管理人是原告或者利害关系人的法定代表人、管理人、实际控制人的，或者被告与原告或者利害关系人之间存在劳动、劳务、合作、许可、经销、代理、代表、有业务往来等关系或有过合同磋商行为的，明知原告注册商标存在而实施假冒注册商标行为的；其他等可以认定为故意的情形。

对于情节严重的认定，人民法院应当综合考虑侵权手段、次数，侵权行为的持续时间、地域范围、规模、后果，侵权人在诉讼中的行为等因素。被告有下列情形的，人民法院可以认定为情节严重：因侵权被行政处罚或者法院裁判承担责任后，再次实施相同或者类似侵权行为；以侵害知识产权为业；伪造、毁坏或者隐匿侵权证据；拒不履行保全裁定；侵权获利或者权利人受损巨大；侵权行为可能危害国家安全、公共利益或者人身健康；其他等可以认定为情节严重的情形。

人民法院确定惩罚性赔偿数额时，应当以原告实际损失数额、被告因侵权所获得的利益或者商标许可使用费的倍数作为计算基数，该基数不包括原告为制止侵权所支付的合理开支。确定惩罚性赔偿的倍数时，应当综合考虑被告主观过错程度、侵权行为的情节严重程度等因素。因同一侵权行为已经被处以行政罚款或者刑事罚金且执行完毕，被告主张减免惩罚性赔偿责任的，人民法院不予支持，但在确定惩罚性赔偿的倍数时可以综合考虑。

权利人请求惩罚性赔偿的，应当在起诉时明确赔偿数额、计算方式以及所依据的事实和理由。在权利人已经尽力举证，而与侵权行为相关的账簿、资料主要由侵权人掌握的情况下，人民法院为确定赔偿数额，可以责令侵权人提供与侵权行为相关的账簿、资料；侵权人不提供或者提供虚假账簿、资料的，人民法院可以参考权利人的主张和提供的证据确定惩罚性赔偿数额的计算基数。原告在一审法庭辩论终结前增加惩罚性赔偿请求的，人民法院应当准许；在二审中增加惩罚性赔偿请求的，人民法院可以根据当事人自愿的原则进行调解，调解不成的，应告知当事人另行起诉。

3. 法定赔偿

《商标法》第六十三条第三款规定："权利人因被侵权所受到的实际损失、侵权人因侵权所获得的利益、注册商标许可使用费难以确定的，由人民法院根据侵权行为的情节判决给予五百万元以下的赔偿。"2020年4月，为妥善审理侵害知识产权及不正当竞争案件，提高知识产权保护水平，统一裁判标准，建立与知识产权市场价值相协调的损害赔偿机制，根据《中华人民共和国著作权法》《中华人民共和国商标法》《中华人民共和国专利法》《中华人民共和国反不正当竞争法》等有关法律及最高人民法院有关司法解释的规定，北京市高级人民法院结合北京地区审判工作实践，制定了《关于侵害知识产权及不正当竞争案件确定损害赔偿的指导意见及法定赔偿的裁判标准》。

该标准第七章专门就侵害商标权法定赔偿的裁判标准做出规定。人民法院在适用法定赔偿确定赔偿数额时，应当考虑侵权人是生产商、销售商还是帮助侵权者，是否存在侵权故意，是否主要以侵权为业，是否存在重复侵权，侵权行为是否持续时间长，是否涉及区域广，是否可能危害人身安全、破坏环境资源或者损害公共利益等。充分运用市场监督管理及税务部门、第三方商业平台、侵权人网站或上市文件显示的相关数据以及行业平均利润率等，依法确定侵权获利情况。综合考虑涉案商标的显著性、知名度、声誉，商标权人的商品单价及利润，被诉侵权商品的单价及利润。依法合理确定法定赔偿数额。原告主张法定赔偿时提交的下列证据，除明显不符合常理或者有相反证据外，可以予以采信：①被告以公开方式宣称的销售数量、销售额、利润等；②第三方平台显示的被诉侵权商品销售数量、销售额、利润等；对于前述两项证据，被告仅以夸大宣传或者刷单、刷量等为由否认的，一般不予支持。对于批量维权的，即原告基于同一商标，针对不同销售商分别提起诉讼，案件数量较多且累计赔偿数额明显不合理的；或者具有明知生产商而不予起诉等不合理情形的，确定赔偿数额时酌减。侵权行为造成权利人重大损失或者侵权人获利巨大的，为充分弥补权利人损失，有效阻遏侵权行为，人民法院可以根据权利人的请求，以接近或者达到最高限额确定法定赔偿数额。并可依法没收、销毁假冒或盗版商品以及主要用于侵权的材料和工具，有效阻遏侵害知识产权行为的再次发生。

（四）不予赔偿的情形

《商标法》第六十四条规定了两种侵权人可以不承担赔偿责任的情形。第一种情形是《商标法》第六十四条第一款规定的：注册商标专用权人请求赔偿，被控侵权人以注册商标专用权人未使用注册商标提出抗辩的，人民法院可以要求注册商标专用权人提供此前三年内实际使用该注册商标的证据。注册商标专用权人不能证明此前三年内实际使用过该注册商标，也不能证明因侵权行为受到其他损失的，被控侵权人不承担赔偿责任。

这个规定是为了鼓励商标使用，激活商标资源，打击恶意囤积商标，不以使用为目的而以获得侵权赔偿金为目的的商标注册者，但该条款没有明确"此前三年"的具体含义，是指侵权行为实施之日起前三年还是起诉之日起前三年？若仅仅从法条本身的文字表述来看，"此前"一词紧接着"提出抗辩"，似乎意味着"此前三年"是指被告"提出抗辩之日起前的三年"。

第二种情形是《商标法》第六十四条第二款规定的："销售不知道是侵犯注册商标专用权的商品，能证明该商品是自己合法取得并说明提供者的，不承担赔偿责任。"通常将该款规定的情形称为"善意侵权"。该款在适用时应注意满足如下要件：

（1）限于销售者。制造并销售者不能主张善意侵权，只有单纯的销售者才可以，另特别注意附赠行为和加工承揽行为也属于销售，符合条件也可以适用善意侵权。经营者销售商品时将侵犯注册商标专用权商品通过搭售、作为赠品、促销品与其他商品一起将所有权转移给消费者或者积分兑换商品的行为都是销售；在包工包料的加工承揽经营活动中，承揽人使用侵犯注册商标专用权商品作为原料或零部件制作成定制品交付给定作人的，属于《商标法》第五十七条第三项规定的销售侵权商品行为①。

（2）不知道是侵权产品。只要不应知就属于不知，《最高人民法院关于知识产权民事诉讼证据的若干规定》（2020年11月18日施行）第四条第二款："被告提供的被诉侵权产品来源证据与其合理注意义务程度相当的，可以认定其完成前款所称举证，并推定其不知道被诉侵权产品侵害注册商标专用权。被告的经营规模、专业程度、市场交易习惯等，可以作为确定其合理注意义务的证据。"因此，具备下列

237

---

① 参见《商标侵权判断标准》第二十五条：在包工包料的加工承揽经营活动中，承揽人使用侵犯注册商标专用权商品的，属于《商标法》第五十七条第三项规定的销售侵权商品行为。第二十六条：经营者在销售商品时，附赠侵犯注册商标专用权商品的，属于《商标法》第五十七条第三项规定的销售侵权商品行为。

情况之一的应认定行为人具有"明知或应知"的心理状态，无法适用善意侵权：①更改、调换经销商品上的商标而被当场查获的；②同一违法事实受到处罚后重犯的；③事先已被警告，而不改正的；④进货渠道不符合商业惯例，且价格明显低于市场价格的；⑤拒不提供账目、销售记录等会计凭证，或者会计凭证弄虚作假的；⑥专业公司大规模经销假冒注册商标商品或者商标侵权商品的；⑦案发后转移、销毁物证，提供虚假证明、虚假情况的；⑧类似违法情形受到处理后再犯的；⑨其他可以认定当事人明知或者应知的。

（3）侵权商品来源合法。最高人民法院关于知识产权民事诉讼证据的若干规定（2020 年 11 月 18 日施行）第四条第一款："被告依法主张合法来源抗辩的，应当举证证明合法取得被诉侵权产品的事实，包括合法的购货渠道、合理的价格和直接的供货方等。"《商标法实施条例》第七十九条规定，下列情形属于《商标法》第六十条规定的能证明该商品是自己合法取得的情形：①有供货单位合法签章的供货清单和货款收据且经查证属实或者供货单位认可的；②有供销双方签订的进货合同且经查证已真实履行的；③有合法进货发票且发票记载事项与涉案商品对应的；④其他能够证明合法取得涉案商品的情形。

（4）被诉侵权人能够说明商品提供者。国知发保字〔2020〕23 号《商标侵权判断标准》第二十八条：《商标法》第六十条第二款规定的"说明提供者"是指涉嫌侵权人主动提供供货商的名称、经营地址、联系方式等准确信息或者线索。对于因涉嫌侵权人提供虚假或者无法核实的信息导致不能找到提供者的，不视为"说明提供者"。

案例：台湾骆驼与大陆骆驼图形商标侵权案

【基本案情】昭星有限公司在台湾地区注册了单峰骆"骆驼图+taiwan"商标（见图 12-1），广州骆驼服饰有限公司是大陆双峰骆驼注册商标（见图 12-2）的权利人。泉州琛宝商贸有限公司在京东网络平台销售台湾骆驼牌鞋子，2015 年 5 月广州骆驼服饰有限公司将泉州琛宝商贸有限公司等主体诉至法院。被告泉州琛宝商贸有限公司辩称，其所使用的标识是经中国台湾地区注册的商标，并非假冒原告注册商标，且与原告涉案的注册商标不相同也不近似，且注明了"台湾骆驼"的字眼，不会造成消费者的混淆。另外，即使两者商标近似，也具有合法来源，无须承担赔偿责任。

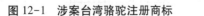

图 12-1　涉案台湾骆驼注册商标　　图 12-2　涉案大陆骆驼注册商标

【裁判结果】法院认为：商标权作为一种专用权，受到地域性的限制，泉州琛宝商贸有限公司作为一家专业从事进出口商贸的公司，理应知晓商标具有地域性，在台湾地区注册的商标权不能对抗广州骆驼服饰有限公司在大陆依法注册取得的商标专用权。被告泉州琛宝商贸有限公司未尽到合理注意义务，主观上存在过错，其合法来源的抗辩不成立，应承担赔偿损失的责任。

【典型意义】 销售者仅能提供产品的合法来源，善意侵权的抗辩并不成立。本案中被告虽能够说明商品提供者，但由于其作为从事对外贸易的专业公司对知识产权的地域性规则应该知晓，加上骆驼服饰公司的品牌知名度，而应当知道或预见到该行为可能会构成侵权，因此其虽能提供进货渠道，但不明知的主张未被采纳，因此善意侵权抗辩不成立。

二、行政责任

（一）责令停止侵权、没收、销毁侵权商品及侵权工具

市场监督管理部门在经过调查后认定商标侵权行为成立的，可以根据《商标法》第六十条第二款做出如下处理决定：责令侵权人立即停止侵权行为，没收、销毁侵权商品和主要用于制造侵权商品、伪造注册商标标识的工具，并可处以罚款。对涉嫌犯罪的，工商行政管理部门应当及时移送司法机关依法处理。

（二）处以罚款

违法经营额五万元以上的，可以处违法经营额五倍以下的罚款，没有违法经营额或者违法经营额不足五万元的，可以处二十五万元以下的罚款。对五年内实施两次以上商标侵权行为或者有其他严重情节的，应当从重处罚。关于"五年以内"的时间界定，国家知识产权局 2020 年 6 月 15 日发布的《商标侵权判断标准》第三十四条有明确解释："五年内实施两次以上商标侵权行为"指同一当事人被商标执法相关部门、人民法院认定侵犯他人注册商标专用权的行政处罚或者判决生效之日起，五年内又实施商标侵权行为的。《商标法实施条例》第七十八条规定，计算前述违法经营额时，可以考虑下列因素：侵权商品的销售价格，未销售侵权商品的标价，已查清侵权商品实际销售的平均价格，被侵权商品的市场中间价格，侵权人因侵权所产生的营业收入，其他能够合理计算侵权商品价值的因素。

（三）善意销售不处罚款

《商标法》第六十条第二款：销售不知道是侵犯注册商标专用权的商品，能证明该商品是自己合法取得并说明提供者的，由商标执法部门责令停止销售侵权商品。根据此规定，意味着对善意销售侵犯商标权商品的行为不需要处以罚款，仅责令停止销售就可以了。此规定只适用于销售者，不适用于其他侵权者，如制造侵犯商标权的商品者、伪造、销售伪造的注册商标标识者等。

此处的"善意"并非纯粹主观上的，需要有客观的证据予以佐证，能证明取得途径、渠道合法，不是从黑作坊里购进的，也不是进价明显低于正常市场价的，且能说明提供者。此处"说明提供者"是指涉嫌侵权人主动提供供货商的名称、经营地址、联系方式等准确信息或者线索。说明提供者后，办案的商标执法部门会对供货商立案查处，若办案机关对供货者无管辖权，会将案件线索移送具有管辖权的商标执法相关部门查处。对于涉嫌侵权人提供虚假或者无法核实的信息导致不能找到

提供者的，不视为"说明提供者"。对责令停止销售的侵权商品，侵权人再次销售的，应当依法查处，不在构成善意侵权①。

在不符合善意的情况下即使能够说明提供者，也不能免除罚款处罚。国知发保字〔2020〕23号《商标侵权判断标准》第二十七条规定，有下列情形之一的，不属于《商标法》第六十条第二款规定的"销售不知道是侵犯注册商标专用权的商品"：①进货渠道不符合商业惯例，且价格明显低于市场价格的；②拒不提供账目、销售记录等会计凭证，或者会计凭证弄虚作假的；③案发后转移、销毁物证，或者提供虚假证明、虚假情况的；④类似违法情形受到处理后再犯的；⑤其他可以认定当事人明知或者应知的。《商标法实施条例》第七十二条：商标持有人依照《商标法》第十三条规定请求驰名商标保护的，可以向工商行政管理部门提出请求。经商标局依照《商标法》第十四条规定认定为驰名商标的，由工商行政管理部门责令停止使用行为，收缴、销毁违法使用的商标标识；商标标识与商品难以分离的，一并收缴、销毁。

三、刑事责任

未经商标注册人许可，在同一种商品上使用与其注册商标相同的商标，构成犯罪的，除赔偿被侵权人的损失外，依法追究刑事责任。伪造、擅自制造他人注册商标标识或者销售伪造、擅自制造的注册商标标识，构成犯罪的，除赔偿被侵权人的损失外，依法追究刑事责任。销售明知是假冒注册商标的商品，构成犯罪的，除赔偿被侵权人的损失外，依法追究刑事责任②。对侵犯注册商标专用权的行为，市场监督管理部门有权依法查处；涉嫌犯罪的，应当及时移送司法机关依法处理③。于2021年3月1日施行的《中华人民共和国刑法修正案（十一）》④，对侵犯知识产权罪进行了修改。

（一）假冒注册商标罪

修改前的《刑法》第二百一十三条规定："未经注册商标所有人许可，在同一种商品上使用与其注册商标相同的商标，情节严重的，处三年以下有期徒刑或者拘役，并处或者单处罚金；情节特别严重的，处三年以上七年以下有期徒刑，并处罚金。"修改后为："未经注册商标所有人许可，在同一种商品、服务上使用与其注册商标相同的商标，情节严重的，处三年以下有期徒刑，并处或者单处罚金；情节特别严重的，处三年以上十年以下有期徒刑，并处罚金。"⑤

（二）销售假冒注册商标的商品罪

修改前的《刑法》第二百一十四条规定："销售明知是假冒注册商标的商品，销售金额数额较大的，处三年以下有期徒刑或者拘役，并处或者单处罚金；销售金

---

① 参见国知发保字〔2020〕23号《商标侵权判断标准》第二十八条、二十九条。
② 参见《中华人民共和国商标法》第六十七条规定。
③ 参见《中华人民共和国商标法》第六十一条规定。
④ 该修正案于2020年12月26日由中华人民共和国第十三届全国人民代表大会常务委员会第二十四次会议通过，自2021年3月1日起施行。
⑤ 参见《中华人民共和国刑法修正案（十一）》第十七条。

额数额巨大的，处三年以上七年以下有期徒刑，并处罚金。"修改后为："销售明知是假冒注册商标的商品，违法所得数额较大或者有其他严重情节的，处三年以下有期徒刑，并处或者单处罚金；违法所得数额巨大或者有其他特别严重情节的，处三年以上十年以下有期徒刑，并处罚金。"①

（三）非法制造、销售非法制造的注册商标标识罪

修改前的《刑法》第二百一十五条为："伪造、擅自制造他人注册商标标识或者销售伪造、擅自制造的注册商标标识，情节严重的，处三年以下有期徒刑、拘役或者管制，并处或者单处罚金；情节特别严重的，处三年以上七年以下有期徒刑，并处罚金。"修改后为："伪造、擅自制造他人注册商标标识或者销售伪造、擅自制造的注册商标标识，情节严重的，处三年以下有期徒刑，并处或者单处罚金；情节特别严重的，处三年以上十年以下有期徒刑，并处罚金。"②

通过新旧法条的对比可知，修改后的《刑法》，把对服务商标的严重侵权也纳入进刑法处罚，量刑起点为有期徒刑，删除了拘役。情节特别严重的最高刑由七年提高到十年。销售假冒注册商标的商品罪定罪量刑由原来的按照销售金额来定，修改为按照违法所得数额来认定，同时有增加一个兜底条款（其他严重情节和其他特别严重情节）。

为依法惩治侵犯知识产权犯罪，有效阻遏侵权行为，维护社会主义市场经济秩序，营造良好的法治化营商环境，根据《中华人民共和国刑法》《中华人民共和国刑事诉讼法》等有关规定，2020年8月31日最高人民法院审判委员会第1811次会议、2020年8月21日最高人民检察院第十三届检察委员会第四十八次会议通过了《最高人民法院、最高人民检察院关于办理侵犯知识产权刑事案件具体应用法律若干问题的解释（三）》（自2020年9月14日起施行）。该司法解释第一条规定，具有下列情形之一的，可以认定为刑法第二百一十三条规定的"与其注册商标相同的商标"：改变注册商标的字体、字母大小写或者文字横竖排列，与注册商标之间基本无差别的；改变注册商标的文字、字母、数字等之间的间距，与注册商标之间基本无差别的；改变注册商标颜色，不影响体现注册商标显著特征的；在注册商标上仅增加商品通用名称、型号等缺乏显著特征要素，不影响体现注册商标显著特征的；与立体注册商标的三维标志及平面要素基本无差别的；其他与注册商标基本无差别、足以对公众产生误导的商标。

为贯彻落实宽严相济的刑事政策，该司法解释还规定了酌情从重处罚和酌情从轻处罚的具体情形。其第八条规定，具有下列情形之一的，可以酌情从重处罚，一般不适用缓刑：①主要以侵犯知识产权为业的；②因侵犯知识产权被行政处罚后再次侵犯知识产权构成犯罪的；③在重大自然灾害、事故灾难、公共卫生事件期间，假冒抢险救灾、防疫物资等商品的注册商标的；④拒不交出违法所得的。充分发挥刑罚威慑和预防犯罪的功能，剥夺犯罪分子再次侵犯知识产权的能力和条件。其第九条规定，具有下列情形之一的，可以酌情从轻处罚：①认罪认罚的；②取得权利

---

① 参见《中华人民共和国刑法修正案（十一）》第十八条。
② 参见《中华人民共和国刑法修正案（十一）》第十九条。

人谅解的；③具有悔罪表现的；④以不正当手段获取权利人的商业秘密后尚未披露、使用或者允许他人使用的。这些规定有利于修复社会关系，化解社会矛盾。

关于罚金数额，该司法解释第十条规定：对于侵犯知识产权犯罪的，应当综合考虑犯罪违法所得数额、非法经营数额、给权利人造成的损失数额、侵权假冒物品数量及社会危害性等情节，依法判处罚金。罚金数额一般在违法所得数额的一倍以上五倍以下确定。违法所得数额无法查清的，罚金数额一般按照非法经营数额的百分之五十以上一倍以下确定。违法所得数额和非法经营数额均无法查清，判处三年以下有期徒刑、拘役、管制或者单处罚金的，一般在三万元以上一百万元以下确定罚金数额；判处三年以上有期徒刑的，一般在十五万元以上五百万元以下确定罚金数额。

关于侵权物品及侵权工具的处理，该司法解释第七条规定：除特殊情况外，假冒注册商标的商品、非法制造的注册商标标识、主要用于制造假冒注册商标的商品、注册商标标识或者侵权复制品的材料和工具，应当依法予以没收和销毁。上述物品需要作为民事、行政案件的证据使用的，经权利人申请，可以在民事、行政案件终结后或者采取取样、拍照等方式对证据固定后予以销毁。

课后复习题：

1. 商标纠纷的解决途径有哪些？
2. 商标纠纷案件的诉讼时效规则是如何规定的？
3. 商标纠纷案件的级别和地域管辖规则如何？
4. 简述一下商标侵权纠纷案件中的诉讼保全规则。
5. 商标侵权纠纷案件中可否因被告提出无效宣告请求而中止诉讼？为什么？
6. 对恶意"碰瓷"式的商标维权行为，被告如何应对？立法有何规定？
7. 构成商标侵权的应当承担哪些民事责任？
8. 损失赔偿数额如何确定？
9. 惩罚性赔偿的适用规则是什么？
10. 已经被处以行政罚款或者刑事罚金且执行完毕，侵权人能否主张减免民事赔偿责任？
11. 构成商标侵权但不用承担赔偿责任的情形有哪些？其中善意侵权免赔的适用要件有哪些？
12. 商标侵权应当承担的行政责任有哪些？可以免除罚款处罚的限于哪些情形？
13. 识别恶意提起商标侵权诉讼的认定标准是什么？

第十三章　商标管理

第一节　商标管理的概述

一、商标管理的意义

商标管理是指商标主管机关依法对商标的注册申请、续展、使用、转让核准、许可备案、标识印制等行为所进行的监督、检查，对商标一般违法行为进行纠正、查处等活动的总称。商标管理的意义在于：规范商标权人正确规范地使用商标、维护其合法权益，督促企业树立商标意识；监督商标使用人保证商品或服务的质量，保护消费者利益及社会秩序；增强企业和商标使用人的法制观念，防止未注册商标使用人冒充注册商标；有利于完善商标法律制度。

二、商标管理机关及其职责

国家知识产权局商标局负责受理国内商标和外国商标的注册申请；负责注册商标的转让核准、续展核准，受理注册事项变更申请及商标许可备案等工作；处理涉外商标的有关事宜，指导各地的商标管理工作。负责对商标局驳回申请不服、对商标局异议裁定不服、对续展申请驳回不服、对已注册商标有争议或者对注册不当的商标进行复审，并做出终局决定或裁定。各级市场监督管理局的职责。对商标标识的印制、使用进行管理，监督商品质量，调查处理商标侵权和其他违法案件。

三、商标一般违法行为的类型

为了加强商标管理，强化商标执法业务指导，统一执法标准，国家知识产权局根据《中华人民共和国商标法》《中华人民共和国商标法实施条例》以及相关法律法规、部门规章，制定《商标一般违法判断标准》（国知发保字〔2021〕34号），该标准于2022年1月1日施行。所谓的商标一般违法行为是指违反商标管理秩序的行为。下列行为均属商标一般违法行为：①违反《商标法》第六条规定，法律、行政法规规定必须使用注册商标而未使用的；②违反《商标法》第十条规定，使用不得作为商标使用的标志的；③违反《商标法》第十四条第五款规定，生产、经营者不得将"驰名商标"字样用于商品、商品包装或者容器上，或者用于广告宣传、展览以及其他商业活动中，而仍在商业活动中使用"驰名商标"字样的；④违反《商标法》第四十三条第二款规定，经许可使用他人注册商标的，必须在使用该注册商标的商品上标明被许可人的名称和商品产地，而商标被许可人未标明其名称和商品产地的；⑤违反《商标法》第四十九条第一款规定，商标注册人在使用注册商标的过程中，自行改变注册商标、注册人名义、地址或者其他注册事项的；⑥违反《商标法》第五十二条规定，将未注册商标冒充注册商标使用的；⑦违反《商标法实施条例》第四条第二款和《集体商标、证明商标注册和管理办法》第十四条、第十五条、第十七条、第十八条、第二十条、第二十一条规定，未履行集体商标、证明商标管理义务的；⑧违反《商标印制管理办法》第七条至第十条规定，未履行商标印制管理义务的；⑨违反《规范商标申请注册行为若干规定》第三条规定，恶意申请商标注册的；⑩其他违反商标管理秩序的。

第二节 注册商标标识的管理

一、商标标识的印制管理

为了加强商标标识的印制管理，保护注册商标专用权，维护社会主义市场经济秩序，1996 年国家工商行政管理局根据《中华人民共和国商标法》《中华人民共和国商标法实施条例》的有关规定，制定了《商标印制管理办法》（以下简称《办法》）。该办法历经三次修订，最近一次是 2020 年 10 月 23 日国家市场监督管理总局令第 31 号第三次修订。《办法》规定：商标标识，是指与商品配套一同进入流通领域的带有商标的有形载体，包括注册商标标识和未注册商标标识。商标标识一般独立于被标志的商品，不具有该商品的功能。商标印制，是指印刷、制作商标标识的行为。以印染、冲压等方式直接在商品、商品零部件、商品的主要原材料（不含商品的包装物）上标注商标图文的，属于商品生产加工行为，一般不属于商标印制。"商标印制单位"是指依法登记从事商标印制业务的企业和个体工商户。"商标印制委托人"是指要求印制商标标识的商标注册人、未注册商标使用人、注册商标被许可使用人以及符合《商标法》规定的其他商标使用人。

商标印制委托人委托商标印制单位印制标注"注册商标"字样或者注册标记的商标标识的，应当出示营业执照副本或者合法的营业证明或者身份证明、商标注册证（包括国家知识产权局所发的有关变更、续展、转让等证明文件），并提供一份商标注册证复印件，要印制的商标样稿应当与商标注册证上的商标图样相同。被许可人需印制商标的，应当出示许可人的授权书或者含有许可人允许其印制商标标识内容的《商标使用许可合同》原件，并提供一份复印件。被许可人的商标标识样稿应当标明被许可人的企业名称和地址。商标印制单位应当核查商标注册证等证明文件和承印商标是否与商标注册证核准注册的商标一致，以及该注册商标是否有效。

商标印制委托人委托商标印制单位印制未注册商标标识的，应当出示营业执照副本或者合法的营业证明或者身份证明。商标印制单位要审核所印制的商标图样是否违反《商标法》第十条的规定；是否标有"注册商标"字样或者使用注册标记。并通过国家知识产权局官网查询在同一种商品或者服务上，他人是否已注册与承印商标标识相同的商标。商标印制委托人未提供规定的证明文件，或者其要求印制的商标标识不符合规定的，商标印制单位不得承接印制。他人已在同一种商品或者服务上注册与承印商标标识相同的商标，商标印制单位仍然承接印制的，属于《商标法实施条例》第七十五条所述的商标侵权行为，由所在地或者行为地市场监督管理部门依《商标法》的有关规定予以处理。

商标印制单位承印符合规定的商标印制业务的，商标印制业务管理人员应当按照要求填写商标印制业务登记表，载明商标印制委托人所提供的证明文件的主要内容，商标印制业务登记表中的图样应当由商标印制单位业务主管人员加盖骑缝章。商标标识印制完毕，商标印制单位应当在15天内提取标识样品，连同商标印制业务登记表、商标注册证复印件、商标使用许可合同复印件、商标印制授权书复印件等一并造册存档。商标印制单位应当建立商标标识出入库制度，商标标识出入库应当登记台账。废次标识应当集中进行销毁，不得流入社会。商标印制档案及商标标识出入库台账应当存档备查，存查期为两年。

商标印制单位违反本办法规定的审核义务及印制业务登记存档管理规范的，由所在地市场监督管理部门责令其限期改正，并视其情节予以警告，处以非法所得额三倍以下的罚款，但最高不超过三万元；没有违法所得的，可以处以一万元以下的罚款。擅自设立商标印刷企业或者擅自从事商标印刷经营活动的，由所在地或者行为地市场监督管理部门依照《印刷业管理条例》的有关规定予以处理。商标印制单位的违法行为构成犯罪的，所在地或者行为地市场监督管理部门应及时将案件移送司法机关追究刑事责任。

二、注册商标的使用管理

（一）注册人应在核定的范围内使用注册商标

商标注册人使用注册商标时应核定使用的商品使用核准注册的商标，不得随意改变商标标识或扩大商品使用范围。若超出注册商标核定使用的商品或者服务而使用该商标且标明"注册商标"或者标注注册标记的；改变注册商标的显著特征后仍标明"注册商标"或者标注注册标记的则属于未注册商标冒充注册商标。注册商标需要在核定使用范围之外的商品上取得商标专用权的，应当另行提出注册申请[1]。注册商标需要改变其标志的，应当重新提出注册申请[2]。

（二）注册人不得自行改变商标注册事项

注册商标需要变更注册人的名义、地址或者其他注册事项的，应当提出变更申请[3]。《商标法实施条例》第三十条："变更商标注册人名义、地址或者其他注册事项的，应当向商标局提交变更申请书。变更商标注册人名义的，还应当提交有关登

---

[1] 参见《中华人民共和国商标法》第二十三条之规定。
[2] 参见《中华人民共和国商标法》第二十四条之规定。
[3] 参见《中华人民共和国商标法》第四十一条之规定。

记机关出具的变更证明文件。商标局核准的，发给商标注册人相应证明，并予以公告；不予核准的，应当书面通知申请人并说明理由。变更商标注册人名义或者地址的，商标注册人应当将其全部注册商标一并变更；未一并变更的，由商标局通知其限期改正；期满未改正的，视为放弃变更申请，商标局应当书面通知申请人。"

《商标法》第四十九条规定：商标注册人在使用注册商标的过程中，自行改变注册商标、注册人名义、地址或者其他注册事项的，由地方商标执法部门责令限期改正；期满不改正的，负责商标执法的部门逐级报告国家知识产权局，由国家知识产权局商标局撤销其注册商标。注册商标成为其核定使用的商品的通用名称或者没有正当理由连续三年不使用的，任何单位或者个人可以向商标局申请撤销该注册商标。商标局应当自收到申请之日起九个月内做出决定。有特殊情况需要延长的，经国务院工商行政管理部门批准，可以延长三个月。注册商标被撤销、被宣告无效或者期满不再续展的，自撤销、宣告无效或者注销之日起一年内，商标局对与该商标相同或者近似的商标注册申请，不予核准①。

《商标法》第四十九条第一款所称自行改变注册商标，是指商标注册人擅自对注册商标的文字、图形、字母、数字、三维标志、颜色组合、声音等构成要素做局部改动或者变换相对位置，影响对该注册商标的认知或者识别，仍标明"注册商标"或者注册标记的。下列情形均属《商标法》第四十九条第一款规定的自行改变商标注册事项：商标注册人名义（姓名或者名称）发生变化后，未依法向国家知识产权局提出变更申请的；商标注册人地址发生变化后，未依法向国家知识产权局提出变更申请，或者商标注册人实际地址与商标注册簿上记载的地址不一致的；除商标注册人名义、地址之外的其他注册事项发生变化后，商标注册人未依法向国家知识产权局提出变更申请的②。但将卷烟整体包装作为商标注册的，其按照国家有关规定加注警语、修改警语内容和警语区面积造成卷烟商标改变并使用的行为，不视为违反《商标法》第四十九条第一款的规定③。商标注册人应当监督被许可人合法使用其注册商标。商标注册人明知或者应知被许可人存在自行改变注册商标、注册人名义、地址或者其他注册事项而不及时制止的，商标注册人承担自行改变注册商标的法律责任④。

（三）对烟草类商品使用注册商标的监管

《商标法》第六条：法律、行政法规规定必须使用注册商标的商品，必须申请商标注册，未经核准注册的，不得在市场销售。根据《中华人民共和国烟草专卖法》第十九条规定："卷烟、雪茄烟和有包装的烟丝必须申请商标注册，未经核准注册的，不得生产、销售。禁止生产、销售假冒他人注册商标的烟草制品。"同时《中华人民共和国烟草专卖法实施条例》第二十二条规定："卷烟、雪茄烟和有包装的烟丝，应当使用注册商标。"近年来电子烟等新型烟草制品兴起，为了加强监管，

---

① 参见《中华人民共和国商标法》第五十条之规定。
② 参见《商标一般违法判断标准》第二十条之规定。
③ 参见《商标一般违法判断标准》第十九条之规定。
④ 参见《商标一般违法判断标准》第二十四条之规定。

2021 年《中华人民共和国烟草专卖法实施条例》① 修改时增加一条"电子烟等新型烟草制品参照本条例卷烟的有关规定执行",作为第六十五条。根据上述规定可知卷烟、雪茄烟和有包装的烟丝及电子烟等新型烟草制品均需使用注册商标,否则不得出厂销售。

我国最早在 1984 年制定《中华人民共和国药品管理法》(以下简称《药品管理法》)时,便在第四十一条规定:"除中药材、中药饮片外,药品必须使用注册商标;未经核准注册的,不得在市场销售。注册商标必须在药品包装和标签上注明。"2001 年《药品管理法》第一次修订之后,这一规定就从《药品管理法》中删除了。因此,人用药品不再是必须使用注册商标的商品。违反上述规定的,由地方工商行政管理部门责令限期申请注册,违法经营额五万元以上的,可以处违法经营额百分之二十以下的罚款,没有违法经营额或者违法经营额不足五万元的,可以处一万元以下的罚款②。

(四) 商标被许可人未标明其名称和商品产地的

《商标法》第四十三条第二款规定:经许可使用他人注册商标的,必须在使用该注册商标的商品上标明被许可人的名称和商品产地。被许可人的该项义务不是合同义务,而是法定的义务。如果违反该款规定,根据《商标法实施条例》第七十一条规定:由工商行政管理部门责令限期改正;逾期不改正的,责令停止销售,拒不停止销售的,处 10 万元以下的罚款。

第三节　未注册商标的使用管理

一、未注册商标不可以冒充注册商标使用

《商标法实施条例》第六十三条规定:"使用注册商标,可以在商品、商品包装、说明书或者其他附着物上标明'注册商标'或者注册标记。注册标记包括⊕和®。使用注册标记,应当标注在商标的右上角或者右下角。"未注册商标是不可以有类似标记的,否则构成冒充注册商标的行为。《商标法》第五十二条所称的冒充注册商标,是指在使用未注册商标的商品、商品包装、容器、服务场所以及交易文书上或者在广告宣传、展览以及其他商业活动中,标明"注册商标",或者在未注册商标上标注注册标记,或者在未注册商标上标注与注册标记近似的符号,误导相关公众的③。

商标注册人或者使用人使用未向国家知识产权局提出注册申请的商标且标明"注册商标"或者标注注册标记的;使用向国家知识产权局提出注册申请但被驳回或者尚未核准注册的商标且标明"注册商标"或者标注注册标记的;注册商标被撤销、被宣告无效、因期满未续展被注销或者申请注销被核准后,继续标明"注册商

---

① 该条例于 1997 年 7 月 3 日发布,2021 年 11 月 10 日第三次修订,2021 年 11 月 26 日公布实施。
② 参见《中华人民共和国商标法》第五十一条之规定。
③ 参见《商标一般违法判断标准》第二十二条之规定。

标"或者标注注册标记的，但在注册商标失效前已进入流通领域的商品除外；超出注册商标核定使用的商品或者服务而使用该商标且标明"注册商标"或者标注注册标记的；改变注册商标的显著特征后仍标明"注册商标"或者标注注册标记的；组合使用两件以上注册商标且标注注册标记，但未按照注册商标逐一标注注册标记的；标明"注册商标"或者标注注册标记的进口商品，该商标未在中国注册且未声明的；以上均属《商标法》第五十二条规定的冒充注册商标。商标注册人或者使用人的上述行为，同时构成《商标法》第五十七条规定的侵犯他人注册商标专用权的，负责商标执法的部门应当依照《商标法》第六十条第二款规定查处；涉嫌犯罪的，应当及时移送司法机关依法处理①。

二、使用未注册商标不能违反《商标法》第十条的规定

使用未注册商标是否违反《商标法》第十条规定，一般以中国境内公众的通常认识作为判断标准。但有合理充分的理由证明中国境内特定公众认为使用的未注册商标违反了该条第一款第六至第八项规定的除外②。使用未注册商标的文字、图形或者其他构成要素带有对特定民族进行丑化、贬低或者其他不平等看待该民族的内容，属《商标法》第十条第一款第六项规定的带有民族歧视性③。使用的未注册商标，易使公众对商品或者服务的质量、主要原料、功能、用途、重量、数量以及其他特点产生误认的；易使公众对商品或者服务的产地产生误认的；其他对使用商品或者服务的质量等特点或者产地作了超过其固有程度或者与事实不符的表示、易使公众产生误认的；以上均属《商标法》第十条第一款第七项规定的带有欺骗性，但公众基于日常生活经验等不会对商品或者服务的质量等特点或者产地产生误认的除外④。

使用的未注册商标不得有害于社会主义道德风尚及产生其他不良影响。有害于社会主义道德风尚指损害中国公众共同生活及其行为的准则、规范以及在一定时期内社会上流行的良好风气和习惯⑤。其他不良影响是指标志的文字、图形或者其他构成要素具有贬损含义，或者该标志本身虽无贬损含义但作为商标使用，易对中国政治、经济、文化、宗教、民族等社会公共利益和公共秩序产生消极、负面的影响⑥。

使用的未注册商标对国家安全、国家统一有危害的；对国家主权、尊严、形象有损害的；有害于民族、种族尊严或者感情的；有害于宗教信仰、宗教感情或者民间信仰的；与恐怖主义组织、邪教组织名称相同或者近似的；与突发公共事件特有名称相同或者近似的；商标或者其构成要素与政治、经济、文化、宗教、民族等公众人物的姓名、肖像等相同或者近似，对社会公共利益和公共秩序产生消极、负面

---

① 参见《商标一般违法判断标准》第二十三条之规定。
② 参见《商标一般违法判断标准》第五条之规定。
③ 参见《商标一般违法判断标准》第七条之规定。
④ 参见《商标一般违法判断标准》第八条、第九条之规定。
⑤ 参见《商标一般违法判断标准》第十条之规定。
⑥ 参见《商标一般违法判断标准》第十一条之规定。

影响的；其他对公共利益和公共秩序产生消极、负面影响的；以上均属《商标法》第十条第一款第八项规定的其他不良影响[1]。

判断使用的未注册商标是否有害于社会主义道德风尚或者有其他不良影响，应当综合考量该商标使用时的政治背景、社会背景、历史背景、文化传统、民族风俗、宗教政策等；该商标的构成要素以及其使用的商品或者服务；使用人的主观意图、使用方式以及使用行为所产生的社会影响等前述因素及各因素之间的相互影响。公众日常生活经验，或者辞典、工具书等记载，或者相关公众的通常认识，可以作为有害于社会主义道德风尚或者有其他不良影响的判断依据[2]。使用的未注册商标具有多种含义，其中某一含义易使公众认为其有民族歧视性、欺骗性、有违社会主义道德风尚或其他不良影响的，可以认定为违反《商标法》第十条第一款第六至八项的规定[3]。

《商标法》第五十二条规定：将未注册商标冒充注册商标使用的，或者使用未注册商标违反本法第十条规定的，由地方工商行政管理部门予以制止，限期改正，并可以予以通报，违法经营额五万元以上的，可以处违法经营额百分之二十以下的罚款，没有违法经营额或者违法经营额不足五万元的，可以处一万元以下的罚款。负责商标执法的部门发现已经注册的商标涉嫌违反《商标法》第十条规定的，应当逐级报告国家知识产权局，由国家知识产权局按照规定程序依法处理。国家知识产权局做出宣告注册商标无效的决定生效后，商标注册人或者他人继续使用该商标的，负责商标执法的部门应当依法查处[4]。另外根据《药品管理法》第二十九条规定："列入国家药品标准的药品名称为药品通用名称。已经作为药品通用名称的，该名称不得作为药品商标使用。"

第四节　证明商标、集体商标的使用管理

一、证明商标的使用管理

《集体商标、证明商标注册和管理办法》第二十条规定：证明商标的注册人不得在自己提供的商品上使用该证明商标。第十五条规定：证明商标注册人准许他人使用其商标的，注册人应当在一年内报商标局备案，由商标局公告。依照《商标法实施条例》第四条第二款规定：以地理标志作为证明商标注册的，其商品符合使用该地理标志条件的自然人、法人或者其他组织可以要求使用该证明商标，控制该证明商标的组织应当允许。《集体商标、证明商标注册和管理办法》第十八条规定：凡符合证明商标使用管理规则规定条件的，在履行该证明商标使用管理规则规定的手续后，可以使用该证明商标，注册人不得拒绝办理手续。

---

① 参见《商标一般违法判断标准》第十二条之规定。
② 参见《商标一般违法判断标准》第十三条之规定。
③ 参见《商标一般违法判断标准》第十四条之规定。
④ 参见《商标一般违法判断标准》第十六条之规定。

二、集体商标的使用管理

《集体商标、证明商标注册和管理办法》第十七条规定：集体商标注册人的集体成员，在履行该集体商标使用管理规则规定的手续后，可以使用该集体商标。集体商标不得许可非集体成员使用。若集体商标是用地理标志注册的，对于商品符合使用该地理标志条件的自然人、法人或者其他组织，可以要求参加以该地理标志作为集体商标注册的团体、协会或者其他组织，该团体、协会或者其他组织应当依据其章程接纳为会员，不得拒绝；集体商标注册人的成员发生变化的，注册人应当向商标局申请变更注册事项，由商标局公告。对于商品符合使用该地理标志条件的自然人、法人或者其他组织，但并不要求参加将该地理标志作为集体商标注册的团体、协会或者其他组织的，无权使用该集体商标标识，但可以正当使用该地理标志中的地名，该团体、协会或者其他组织无权禁止①。

三、违反规定应承担的法律责任

集体商标、证明商标注册人违反前述规定的，由工商行政管理部门责令限期改正；拒不改正的，处以违法所得三倍以下的罚款，但最高不超过三万元；没有违法所得的，处以一万元以下的罚款②。集体商标和证明商标注册人没有对商标的使用进行有效管理或者控制，出现违反证明商标或集体商标使用管理规则的成员未承担责任，或使用该集体商标商品的检验监督制度未有效运行等情形③，致使该商标使用的商品达不到其使用管理规则的要求，对消费者造成损害的，由市场监督管理部门责令限期改正；拒不改正的，处以违法所得三倍以下的罚款，但最高不超过三万元；没有违法所得的，处以一万元以下的罚款④。

第五节　驰名商标的管理

《商标法》第十四条第五款规定：生产、经营者不得将"驰名商标"字样用于商品、商品包装或者容器上，或者用于广告宣传、展览以及其他商业活动中。第五十三条规定：违反本法第十四条第五款规定的，由地方工商行政管理部门责令改正，处十万元罚款。对于将"驰名商标"字样用于商品、商品包装或者容器上，或者用于广告宣传、展览以及其他商业活动中的行为，适用修改后的《商标法》。但是，对于将"驰名商标"字样用于商品、商品包装或者容器上并于2014年5月1日以前已经进入流通领域的除外。

---

① 参见《商标法实施条例》第四条第二款和《集体商标、证明商标注册和管理办法》第十四、十五、十七、十八、二十条。
② 参见《商标一般违法判断标准》第二十五条之规定和《集体商标、证明商标注册和管理办法》第二十二条之规定。
③ 参见《商标一般违法判断标准》第二十七、二十八条之规定。
④ 参见《集体商标、证明商标注册和管理办法》第二十一条之规定。

　　一些企业在自建网站使用"驰名商标"字样，这种行为是否属于违反《商标法》第十四条第五款的禁止性规定？关于该问题，国家工商总局商标局于 2016 年 9 月 9 日在回复《江苏省工商局关于驰名商标企业违反商标管理规定有关问题的请示》（苏工商标〔2016〕91 号）时指出：驰名商标认定与保护是我国履行相关国际公约义务，加强对相关公众熟知商标保护的一项重要法律制度。企业的商标获得驰名商标认定并给予扩大保护是企业全面加强商标创造、运用、管理、保护工作的成果。该认定保护记录是一种客观事实，企业在网站上或其他经营活动中对自己商标获得驰名商标扩大保护的记录做事实性陈述，没有突出使用"驰名商标"字样行为的，不属于《商标法》第十四条第五款所述的违法行为。《商标法》第十四条第五款的立法目的在于厘清驰名商标保护制度，明确驰名商标认定系对相关公众熟知商标给予扩大保护的立法本意，纠正将驰名商标认定等同于荣誉评比的错误认识倾向。例如，企业在网站上或其他经营活动中，有意淡化驰名商标认定与保护的法律性质，将"驰名商标"字样视为荣誉称号并突出使用，用以宣传企业或推销企业经营的商品或服务，则不属于合理使用的范畴，构成《商标法》第十四条第五款所规定的违法行为①。

课后复习题：

　　1. 什么是商标印制？

　　2. 商标标识印制单位在提供印制服务时应履行哪些审查义务？

　　3. 使用注册商标时应遵守哪些规则？

　　4. 使用未注册商标时应遵守哪些规则？

　　5. 集体商标的使用规则是什么？

　　6. 证明商标的使用规则是什么？

　　7. "驰名商标"字样的宣传使用规则是什么？

251

---

　　①　参见《国家工商总局商标局关于企业在自建网站上使用驰名商标字样等有关问题的批复》（商标监字〔2016〕601 号）。

第十四章 驰名商标的认定与保护

第一节 概述

一、驰名商标的概念

驰名商标最早出现于《保护工业产权巴黎公约》第 6 条之第 2 项："（商标：驰名商标）本联盟各国承诺，如该国法律允许，应依职权，或依有关当事人的请求，对商标注册或使用国主管机关认为在该国已经属于有权享受本公约利益的人所有而驰名、并且用于相同或类似商品的商标构成复制、仿制或翻译，易于产生混淆的商标，拒绝或取消注册，并禁止使用。这些规定，在商标的主要部分构成对上述驰名商标的复制或仿制，易于产生混淆时，也应运用。……"该公约虽提出"驰名商标"这一概念，但并未给出定义。1999 年 9 月 20 日至 29 日，保护工业产权巴黎联盟大会和世界知识产权组织大会通过了《关于保护驰名商标的规定的联合建议》。该建议以概括的方式给出了认定驰名商标的基本原则，但仍未给出驰名商标的定义。

我国国家工商行政管理局于 1989 年开始对国内的驰名商标进行认定。国务院知识产权办公会议于 1995 年制定了《有效保护及实施知识产权的行动计划》，对驰名商标的保护做出了明确的规定。国家工商行政管理局于 1996 年发布的《驰名商标认定和管理暂行规定》中给出的驰名商标的定义为：在市场上享有较高声誉并为相关公众所熟知的注册商标。该定义有明显的缺陷，将未注册商标排除在驰名商标认定范围之外，与《保护工业产权巴黎公约》第 6 条之第 2 项有冲突。根据《保护工业产权巴黎公约》第 6 条之第 2 项的规定，驰名商标的保护是不以该商标注册为条件的。将驰名商标限定于注册商标之内，使得驰名商标的保护存在缺失。

2001 年修正后的《中华人民共和国商标法》增加了驰名商标认定和保护的相关内容。国家工商行政管理总局于 2003 年又发布了《驰名商标认定和保护规定》，该规定对驰名商标的定义做了修改："本规定中的驰名商标是指在中国为相关公众广为知晓并享有较高声誉的商标。"这将未注册商标纳入驰名商标认定范围之内，与《保护工业产权巴黎公约》保持一致。2014 年修订后的《驰名商标认定和保护规定》将驰名商标定义为在中国为相关公众所熟知的商标。

此外，最高人民法院公布的《关于审理设计计算机网络域名民事纠纷案件适用法律若干问题的解释》《关于审理商标民事纠纷案件适用法律若干问题的解释》《关于涉及驰名商标认定的民事纠纷案件管辖问题的通知》《关于审理涉及驰名商标保护的民事纠纷案件应用法律若干问题的解释》等文件也有关于驰名商标的规定。

驰名商标是指在中国为相关公众广为知晓并享有较高声誉的商标，即驰名商标有较高的知名度和良好的信誉，获得了消费者的信赖。这种信赖是消费者乐于购买有关商品或者服务的保障。在实践中，仍有许多问题需要确定，如："相关公众"如何界定，在多大的空间范围内、熟悉到何种程度才能达到驰名商标认定的标准。对驰名商标的含义应从下述两个方面理解：

第一，关于"相关公众"的理解。界定"相关公众"是认定商标"知晓程度"的前提。《商标法》和最高人民法院有关司法解释中并未对"相关公众"做出明确的界定。保护工业产权巴黎联盟大会和世界知识产权组织大会《关于驰名商标保护规定的联合建议》对相关公众的界定："相关公众应当包括，但不限于：①使用该商标的那类商品或服务的实际或潜在的消费者；②使用该商标的那类商品或服务的营销渠道所涉及的人员；③经营使用该商标的那类商品或服务的商业界人员。"我国国家工商行政管理总局 2014 年公布的《驰名商标认定和保护规定》第 2 条对相关公众的界定："相关公众包括与使用商标所标示的某类商品或者服务有关的消费者，生产前述商品或者提供服务的其他经营者以及经销渠道中所涉及的销售者和相关人员等。"

第二，关于"广为知晓"的理解。其实质是对知晓程度的把握。《商标法》第十四条将"相关公众对该商标的知晓程度"列为认定驰名商标应当考虑的第一个因素，但是对知晓程度应该达到什么样的标准没有给出具体的规定。《驰名商标认定和保护规定》第九条规定，可以将证明相关公众对商标知晓程度的材料、证明商标使用持续时间的材料、证明商标曾在中国或者其他国家和地区作为驰名商标受保护的材料等，作为证明符合《商标法》第十四条第一款规定的证据材料。

二、驰名商标保护的意义

被评为驰名商标的产品具有较高的声誉和知名度，进而具有巨大的商业价值。发展此类产品对于促进经济社会发展具有重要的意义。

第一，保护驰名商标有利于维护市场竞争秩序。驰名商标具有较高的信誉度，对消费者的吸引力较强，具有明显的竞争优势。一些非法厂商为牟取非法利益，会假冒他人驰名商标。其后果必然损害驰名商标所有人的合法权益，同时也会误导消费者的选择，损害消费者的利益。这种行为破坏了市场公平竞争的秩序，不利于经济社会的健康发展。因此，只有加强对驰名商标的保护，才能有效维护市场竞争秩序。

第二，保护驰名商标有利于保护驰名商标所有人的合法权益。驰名商标具有较高的知名度和较高的市场份额，其所有人的收益也大。假冒驰名商标会影响驰名商标的信誉，淡化驰名商标的影响力，必然损害驰名商标所有人的权益。加强对驰名商标的保护，建立驰名商标保护制度，能够有效保护驰名商标的信誉和影响力，进而保护驰名商标所有人的合法权益。

第三，保护驰名商标有利于保护消费者的利益。驰名商标所标识的商品或服务具有较高的信誉，为广大消费者所信任。消费者也更愿意购买该类商品或者服务。假冒驰名商标会在消费者选择的过程中给消费者错误的信息，误导消费者，使其买不到自己真正想要的商品或者服务，造成消费者的损失，损害消费者利益。

第四，保护驰名商标有利于提升我国国际竞争力。驰名商标所标识的商品或服务往往是有较高信誉的商品，具有较强的市场竞争力。当前，国家之间的经济竞争往往表现为品牌的竞争。保护驰名商标，不断提升其国际信誉，有利于提升其竞争能力。同时，保护驰名商标也是我国应尽的国际义务，有利于营造良好的营商环境，推动我国经济健康发展。

第二节　驰名商标的认定途径及规则

驰名商标的认定包括认定因素、认定机构、认定标准和认定程序四个方面。

一、驰名商标的认定因素

驰名商标的认定在实践中还存在一定的困难，需要法律从一些客观因素中推导而来。

（一）国际上驰名商标的认定

1921 年《巴黎公约》中开始了对驰名商标的保护，可惜的是没有对驰名商标的概念做出明确的规定。之后，《知识产权协定》第 16 条第 2 款规定了驰名商标的判定应在相关公众领域内考虑到有关商标的知晓程度。其中相关公众领域是包括成员国领域内商标宣传而被知晓的程度。直到 1993 年《卡塔赫那协定》颁布，其中对驰名商标的认定标准成为世界上第一个明确规定的认定标准。该协定第 344 号决定第 84 条规定，驰名商标的认定应从以下几个方面考虑：①作为使用商品或服务在消费者中的知名度；②该商标销售、广告或者促销程度和范围；③商标悠久和持续的使用；④对商标所区别商品的产销分析。

该认定标准让驰名商标的认定向前迈进一大步。对于该认定标准，制定者专门指出，认定者不能太过执着于认定标准的规定，而是要将该标准作为是否认定驰名商标的指导方针，并不是确定的判定依据。一些商标可能只能满足其中一条，那么应根据特殊性原则，对这些商标的具体情况做具体分析，决定是否认定驰名商标还应该由认定机构自行商议决定。

1996 年 9 月 18 日，国际商标通过了《驰名商标保护决议案》，对驰名商标的认定从以下六个方面做出了规定：①应当考虑该商标在当地或者国际上的知名度；②商标具有的显著性程度；③商标在本国或者国际上的使用范围及广告宣传时间；④商标在国内或者国际上的经济价值；⑤商标在国内或者国际上的质量、信誉和形象情况；⑥商标所获得的在当地或者国际上使用的专用性。这些因素显然比之前所列的认定因素更加具体，也成为多数国家认可的因素。

（二）我国关于驰名商标的认定因素

我国关于驰名商标的认定法律规定在 2001 年的《商标法》中。2001 年我国对《商标法》进行了第二次修正，其中重要的修改内容就是增加了驰名商标的认定。本次修改中将驰名商标的认定规定了应考虑以下因素：①相关公众对该商标的知晓程度；②该商标使用的持续时间；③该商标的任何宣传工作的持续时间、程度和地理范围；④该商标作为驰名商标受保护的记录；⑤该商标驰名的其他因素。

之后我国又在司法解释和部门规章中进一步完善了驰名商标的认定规定。2009年《驰名商标司法解释》中规定当事人主张涉案商标属于驰名商标的，应提供该商标的商品市场份额、销售区域、利税等；该商标持续使用的时间；该商标宣传情况，以及使用过程中促销的范围、持续时间、程度和资金投入情况；该商标曾被作为驰名商标受保护的记录；该商标享有的市场信誉；证明该商标已属驰名的其他事实。2014 年《驰名商标认定和保护规定》中再一次明确了证据材料包括：①证明相关公众对该商标知晓程度的材料。②证明该商标使用持续时间的材料，如该商标使用、注册的历史和范围的材料。该商标为未注册商标的，应当提供证明其使用持续时间不少于五年的材料。该商标为注册商标的，应当提供证明其注册时间不少于三年或者持续使用时间不少于五年的材料。③证明该商标的任何宣传工作的持续时间、程度和地理范围的材料，如近三年广告宣传和促销活动的方式、地域范围、宣传媒体的种类以及广告投放量等材料。④证明该商标曾在中国或者其他国家和地区作为驰名商标受保护的材料。⑤证明该商标驰名的其他证据材料，如使用该商标的主要商品在近三年的销售收入、市场占有率、净利润、纳税额、销售区域等材料。前款所称"三年""五年"，是指被提出异议的商标注册申请日期、被提出无效宣告请求的商标注册申请日期之前的三年、五年，以及在查处商标违法案件中提出驰名商标保护请求日期之前的三年、五年。

二、驰名商标的认定机构

《商标法》在驰名商标的认定方面做了多次的修改，2003 年颁布的《驰名商标认定和保护规定》中将驰名商标规定为在中国为相关公众广为知晓并享有较高声誉的商标。2009 年的《驰名商标司法解释》中，将驰名商标规定为在中国境内被相关公众广为知晓的商标。之后又在 2014 年的《驰名商标认定和保护规定》中将驰名商标认定为在中国被相关公众所熟知的商标。三次修改均对驰名商标的知名程度做了不同的描述，最终将驰名商标定义为在某一领域内，为该领域相关公众所知道的具有一定知名程度的商标。

对于是否属于驰名商标，如果获得驰名商标的认定，我国认定机构有两个，一个是国家知识产权局商标局及其商标评审委员会，另一个是司法途径的认定，即人民法院。但是无论是哪个国家机关认定，我国驰名商标的认定方式采用的是被动认定原则。审查机关不能主动对商标是否属于驰名商标进行认定，而是需要等待申请才可以启动驰名商标的认定程序。

255

（一）商标局及其评审委员会对驰名商标的认定

《商标法实施条例》第三条规定："商标持有人依照商标法第十三条规定请求驰名商标保护的，应当提交其商标构成驰名商标的证据材料。商标局、商标评审委员会应当依照商标法第十四条的规定，根据审查、处理案件的需要以及当事人提交的证据材料，对其商标驰名情况作出认定。"从条文规定的内容中可以看出，我国驰名商标的认定机构是商标局和商标评审委员会。其他组织不得进行驰名商标的认定。一些商标标榜自己是驰名商标，并且声称是某一民间组织授权或者评选产生，显然是错误的表述，也不具备法律规定的驰名商标的保护效力。

商标局最初开始作驰名商标认定的是从 20 世纪 90 年代起，并对同仁堂、蝴蝶（缝纫机）、贵州茅台、凤凰（自行车）、青岛（啤酒）、海尔（冰箱）、中华（牙膏）、北极星（钟表）、永久（自行车）、霞飞（化妆品）十个商标做了驰名商标的认定。2003 年 4 月 17 日，国家工商行政管理总局发布了《驰名商标认定和保护规定》，从原来的"批量认定"方式变化为"个案认定""被动保护"。

对于驰名商标的认定，从实践中总结来看，多是在商标权人发现商标被抢注、假冒或者乱用为企业名称时，再向商标局申请驰名商标的认定。从而达到撤销他人商标或企业名称，保护自己商标权利的目的。我国商标法关于驰名商标的保护规定为已在我国注册的商标为驰名商标的，他人在其他类别上注册相同或近似的商标，引起他人误认的，我们给予驰名商标跨类保护。"商标被认定为驰名商标后，其效力仅限于在相关案件中享有特别保护，用来对抗被指控的对象以及在日后案件中作为支持驰名商标认定的参考依据"[①]。因此，驰名商标的认定意义在于防止他人在相同或者不同领域内存在"搭便车"的行为。换句话说，也就是只有发生侵权冲突时，驰名商标的认定才变得有必要。显然，当前社会中对于驰名商标的理解有不当之处，很多企业将其作为商标的荣誉和企业商品的信誉进行宣传，是错误的，违背了驰名商标立法的目的。

我国采取"个案认定"的原则也在于此，驰名商标的认定不是为了表明该商品的宣传力度和信誉，而是在商标侵权事件发生时减少为此而产生的司法人力，提高处理此类商标侵权案件的效率。只有在商标权利发生冲突时，驰名商标才有认定的意义，也只有在这样的情况下，驰名商标才应当被决定认定或者不认定。个案处理原则正是反映驰名商标意义的体现。之前我国采用批量认定原则是没有真正地理解驰名商标的立法目的。在此基础上，也可以理解《商标法》第十四条第五款规定："生产、经营者不得将'驰名商标'字样用于商品、商品包装或者容器上，或者用于广告宣传、展览以及其他商业活动中。"

（二）人民法院对驰名商标的认定

作为《巴黎公约》的缔约国，我国依据公约的规定，赋予了人民法院认定驰名商标的权利。这也是国际社会的公认做法。

---

① 张今. 对驰名商标保护的若干思考 [J]. 政法论坛, 2000 (2)：33-39.

案例：北京国美电器有限公司与涂汉桥商标侵权纠纷案①

【**基本案情**】国美电器品牌于 1987 年元月 1 日在北京创立，并于 1997 年通过国家商标局审查，成为注册商标，商标注册证号为第 1097722 号。该公司在 20 世纪 90 年代后期开始走向全国，成立至今共在全国几乎所有省、直辖市、自治区以及香港和澳门设立了子公司，成为中国最大的全国性家电零售连锁企业。截至 2016 年年底，国美电器在全国 400 多个城市拥有直营门店 1 600 多家，年销售总额千亿元，是中国最大的家电和消费类电子零售连锁企业，多年来牢牢雄踞中国家电零售连锁业第一位。在国美电器品牌设立及壮大过程中，该公司设立的子公司、分公司及其他相关公司，均统一使用"国美电器"注册商标。

2004—2016 年，国美电器连续 13 年上榜中国企业 500 强。2016 年 9 月，第 22 届中国品牌价值 100 强研究报告揭晓，国美电器以 768.56 亿元的品牌价值，连续 10 年蝉联零售行业第一。2016 年 11 月，2016（第四届）中国商业创新大会上，国美荣膺"中国商业入世 15 年最具影响力企业"大奖。2012—2016 年，国美电器连续五年获得入选"亚洲品牌 500 强排行榜"，四次获得"亚洲十大最具公信力品牌奖"殊荣。

"国美电器"品牌创立以来，该公司及相关授权公司为"国美电器"品牌的发展壮大投入了巨大的人力物力和财力。在该公司开展的一系列商标维权工作中，"国美电器"商标已先后被湖北省武汉市中级人民法院、浙江省高级人民法院、吉林省长春市中级人民法院、广东省高级人民法院、浙江省温州市中级人民法院、浙江省高级人民法院、甘肃省兰州市中级人民法院、江西省萍乡市中级人民法院判决认定为驰名商标，并相应判决侵权企业承担停止侵权、在当地媒体赔礼道歉、赔偿损失的法律责任。综上，该公司拥有的"国美电器"注册商标，早已成为享誉全国的驰名商标。

原告发现六被告未经原告许可，在盐城市将原告驰名商标中的显著标识文字"国美"登记于企业名称作为字号，在相同或者类似的服务领域使用该企业名称。同时，被告在相同或者类似的服务领域将"国美"标识文字在门头招牌、宣传条幅、售后服务车、广告牌、报纸广告上突出使用。另外，被告还在网络上使用"国美"标识文字进行大量广告宣传。

根据《中华人民共和国商标法》及《最高人民法院关于审理商标民事纠纷案件适用法律若干问题的解释》的有关规定，被告未经原告许可，擅自以"国美"的名义对外经营电器，使相关公众产生混淆，误以为被告与原告之间存在关联关系，被告的上述行为严重违反了诚实信用的市场竞争规则，已侵犯了原告商标专用权并构成不正当竞争，应承担相应民事责任。

东台国美、东台国美的专卖店、东台国美海陵中路店、东台国美曹丿加盟店共同辩称：①企业名称核准登记和注册商标是两个不同概念。A. 被告及其关联企业均是通过工商行政管理部门核准使用，被告申请名称预先核准时间为 2004 年 3 月 16

---

① 引自江苏省盐城市中级人民法院民事判决书（2018）苏 09 民初 27 号。

日，2004 年 4 月 8 日核准登记，而且被告仅是使用字号，并未侵犯原告商标。B. 我国是成文法，不是判例法。即使原告经法院认定为驰名商标，最早的时间也是在 2004 年 4 月 22 日之后。从有关部门了解商标局认定驰名商标的时间为 2005 年，在被告核准名称之后。C. 被告的核准使用早于原告获得驰名商标的时间，根据法不溯及既往的原则，对被告没有溯及力和约束力，不能据此要求被告变更名称，认定侵犯其驰名商标使用权。D. 被告严格按照企业名称登记管理来使用企业名称，并无不规范使用的情形，即使有也应先通过行政程序予以解决。原告直接民事起诉，于法无据。②武汉中院认定驰名商标是不正确的，即使内容正确，也说明具有区域局限性。认定驰名商标是复杂的工程，应由国家商标局认定，不应具体以某个法院认定。③被告在东台从事家电销售已有近三十年的历史，原来在"东台国贸"从事家电行业，创立了品牌，乃至于被告法定代表人和丈夫桑汉兵在东台就是作为销售家电的代表，后因与"国贸大厦"发生矛盾，分开经营。为了不减少影响力，保持良好的信誉，仍使用"国"字号，与原名称相近，这样成立了"东台市国美电器有限公司"，"国贸家电"注销。现有证据表明，原告在盐城市成立的时间也仅为 2016 年 3 月才办理登记手续，是在被告成立后十多年之后，原告的所谓影响力，在盐城市是不成立的。根据我们从市场行政管理部门了解，原告曾想在东台注册"东台国美"，而由于被告核准登记在先，未能获准。相反原告企业名称上登记"盐城国美"，而在门头字幕上却使用"东台国美"，明显构成侵权，我们将保留向原告主张侵权行为的权利。④被告使用自己经过行政部门核准登记的名称，不构成不正当竞争。⑤原告主张赔偿 100 万元，未有证据支撑，于法无据。综上，应当依法驳回原告的诉讼请求。

东台国美许可加盟店辩称：①东台国美许河加盟店是经工商行政管理部门核准注册的名称，在门头招牌中使用"许河国美家电商场"没有侵犯原告的任何权利，很明显就可以和原告的国美电器区分。现在使用的门头招牌是"海尔专卖店"，这个公证处已经确认。②销售凭证单位是东台新合作连锁有限公司许河店，销售过程中没有以原告的商标进行销售，销售凭证没有和原告任何关系，很明显，没有以国美电器的名义进行销售。"国美"二字在农村没有任何价值。③家电下乡指定店铜牌是家电下乡办公室制作颁布的，铜牌上的"国美家电"是制作单位所为，挂上也是为了应付检查。④原告提供国美的价值文件，都是行业文件，没有国家认可法定的部门出具的。行业协会、企业联合会等只是个内部自律的组织。这些社会上第三方认证机构法律效力让人怀疑。法院的判决书只是个案，对本案没有任何意义。⑤东台国美许河加盟店的营业执照在 2010 年就注册。其间出于种种原因注销、转让，先后转手 6 个。崔红梅在 2018 年 1 月刚接手，如 6 人在经营过程中违反广告法，愿意接受相应部门的处理。

【案例评析】根据《中华人民共和国商标法》第五十八条规定，将他人注册商标、未注册的驰名商标作为企业名称中的字号使用，误导公众，构成不正当竞争行为的，依照《中华人民共和国反不正当竞争法》处理。通过多年的经营及宣传，国美电器的第 1097722 号"国美电器"商标在市场上已具有较高的知名度。作为同行业的经营者，东台国美在后将他人知名商标作为企业字号使用，并设立分公司和加盟店，具有攀附他人商誉的主观恶意，违反了经营者应遵循的诚实信用原则，构成不正当竞争。根据《最高人民法院关于审理注册商标、企业名称与在先权利冲突的民事纠纷案件若干问题的规定》第四条规定，被诉企业名称侵犯注册商标专用权或者构成不正当竞争的，人民法院可以根据原告的诉讼请求和案件具体情况，确定被告承担停止使用、规范使用等民事责任。"国美电器"系列注册商标经过长期使用，在市场中具有较高的知名度。东台国美及其分公司、加盟店注册含有"国美"字号的企业名称，极易与国美电器产生混淆，因此应当承担停止使用的民事责任。

从上述案件中，可以看出人民法院也可以根据当事人的请求以及实际情况对涉案商标是否属于驰名商标进行认定，再一次体现了个案认定和被动保护原则。人民法院的认定效力与行政机关的认定效力相同。

【典型意义】本案中体现了目前我国商标保护的两个要点。一是从广大消费者利益出发，对容易导致相关公众混淆的商标是不准许使用的态度。国美是多年的商标且被多个法院认定为驰名商标从另一方面也体现了其知名度，在为广大消费者熟知的情形下，要对其他相似或者相同的从事同类商品销售的生产者、经营者做出禁止使用的要求。显然这一点符合商标法的立法目的，为了维护消费者的权益。二是从驰名商标跨类别保护和相似类别保护的角度出发。我国采取驰名商标被动保护原则，其中由商标局或者其评审委员会，以及人民法院对驰名商标的认定都是驰名商标认定的方式。因此被告在答辩中给出的法院认定驰名商标不具备效力的主张不能成立。另外，企业使用他人已注册商标属不属于商标权侵权问题，这个在《商标法》第五十七条中已有明确的规定，如果引起相关公众混淆的，仍然属于侵犯他人商标权的问题。国美作为驰名商标，被告也作为从事该领域的经营者不可能也没有理由不知道国美这一商标，因此无法排除被告恶意的问题，另外也却是会引起相关消费者的混淆，因此即使是作为企业名称使用，也不能遮盖其商标侵权的事实。

三、驰名商标的认定标准

《中华人民共和国商标法》在 2001 年的第二次修正中增加了对驰名商标的认定标准。

《商标法》第十四条规定了五项驰名商标认定时应考虑的因素：

第一，对相关公众对商标的知晓程度的要求。相关公众指的是使用商标的商品生产者或者服务的提供者，或者购买该商标所标示的某类商品或者服务的有关消费者。其驰名的判断范围为中国境内，对于在外国驰名而在中国没有名气的商标不在驰名商标的知晓程度判断范围之内。因此，我们判断商标知名度的地域范围在中国领土之内。

第二，对商标使用时间的规定。一个商标在作驰名商标认定时也考虑其商标的使用时间，一个商标使用时间越长，那么该商标应该具有比较高的质量或者服务标准，在消费者心中有一定的知名度和好评度，才会长久的存活下来。比如我国"茅台""海尔""娃哈哈"等知名商标，存续时间都较长。因此，时间使用方面也成为判断驰名与否的一个重要依据。

第三，对该商标宣传时间、范围和程度的考察。商标的宣传时间、宣传范围和力度是商标为相关公众所知悉的一个判定标准。一个商标宣传时间越久、宣传力度越高、宣传的地域范围越广，则其相关公众的知晓程度越高，那么商标的知名度也就越高。例如，外国商标"KFC""可口可乐""大众"等被我国消费者广为知晓，有很大的原因来自他们不遗余力的宣传。

第四，对该商标作为驰名商标受保护的记录情况进行了解。这里的驰名商标受保护记录一方面要看商标局是否曾对其做出驰名商标的认定，另一方面则看是否曾被人民法院在诉讼中认定为驰名商标。

第五，对该商标是否驰名的其他因素进行考察。例如在进行驰名商标认定时，应考虑标示产品的质量、销售情况以及销售范围等因素。

应该清楚的是，以上五条对驰名商标认定的因素不是要全部满足才可以被认证为驰名商标。《驰名商标认定和保护规定》第十条明确指出，商标局、商标评审委员会在进行驰名商标认定时，应对以上因素综合考虑，而不是要以全部满足作为判定驰名商标的标准。也可能，只要具备上述条件中的一项，商标局或者商标评审委员会就可能做出驰名商标的认证。我国《关于保护驰名商标的规定的联合建议》中有关驰名商标的规定与这部分内容的规定是一致的。

四、驰名商标的认定程序

前文已经说明，我国在2003年以前对驰名商标的认定采用的是"批量认定、主动保护"的方式。2003年4月17日，《驰名商标认定和保护规定》中明确将驰名商标的认定改为"个案认定、被动保护"原则，规定了商标局或者商标评审委员会，以及人民法院是认定驰名商标的主管机构。

对于驰名商标认定的程序除了前文中介绍的依照《驰名商标认定和保护规定》中应当提交的材料之外，2000年4月28日，由国家工商行政管理局商标局发布的《关于申请认定驰名商标若干问题的通知》中对企业申请驰名商标认定应提交的材料进行了规定。

企业商标权受到以下损害时，可以申请认定驰名商标：

（1）他人将与申请人申请认定商标相同或者近似的标识在非类似商品或者业务上注册或者使用，可能损害申请人权益的；

（2）他人将与申请人申请商标相同或者近似的文字作为企业名称的一部分登记或者使用，可能引起公众误认的；

（3）申请人申请认定的商标在境外被他人恶意注册，可能对申请人在境外的业务发展造成损害的；

（4）申请人申请认定商标的权益受到其他损害而难以解决的。

企业根据驰名商标认定申请表的要求应提供的证明材料主要包括：

①驰名商标认定申请人的营业执照副本复印件；

②驰名商标认定申请人委托商标代理机构代理的，应提供申请人签章的委托书，

或者申请人与商标代理机构签订的委托协议（合同）；

③使用该商标的主要商品或业务近三年来的主要经济指标（应提供加盖申请人财务专用章以及当地财政与税务部门专用章的各年度财务报表或其他报表复印，行业证明材料应由国家级行业协会或者国家级行业行政主管部门出具）；

④使用该商标的主要商品或业务在国内外的销售或经营情况及区域（应提供相关的主要的销售发票或销售合同复印）；

⑤该商标在国内外的注册情况（应将该商标在所有商品或业务类别以及在所有国家或地区的注册情况列明，并提供相应的商标注册证复印）；

⑥该商标近年来的广告发布情况（应提供相关的主要的广告合同与广告图片复印）；

⑦该商标最早使用及连续使用时间（应提供使用该商标的商品或业务的最早销售发票或合同或该商标最早的广告或商标注册证复印）；

⑧有关该商标驰名的其他证明文件（如省著名商标复印等）。

司法认定程序中，人民法院在审理商标纠纷案件中，要根据当事人的请求对案件进行审查，在对符合条件的商标做出驰名的认定。这里关于驰名商标的认定将依照《商标法》第十四条的规定进行。

第三节　驰名商标的保护规则

鉴于驰名商标具有很高的知名度和巨大经济价值，因此驰名商标也很容易成为同行业或者不正当竞争者假冒或者"搭便车"的对象。对此，无论是国际上还是我国都对驰名商标的保护投入了很大的力度，以免出现不正当竞争现象。驰名商标的保护规则分为国际保护和国内保护、未注册商标的保护三个方面。

一、国际上对驰名商标的保护

国际上对驰名商标的保护非常多见，本书在众多国际条约中重点介绍两部十分重要的国际条约，即《巴黎公约》和《知识产权协定》。

（一）《巴黎公约》中对驰名商标的保护

《巴黎公约》的签订时间是在 1883 年，但是在签订时并没有对驰名商标的保护做出规定，直到 1925 年修订后才体现了对驰名商标的保护规定。也就是该条约的第 6 条第 2 款规定。

首先，条约对驰名商标认定之后，存在关于假冒或者相似于该驰名商标的规定。成员国应遵守这一承诺，当本公约国的公民所有的商标被认定为驰名商标之后，如果出现对该商标的复制、模仿或者翻译，并且误导公众的，应结合所在国的立法，或者应当事人请求对该假冒商标进行驳回或者撤销其商标的注册，并禁止使用在同类或者近似类别的商品上。

其次，在商标注册 5 年之内可以对该商标出现上述情况时提出撤销该商标的请求。也就是说 5 年之内可以提出撤销，超过这个期限之后就不能再提出撤销的请求。

最后，是对 5 年期限的延长条件，即当发现该商标注册或者使用是恶意的，那么这种撤销注册或者禁止使用的请求不受 5 年期限的限制。

该规定为将来驰名商标的保护内容制定了蓝本，成为日后驰名商标保护完善的基础内容。

（二）《知识产权协定》对驰名商标的保护

前文说到，《巴黎公约》第 6 条第 2 款的规定成为之后驰名商标保护的蓝本。《知识产权协定》（以下简称《协定》）对驰名商标的保护也是来自《巴黎公约》这一文本。《协定》第 2 条第 1 款规定了该协定第二部分、第三部分和第四部分应遵守《巴黎公约》（1967 年版）中第 1 条到第 12 条，以及第 19 条的内容，包括《巴黎公约》第 6 条的相关规定。虽然这些是对《巴黎公约》的遵守，但是应该明确的是，《协定》并不是完全照搬，而是在此基础上有了新的发展，且规定更加完善。

第一，《协定》对驰名商标的保护类别做了扩大规定，即延伸到服务商标中。需要补充的是，《巴黎公约》中对于驰名商标的规定是没有包含服务商标的，在《协定》中的第 16 条第 2 款明确将服务商标确定为适用驰名商标保护的种类。

第二，实现了驰名商标跨类保护的格局。《巴黎公约》没有对驰名商标跨类保护做出规定，仅就相同或者近似的类别上不能模仿或者仿制他人驰名的商标做了规定。对于这一点，《协定》在沿用相似和同类别商品中驰名商标的保护规定时，将驰名商标受保护的范围扩大了。对驰名商标相似或者相同的商标在不同类别上同样应予保护进行了规定。

第三，在驰名商标认定标准上进行了规定。这与《巴黎公约》中的约定不同，《协定》第 16 条第 2 款规定："在对驰名商标认定时，各成员应将该商标在公众领域内的知晓程度，以及成员国领域内宣传程度考虑在内。"虽然驰名商标的认定标准规定的相对简单，但是却是在以往驰名商标认定标准上的一大进步。

（三）比《巴黎公约》与《知识产权协定》更加完善的国际条约

这里不得不介绍的是《关于保护驰名商标的规定的联合建议》（以下简称《联合建议》），其相比较于前述两部条约来说有很明显的进步。具体体现在对驰名商标的保护范围和保护方式方面。

（1）驰名商标的保护范围。首先《联合建议》中规定了发生冲突的商标有两种类型：一是某商标或者该商标的主要部分被用在与使用某驰名商标的商品或者服务相同或者类似的商品或者服务上。二是无论商标的使用、提出注册或者注册商品和服务如何，只要该商标或者该商标的主要部分构成对驰名商标的复制、模仿和翻译的，且至少符合以下条件的其中之一的，应认为该商标与驰名商标发生侵权。这包括：该商标的使用会暗示该商标所使用、提出注册申请或注册的商品或者服务与驰名商标注册人之间存在某种联系，并可能产生损害驰名商标注册权利人的利益的；该商标的使用会产生削弱或者淡化驰名商标的品牌信誉等影响驰名商标声誉的；该商标的使用会不正当的对驰名商标的区别性特征加以利用的。

对于驰名商标的限制方面，《联合建议》规定了期限的限制。驰名商标权利人知道或者应当知道该商标的使用且在 5 年之内，可以向主管部门提出禁止其使用的请求。但是仍延续了该商标使用人恶意时应考虑的时间不受限制等因素。值得一提的是，《联合建议》中规定了如果与驰名商标发生冲突的商标虽然已经注册了，但是没有使用时，则成员国不得以时间限制驰名商标权利人的申诉，而是对于这种情况，驰名商标权利人对该商标申请无效时不能给予任何时间方面的限制。

对于域名冲突的规定。这是《联合建议》里的最突出的贡献。域名作为近年来新兴事物，很多规定中都未正式涉及关于域名与商标冲突时的规定。域名与驰名商标的冲突也是一直困扰国际组织的一个问题。在《联合建议》中，我们看到其对域名与驰名商标冲突做出了规定，即该建议的第 6 条第 1 款规定："至少在某域名或者该域名的主要部分构成对某驰名商标的复制、模仿、翻译或者音译，且该域名是依恶意注册或使用的情况下，应认为该域名与该驰名商标发生冲突。"《联合建议》在第 2 款中进一步规定了驰名商标权利人有请求主管机关撤销域名的救济权利。

（2）驰名商标的保护方式。《联合建议》除沿用《巴黎公约》与《知识产权协定》中关于驰名商标的保护方式外，还对已注册未使用的商标、域名和企业名称与驰名商标构成相似或者模仿的情形进行保护。

二、我国对驰名商标的保护

我国将对驰名商标的保护正式纳入法律规定是在 2001 年《商标法》的第二次修正中。但是这并不代表在此之前我国没有对驰名商标进行保护。实际上，我国关于驰名商标的保护开始于 1996 年。这一年国家工商行政管理局发布了《驰名商标认定和管理暂行规定》，专门对驰名商标的保护进行了规定。

2001 年版《商标法》将驰名商标的规定纳入法律保护之中，且我们的修改与《知识产权协定》保持一致。《商标法》第十三条规定："为相关公众所熟知的商标，持有人认为其权利受到侵害时，可以依照本法规定请求驰名商标保护。就相同或者类似商品申请注册的商标是复制、摹仿或者翻译他人未在中国注册的驰名商标，容易导致混淆的，不予注册并禁止使用。就不相同或者不相类似商品申请注册的商标是复制、摹仿或者翻译他人已经在中国注册的驰名商标，误导公众，致使该驰名商标注册人的利益可能受到损害的，不予注册并禁止使用。"共三款内容，形成了我国驰名商标的保护基础。《商标法》第十四条规定了驰名商标的认定因素，即驰名商标的认定要从 5 个因素进行考虑：①相关公众对该商标的知晓程度；②该商标使用的持续时间；③该商标的任何宣传工作的持续时间、程度和地理范围；④该商标作为驰名商标受保护的记录；⑤该商标驰名的其他因素。此外，《商标法》中涉及驰名商标保护的规定还体现在第四十五条第一款的规定中："已经注册的商标，违反本法第十三条第二款和第三款、第十五条、第十六条第一款、第三十条、第三十一条、第三十二条规定的，自商标注册之日起五年内，在先权利人或者利害关系人可以请求商标评审委员会宣告该注册商标无效。对恶意注册的，驰名商标所有人不受五年的时间限制。"从其中的表述以及时间要求上不难看出，其来源于《巴黎公约》和《TRIPS 协定》的内容。

以上是我国对驰名商标的法律保护的内容，这里应当注意的是，这些内容更多的是关于注册商标的规定，而对于未注册商标在法律规定中没有太突出的体现。但是我国对于未注册的驰名商标也进行保护，下面对未注册驰名商标的保护进行介绍。

三、对未注册驰名商标的保护

商标注册国或者使用国主管机关认为一个商标在本国已经认定为驰名商标之后，另一商标在相同或者近似类别上对该驰名商标进行复制、仿冒或者翻译等行为，造成使用混乱时，应采取制止措施，如应相关当事人的请求取消或者拒绝另一商标的注册与使用。

本内容也体现在《巴黎公约》中，公约中立法的目的是保护未注册的驰名商标，赋予了驰名商标所有人在他人申请注册商标以对抗、撤销的权利，是对注册原则的突破。如在 Fincas Tarragona① 案件中，欧洲共同体法院对驰名商标的适用范围做出了明确，即《巴黎公约》内规定的"成员国范围内"的理解，不一定是成员国的全部领土，只要在该成员国的主要地区内驰名就可以了。相反地，如果仅在成员国的一个小城市或者边陲地区驰名，显然不属于驰名商标的规定。这一标准中不要求商标的注册，甚至不需要证明该商标曾经实际使用，尽管这一标准没有得到正式的认可，但是一些国家仍将其作为标准进行执行。

我国最早的关于未注册商标进行驰名保护的是 PIZZA HUI 商标，该商标是我国最早进行保护的外国商标。《商标法》第十三条第二款中规定的是未注册驰名商标的保护，在我国司法解释中对该内容进一步解释为：要求复制、模仿、翻译他人未在中国注册的驰名商标或其主要部分，在相同或者类似商品上作为商标使用，容易导致混淆的，应当承担停止侵害的民事法律责任。可惜的是该司法解释没有对侵权赔偿做出规定。关于法律规定的"容易导致混淆"，2009 年最高院在《驰名商标司法解释》中进一步明确了是指足以使相关公众产生误认，足以使相关公众对其来源产生误认的，属于《商标法》第十三条第二款的规定情形。

第四节　驰名商标的使用禁止规则

《商标法》规定了驰名商标禁止使用的内容。《商标法》第十四条第五款规定："生产、经营者不得将'驰名商标'字样用于商品、商品包装或者容器上，或者用于广告宣传、展览以及其他商业活动中。"也就是说驰名商标是不可以被标注在商品外包装上的，将"驰名商标"字样标示在商品外包装上属于违法行为，包括在对该商品进行宣传及广告时也不可以标注"驰名商标"。如果违反了本条的规定，《商标法》在第五十三条中规定由地方工商行政管理部门责令改正，处十万元罚款。

---

① C-328/06 Fincas Tarragona 判决书第 17、18 段。

关于驰名商标禁止规则的规定是在《商标法》第三次修正时增加的内容。该条文将禁止驰名商标使用的主体限定为生产者、经营者，其他主体从事"驰名商标宣传"则不受该条规定的约束。该规定的增设体现了我国商标法立法内容的一大进步，驰名商标禁止标注和宣传的勿为模式体现了法律对商标权人权利的保护，即更好地实现驰名商标权人利益和其他商标权人的利益，以及消费者利益，从而维护社会公共利益的平衡。在现实中，某些企业断章取义，把"驰名商标"当作推销产品的"金字招牌"，在一定程度上形成了不公平竞争。

据市场监督管理部门统计，驰名商标制度确立前 20 年，商标局和商评委总共认定了不到 300 件驰名商标；但在此后 10 年间，驰名商标认定数量超过 4 000 件。一些地方政府更把申请驰名商标当作"政绩工程"。近年来，湖北、吉林、湖南、南京、深圳、青岛等地都曾出台措施，"重奖驰名商标""鼓励企业争创驰名商标"，拿出的奖励少则几十万元，多则数百万元。借助一个笼罩着虚假光环的"驰名商标"，部分企业和中介机构获取了利润，部分政府部门牟得了政绩，这些既得利益者对驰名商标的本质心知肚明而不愿说明真相，唯独被蒙在鼓里的广大消费者却要为他们的"利益盛宴"买单①。

但是仍应注意一个问题，驰名商标背后的巨大利益虽然对企业、中介机构、地方政府等主体有着不同的表现形式，但其实质上是相互关联、相互影响的。规制驰名商标宣传方面，缺乏对于"驰名商标宣传"的一般性规定，使得驰名商标宣传的外延处于相对封闭的状态，实施后可能存在无法应对更为隐蔽的新型宣传方式的风险。

265

案例：武汉烟草（集团）有限公司诉邓九林域名不正当侵权案件

【基本案情】 原告烟草公司成立于 1990 年 1 月 9 日，主体企业为武汉卷烟厂。烟草公司现主要生产"红金龙""黄鹤楼"等品牌的卷烟。1998 年 9 月 7 日，经国家工商行政管理局商标局核准，武汉卷烟厂申请注册了"黄鹤楼+图形"商标，有效期自 1998 年 9 月 7 日至 2008 年 9 月 6 日。2005 年 1 月 21 日，经国家工商行政管理总局商标局核准并公告，武汉卷烟厂将"黄鹤楼+图形"注册商标转让给原告烟草公司。原告发现被告已于 2006 年 4 月在中国互联网络信息中心注册了"www.黄鹤楼商贸.cn""www.黄鹤楼商贸.中国""www.黄鹤楼香烟.cn""www.黄鹤楼香烟.中国"等中文域名，且在其网页直接使用原告注册商标。代理原告进行"黄鹤楼"品牌的推广、宣传的企业，是原告的全资子公司武汉红金龙经贸有限公司，其原名为武汉红金龙实业有限公司。

【案件评析】 本案是一起由网络域名注册形成的域名权与注册商标权发生冲突而引起的计算机网络域名侵犯注册商标专用权纠纷案件。原告烟草公司的在第 34 类商品上的"黄鹤楼+图形"注册商标（商标注册证号第 1205768 号）为驰名商标。被告未经原告许可，为商业目的在国际互联网上注册"www.黄鹤楼商贸.cn""www.

---

① "驰名商标"禁止用于广告宣传 [EB/OL]．(2015-03-13) [2022-05-05]. https://www.maxlaw.cn/z/20150313/812974804158.shtml.

黄鹤楼商贸.中国""www.黄鹤楼香烟.cn""www.黄鹤楼香烟.中国"等中文域名，侵犯原告的商标专有使用权，具有过错，应依法承担相应的法律责任。法院经审理后认为，原告请求法院判令被告停止侵权、撤销域名的请求应予支持。被告关于使用"黄鹤楼"注册域名不侵犯原告商标权的主张不能成立，法院不予支持。依照《中华人民共和国商标法》第十四条、第五十二条第（五）项，《最高人民法院关于审理商标民事纠纷案件适用法律若干问题的解释》第一条第（三）项，《最高人民法院关于审理涉及计算机网络域名民事纠纷案件适用法律若干问题的解释》第四条、第五条第（二）项、第六条、第八条的规定，法院判定：①被告邓九林应于本判决生效之日起立即停止侵犯原告第 34 类第 1205768 号"黄鹤楼+图形"注册商标专用权的行为。②被告邓九林应于本判决生效之日起立即注销其在中国互联网络信息中心注册的"www.黄鹤楼商贸.cn""www.黄鹤楼商贸.中国""www.黄鹤楼香烟.cn""www.黄鹤楼香烟.中国"中文域名。

【典型意义】在计算机网络环境中，域名使用者通过特定域名与特定网络环境相连接，从事网络使用、交易、宣传等活动，域名与商标一样，具备网络识别功能。所以在网络里使用的域名会产生和商标一样的效果。在网络商务条件下，域名又是计算机网络使用者之间相互区别的显著标志，这种区别为网络商务创造快捷、便利的交易机会和条件。这样也具有了商标一样的作用。而后通过域名注册、使用，域名能够为域名持有人带来一定的经济利益。从法律属性上讲，网络域名具有民事权益的属性。商标是通过社会现实生活应用，经过法定注册程序成就了相当的民事权益，所以域名和商标在某种程度上已经具备了同样的功效。商标与域名都具有识别功能，商标权与域名权均属依据法律和相关规则所形成的民事权利。根据本案的案情，被告邓九林注册的域名是否侵犯原告烟草公司"黄鹤楼+图形"注册商标专用权，应适用最高人民法院《关于审理涉及计算机网络域名民事纠纷案件适用法律若干问题的解释》进行调整。所以就要认定原告的商标是否驰名商标。

原告所拥有的"黄鹤楼+图形"商标（商标注册证第 1205768 号）自 1998 年 9 月取得注册商标专用权以来，连续不断使用，并投入大量资金利用电视、路牌、报纸、网络等媒体进行多种形式的广告宣传，形成了全国范围内较大的知名度。《商标法》有规定："认定驰名商标应当考虑下列因素：（一）相关公众对该商标的知晓程度；（二）该商标使用的持续时间；（三）该商标的任何宣传工作的持续时间、程度和地理范围；（四）该商标作为驰名商标受保护的记录；（五）该商标驰名的其他因素。"所以原告的商标已经形成了驰名商标。

由于被告在域名中所使用到的用词明显会使相关公众误认为为原告和被告的商品在某种程度上存在关联，被告利用"www.黄鹤楼香烟.cn"等四个域名，从事产品宣传、网络交易等活动，以增强产品交易机会，其使用行为具有显而易见的商业目的，所以被告是具有明显的侵权恶意的。原告烟草公司对"黄鹤楼+图形"商标享有的民事权利具有合法性，"黄鹤楼+图形"商品商标作为驰名商标，原告依法享有禁止他人不当使用及淡化该驰名商标美誉度的权利。所以被告邓九林将原告烟草公司的"黄鹤楼+图形"注册商标注册为其域名并从事推销"老九蒸功夫汤馆系列"

266

产品的行为侵犯了原告烟草公司的注册商标专用权，被告邓九林依法应承担停止侵权及赔偿经济损失的民事责任。

案例：福建金冠食品有限公司诉吴某驰名商标侵权案件

【基本案情】原告福建金冠食品有限公司（以下简称"金冠公司"）是一家专业从事调味品生产和研发的现代化外商独资企业，创建于 2000 年，总投资 1.5 亿元，占地面积 9.6 万平方米，资产已累计达 9 亿元，是福建省最大的一家调味品生产和研发基地。其拥有的注册号为第 1318746 号、第 3015248 号"金冠园"商标，核准使用商品为第 30 类、第 29 类，注册时间分别为 2001 年 7 月 28 日、2002 年 11 月 28 日。该商标于 2002 年 10 月 28 日被泉州市知名商标认定委员会评为"泉州市知名商标"，2003 年 6 月 13 日被福建省著名商标认定委员会评为"福建省著名商标"。使用上述商标的商品主要为酱油、醋等调味品，原告在全国几十个省、直辖市、自治区建立了特许经销网络体系，并在全国省会城市、大部分地级市和县级城市，甚至乡镇建立了"金冠园"系列产品的专卖网点，产品销往全国各地及东南亚、美国等地，"金冠园"系列产品的产销量近三年来连续超亿元。据中国食品工业协会出具的证明，原告金冠公司系我国食品行业重要的研发生产基地和一直保持稳定质量水平的生产企业，该公司生产的"金冠园"牌系列产品销售量在全国同行业内连续多年一直处于领先地位。原告"金冠园"系列产品近三年的市场占有率位居全国同行业的前 5 名。2002 年，在同行业中，原告金冠公司首批获得国家质量安全生产许可证。同年，原告通过了 ISO9001：2000 质量管理体系认证及产品质量认证。除此之外，原告金冠公司及"金冠园"品牌先后获得来自政府、行业协会及其他组织给予的多项荣誉和表彰。其中包括：2002 年 12 月获得"质量第一，诚信经营"企业称号和"卫生安全食品"称号；2003 年 4 月获得省级农产品加工企业"龙头企业"称号；2003 年 9 月获得"全国食品安全示范单位"；2003 年 10 月获得第十三届中国厨师节"指定调味品"称号；2004 年 2 月获得工业产值新超亿元"明星企业"；2005 年元月成为泉州市食品行业协会会长单位；2005 年 6 月获得"守合同重信用"单位；多次获得产品质量稳定证书。为了实施品牌战略全面提升核心竞争力，自 2003 年起，原告金冠公司通过聘请影视明星费翔担任产品的形象代言人，先后共投入 3 294 万元分别在央视、福建卫视、云南卫视等媒体上进行大量的、多种形式的广告宣传，直接或间接地推广"金冠园"品牌。随着"金冠园"品牌知名度提升，原告金冠公司日益受到各级政府部门领导的关注，其中部分中央、省市领导及外国官员多次到原告公司参观、调研。随着"金冠园"品牌知名度的提升，"金冠园"商标被抢注及侵权现象不断涌现。为了加强对商标的保护，原告一方面制定严格的《商标管理暂行办法》强化自身对商标的管理，另一方面在不同商品类别上注册了相应的防御性商标。被告吴某系一名个体工商户，其于 2005 年 8 月 13 日在中国互联网信息中心登记注册了域名"金冠园系列商品.cn"。原告发现后即与被告交涉，并委托律师发《律师函》给被告，被告回函索要高额的转让费。

原告认为被告的行为构成对原告"金冠园"商标专用权的侵犯及涉嫌不正当竞争，遂向法院提起诉讼，请求法院认定原告第 1318746 号及第 3015248 号注册商标为驰名商标，并判令被告立即停止对"金冠园"商标专用权的侵犯及不正当竞争行为；被告在互联网上注册并使用的"金冠园系列商品.cn"域名由原告注册使用；被告赔偿原告经济损失计人民币 10 000 元；被告承担原告调查侵权行为所支出的费用合计人民币 1 000 元；被告承担本案的诉讼费用。被告吴某则认为"金冠园系列商品.cn"域名是通过合法程序向中国互联网信息中心注册，其是该域名的合法持有者，被告有权在互联网上使用该域名，原告无权干涉，被告行为并未侵犯原告"金冠园"商标专用权，更不可能造成原告的经济损失，请求法院依法驳回原告的诉讼请求。

【案件评析】法院认为，根据最高人民法院《关于审理涉及计算机网络域名民事纠纷案件适用案件若干问题的解释》（以下简称《域名纠纷解释》）第六条之规定，人民法院审理域名纠纷案件，根据当事人的请求及案件的具体情况，可以对涉及的注册商标是否驰名依法做出认定。驰名商标系指在中国为相关公众知晓并享有较高声誉的商标。《中华人民共和国商标法》第十四条规定，认定驰名商标应当考虑以下因素：①相关公众对该商标的知晓程度；②该商标使用的持续时间；③该商标的任何宣传工作的持续时间、程度和地理范围；④该商标作为驰名商标受保护的记录；⑤该商标驰名的其他因素。本案中，原告所拥有的注册号为第 1318746 号及第 3015248 号注册商标，经过多年在酱油、醋等调味品商品上的持续使用，且通过持续的、大范围的、多种方式的广告宣传，其产品销售网络遍布全国。该公司生产的"金冠园"牌系列产品销量在全国同行业内连续多年一直处于领先地位，在全国范围内拥有一定的市场份额。其生产的"金冠园"系列产品近三年市场占有率位居全国同行业的前 5 名。该商标还先后获得"泉州市知名商标""福建省著名商标"及第十三届中国厨师节"指定调味品"等荣誉称号，在全国范围内拥有较高的知名度，该商标已为相关公众广为知晓，符合认定为驰名商标的条件。故对原告提出由金冠食品（福建）有限公司注册使用"金冠园系列商品.cn"域名的诉讼请求，法院予以支持。被告吴某辩称其是"金冠园系列商品.cn"域名的合法持有者，因与最高人民法院《关于审理涉及计算机网络域名民事纠纷案件适用法律若干问题的解释》相违，法院不予支持。被告吴某另辩称其未销售原告的"金冠园"产品，不可能淡化其商标，也不会导致消费者的混淆，反而提高了原告"金冠园"商标知名度的理由，与事实不符，亦不予支持。因此，依据《中华人民共和国商标法》第十四条的规定，认定原告拥有的注册号为第 1318746 号及第 3015248 号注册商标为驰名商标。综上，依照《中华人民共和国商标法》第十四条、第五十二条第（五）项、第五十六条第一款，最高人民法院《关于审理商标民事纠纷案件适用法律若干问题的解释》第一条第（三）项，最高人民法院《关于审理涉及计算机网络域名民事纠纷适用法律若干问题的解释》第四条、第五条第（三）项、第六条、第八条之规定，法院判决：①由原告金冠食品（福建）有限公司注册使用"金冠园系列商品.cn"域名；②被告吴某赔偿原告人民币 1 000 元；③驳回原告的其他诉讼请求。

【典型意义】域名是互联网用户在网络中的名称和地址。域名具有识别功能，是域名注册人在互联网上代表自己的标志，网络中的访问者一般凭借域名来区分信息服务的提供者，域名的这一特性使其在商业领域具有重要的知识产权意义。因此，域名也日益成为企业在互联网上的重要标志。最高人民法院《关于审理涉及计算机网络域名民事纠纷案件适用法律若干问题的解释》第四条之规定，人民法院审理域名纠纷案件，对符合以下各项条件的，应当认定被告注册、使用域名等行为构成侵权或者不正当竞争：①原告请求保护的民事权益合法有效；②被告域名或其主要部分构成对原告驰名商标的复制、模仿、翻译或音译；或者与原告的注册商标、域名等相同或近似，足以造成相关公众的误认；③被告对该域名或其主要部分不享有权益，也无注册、使用该域名的正当理由；④被告对该域名的注册、使用具有恶意。同时，最高人民法院《关于审理商标民事纠纷案件适用法律若干问题的解释》第一条第（三）项规定的"将与他人注册商标相同或者相近似的文字注册为域名，并且通过该域名进行相关商品交易的电子商务，容易使相关公众产生误认的"，属于《中华人民共和国商标法》第五十二条规定的侵犯注册商标专用权的行为。

本案中，第1318746号、第3015248号"金冠园及其图形"商标被认定为驰名商标。驰名商标应当受到比普通商标更高水平的特殊保护或扩大保护，即将保护的客体扩大到与驰名商标所指定的商品或服务不相类似的商品或服务上。被告在中国互联网信息中心登记注册了与其并不相关的"金冠园系列商品.cn"域名，该域名与原告驰名商标的文字相同，其行为足以导致相关公众误认该域名及网络实名的持有者是原告或者与原告存在某种联系，进而引起相关公众对其出处的混淆。在原告发现即与被告交涉后，被告向原告索要高额的转让费。符合最高人民法院《关于审理涉及计算机网络域名民事纠纷案件适用法律若干问题的解释》第五条第（三）项"曾要约高价出售、出租或者以其他方式转让该域名获取不正当利益的，人民法院应当认定其具有恶意"的规定，被告吴某具有主观恶意。因此，被告吴某的行为已构成侵犯原告驰名商标专用权，被告应承担相应的民事责任。

案例：美国杜邦公司诉北京国网信息有限公司计算机网络域名侵权纠纷案

【基本案情】原告杜邦公司称：我公司是有200年历史的企业，目前是世界500家最大企业之一，与中国早有贸易往来。我公司注册使用的椭圆字体"DU PONT"商标，虽未经行政程序认定为驰名商标，但由于我公司的优质产品和高质量服务，早已使该商标在事实上成为驰名商标，应获得全方位的、在不同商品和服务上的跨类保护，其中包括在计算机网络域名方面的保护。被告作为一家信息公司和域名服务商，明知使用他人企业名称或商标名称注册域名是不正当的，仍擅自使用我公司的商标名称注册域名，而且在我公司一再要求下还执意将该域名据为己有。我公司的客户是凭dupont之名确认我公司和我公司的产品。在互联网上，他们也会试图通过"dupont.com"与我公司取得联络。但当中国的客户输入"du pont.com.cn"之后，只能看到空白页面。被告的行为不仅使我公司不能将"dupont.com.cn"注册成域名，还造成客户的混淆、误认，损害我公司的商誉和与客户的关系。根据《保护工业产权巴黎公约》（以下简称《巴黎公约》）、《中华人民共和国民法通则》（以下简称《民法通则》）、《中华人民共和国商标法》（以下简称《商标法》）以及《中华人民共和国反不正当竞争法》（以下简称《反不正当竞争法》）的规定，被告的行为已构成商标侵权和不正当竞争。请求判令被告：①立即撤销其在中国互联网络信息中心注册的"dupont.com.cn"域名，以停止对我公司"DU PONT"商标专用权的侵犯和不正当竞争行为；②公开在报纸上向我公司赔礼道歉；③负担我公司为本案诉讼支出的调查取证费2 700元。

被告辩称：①本案不属于民事诉讼的范畴。被告是因域名行政主管机关的具体行政许可行为而取得dupont域名，如该行政许可行为不合法而侵害原告的合法权益，在经行政异议程序不能解决的情况下，原告应以中国互联网络信息中心为被告提起行政诉讼。②原告的"DU PONT"商标未经行政程序认定，不属于驰名商标。③商标与域名是两个领域中完全不同的概念。互联网络域名的注册及使用，均不在商标法调整的范围之内，商标法所列举的商标具体侵权行为，也没有注册与他人注册商标相同的域名的行为这一项。④被告注册域名"dupont.com.cn"，不可能导致人们对原告商品的误认，该行为不属于《巴黎公约》和《反不正当竞争法》中规定的不正当竞争。原告指控被告侵犯商标专用权及不正当竞争，没有事实根据和法律依据，法院应当驳回原告的起诉。

【案件评析】1993年9月2日颁布的《商标法》第三十八条第（四）项，把"给他人的注册商标专用权造成其他损害的"行为规定为侵犯注册商标专用权的行为。被告国网公司作为注册域名的代理商，在为他人代理注册域名时，知道告诫被代理人"不得使用他人已在中国注册过的企业名称或商标名称"，自己却将原告杜邦公司的驰名商标名称注册成域名。由此可知，国网公司注册"dupont.com.cn"域名的行为具有恶意，并且已在事实上造成了妨碍杜邦公司在中国互联网上使用自己驰名商标进行商业活动的后果。国网公司的行为已构成对杜邦公司驰名商标专用权的侵犯。《民法通则》第四条规定："民事活动应当遵循自愿、公平、等价有偿、诚实信用的原则。"《反不正当竞争法》第二条第一款也规定："经营者在市场交易中，应当遵循自愿、平等、公平、诚实信用的原则，遵守公认的商业道德。"国网公司恶意将杜邦公司的驰名商标注册为域名，无偿占有他人的商誉为自己谋取不当利益，在收到杜邦公司的中国子公司发来的警告信后，仍不纠正这种不正当行为，已经违反了诚实信用的原则，其行为还构成不正当竞争。国网公司应承担侵权的民事责任，包括停止侵权、赔偿杜邦公司为本案诉讼而支出的调查取证费。鉴于国网公司并未实际使用注册的域名，杜邦公司要求国网公司赔礼道歉，该诉讼请求不予支持。

【典型意义】近几年，互联网在全球飞速发展，已成为企业生存与发展必不可少的工具。互联网具有传播速度快、覆盖范围广的特点。利用这个特点，既可以使合法权益得到更及时、更充分的体现，也可以使非法行为产生更迅速、更严重的危害后果。因此，有必要在互联网上对驰名商标给予高于一般商标的特殊保护，以使驰名商标的显著性、商誉免遭损害。域名是互联网用户在网络中的名称和地址。域名具有识别功能，是域名注册人在互联网上代表自己的标志。由于域名有较强的识别性，网络中的访问者一般凭借域名来区分信息服务的提供者，域名日益成为企业在互联网上的重要标志。域名的这一特性使其在商业领域具有重要的知识产权意义，企业往往尽可能使用其商标或商号作为域名，使访问者可以通过域名识别网站创立者的商品和服务。在域名上使用驰名商标，还可以利用驰名商标的知名度和信誉进行商业宣传，以吸引客户，获得较高的访问率。商标权人应有权以域名的方式使用自己的驰名商标，在互联网上享受该驰名商标所带来的利益。因此，将他人驰名商标注册为域名的行为，必然会给商标权人的合法权益造成损害。

【思考题】

实践中生产者和经营者不得标注"驰名商标"字样于商品之上，那么在网站介绍中是否可以进行驰名商标的介绍呢？

第十五章　地理标志的保护

地理标志保护是一个由来已久的问题，早在19世纪下半叶，地理标志的保护的重要性就开始被提上日程。其中《巴黎公约》作为最早做出关于地理标志的规定，该公约的第1条第2项规定了"货源标记""原产地名称"，首次成为保护地理标志的渊源性法律规定。我国关于地理标志的法律保护开始于2001年，《商标法》第二次修改中首次将地理标志规定在法律位阶的条文之中。

第一节　地理标志概述

依据法律规定，地理标志的形成需要一个日积月累的过程，其特色取决于产品所在的地理环境或者人文因素。我国有悠久的历史，广袤的土地，千百年来由广大劳动人民创造的具有特色的地域产品数不胜数，是一个地理标志资源丰富的国家。然而我们国家对地理标志的保护却开始于1985年3月，也就是加入《保护工业产权巴黎公约》之后。有学者将我国地理标志保护制度称为是现代知识产权制度发展下的产物，是"外来新生事物，是制度移植的结果"①。目前，有关地理标志保护的法律法规主要有《商标法》《地理标志产品保护规定》《农产品地理标志管理办法》。这三种法律法规均对地理标志的概念做了规定，由于本书只在商标法框架下讨论，在此仅以《商标法》的规定为依据。

《商标法》第十六条第二款规定了地理标志是指示某商品来源于某地区，它的特定质量、信誉、特征主要是由该地区的自然因素或者人文因素决定的。该概念中体现了产品产自该地区只符合地理标志规定的前提，还需具有本地区人文因素或者自然环境赋予的特色、信誉等，如烟台苹果、金华火腿、绍兴黄酒。另外，值得一提的是，《商标法》对地理标志只做了概念上的规定，对于地理标志是否需要申请注册没有明确。但是从已有的司法案例如"湘莲案""杜浔酥糖案"中可以看出，法律已将地理标志看作一种客观事实，而非创制的结果。这也默示了对地理标志的认可是对客观事实的确认，申请程序不是地理标志获权的必经程序。因此，可以推论出只要符合地理标志的概念就可以被认定为地理标志，并适用《商标法》的规定。

---

① 孙智，林秀芹. 机构改革视野下的我国地理标志保护及制度重构［J］. 法治论坛，2020（1）：56-68.

含有地理标志的标识是否可以被申请为注册商标？现行法律规定商标中有地理名称的，不是县级以上行政区划的地名或者公众知晓的外国地名，均可以申请注册商标（如果县级以上或者被公众知晓的外国地名有了第二含义也可以作为商标申请注册，因与本书主题关系不大，故不再论述）。从前文论述中已知地理标志在我国属于客观事实，不需要再经过法律的认定，因此不排除已存的注册商标中有包含地理标志的商标。如果地理标志权利主体使用了已是商标中的地理标志，则易产生地理标志与地名商标权利主体之间的冲突，这也是地理标志与地名商标冲突表现形式中最常见的情形，是我们处理地理标志与地名商标关系中重点研究的对象。

虽然地理标志与地名商标的表现形式十分近似，但是二者在法律属性上却存在本质上的差别。

首先，地理标志与地名商标的权利性质不同。地名商标的权利属性是私权性质，而地理标志的权利属性，目前有三种观点：第一种观点认为地理标志关系着成百上千甚至上万人的利益，不可能像商标权那样转让，也不可能随意地进行许可，地理标志的权利主体只享有地理标志的使用权，因此它具有集体性，是一种公权利[①]。第二种观点认为地理标志属于私权。《民法典》在第一百二十三条中也明确规定地理标志属于知识产权，而《TRIPS 协定》中明确知识产权的私权性质，因此地理标志作为一种民事权利，具有私权属性[②]。笔者不同意这种观点，因为地理标志并不具备私权利中的转让、许可、抵押等权能，其处分权并不完整。《商标法》将地理标志救济权利的主张者规定为利害关系人而非权利人，也从法律规定的方面否认了私权利一说。第三种观点是将集体权利与私权利折中，即地理标志属于集体性的私权。持这种观点的学者认为《TRIPS 协定》中明确了知识产权私权属性，《民法典》将地理标志规定为知识产权，属于私权毋庸置疑。但这并不影响地理标志的集体性。由于其确实关系众多人的利益，地理标志的权利主体不可能是某一个自然人、团体或者组织，而是满足该地理标志使用条件的所有经营者，因此，必须承认地理标志的集体属性。此外，《商标法实施条例》对地理标志可以注册为集体商标或者证明商标规定，同样体现了地理标志的集体性，因此地理标志的权利属性应是具有集体性的私权。笔者也同意这一观点。然而无论是公权利之说还是集体性私权之说，地理标志的权利性质都与地名商标的权利性质不同。

其次，地理标志与地名商标的权利主体规定不同。依据《商标法》的规定，二者的称谓不同，地理标志的权利主体，准确地说是权利主张者，被称为利害关系人；地名商标的权利主体即为商标专用权人。权利范围上，相对于地名商标权利主体的权利范围，法律对地理标志权利人的权利作了一些限制，如地理标志权利人不享有地名商标权利人的许可权、转让权以及在商标上设定担保等任意处分的权利；地理标志权利人的权利主要体现在使用权和救济权上。显然，相较于地名商标权利人的权利范围来说，地理标志权利人的权利是很有限的。然而在存续时间上地理标志要

---

①　王笑冰. 地理标志法律保护新论：以中欧比较为视角 [M]. 北京：中国政法大学出版社，2013：26.

②　张今，卢结华. 商标法中地域性名称的司法认定：商标、地理标志、特有名称与通用名称之辨析 [J]. 法学杂志，2019（2）：94-101.

久于地名商标，只要地理标志的产生依据不发生变化，它将一直存续下去，而地名商标的存续就需要通过不断的续展来实现。此外，我国除了《商标法》对地理标志的保护之外，农业、质检部门也对地理标志进行管理和保护。

第二节　地理标志的国际保护

一、国际上对地理标志的保护概述

1883 年《巴黎公约》的文本中首先使用了"货源标志"这个法律术语，但对其未做解释。《巴黎公约》第 1 条：工业产权的保护对象有专利、实用新型、外观设计、商标服务标记、厂商名称、货源标记或原产地名称和制止不正当竞争。地理标志包括：来源地标志（PGI）、原产地名称（PDO）。国际上首次将地理标志写进条文的是《TRIPS 协定》，该协定第 22 条第 1 款规定，本协定所称"地理标志"是表明某一货物来源于一成员的领土或该领土内的一个地区或地方的标记，而该货物所具有的质量、声誉或其他特性实质上归因于其地理来源。

值得注意的是，《巴黎公约》特地明确了地理标志保护时利害关系人的范围：任何该商品的生产商、制造商或销售商，不论是自然人还是法人，只要其营业地位于被虚假标为货源的地方或者该地方所在地区或者被虚假表示的国家或者虚假货源被使用的国家之中则在任何情况下均影视被认定为利害关系人。

对于地理标志的保护，一些欧洲国家提高了对地理标志的保护水平，1891 年《马德里协定》就是这样的，规定了对葡萄酒类产品的强保护措施。美国在加入该协定时，因不能规定对本国葡萄酒的强保护，而成为其加入该协定的一大障碍。之后在法国等一些对原产地有强保护的欧洲国家的推动下，1958 年《里斯本协定》得以签订。该协定的保护水平明显提升，但是可以与协定保持一致的国家较少，其加入国也较少。为了提高保护水平，扩大成员国范围，2015 年该协定又进行了新一轮的修订，但是正式生效需要各成员国的批准。

二、《TRIPS 协定》对地理标志的保护

首先，该协定第 22 条为地理标志（geographical indications）下了一个全面的定义，即地理标志是指区别商品来源于某一特定成员的地域或者该地域中的地区或地点的标志，而该商品的特定质量、声誉或其他特征主要产生于该地理来源。

其次，它对于地理标志的使用从两个方面进行了规范：一是允许利害关系人禁止第三人以任何方式，在产品的标志或说明中，明示或暗示该产品来源于非其真实产地的地理区域，而在产品的地理来源上误导公众；二是允许利害关系人禁止第三人构成《巴黎公约》第 10 条之二意义上的不正当竞争行为。

再次，如果一商标中含有地理标志，而该商标的使用会使公众对商品的真实来源发生混淆，各成员应在其立法允许的情况下依职权，或者依利害关系人的请求，拒绝商标注册或宣告其无效。

最后，即使文字真实，但如果仍存在可能误导公众的地名，同样适合前述救济手段。例如，美国得克萨斯也有一个巴黎，那里生产的香水如果标上巴黎，虽然本身并无虚假之处，但仍可能误导公众，因此同样不能使用。

值得注意的是，在一般性地对地理标志的保护提出要求之后，《TRIPS 协定》第 23 条还单独就葡萄酒和烈性酒做出更高标准的规定。这样做的主要的原因在于，葡萄酒和烈性酒的出口额巨大，地位特殊，对于欧洲一些主要的出产国而言，对地理标志的一般性保护还不够充分，必须追加更高水准的保护。

《TRIPS 协定》第 22 条所赋予的保护要求证明误导公众或发生不正当竞争的事实，要想达到该项要求既费时又费力，而且很容易被侵权人规避。《TRIPS 协定》第 23 条所提供的保护则采取了更为严格的保护标准，主要体现在，即无论是否存在混淆的可能，只要是非葡萄酒和烈性酒地理标志产区出产的酒类制品，即使标示了真实产地，即使使用了翻译文字，即使使用了"某某型""某某类""某某式"等字眼，均不得使用该地理标志，也不得用作商标。遇到同形异音或同音异形的情况，则应在平等及避免误导的原则下进行区分使用。

地理标志的使用不像商标那样，一般只涉及个别人或企业，地理标志往往涉及众多的企业乃至一个行业，《TRIPS 协定》一下子将保护标准提到前所未有的高度，必然会造成很多的不适应，一些历史形成的既得权利也因此面临巨大的挑战。

为了避免不必要的混乱，《TRIPS 协定》第 24 条就一些特殊情况做出了六项例外规定。

这实际上是欧美两大利益集团在地理标志保护上做出的重大妥协。

（1）要解决在先使用的地理标志问题。具体的时间分界线确定为 1994 年 4 月 15 日，即建立世界贸易组织协定签订之日。在这一天之前已经善意使用了的，或者在这之前无论是否善意但已实际使用了 10 年以上的葡萄酒或烈性酒地理标志，可以以类似的方式继续使用该地理标记。但本项例外仅涉及酒类产品，而不包括其他种类的产品。

（2）要解决商标与地理标志的冲突问题。在《TRIPS 协定》就某成员生效之日前或者地理标志的原属国保护该地理标志前，如果某商标已善意地提出了申请或者取得了注册，或者已善意地依使用取得了权利，即使该商标与该地理标志相同或者类似，商标的受理和注册以及使用都不得受到影响。但恶意注册或使用的商标不得因此受到豁免。

（3）要解决通用名称的问题。一国的某个地理标志，如果在另一国的通常语言中被认为是相关产品的通用名称（common name）；或者，一国的某个葡萄产品的地理标志，在建立世界贸易组织协定生效的 1995 年 1 月 1 日，如果在另一国的通常语言中被认为是某一葡萄品种的常用名称（customary name），该国则没有义务保护这些地理标志。

（4）要明确地理标志对抗商标注册或使用的时限。本项规定需要同上面第 2 项例外结合起来理解：如果商标的使用或注册是善意的，那么，自该使用在该国广为人知之日起 5 年内，或者在该商标此前已经注册和公告的情况下，自注册之日起

5 年内，必须及时提出撤销申请；当然，禁止恶意的使用或者撤销恶意的注册，并不受 5 年时间的限制。

（5）要明确个人姓名或企业名称的使用问题。只要不至于误导公众，任何人在商业活动中均可使用其本人名称或者其接手前商业机构的名称。需要注意的是，如果先有地理标志再去改名，通常不会被认为是一种善意的使用。

（6）要明确地理标志保护与原属国的关系。如果原属国自己不保护或者不再保护该地理标志，或者该地理标志在该国被废弃不用，其他成员则无保护的义务。例如，"列宁格勒"已改名为"圣彼得堡"，其他国家自然不必再对列宁格勒的地理标志进行保护。因此，要想在世界贸易组织的其他成员处获得地理标志的保护，前提条件就是首先在本国进行有效的保护。相反，如果原属国的保护在继续，该地理标志就应该继续在其他成员那里得到保护。

目前围绕地理标志，WTO（世界贸易组织）谈判的焦点主要有两个：一是建立地理标志多边注册簿，二是将对于葡萄酒和烈性酒的特殊保护扩大到其他产品。

2003 年 9 月第五届 WTO 部长级会议加勒比宣言指出，关于地理标志多边注册的建立，只有参与该体系的成员才有义务保护注册的地理标志，且参与应是自愿的。

第三节 我国对地理标志的保护

我国地缘广阔、物产丰富，地理标志资源十分可观。截至 2021 年 5 月，我国累计获得地理标志保护的数量已达 8 682 件①，其中农副产品占地理标志的绝大多数。如郑成思教授所言，"地理标志有可能成为我国知识产权中的长项之一，而不像专利、驰名商标等，在很长时间内将一直是我们的短项"②。地理标志作为一项独立的知识产权权利客体，其高度的亲农性，是我国实现乡村振兴的主要助推力③。但是地理标志作为我国引入外国法律制度的舶来品，无论是国家层面的关注力度还是学术层面研究程度都不及商标、版权、专利等知识产权法律保护领域。2001 年我国《商标法》修订，并增设了地理标志的相关规定。地理标志被定义为其所标示的产品来自该地区，且产品特色是由该地区的地理环境或者人文因素决定的。地理标志的概念说明其不是某一个人或者某一组织创造的，而由当地的气候、土壤、水等自然因素或者由传统的制作工艺、存储技艺等方法发展而来。这反映了地理标志对环境的依赖，进而体现出地理标志集体性、公共性的特点。《商标法实施条例》第四条做出地理标志作为证明商标或者集体商标申请注册时，控制该商标的组织不得拒

---

① 张泉. 我国累计批准地理标志产品 2437 个 [J]. 中国食品，2021（5）：159.
② 黄晖. 郑成思知识产权文集：商标和反不正当竞争卷 [M]. 北京：知识产权出版社，2017：396.
③ 2017 年党的十九大报告中提出"乡村振兴战略"，2018 年至 2021 年的中央一号文件中，均提出要加强农产品地理标志保护。2018 年中央一号文件提出"保护地理标志农产品"；2019 年中央一号文件提出"强化农产品地理标志和商标保护"；2020 年中央一号文件提出"加强绿色食品、有机农产品、地理标志农产品认证和管理"；2021 年中央一号文件提出"加强农产品质量和食品安全监管，发展绿色农产品、有机农产品和地理标志农产品"。

绝满足地理标志条件的自然人、法人或其他组织使用的规定，以确保所有符合条件的生产者对该地理标志的使用权。

2001年《商标法》增设了地理标志的相关规定，第十六条规定：商标中有商品的地理标志，而该商品并非来源于该标志所标示的地区，误导公众的，不予注册并禁止使用；但是，已经善意取得注册的继续有效。前款所称地理标志，是指标示某商品来源于某地区，该商品的特定质量、信誉或者其他特征，主要由该地区的自然因素或者人文因素所决定的标志。2003年6月，国家工商行政管理总局颁布实施的《集体商标、证明商标注册和管理办法》第四条第二款将地理标志的申请主体规定为："申请以地理标志作为集体商标注册的团体、协会或者其他组织，应当由来自该地理标志标示的地区范围内的成员组成。"

依据商标法的规定，地理标志可以被注册为集体商标或者证明商标，在满足一定的条件时，也可以被注册为普通商标。因此，地理标志向地理标志商标的转变可以被理解为是由一种知识财产，因引用了另一种知识财产，而获得双重知识财产的属性[1]。然而地理标志的公共性使得地理标志权利主体不具备注册商标专用权人享有的转让、抵押、许可的权利[2]。因此，当地理标志成为地理标志商标时，易激化商标权利主体与地理标志权利主体之间的矛盾。如引起较大关注的"金华火腿"商标案、"恩施玉露"商标案[3]，再如"狮峰"茶叶商标案[4]、"永安吉山老酒"商标案[5]，等等。由于商标法对如何处理商标与地理标志的关系缺少明确的规定，司法实践中出现适用法律不明确、类案不同判的现象，进而弱化了裁判的可预期性，以及法律规范的作用。本书通过对法律规则、司法案例的分析，运用体系解释、利益衡量等法律方法寻求解决问题的出路，并尝试构建出处理地理标志与商标冲突的法律方法的运用路径。

一、现行规则引发了地理标志与商标冲突的可能性

受《TRIPS协定》、地理标志自身的特性，以及其在农产业领域的重要作用等因素的影响，我们已意识到保护地理标志的重要性。目前在《商标法》、《商标法实施条例》（以下简称《实施条例》）、《集体商标、证明商标注册和管理办法》（以下简称《管理办法》），以及司法解释中均可见对地理标志保护的规定。《商标法》第十六条包含两个方面的内容，一是对含有地理标志的商标属于"该商品并非来源于该标志所标示的地区，误导公众"的规定时，应禁止注册及使用，但是对已经善意取得注册的商标作了保留，二是规定了地理标志的概念。《商标法》第五十九条规定注册商标中"含有的地名，注册商标专用权人无权禁止他人正当使用"；加上《实施条例》第四条对地理标志作为集体或者证明商标申请注册的适用规定，以及

---

[1]　The Report of the Panel（WT/DS174/R）of March 15, 2005, paragraph 7.599.

[2]　Jayanta Lahiri, Lectures on Intellectual Property Laws, Kolkata: R. Cambray &Co. Private Ltd, 2009, p.248.

[3]　参见北京市高级人民法院行政判决书（2013）高行终字第1201号。

[4]　参见杭州市中级人民法院民事判决书（2014）浙杭知终字第203号。

[5]　参见北京市高级人民法院行政判决书（2020）京行终476号。

《管理办法》中对地理标志作为集体或者证明商标申请注册的程序性规定等，从中不难看出，现行地理标志的规定较为分散，且相互之间较为独立。虽然我们一直在不断修正和完善地理标志方面的规定，但是由于法律法规以及规章之间缺乏融贯性，与地理标志相关的规则之间缺少统一性和协同性，以致实践中易产生地理标志与商标纠纷的情况。

（一）法律认可而非创制易使地理标志陷入被动保护的局面

法律对社会规范的调整分为创制和认可。地理标志是否需要通过注册获得，《商标法》中未做明确规定。从《商标法》对地理标志概念的规定中不难看出，应是对客观事实的认可，即只要符合该规定就可以认定为地理标志。司法实践中，"湘莲案"①"杜浔酥糖案"② 即是如此，虽未经过申请，但并不妨碍司法对其地理标志属性的认可。司法对地理标志的追认，也说明商标法对地理标志的保护包括未注册地理标志③。然而与《商标法》的规定不同，《管理办法》中明确规定了申请注册地理标志集体商标或者证明商标时需要满足的条件和提交的资料，具体包括申请人出具相应的资格证明文件、当地人民政府或者行业部门的批准文件、证明具有地理标志的特定特征以及产地范围。显然，《管理办法》中规定的注册程序不仅需要申请者的努力，还需要当地政府以及生产者，甚至邻近生产者的助力。

《商标法》与《管理办法》等其他部门规章关于地理标志注册规定的不一致，一方面提高了司法机关选择适用法律的差异性，增加了裁判结果的不确定性；另一方面《商标法》对未注册地理标志的认可，以及《管理办法》中规定的注册地理标志商标需要的多种证明资料所展现出的注册地理标志商标的难度，会使得地理标志权利主体怠于注册地理标志商标，进而出现权利主体在主张相关权利时陷入被动的局面。例如"湘莲"商标案中，"湘莲"作为地理标志，因被福建省建宁县文鑫莲业有限公司注册为商标，成为当地地理标志权利主体使用地理标志的障碍。经过湘潭县湘莲协会的起诉，最终通过司法救济方式追回"湘莲"商标，并在第29类类别上获得地理标志证明商标的注册。此外，《实施条例》和《管理办法》中均规定了对地理标志的管理由申请注册的组织负责，其前提是相关组织提出申请，而《商标法》对未注册地理标志的认可，使这部分地理标志处于无主体管理状态，易出现被侵权而得不到维护的情形，不利于对地理标志进行全面、有效的保护。

值得一提的是，我国有关地理标志的保护不只是在商标法体系中，现行的法律规范已经形成了商标保护和地理标志产品保护的双轨制保护模式。与商标法规定不同的是，由国家质检总局公布的《地理标志产品保护规定》和农业部公布的《农产品地理标志管理办法》中均明确了地理标志需要通过注册获得，并对注册申请程序做了十分细致全面的规定。法律规则规定的不一致，部门法与条例、部门法与规章制度之间缺乏协同效应，多头管理不仅会使申请者无所适从，造成司法资源浪费，

---

① 2008 年的"湘莲案"中，国家工商行政管理总局商标评审委员会对未申请注册的"湘莲"，依据《商标法》第十六条的规定认定为地理标志。参见：史新章. 商标争议程序未注册地理标志的保护［J］. 工商行政管理，2012（5）：16-19.

② 参见北京市高级人民法院行政判决书（2013）高行终字第 1318 号.

③ 胡常峰. 我国未注册地理标志的存在逻辑与法律保护［J］. 理论月刊，2021（6）：116-124.

从而也会影响整个地理标志法律保护的规范效果。

（二）地理标志可以注册为普通商标是冲突产生的主要原因

地理标志的表现形式主要是"地名+产品名称"。依据《管理办法》的规定，地理标志中的地名不需要与现有的行政区划、范围保持一致，例如"沁州黄小米"①"湘莲"中的地名对应的不是现行行政区划范围，而是涵盖多个区域。地理名称的公共性，决定了地理标志常见于集体商标或证明商标。但现有的法律规定并没有绝对禁止地理标志获得普通商标的注册。《商标法》的规定中除了保留在地理标志的有关规定实施之前已经善意取得的地理标志商标以外，从第十六条第一款的规定可以推论出，当含有地理标志的商标所标示的商品来源于所标示的地区时，仍可能被注册为商标，或者商标中含有的地理标志并没有导致公众误认，也不影响商标注册的结论。如：2005年由个人申请并在第30类谷物类上获得注册的"姜家店"商标，2008年四川绵竹剑南春酒厂有限公司在第33类酒类上获得注册的"绵竹酒"商标，2001年以后由个人或者公司注册的冠以"狮峰"字样的茶叶类的商标，等等。

《商标法》对地理标志注册为商标的认可，是对《TRIPS协定》的遵守，也符合我国商标法的立法目的，从整体上完善了商标保护制度。《TRIPS协定》中规定的善意使用描述性术语为地理标志商标与地理标志共存提供了理论基础。地理标志被注册为商标之后，权利人将遵循《商标法》的规则和基本原理，以禁止他人混淆、误导公众为主要目的，行使地理标志商标的权利。然而《商标法》赋予的注册商标专用权人的"独占性"与地理标志的"公共性"成为最突出的抵触点。目前可以找到解决二者冲突较为相关法律依据是《商标法》第五十九条第一款的部分内容，即规定含地名的注册商标专用权人无权禁止他人正当使用。虽然本条文的字面规定十分清晰，但是结合地理标志自身的特点，其对第五十九条是否适用有待商榷。

首先，前文已阐述地理标志中的地名范围不要求与我国现行行政区划的地名范围一致。虽然地理标志大多数由地理名称构成，但是地理标志与地理名称的概念不同，地理标志负载了产品的信誉、质量等特点，而地理名称只是指示某一地理方位②。因此，在适用《商标法》第五十九条处理地理标志与商标的关系时，需要先对地理标志的地域范围做出判断，作为是否适用本条规定的前提。其次，需要进一步强调的是，地理标志商标中的地名与一般地名商标不同，地理标志所承载的当地历史文化、自然环境、产品声誉等信息，是经过所在地区几代人的集体智慧和众多生产经营者的共同劳动传承而来的，不仅标示着产品的来源地和品质，而且体现了当地传统文化的历史积淀。地理标志与普通地名存在本质的差别，如果直接适用《商标法》第五十九条中"正当使用"的规定，则无法体现出地理标志的特殊性，对地理标志的保护有沦为普通地名商标保护之嫌，也有违商标法制定地理标志保护规则的立法目的。

---

① 商标局（1994）商标异字第393号裁定中指出："沁州"是古代地名，现在已经改为沁县，不属于县级以上行政区划名称，沁州黄产于次村乡檀山村。

② 王笑冰. 时间在先，权利在先：论地理标志与商标的冲突及其解决途径 [J]. 电子知识产权，2006（1）：23-28.

二、运用在先原则的现状及困境

地理标志申请为注册商标后，应遵循《商标法》的基本原理和规则。按照前文的分析，《商标法》中虽然没有明确的处理地理标志与地理标志商标关系的规定，但是国际上已经确立了"时间在先，权利在先"的处理原则[①]，这一原则在我国学术界以及实务界也得到了认可及适用[②]。然而问题的解决过程是司法人员发挥主观能动性，通过对案件的调查和理解，选择适用法律的过程。虽然在先原则已经作为处理地理标志与商标冲突的法律原则，但是仍然存在司法人员在处理案件时，由于对原则的理解不同，适用的法律规则不同，出现同类案件不同处理结果的现象。

（一）类案不同判的实务现状

按照注册申请的时间，地理标志与商标的冲突可以分为在先地理标志与在后商标的冲突，以及在先商标与在后地理标志的冲突两类。对于第一类冲突的处理，由于在先地理标志的声誉和知名度，在后申请注册商标的申请者很难证明自己主观善意，往往会以存在"搭便车"的不正当竞争行为之嫌，以及误导消费者而被禁止注册并使用，因此实践中对此类案件的处理争议不大。目前，存在问题较多的是在先注册商标与在后地理标志之间关系的处理。

实践中也常见在先商标与在后地理标志纠纷的案件。司法人员在处理此类案件时，由于对案件的侧重点、审判思维，以及选择适用的法律不同，导致同类型案件的处理结果存在较大的差异。

情形一：忽略了地理标志的特殊性，仅通过与在先注册商标的相似性比较，对申请商标作是否侵权的判断。在"姜家店"大米商标侵权案件中，执法人员没有对姜家店是不是地理标志做出判断，而是将争议商标与引证商标进行相似性比较，做出姜家店丰田米业有限公司与姜家店蛙田米业有限公司侵犯柳河县三统河粮米加工厂"姜家店"大米商标的处理决定。"绵竹酒"商标案中，尽管被告绵虹酒业公司以"绵竹酒"属于地理标志，且自己符合该地理标志使用条件进行辩护，但是法院在审理过程中并没有考虑这一辩护理由，最终以"绵竹酒"中的"绵竹"虽然是地名，但是经过剑南春酒厂的长期使用、宣传，已经与剑南春酒厂的白酒产品建立了对应的关联关系，被告在商品外包装上放大使用"绵竹"二字，不符合"正当使用"的规定为由，判决绵虹酒业公司侵犯剑南春酒厂的商标权[③]。

情形二：司法人员关注到地理标志的特殊性，根据当事人的诉讼请求做出允许在后地理标志与在先注册的商标共存，或者撤销在先注册商标的裁判。

---

① 1998年国际知识产权保护协会上的Q62号决议再一次确认了1994年的Q118号决议，明确提出"时间在先，权利在先"原则。参见：AIPPI Resolution "Question Q118: Trade and Service Marks and Geographical Indications", Executive Committee of Copenhagen, June 12 – 18, 1994, AIPPI Yearbook 1994/II: 408 – 412. 从《TRIPS协定》第16条的内容可以推论出在先商标权人有权阻止他人使用与其商标相同或近似的在后注册的地理标志。因此可以得出《TRIPS协定》确立了在先原则是处理地理标志与商标冲突的基本准则。参见：王笑冰. 时间在先，权利在先：论地理标志与商标的冲突及其解决途径［J］. 电子知识产权，2006（1）：23-28.

② 我国学者从司法案例中总结出了法院在采用"时间在先，权利在先"原则处理地理标志与商标冲突的问题。

③ 参见山东省高级人民法院民事判决书（2016）鲁民终309号。

　　第一种是在保障在先注册商标权的同时，允许二者共存。如较早出现的"金华火腿"商标案、"东阿阿胶"商标案，以及近年来审理的"恩施玉露"商标案、"泰山绿茶"商标案中①，法院通过审理认定这些商标属于地理标志，以对地理标志的使用不会引起相关公众混淆为依据，判定地理标志权利主体将地理标志作为商标使用的行为不侵犯在先注册商标的权益，并且对地理标志注册为集体或者证明商标的请求予以支持，在事实上形成了地理标志商标与普通商标共存形态。以"狮峰"商标案为例，浙江省茶叶集团股份有限公司起诉杭州狮峰茶叶有限公司侵犯自己公司在茶叶类别上注册的"狮峰"商标。法院经审理查明西湖龙井茶在历史上有"狮、龙、云、虎、梅"字号之分，其中狮子峰产茶为品质最佳，自古对其就有相关记载，将"狮峰"标注在茶叶上，更强调茶叶的来源，具有描述作用，并且由于其历史悠久，因此被告不具有攀附名牌的主观恶意，故而对原告的诉讼请求不予支持。此类案件中，法院以在后地理标志的使用不会误导公众，且使用者没有攀附名牌的不正当竞争行为，判决对地理标志的使用不属于侵犯注册商标权，其结果与前述案例一样，使商标与地理标志并存。已有的审判实践也反映出普通地理标志注册商标专用权人对符合地理标志使用条件的个人使用该地理标志的容忍度，高于学术界对"正当使用"界定的限度②。

　　第二种是依据地理标志权利人的申请撤销在先注册商标的情形，如在"杜浔酥糖"商标案、"吉山老酒"商标案中③，法庭通过对地理标志的认定，认为在先商标注册专用权人有误导公众，或者攀附地理标志名气之嫌，支持商标局撤销在先注册商标的裁定，随后这些地理标志也在当地协会的申请下获得了地理标志证明商标的注册。很显然在地理标志商标与普通注册商标的博弈中，司法对地理标志商标的保护要强于对普通注册商标的保护。普通地理标志商标只有在证明自己注册在先，且没有恶意抢注地理标志商标之时，才能获得法律保护，且要容忍符合地理标志使用条件的他人使用。

　　（二）在先原则的适用困境

　　"时间在先，权利在先"原则是处理知识产权权利纠纷的解决机制，地理标志商标作为商标法的调整对象，当然适用在先原则解决与其他商标之间的冲突。但是由于地理标志的特殊性，在适用在先原则时，既需要确定商标使用、注册的时间，也需要清楚地理标志产生的时间。总体来说，运用在先原则解决地理标志与商标之间纠纷时，除了对产生时间的确认，还需要对双方当事人是否有主观恶意，即攀附名牌的故意做出判断。

　　首先是谁先产生的判断。前文中已经论述，我国商标法框架下对地理标志采用法律认可的方式保护地理标志，也就是地理标志自动保护模式。因此，地理标志产生的时间不等同于注册时间，通常情况下地理标志产生时间需要借助当地的历史文

---

　　① 参见北京市高级人民法院二审行政判决书（2017）京行终 5225 号。
　　② 对正当使用的界定一般从使用的方式、目的以及是否易引起消费者混淆等几个方面进行判定。参见：姚鹤徽. 商标侵权构成中"商标使用"地位之反思与重构［J］. 华东政法大学学报，2019（5）：141-158.
　　③ 参见北京市高级人民法院行政判决书（2020）京行终 476 号。

献、传记等资料来确定。同样，商标的产生时间也不能仅依注册时间为准，如果有商标在注册之前已经使用过一段时间，则应以第一次使用的时间为准。商标的使用方式繁复多样，即使是商业性使用也分为销售、宣传、出口，以及互联网上使用等多种方式。因此商标第一次使用的界定存在一定难度。

其次是谁先知名的判断。先产生不代表就具有知名度。地理标志是由当地的自然或者人文等因素产生的，一般情况下存在的时间较为久远，但是并不能证明地理标志先于商标知名，进而也很难证明商标的权利主体有攀附地理标志名气的不正当竞争行为。相反，实践中有些标志被更广泛地知晓是得益于商标权利主体的经营和宣传。也存在相关规则制定之前，地理标志与商标已经长时间共存的情形。如果直接适用时间在先原则，禁止其中一方继续使用，会引起显失公平的后果①。对地理标志和商标知名在先的判断具有较强的主观性，需要清晰的证据规则和证明标准，这无疑会加重当事人的举证责任，增加司法人员的论证负担，降低案件审理效率，从而致使公平原则与效率原则失衡。

通过对现行法律规则和实务现状的检视，我们虽有高水平保护地理标志的意识，但是缺少整体、统一的保护规则及裁判思维。商标法体系下对地理标志的保护显得碎片化，体现了孤立性和不连贯性，致使对地理标志的保护没有有效协调和统一。在地理标志与商标关系的处理上，法律规则仍处于无明文规定的状态。司法实践中，对此类案件的处理很大程度上依赖裁判人员的主观认知，裁判思维的不同，容易在同类案件中选择适用不同的法律规则，以致裁判结果具有较大的差异性。因此有必要运用法律方法，在现行商标法框架下寻求处理此类案件的方法路径。

地理标志与地名商标的法律属性有明显的差异，权利界限比较明确，因此不容易产生混淆。但是由于二者均具有指示和区分商品的功能，再加上外在表现形式相似，会存在使用过程中发生冲突的可能。

（三）地名商标与地理标志的表现形式

1. 地名商标在授权确权过程中与地理标志的冲突

地名商标与地理标志的冲突最先体现在商标的授权确权环节。常见的情形是申请注册的商标中包含了地理标志，利害关系人对申请注册的商标提出异议。例如，位于广西壮族自治区玉林市容县黎村镇的祝氏三黄种鸡场于2002年10月向商标局提出在第3类活家禽等商品上注册"黎村黄"的商标申请。在商标注册公告后，容县黎村家禽业协会对该商标提出异议。异议的理由之一是，"黎村黄"中的"黎村"是地理名称，容县很多住户都养殖三黄鸡，"黎村黄"可以视为黎村三黄鸡的简称，且"黎村三黄鸡"是本地的特色产品，如果"黎村黄"被注册为商标，则妨碍了本地其他养殖户对"黎村三黄鸡"的正当使用，是对本地居民在先权利的侵害。对此，祝氏三黄种鸡场答辩称："黎村黄"在申请注册之前就已经被本厂广泛使用，

---

① Great Western 是一个有 140 多年历史的位于澳大利亚的葡萄酒产地，南方葡萄酒业集团（Southcorp Western）使用 Great Western 商标虽然比该地区使用晚 5 年，但是从已有历史来看，双方均已使用很长时间，如果以时间在先禁止南方葡萄酒业集团使用，显然有失公平。参见：Stephen Stern. Geographical Indications and Trade Marks：Conflicts and Possible Resolutions. WIPO/GEO/SFO/03/13, Worldwide Symposium on Geographical Indications, San Francisco, California, July 9 to 11, 2003, paragraph 29-30.

并且为打开市场、名气投入了大量的费用，"黎村黄"中包含的"黎村"并非县级以上的行政区划名称，"黎村黄"的文字也具有显著性，符合《商标法》的相关规定，并不存在协会所称的损害他人在先权利的情形。最终本案经北京市第一中级人民法院审理，以涉案商标"黎村黄"具有显著性，该商标的注册并不能阻止其他人使用"黎村三黄鸡"等标识，并且祝氏种鸡场通过宣传、长期的使用已经建立了较高的市场声誉，应当注重维护已形成和稳定的市场秩序为理由，判决支持祝氏三黄种鸡场的诉讼请求。

本案中，仅从《商标法》规定的商标注册需要具备的条件来看，祝氏三黄种鸡场申请注册的"黎村黄"商标符合法律的规定。首先，黎村不是《商标法》中规定的县级以上行政区划的名称，又具备显著性，符合商标注册的形式要求；其次，黎村三黄鸡是当地的特色产品，祝氏种鸡场位于黎村，其所养殖的三黄鸡也来自黎村，不属于《商标法》第十六条规定的"该商品并非来源于该标志所标示的地区，误导公众的"禁止注册的情形，符合商标注册的实质要求。因此法院做出的支持祝氏三黄种鸡场、肯定商标可以注册的判决，无可厚非。但是值得注意的是，在诉讼过程中，禽业协会提出黎村三黄鸡是本地特色产品，黎村也是本地行政区划名称的理由在判决书中并没有得到进一步的论证。根据法律对地理标志概念的规定，可以认定黎村三黄鸡属于地理标志。在判决书中没有体现法院对地理标志的关注，而是以祝氏种鸡场长期宣传，为"黎村黄"商标打开销路做了很大贡献，有利于维护消费者利益以及市场稳定为由，支持祝氏三黄种鸡场的请求，忽视了争议商标上蕴含的历史、人文和环境等因素。对祝氏与当地养殖户纠纷的处理，以商标包含地名，祝氏不能阻止当地民众对黎村三黄鸡的正当使用作为化解方式。法院的做法是否真的可以起到明确双方的使用界限的作用，是否真的可以有效解决双方之间的冲突，仍有待商榷。

2. 在先注册商标与地理标志之间的冲突

在先注册商标与地理标志之间的冲突是实践中最常见的形式。浙江省茶叶集团股份有限公司（以下简称"茶叶集团"）诉杭州狮峰茶叶有限公司（以下简称"狮峰茶业"）侵害商标权及不正当竞争纠纷案中，原告茶叶集团于1983年在第37类（现已变更为30类）申请注册"狮峰"商标，被告于1987年改制为杭州狮峰茶叶公司，且在其分公司和公司网站上在茶叶类使用"狮峰"字样进行销售。因此，原告起诉被告行为侵犯其商标权，构成不正当竞争。被告答辩称"狮峰"本身是指杭州市西湖区龙井村狮峰山一带产出的绿茶，其上凝聚了当地茶农和茶商几百年的心血和智慧，使用"狮峰"只是对商品质量、原料、来源地进行如实的描述，属于正当使用，因此不构成侵权。本案经过二审终审，最终判决驳回原告的诉讼请求。法院判决的主要依据是《商标法实施条例》第四十九条，即含有地名商标的商标注册权人无权禁止他人正当使用①。同时以狮峰与龙井相关联的历史悠久，其声名远

---

① 该条款现已被《商标法》第五十九条吸收，即《商标法》第五十九条第一款规定："注册商标中含有的本商品的通用名称、图形、型号，或者直接表示商品的质量、主要原料、功能、用途、重量、数量及其他特点，或者含有的地名，注册商标专用权人无权禁止他人正当使用。"

播在原告注册"狮峰"商标之前，因此被告不存在攀附原告商标商誉的主观故意；以及狮峰作为龙井茶叶的产地名称，不能为某一家企业独占，否则会出现排除和限制竞争的情况为由，判决驳回原告的诉讼请求。本案中同样未明确对"狮峰"是否为地理标志进行判定，而是用包含地名，且该标志与茶叶关联密切、历史较长的表述为理由，判决被告有正当使用的权利，不属于商标权侵权结案。

与本案案情类似的案例还有"姜家店"商标侵权案件。姜家店朝鲜族乡位于吉林省通化市柳河县东南部的三统河畔，受地理环境等因素的影响，此地种植的水稻具有独有的口感和特色，并深受消费者喜爱。2005年6月柳河县三统河粮米加工厂在第30类谷类制品申请注册了"姜家店"商标。2012年柳河县三统河粮米加工厂以本县姜家店丰田米业有限公司、姜家店蛙田米业有限公司使用"姜家店特供大米""姜家店贡米"等标志在其商品外包装上，侵犯其注册商标专用权为由，向当地的工商局提出停止侵权并赔偿损失的请求。在调查过程中，丰田米业和蛙田米业称道：姜家店为地理名称，双方企业注册也在此地，因此有权使用该地名。此外，公司使用"姜家店大米"的标志是经过国家质检总局核准的，因此没有侵权。当地工商局经审查认为，三统河粮米加工厂注册"姜家店"商标在先，而丰田米业与蛙田米业没有得到商标专用权人的许可而使用与商标极其近似的"姜家店"标志在商品上，是一种误导消费者的行为，同时也给商标权利人的权益造成了损害，根据相关法律规定责令其停止违法行为，并处以2 000元的罚款。

这两个案例的案情十分相似，却出现了截然不同的裁判结果。第一个案例中的法官以狮峰属于地理名称，其茶叶历史悠久为由，判决被告行为属于正当使用，没有侵犯原告的商标权。第二个案例中行政执法人员直接将争议商标与引证商标进行相似性比对，并没有对"姜家店"属于地名，是否为地理标志进行判定，而以使用与注册商标同类的、相似的商标，且未经权利人许可，误导消费者为由，判定其侵权。这两个案件的裁判过程与结果展现了司法人员在寻求法律适用的差异性。相关法律规则规定的不明确是导致类案不同判的主要原因，司法实践中需要依赖裁判者的自由裁量选择适用的法律，较强的主观性易产生不同的裁判结果。

三、解决难题的法律方法及运用

地理标志与商标冲突案件类案不同判的原因，一方面是由法律法规之间的孤立性、不连贯性，以及法律规则的空白造成的；另一方面与司法人员在适用法律时采取不同的法律方法以及裁判思维有关。特别是后者可以说是导致裁判结果差异的主要原因。寻求法律适用的过程被称为"目光往返于事实与法律规范之间"的过程，当现有的法律规范不能解决问题时，需要运用法律解释、漏洞补充、利益衡量等法律方法实现法律规范与社会关系的弥合。

（一）法律方法的选择及适用分析

现行法律对地理标志与商标关系的处理没有明确规定，需要裁判人员运用法律方法解决法律适用问题。法律解释方法中优先适用文义解释方法得到了实务界和学术界的共识，但是当遇到"有缺陷的法律规定"时，文义解释方法也展现出自身的局限性。实践中，司法人员过度运用文义解释方法，死抠字眼以及法律定义，是盲目奉行"法条主义"的机械司法。其结果不但没有平衡双方的利益，反而会降低法律效果与社会效果的契合度。面对法律没有明确规定的情形，文义解释显然不适合作为解决法律适用问题的方法。体系解释有实现法律适用合理性的黄金解释规则之称，一般在法律规定较为模糊，或没有规定时适用。因此，在处理地理标志与商标关系的问题上应首先考虑体系解释方法。

目前学术界关于体系解释的理解有不同的观点：第一种是法理学教科书中对体系解释的规定，即在同一个法律文本中联系上、下文寻求解释的方法。第二种是将法律规范置于整个法律体系中，通过联系法律上、下文或者规范之间的含义，对其进行解释，又称为系统解释。第二种解释的范围虽然宽于第一种，但仍是在法律体系之内的探寻。第三种是将体系解释理解为内在体系和外在体系，即在寻求法律适用时，不仅是在内在体系中探寻，而且应该结合外在体系，即将社会规范、政治、道德等因素纳入体系解释的范围。对于第一种和第二种体系解释方法，有学者将这种只在法律规定的上、下文中，或者部门法之间寻求法律适用的方式，称为封闭的体系解释。由于法律对于地理标志与商标关系的处理没有明确的规定，司法人员在现有的法律规范中寻求法律适用，其落脚点仍是已有的法律规则。将未规定的法律事实套用于与之关联的法律规定中，依然会出现文义解释的弊端，易产生机械司法，以及损害法律功能的后果。这种狭义的体系解释方法将解释思维限制在法律规范的场域内，通过联系上、下文，或者结合整个法律体系进行解释，其所创制的规则虽然不与其他法律规则相抵触，甚至实现了与法律体系的融贯；但是仅依据对现有法律规定进行联系、解释的方法，是否真的可以解决法律没有规定或者规定不明确的问题，以及是否真的可以起到缓和法律规范与社会规范之间紧张关系的作用，值得怀疑。有学者将这种待解释的含义置于整体法规下，观察前后规定之间关联的意义，称为文义解释的放大。在封闭的体系内解决地理标志与商标之间的纠纷，虽满足形式上合法性的要求，但是容易出现同类案件适用法律完全不相同的结果，进而造成法律指导作用的弱化。

285

由于司法人员的司法经验、法律素养存在差异，司法实践中并非所有的地理标志与商标纠纷案件中都采用了体系解释方法进行处理。以司法人员是否意识到地理标志的特殊性为界线，如果没有对案件中的地理名称是否为地理标志进行判断，则不会使用体系解释方法，而是直接依据法律规定作出裁判。如前文"姜家店"商标案，以及"绵竹酒"商标案，尽管两个案件援引的法律条文不同，但都是直接适用法律规定得出的结果，其结果的落脚点均是以保护注册商标专用权为中心去辨别争议商标是否侵权。这里并不是不认可在处理地理标志与商标纠纷案件时最终选择对商标权的保护，而是司法人员面对案件中涉及的地理名称时，缺少敏感性，未对该地名是否属于地理标志做进一步的分析判断，采取直接套用法律条文的规定解决纠纷的做法未免有些武断，也容易导致所作的裁决不能平衡双方当事人的权益。当司法人员注意到地理标志的判断时，可以看到他们在处理案件时运用了体系解释方法。在"金华火腿"商标案、"恩施玉露"商标案、"狮峰"商标案中，司法人员首先对地理名称是否为地理标志进行了论证；在得出地理名称属于地理标志的结论后，综合当地人文、历史和经济等方面的因素，对二者的纠纷作出判决。司法人员在寻求法律适用的过程中引入其他社会价值因素的做法，属于第三种体系解释方法，是在以"开放的姿态"在开放的体系解释中寻求法律适用，实现法律规范与社会关系的融洽。正如价值法学认为法律体系不是一个封闭的体系，它具有开放的属性，笔者也认同这种体系解释方法的观点。因此，规避狭义的体系解释的弊端，应明确将外在体系引入寻求法律适用的过程中。在解决法律未明确规定的社会关系时，要在开放的体系中，以开放的姿态通过实践实现对法律规则的矫正。

应当注意的是，开放的体系是非法律范畴，如主观认识、社会经验、善良风俗，以及价值判断等多种因素，而体系解释的运用只是要求在解释过程中应考虑这些因素，并未给出先后顺序，以及具体的实施路径。如果一味强调外在体系中各种元素的重要性，盲目地以外在因素进行说理，不但会陷入司法工作重复、效率低下的困境，也会弱化法律意义，从封闭解释的弊端走向恣意解释的弊端。为避免开放体系中随意解释现象的出现，有学者提出应找到与案件最相关的法源，对法源是否违背实证法及法治精神做出判断，并提炼适当的裁判规则。笔者在之前的研究中也认可这一观点，认为不能脱离制定法的规定，通过将社会因素引入寻求法律适用过程中的体系解释方法的运用，从其他法源中寻找支持裁判结果的依据。这种方式虽然可以限制随意解释，但是却忽视了要解决的问题毕竟是法律规定不明确，或者没有规定的情形。面对法律规则的漏洞，如果过分强调制定法的优先性，必然会约束司法人员的创造性和能动性。通过体系解释方法的运用，具体到某一规则，再经过扩张解释、限缩解释、反义解释等方法实现法律的适用，实则是文义解释的范畴，仍存在机械司法、机械执法的可能。

（二）利益衡量对体系解释的修正运用

利益衡量的运用多发生在利益冲突较多，法律规定模糊、存在漏洞甚至空白的场合下。法律规则未明确规定处理地理标志与商标关系的现状，为使用利益衡量方法提供了条件。利益衡量的操作步骤是：法官发挥主观能动性先对双方当事人的利益进行比较，做出实质判断，然后再依据结果寻求具体的规范适用。这虽与判决书的裁判理由部分逻辑三段论（大前提——法律规则，小前提——个案事实，直接推出结论）的顺序相反，但这是利益衡量的真实过程。在预判过程中，先排除现有的法律规则，以非法律人的姿态对事件如何处理进行考虑。这种由结论反推规则的逆向检视方式，为解决上文中提到的司法人员在处理法律规则漏洞时，惯以制定法优先的思维模式问题提供了出路。

利益衡量过程中，司法者的自由裁量是在尊重现有规范的前提下，实现形式合法性与实质合理性的契合。然而由于利益衡量方法的主观性较强，对衡量的标准，以及如何衡量，无法得到统一。实践中很难制定出具体的操作步骤。因此，有学者提出将利益衡量作为一种思维导向，与从法律规范到裁判结果的常规路径不同，利益衡量是一种后果思维。是以结论为主导，反向适用法律，为结论披上法律外衣的思维过程。将利益衡量定位为思维导向，一方面可以更充分地发挥司法人员的创造性；另一方面也可以对通过运用其他法律方法获得的裁判结论进行检视，增加裁判的说理性。

然而将利益衡量作为思维导向参与解决问题的过程，并不能减弱其主观性。具体原因是：第一，由于不同的司法人员对案件的认知和法感不同，运用利益衡量依然会产生不同的法律结果；第二，利益范畴过于宽泛，很可能会使司法人员顾此失彼，甚至会出现自相矛盾、无效衡量的资源浪费现象。而且多种衡量因素的参与，总能找到一种证明司法人员结论合理性的依据，进而弱化利益衡量的说理性。因此，应有效缩减衡量的范围，筛检出可量化、可衡量的因素。利益衡量中"利益"范围的明确，可以避免过度自由裁量、随意解释现象的出现。

回归到处理地理标志与商标关系类别的案件中。地理标志与商标冲突的案件可分类为民事案件和行政案件。从法益保护的角度来看，民事案件主要表现为地理标志权和商标权之间的冲突，对此可运用民法中的基本原则如诚实信用、公序良俗以及自愿原则对双方当事人之间的冲突进行调解；行政案件中则主要体现了公共利益和个体利益之间的矛盾，可以借用利益衡量或者价值衡量的方法。利益衡量作为民法解释中支配整个过程的法学方法，同样也适用于行政法领域。行政法规定的原则、规则也都是围绕公共利益，从私法中借鉴而来。因此，不论是哪种类型的案件，均可以从私法领域获得解决利益位阶的参照依据。社会公共利益优于个体财产利益是目前可以确立的位阶规则。如果直接适用这一规则，可以高效并且合理地解决地理标志与商标的纠纷问题。但是利益位阶规则不是固定的、绝对的、可以直接适用的具体规则，而是为处理相关价值关系提供了思路和判断方向。如果机械地套用，可能会损害个体利益，进而影响结果的合理性、公正性。此外，公共利益虽作为地理标志与商标案件中重要的价值因素，由于较为抽象，因此很难具体量化参与衡量。即使有利益的位阶规则，仍应认识到公共利益是由个体利益汇聚而来，对个体利益的保护，也有利于公共利益的实现。也有学者提出"个体利益—制度利益—社会公共利益的利益层次结构理论"，进一步明确了公共与个体紧密关联的关系，不能做实质的割裂。因此应将公共利益视为法律正义的评价标准，可以将其放置在裁判结果之后，检视法律适用的合理性。

不可否认的是，在地理标志与商标纠纷案件的处理中，裁判者最终偏向保护地理标志主体权益，也就是保护公共利益的概率较大。如前文中的"金华火腿"商标案、"狮峰"商标案，法院以不会引起公众混淆为由，判决地理标志权利主体有权使用商标中的地理标志。这虽然也肯定了在先注册商标专用权人的权利，但是显然更倾向于对地理标志使用主体权益的保护。对于注册商标专用权的保护，则多体现为限制他人合理使用商标中地理标志的方式，允许地理标志与商标并存。然而这样的结果并不能被证明是对利益位阶规则的适用，也不能定下处理地理标志与商标冲突案件的基调，仍需具体到案件中进行衡量判断。至于参与衡量的"利益"范围，实践中存在司法者易将利益衡量中的"利益"等同于"法益"的误区，即仅在法保护的利益中选择衡量。然而利益衡量不是简单的法益衡量，应该将所涉及的利益，以及他们各自的分量置于正义的天平上进行衡量。在地理标志与商标纠纷的案件中，应将地理标志与商标的产生时间、使用时间、推广情况等客观方面和使用者是否善意、是否误导公众等主观方面加入衡量的范围。

总之，利益衡量是一种逆向思维的过程，在法律没有明确规定的前提下，运用利益衡量可使司法者的创造性得到充分的发挥。法律方法的运用需要借助法律思维发挥其作用。法律思维也应将法律价值、社会规范和道德等因素纳入思维规范，指引其发挥作用。法律思维不同于法律方法，法律思维是司法人员对案件的理解、审理思路等主观的、内化的隐性思维规范，司法人员"日用而不自知"地将其贯穿于案件审理过程中。法律方法可以通过对案件案情、诉讼请求的分析，以显性方式展现案件的难点、处理办法和适用的法律法规。在论述法律方法的选择及适用时，不可忽视法律思维的作用。利益衡量这种逆向检视的思维方式解决了体系解释方法中以制定法优先，在法律规定空白时仍受限于法律文本的问题。但是利益衡量不能脱离法律规范，其所得到的预设结论仍应回归至法律规范中，完成裁判结果合法性要求。利益衡量的预设结论也可能出现找不到法律依据的情况，即使预设结论是在可衡量因素的参与下得出的。因此，通过运用利益衡量思维获得判决方向后，需要与其他法律方法形成合力，通过更加微观、具体的规则对裁判预设不断修正，以获得法律规范的支持。对于裁判结果的合理性判断，可以通过与其他法律方法获得的论证理由形成融贯，进行检验。面对法律未明确规定或者法律漏洞的情形，利益衡量方法与体系解释方法均有弥补法律规定不足的功能。如果运用不同的法律方法，都能得到同样的结论，也是对案件结论正当性的验证与支持。

四、法律方法在具体案件中的运用路径的展现

现行法律规则中有关地理标志保护规定的不完善，导致了司法人员在处理地理标志与商标的冲突时无法形成统一、固定的思路，体现了较强的主观随意性。通过上文的分析论证，将利益衡量与体系解释方法相结合，一方面为司法人员使用体系解释方法提供了方向，对在开放体系中应将哪些因素纳入寻求法律适用做了限定；另一方面体系解释方法实现了具体规则对利益衡量结论的验证和修正，满足裁判结果的合法性要求，解决了法律适用的问题。具体案件中，利益衡量与体系解释方法的结合运用应遵照以下路径实施：

第一，确定利益衡量的范围以及衡量标准。利益衡量作为解决问题的主导思维，应首先明确可参与衡量的因素。在地理标志与商标纠纷案件中，虽然要解决的是地理标志主体的使用权与商标权利主体使用权之间的矛盾，但是还应将与地理标志和商标相关的其他可参与衡量的因素纳入衡量的标准。具体而言涉及的因素有：地理标志产生的时间、知名度、当地经营者使用的普及程度、商标的使用时间，以及商标的知名程度。其中考量二者知名程度的原因是为了判断一方有无攀附另一方品牌的主观恶意，以及是否会引起相关公众的混淆。通过对这些因素的考察和判断，在权衡利弊之后做出结论预设。这一过程中，司法人员应将既存的法规排除在外，以一个普通公民的姿态对待将要处理的纠纷，如日本学者加藤一郎认为的，"在最初判断时，以一张白纸的状态去判断"，且"法学家对实质性的判断与选择不会与一个

外行有实质性的差别"。以前文中的"狮峰"茶叶商标案为例,本案经过了两审终审,基层人民法院和中级人民法院经过审理均作出两被告没有侵犯原告"狮峰"的商标权的判决。在两级法院的判决书中以充分理由说明狮峰属于地理标志,用"历史上已有之"的表述,表明狮峰龙井的存在时间由来已久;以"历史上分为'狮'、'龙'、'云'、'虎'、'梅'五大品号,以狮峰龙井最佳……"的表述,表明狮峰茶叶的知名度。最终法院认定两被告无攀附原告商标商誉的故意,其在企业名称标识中使用狮峰字样属于描述性使用,不会引起相关公众的混淆。法院通过对相关因素的考察、权衡得出的结论,形成了实践中该地理标志和商标并存的情形。体现了其在尊重历史和现状的前提下,通过法律手段规范社会关系,并且实现了社会关系的平衡,起到了缓和社会矛盾的作用。

第二,体系解释是解决地理标志与商标纠纷的基础性方法,体系解释方法的结论与利益衡量思维下得到的预设结论形成融贯,以检验裁判结果的合理性与合法性。体系解释方法的运用不单是要通过上下文之间的逻辑关系确定词语的含义,寻求法律体系与待解决问题之间的关联性,还应注重将非法律范畴的要素纳入解决路径中。如联系立法者意图,从涉案标志的知名度、在先性,以及与之相关的价值因素等客观形成的市场实际出发解决法律适用问题。在"泰山绿茶"商标案中,争议的焦点是已注册的商标是否可以构成在后申请注册地理标志证明商标的在先权利障碍。对此,北京市高级人民法院没有直接援引与本案最为相关的《商标法》第三十条的规定,而是对"泰山绿茶"是否属于地理标志进行分析,在肯定其地理标志的属性后,认为地理标志的形成需要时间的积累,通过与引证商标形成的时间做比较,得出在先注册商标不能构成地理标志获得注册的在先权利障碍的结论[①]。判决书的说理过程充分展示了法官在处理案件时由于注意到了本案地名的特殊性,在综合考虑地理标志的产生时间、地域性和知名度等因素后作出最终的判决,是在开放的体系中寻求法律适用的结果。体系解释与利益衡量结合运用具体展现为利益衡量为裁判提供了方向之后,再回归到现行法律规范之中,即"在实质判断的基础上,再去寻找法律上的依据"。"寻找法律依据"的过程与在法律规范中寻求法律适用的体系解释方法的运用过程相契合。体系解释方法为预设结果之后再寻求法律依据提供了明确的路径,解决了利益衡量需要与其他法律方法运用得到的结论形成融贯,以证明裁判结论正当性的问题。通过检验、试错或者不断修正利益衡量的预设结论,最终实现裁判结果的合理性、合法性效果。

第三,司法者应具备主动运用法律方法的意识和能力,注重裁判文书说理性。我国司法队伍素质虽然有明显的提升,但是个人素质之间还存在不小的差异。一些司法者缺少自觉运用法律方法的主观能动性。从已有的审判案例来看,法官对案件中地理标志的敏感程度不同,导致最终依据的法律规定和裁判结果也不相同。有学者提出"法官判案遵循最高人民法院的司法解释的行为,有利于法治的统一,但是在一定程度上束缚了法官的思维"的观点,指出司法人员在审理案件中缺少主观性

289

---

① 参见北京市高级人民法院行政判决书(2017)京行终5225号。

的发挥。在处理地理标志与商标纠纷的案件中，没有固定不变的法律模板，需要法官分析每个案件中的关联因素，运用法律方法解决法律没有明确规定的问题，实现法律关系与社会关系的平衡。另外，关于裁判文书的撰写，撰写者应意识到文书说理的重要性，不简化、省略裁判文书的说理过程，以提升裁判结果的合理性以及公众可接受性。目前仍有司法人员认为当事人和公共更关注的是案件的结果，因而不重视文书的说理过程。他们忽视了"裁判理由是裁判文书的灵魂，是连接事实和结论的桥梁"。特别是在数据化时代的背景下，公众可以通过网络、媒体等渠道监督案件审理的公正性，裁判文书的内容成为判断司法是否合法、公正的主要依据。因此，充分的说理不仅反映出司法者的法律知识和对案件的把控能力，更是对司法人员的法律逻辑、语言表达能力等综合素质有了更高的要求。

第四节　我国地理标志立法保护的必要性和可行性

2017 年党的十九大报告中提出了"乡村振兴战略"以来，我党将做好"三农"工作、振兴乡村作为国家建设的重要内容。2018 年国务院先后发布的中央一号文件《中共中央　国务院关于实施乡村振兴战略的意见》和《国家乡村振兴战略规划（2018—2022 年）》，2019 年发布的中央一号文件《中共中央　国务院关于坚持农业农村优先发展做好"三农"工作的若干意见》，2020 年发布的中央一号文件《中共中央　国务院关于抓好"三农"领域重点工作确保如期实现全面小康的意见》，2021 年发布的中央一号文件《中共中央　国务院关于全面推进乡村振兴加快农业农村现代化的意见》中，均提出要加强农产品地理标志的保护[①]。因此无论是实践中地理标志农产品的占比情况，还是国家政策对地理标志的重视，都表明地理标志在我国乡村振兴战略中的重要性，它与乡村振兴战略的实施有着密不可分的关系。

一、地理标志保护的意义

我国作为农业大国，长久以来受地理环境和人文因素的影响，大多数地区都有代表本地特色的产品，也就是我们所说的地理标志产品。只有保护好这些地理标志产品，树立农民的品牌意识，才能更好地向产品产业化发展，才能更合理地利用农村自然资源，加快农村产业向现代化发展。

（一）有助于打造农产品品牌，带动区域经济发展

在当今的市场经济环境中，经营者十分重视商品品牌的宣传，一般通过注册商标，以及对商标的宣传来提升其知名度和影响力，实现经济价值。如果让农民通过注册商标的方式打造农产品品牌，一方面农民经济基础薄弱，没有足够的资金对商标进行宣传；另一方面也会产生因地理标志产品注册商标，损害同地域农民权益的

[①]　2018 年中央一号文件提出"保护地理标志农产品"；2019 年中央一号文件提出"强化农产品地理标志和商标保护"；2020 年中央一号文件提出"加强绿色食品、有机农产品、地理标志农产品认证和管理"；2021 年中央一号文件提出"加强农产品质量和食品安全监管，发展绿色农产品、有机农产品和地理标志农产品"。

现象，进而出现对该注册商标的农产品带来负面影响的情况。对农产品进行地理标志保护可以很好地解决这两方面的问题。首先，地理标志具有集体性属性，并非某一自然人、法人或者其他组织所有，因此对地理标志的保护有利于农民产品品牌的树立与发展。其次，随着经济的发展，人们的消费水平不断提高，更愿意购买优质的产品。"酒香不怕巷子深"的传统意识应该被打破，只有主动的宣传、运用和保护农产品品牌才能加快农村小康、农业现代化的实现。

（二）有助于推进乡村绿色发展，打造农村产业新格局

地理标志的产生不是一朝一夕的，而是经历了岁月的沉淀，留给我们的非物质文化遗产。由于它依赖于当地的地理环境或者人文因素，因此地理标志可以被看作是人与自然和谐共生的结果。尤其是农产品地理标志，如茶叶、谷物类、瓜果类、肉禽类的地理标志，对它们的精心培育、规模化种植，在提升农民经济收入的同时，也有利于生态环境的保护。乡村振兴战略下，应注重保护自然资源，顺应自然，维护好绿色生态环境是乡村经济良好发展的基础和关键。地理标志的运用有助于我们在尊重自然、保护自然的前提下，发展农村经济，促进生态和经济的良性循环，实现绿色经济可持续性发展，形成农产业发展的新格局。

（三）有助于传承及宣扬当地特色文化，塑造乡村新风貌

地理标志农产品因其地理环境特殊、人文历史的传承等因素，形成了同类产品中独具独特色的质量和工艺。这些地理标志不单是质量的保证，而且也对外传达了当地的文化传统。一个具有高知名度的产品不仅带给当地人物质上的收益，而且可以作为该地区走向全国乃至世界的名片。比如新疆的叶城核桃、库尔勒香梨、阿克苏苹果、和田玉枣等地理标志已经不再是单一的产品名称，更多起到了传播当地文化的作用，被其他地区的人们所熟知。地理标志属于集体所有，因此地理标志产品品牌的宣传不仅是一个人或者几个人的事情，而需要通过集体的参与和努力，才能更有保障和长远的发展。比如湖南省举办的"金芒果地理标志产品国际博览会"，或者地理标志所在地的民众以其他销售方式增大产品的知名度。在这一过程中，十分有利于提升乡村的凝聚力，也是促进乡村邻里和谐相处，共同发展的重要举措。

二、地理标志法律保护的现状及问题

为了与《TRIPS 协定》的内容保持一致，2001 年我国在《商标法》第二次修正中首次将"地理标志"的概念纳入法律规范中。在此之后国务院和国家工商总局先后颁布的《商标法实施条例》和《集体商标、证明商标注册和管理办法》均对地理标志集体商标和地理标志证明商标的规定做了进一步的完善。此外，在《地理标志产品保护规定》《农产品地理保护标志》中也各自规定了地理标志的注册、运行和保护等内容。

（一）现行法律法规对地理标志的规定

《商标法》第十六条第二款规定了地理标志的概念，第一款则是对地理标志不得注册为商标的相对禁止的规定。其余的与《商标法》相关的对地理标志的规定则出现在《商标法实施条例》和《集体商标、证明商标注册和管理办法》中。《商标

法实施条例》第六条规定："商标法第十六条规定的地理标志，可以依照商标法和本条例的规定，作为证明商标和集体商标申请注册。"《集体商标、证明商标注册和管理办法》中规定了申请注册集体地理标志商标或者证明地理标志商标应提供的申请材料和申请内容①。并且《商标法实施条例》规定，商品符合地理标志条件的自然人、法人、其他组织可以使用地理标志，持有该地理标志的协会等组织无权阻止，体现了地理标志虽然依据商标法保护，但又区别于普通商标的特点。

2005 年国家质量监督检验检疫总局颁布了《地理标志产品保护规定》（以下简称《规定》），同样对地理标志的概念做了规定。相对于《商标法》中对地理标志应符合哪些条件的规定，该《规定》更突出强调地理标志应以地理名称命名。2007 年农业部发布的《农产品地理标志管理办法》（以下简称《办法》）中也规定了地理标志的定义，与《商标法》《规定》的概念对比，《办法》中对地理标志的定义除了仅适用于农产品外，与《规定》中的内容基本相似。此外，《规定》和《办法》均确立了地理标志应通过申请和注册获得，特别是在《规定》中不论是保护申请还是使用申请均实行两级审查，即"双重申请+两级审查"机制。

虽然《规定》和《办法》属于部门规章，他们的法律位阶低于《商标法》，但是实践中他们与《商标法》共同发挥着保护地理标志的作用，也形成了"三足鼎立"的局面。这种多重保护看似加强了地理标志法律保护的力度，实则是引发适用标准混乱的根源。

（二）现行法律法规存在的问题

我国现有三种法律制度规定了对地理标志的保护，三种法律制度规定了各自的注册办法和审批程序，因此现行的法律制度最大的问题就是重复规定，容易引发冲突。除了制度之间引发的问题外，还存在法律规则方面的问题。

首先，制度与制度之间缺少协调机制，出现重复保护，易引起权利的冲突。目前对地理标志管理和保护的职能，我国商标局以及农业农村部等三个行政主体均有权力行使。从上文可以看出，三个行政主体判断是否属于地理标志的依据分别对应三个不同的规定，并且地理标志注册审批程序也各不相同。这样的现状势必会带给地理标志申请者、地理标志利害关系人，以及行政主体行使职权时的不便，实践中也确实存在一些地理标志申请人在向商标局申请地理标志集体或者证明商标注册后，又向其他两个行政机关就同一个标志再一次申请注册地理标志的情况。如，贵州省 2018 年统计注册 223 个地理标志，其中有 29 件出现重复保护的现象。三种制度对地理标志是否需要注册获得的规定也不一样。虽然法律对地理集体商标和证明商标规定了具体注册程序，但是《商标法》并没有对地理标志的认定做出是否需要注册的明确规定。从已有的案例中，甚至可以得出《商标法》的规定是对客观事实的确认，而非创制的结论。此外，获得《商标法》规定的地理标志权利人与农产品地理标志权利人或者与依据《规定》获得地理标志权利人之间存在矛盾，如茅台酒案中，国家质检总局将茅台酒的原产地范围缩减至茅台酒股份公司的生产车间及与之

---

① 参见《集体商标、证明商标注册和管理办法》第五、六、七条。

相关联的地域内，解决地理标志使用者与驰名商标所有权人的矛盾，但是这有违背地理标志立法本意之嫌。

其次，《商标法》条文本身也存在规则与适用方面的问题，这也是司法实践中常见的冲突情形。《商标法》第十六条对地理标志不得注册为商标的规定只是相对禁止的规定，因此就会存在符合法律规定的内容，仍可以被注册为商标（多数为地名商标）的情形，如"狮峰"茶叶类商标、"姜家店"谷类制品商标等。当地理标志被注册为商标时，会直接影响到地理标志使用者的利益，他们会因继续使用地理标志与地名商标权利主体产生利益冲突，进而出现侵犯注册商标专用权人权利的情况。如果一味地保护地名商标权利人的权利，也会造成对地理标志集体权利的侵犯。实践中比较知名的案例有金华火腿案、东阿阿胶案，最终两案都以商标和地理标志并存的结果结案，看似皆大欢喜，其实也揭示了现行法律中存在的问题。

最后，我国现行法律规定中对地理标志的保护种类只有商品，没有涉及服务等其他类别。目前我国申请地理标志的90％为农副产品，剩余的也没有出现不同于商品的类别。在传统文化、工业及服务领域进行地理标志保护的意识还有所欠缺，与国际地理标志保护范围对比，显然涵盖范围较窄。我国有着上千年的历史，各地也有代表本地特色的传统文化，这些传统凝聚着地区居民的特色，是文化传承的载体。地理标志不应只有农副产品和少部分的人文特色，而是应与非物质文化遗产紧密结合。地理标志对非物质文化遗产的吸收，也符合当下我国寻求知识产权立法保护非遗的目的，最大限度地发挥其对传统文化保护和传承的作用。

三、地理标志立法保护的可行性

（一）地理标志应专门立法的理论依据

通过上文的分析可知，我们应该树立地理标志专门立法保护的意识。从立法的角度分析，一方面，我国现有的与地理标志有关的法律规范规定范围重叠，职权划分不明，行政部门沟通协调不到位等，导致实践中存在地理标志反复注册、保护不到位等问题。目前位于法律位阶的地理标志规定只出现在《商标法》中，其余的属于部门规章的位置。《商标法》对地理标志的保护并不完善，第十六条只是对地理标志的概念以及不得注册为地理标志的情形做了规定，并没有具体规定侵犯地理标志权利的主体应该承担什么样的责任。

另一方面，地理标志不仅是一个地理名称，一个产品的表示符号，还承载了当地千百年的传统文化，是该地区人民智力成果和劳动成果凝聚的标志。地理标志的集体性涉及几百、几千甚至上百万人的利益。作为《TRIPS 协定》中规定的 7 种知识产权之一，它具有独特性，不能被商标等知识产权种类所兼容。因此，无论从地理标志保护现状，还是涉及的公共利益，或是自身的特点来看，都需要制定专门的法律对其进行管理和保护。

（二）地理标志应专门立法进行保护的现实基础

首先，从政策环境上看，乡村振兴战略的提出和国家相关政策的出台，说明了当下我党对农村、农业发展的重视程度。根据中央政府每年发布的重要文件，地理

293

标志的运用和保护应成为振兴乡村的重要举措。对地理标志进行立法保护顺应了国家政策，响应了政府号召，能加快农业现代化转型的步伐，有助于乡村振兴战略的落实。

其次，从行政主体的设立方面，地理标志立法后应由专门的行政部门负责地理标志的运行和保护工作。实践中，我们已有行政部门具备这样的职能基础。2018 年国务院重新调整部门职能并进行职责整合后，地理标志集体商标和证明商标，以及原产地地理标志的审批登记已全部由国家知识产权局下的商标局统一负责。虽然农产品地理标志保护登记工作归新组建的农业农村部负责，但是可以看出国家逐步统一管理地理标志登记和保护的趋势，以及地理标志应由主管知识产权的行政部门负责管理的意识。另外，国家知识产权局负责专利、商标的申请和审批注册工作，地理标志作为知识产权的一种，由国家知识产权局统一负责地理标志的审批注册是十分恰当的。

最后，现有的民众知识产权保护意识，也为地理标志专门立法的实现提供了基础。2008 年《国家知识产权战略纲要》制定以来，我国对国民知识产权的运用和保护做了大量的工作，从法律的修订到企业奖励政策的出台，经过十几年的努力我们的知识产权运用和保护意识有了大幅度的提升。该纲要中，在 2020 年"把我国建设成为知识产权创造、运用、保护和管理水平较高的国家"这一目标已基本实现①。无论企业还是个人均认识到知识产权的私权利性质，以及知识产权带来的经济效益。民众知识产权法律意识的普及，保障了未来地理标志法的运行和实施效果。

---

① 国家知识产权局新闻发布会：《国家知识产权局：知识产权强国战略纲要初稿已形成》［EB/OL］.（2020-1-14）［2022-5-20］. http://finance.sina.com.cn/china/gncj/2020-01-14/doc-iihnzahk4072656.shtml.

第十六章　相关国际公约

从制度史上说，商标的国际保护并不是随着商标制度的产生而产生的，它是国际经济贸易关系不断发展的产物，也是商标制度不断变革的结果。商标的国际保护主要依赖相关的国际公约，国际条约保护商标的主要途径是：通过订立政府间的双边或者多边条约，形成相对一致的知识产权保护标准与规则，并通过缔约方的国内法加以推行。

第一节　《商标国际注册马德里协定》及其议定书

《马德里协定》的主要内容涉及：国民待遇的适用、商标国际注册的申请与受理、国际局的注册等。由于《马德里协定》存在着一些缺陷，世界知识产权组织于1989年主持缔结了《商标国际注册马德里协定议定书》（以下简称《马德里协定议定书》），从内容和技术上讲，《马德里协定议定书》是《马德里协定》的延续和发展。但是从法律上说，二者却是完全独立的。

一、《商标国家注册马德里协定》及其议定书概况

随着经济发展，各国的商标制度逐步完善。但是，由于商标权的地域性的限制，在一国使用或注册的商标只能在该国获得保护。想在其他国家获得保护，就必须到其他国家使用或注册商标。各国的商标制度存在差异，想在多个国家注册商标，就需要使用多个国家的语言，熟悉多个国家的法律规定，或者在多个国家指定代理人，这就给商标注册人造成许多不便并带来负担。

为克服这种不便，1891年4月14日，法国、西班牙、比利时、瑞士等国家在西班牙首都马德里签订了《商标国家注册马德里协定》（以下简称《马德里协定》）。该协定先后经历了6次修订，主要文本有：1900年布鲁塞尔文本，1911年华盛顿文本，1925年海牙文本，1934年伦敦文本，1957年尼斯文本，1967年斯德哥尔摩文本，最近一次修正是1979年。截至2021年年末，该协定共有55个成员国。我国于1989年10月4日加入该协定，适用斯德哥尔摩文本。

由于《马德里协定》存在一些缺陷，导致许多国家包括美国、英国、日本等一些重要国家都未参加。为弥补《马德里协定》的不足，世界知识产权组织尝试制定

了《商标注册条约》，未取得预期效果。

在世界知识产权组织的推动下，1989年6月27日在西班牙首都马德里通过了《马德里协定议定书》。我国于1995年12月1日加入该议定书，成为第四个加入该议定书的国家。

二、马德里协定和其议定书之间的差别

正如上文所述，《马德里协定议定书》是为弥补《马德里协定》的不足而制定的，两者之间存在许多差别。

（一）关于申请主体原属国选择

如申请人指定保护的国家为《马德里协定》成员国，其原属国应选择申请人设有真实有效的工商营业所的特别联盟国家；在特别联盟国家没有此类营业所的，选择其住所所在特别联盟国家；在特别联盟境内没有住所，但申请人为特别联盟国家国民的，则选择其国籍所在国家。

如申请人指定保护的国家为《马德里协定议定书》成员国，则可以选择其国籍所在国家，或者在某缔约国内居住或设有真实有效的工商营业所的国家作为原属国。

（二）关于申请基础

《马德里协定》的国际注册必须基于申请人的本国注册商标，这就给国内注册程序较长的国家造成很大不便。《马德里协定议定书》的国际注册既可以基于申请人的本国注册，也可以基于其本国申请。

（三）关于费用收取

如申请国家注册的商标指定保护的国家是《马德里协定》成员国，该申请只需缴纳《马德里协定》规定的统一规费；如指定保护的国家是纯《马德里协定议定书》成员国，除缴纳《马德里协定》规定的统一规费外，还需依各国规定缴纳单独规费。

（四）关于驳回期限

《马德里协定》规定的驳回期限是12个月，《马德里协定议定书》将该期限改为18个月。

（五）关于有效期限

根据《马德里协定》，注册的商标有效期为20年，其议定书则是10年。实际上，按照实施细则已改为10年续展，本质上没有差别。

（六）关于工作语言

《马德里协定》的工作语言为法语，其议定书的工作语言则是法语、英语以及西班牙语。

（七）关于加入资格

《马德里协定》只允许国家或国家组织加入，其议定书则允许地区组织加入。2004年欧盟加入《马德里协定》，2015年非洲知识产权组织加入《马德里协定议定书》。

三、商标国际注册体系的运行

《马德里协定议定书》生效后，为协调两套体系的运转，在世界知识产权组织的主持下，马德里联盟于 1996 年 1 月讨论通过了《商标国际注册马德里协定及该协定有关议定书的共同实施细则》。根据该细则，新马德里商标国际注册体系于 1996 年 4 月 1 日正式生效。截至目前，该细则经历十余次修订，最近一次修订于 2019 年 2 月 1 日生效。

第二节　《商标注册条约》

一、《商标注册条约》概况

在商标保护的国际合作上，为了弥补《马德里协定》的不足，从而在更大范围内促进商标国际注册，一些国家开始酝酿另一个国际注册公约。1973 年 6 月，在维也纳召开的工业产权外交大会上，美国、奥地利、丹麦、芬兰等 14 个国家缔结了《商标注册条约》（Tnade-mankRegiatcation Tneaty，简称 TRT）。该条约于 1980 年 8 月 7 日生效。该条约为商标、服务商标、证明商标提供国际注册，是一种注册申请公约，不产生任何跨国专有权，由世界知识产权组织管理。先后有 5 个国家加入该条约，分别是刚果、苏联、加蓬、多哥、布基纳法索，最初的缔约国反倒都未参加该条约。后因苏联解体，成员国数量达不到生效最低数目，实质上已失去作用。

二、《商标注册条约》的主要内容

《商标注册条约》共 4 章 47 条，分为总则、实质条款、行政规定、修订与修改、最后规定 5 个部分。主要内容包括：

（1）缔约国国民的商标申请国际注册不以在原属国注册为条件，可以直接向世界知识产权组织的国际局提出国际注册申请。

（2）缔约国国民的商标的国际注册不依赖其在原属国的商标注册，不受注册 5 年内在原属国商标注册被撤销的影响。即原属国商标注册被撤销，其在该条约的缔约国注册的商标仍然有效。

（3）商标国际注册使用的语言可以是英语或法语。

（4）对指定保护的缔约国，在接到通知后的 15 个月内可以声明拒绝给予保护。

（5）商标国际注册后，可以延缓 3 年使用。缔约国不能因该商标未实际使用而拒绝承认其效力。

（6）商标国际注册有效期和续展期均为 10 年。

此外，还对国际注册所有权的变更；同盟大会、国际局组成和职责、经费；条约修改；本条约的加入、生效、退出以及争议的解决等做出规定。

第三节 《商标注册用商品和服务国际分类尼斯协定》

一、《商标注册用商品和服务国际分类尼斯协定》概况

《商标注册用商品和服务国际分类尼斯协定》（以下简称《尼斯协定》）是《保护工业产权巴黎公约》第19条意义上的专门协定，主要目的是建立有关商标国际分类的统一标准，这样不仅有利于商标的检索，也有利于商标使用的管理和商标的国际交流合作。该协定于1957年6月15日在尼斯外交大会上签订，1961年4月8日生效。协定先后经历了三次修订：1967年在斯德哥尔摩修订，1977年在日内瓦修订，1979年修订。我国于1994年5月5日加入该协定，同年8月9日正式生效。事实上，我国从1988年就开始正式使用尼斯国际商品分类。

尼斯分类的第一版于1963年发布以来，通常每五年发布并实施一个版本。2013年以来，尼斯分类每年修订一次，每版每年都发布新文本，于1月1日生效。

二、尼斯分类的构成和使用

尼斯分类的标准文本（英文和法文）由世界知识产权组织在线发布。目前，纸质出版物已停止出版，2011年6月出版的第十版是最后一个印刷版。尼斯分类由分类表、商品和服务表两表组成。在分类表中，根据需要附加注释。商品和服务表是按照字母顺序排列，并标明每个商品和服务项目所属类别。当前最新版本是 NCL（11-2022），申请人所需填报的商品或服务一般都包含在其中。

在保护工业产权巴黎联盟的框架内，加入《尼斯协定》的国家组成特别联盟，该联盟每一个国家都有义务适用尼斯分类。不论是对在加入《尼斯协定》的国家中进行的国内商标注册，还是对在非洲知识产权组织、非洲地区知识产权组织、欧洲联盟知识产权局等进行的国际商标注册，尼斯分类的使用都是强制性的。不仅如此，非尼斯联盟国家也可以使用该分类表。

采用国际分类有利于统一在办理商标注册时商品和服务的分类口径，有利于国际间的商标注册和相互受理商标注册，有利于商标国际注册的发展。同时，便于国家商标主管机关开展商标审查并建立科学的商标档案管理制度；便于注册申请人申请注册，明确商标分类。

三、尼斯分类的原则

就商品而言：制成品原则上按其功能、主要用途分类，如果分类表没有规定分类的标准，该制成品即按字母排列的分类表类似的其他制成品分在一起，也可以根据辅助的分类标准，即根据这些制成品的材料或其操作方式进行分类；多功能的组合制成品，可以根据产品各组成部分的功能或用途，分在相应的不同类别；原料、未加工品或半成品原则上按其组成的原料进行分类；构成其他商品某一部分的商品，原则上与其他商品归为一类。成品或半成品按其组成的原材料分类时，如果由几种，

则按其主要原材料划分类别。

就服务而言：服务原则上按照服务分类类名及其注释所划分的行业进行分类，也可以按照字母排列分类表中类似的服务进行划分；出租业的服务，原则上通过与出租物所实现的服务同类。

四、《商标注册用商品和服务国际分类尼斯协定》的组织

协定成员国组成尼斯联盟，联盟每两年召开一次例会，只有联盟国家才能参加。例会主要是处理有关发展实施尼斯协定事宜，审定计划以及通过尼斯联盟的财务预算。协定成员国派正式代表参加协定设置的专家委员会或其工作小组委员会会议。非尼斯协定成员国可以受世界知识产权组织的邀请，派观察员列席上述会议。正式代表有表决权，观察员无此权。

工作小组委员会每年召开一次会议，专家委员会每五年召开一次会议。专家委员会决定的变动或建议，由国际局通知特别联盟国家的主管机关。修改决定应在发出通知后 6 个月生效，其他变动在指定日期生效。

第四节　《与贸易有关的知识产权协定》

《与贸易有关的知识产权协定》（Agreement on Trade-Related Aspects of Intellectual Property Rights，缩写 TRIPS，简称《知识产权协定》）是世界贸易组织管辖的一项多边贸易协定。作为世界贸易组织的重要组成部分，《知识产权协定》系统而全面地规定了知识产权保护的原则、知识产权的行使、权利的取得与维持及有关程序、争端的防止和解决等内容。

一、《与贸易有关的知识产权协定》概况

在乌拉圭回合谈判之前，关贸总协定（世界贸易组织前身）在国际知识产权保护上基本没发挥作用。随着经济全球化进程不断推进，各国之间知识产权保护标准的巨大差异导致由知识产权问题造成的贸易摩擦越来越多，给国际贸易的发展带来严重的不利影响。因此，在 1986 年乌拉圭回合谈判时，以美国为首的发达国家要求将知识产权问题纳入谈判议程，最终将与贸易有关的知识产权问题作为三个新议题之一。经过长期艰苦的谈判，1994 年 4 月 15 日《知识产权协定》在摩纳哥的马拉喀什签署，并于 1995 年 1 月 1 日生效。该协定有七个部分，共 73 条。截至 2016 年 7 月 29 日，世界贸易组织共有 164 个成员国，其中发展中国家 117 个。我国于 2001 年 12 月 11 日成为世贸组织的正式成员国。

二、《与贸易有关的知识产权协定》与其他知识产权国际公约的关系

《知识产权协定》之前已经存在众多的知识产权公约和组织。《知识产权协定》并不是构建一个全新的知识产权保护体系，而是吸收以往的成就，并希望能借此超

越以往的成就。因此，《知识产权协定》十分重视协调与现有知识产权保护体系的关系。它的前言中就提到，希望与世界知识产权组织和其他有关国际组织建立相互支持的关系。世界贸易组织与世界知识产权组织签署了加强双边合作的协定，在法律法规的通知、对发展中国家的技术援助和法律援助等事项上开展合作。该协定与1996年1月1日生效。

对于已经存在的知识产权公约，《知识产权协定》直接提到的有4个：《保护工业产权巴黎公约（1967）》（简称《巴黎公约》）、《保护文学艺术作品伯尔尼公约（1971）》（简称《伯尔尼公约》）、《保护表演者、录音制品制作者和广播组织的国际公约》（简称《罗马公约》）、《关于集成电路的知识产权条约》（简称《华盛顿条约》）。《知识产权协定》明确规定，该协定第一至第四部分的任何规定，都不应背离各成员之间根据《巴黎公约》《伯尔尼公约》《罗马公约》《华盛顿条约》所相互承担的义务。

三、《有贸易有关的知识产权协定》确立的基本原则

《知识产权协定》中有三个基本原则：国民待遇原则、最惠国待遇原则和透明度原则。

1. 国民待遇原则

国民待遇原则并不是《知识产权协定》的首创，早在《巴黎公约》和《伯尔尼公约》中就规定了知识产权保护的国民待遇原则。《知识产权协定》的国民待遇原则：确保各成员国在知识产权保护上对其他成员之间国民提供的待遇不得低于其本国国民。《巴黎公约》中的国民是指某一成员国的自然人或法人，也包括在某一成员国内有住所或从事工商业活动的营业所的非公约成员国的国民。由于世界贸易组织的成员包括单独关税区，所以《知识产权协定》中的国民除包含上述范围之外，还包括在单独关税区内有居所或有实际有效的工商营业所的自然人或法人。

《知识产权协定》中的国民待遇原则并不是绝对的，《巴黎公约》《伯尔尼公约》《罗马公约》和《华盛顿条约》所允许的有关司法和行政程序的例外规定，《知识产权协定》都予以认可，但是这些例外不能违背《知识产权协定》的法律及条例的实施，且不得隐含贸易限制。

2. 最惠国待遇原则

最惠国待遇原则的目的是平等对待所有外国人，特别可用于某些外国人在某一国享有不同于或超出当地人的特殊待遇时，其他外国人也想获得同样待遇。这在知识产权国际保护中首次引入的原则，具有重要意义。最惠国待遇也有例外规定：如与协定中未加规定的邻接权有关的优惠；1995年1月1日前已经生效的知识产权保护国家协定中产生的优惠等。

3. 透明度原则

透明度原则规定，只有相关的法律、司法或行政裁决可以获得和知悉，其他国家的国民或企业才可能享受相应的优惠。由此可知，透明度原则实际是所有原则实施的基础。透明度原则可以规避不必要的风险，发现不合理的要求，进而防止和解

决争端。透明的方式可以是以该国的文字公布相关法律和司法或行政裁决，若公布不可行，则应是公众可知悉。

四、《与贸易有关的知识产权协定》的主要内容

1. 基本原则和目标

《知识产权协定》序言中规定各成员在知识产权保护方面应为其他成员国民提供国民待遇和最惠国待遇。协定第七条明确了目标，即知识产权的保护与行使权力的目的，在于促进技术革新及技术的转让和传播，有助于平衡技术知识的创造者和使用者之间的利益，有助于社会和经济福利及权利与义务的平衡。

2. 知识产权的有效性、范围及行使的标准

《知识产权协定》第二部分是"关于知识产权的有效性、范围及行使的标准"。该部分分为七节，对版权与相关权、商标、地理标志、工业品外观设计、专利、集成电路布图设计、未披露信息的保护和许可协议中的反竞争控制进行了规定。基本上，所有重要的智力成果都涵盖在《知识产权协定》的保护范围之内。

3. 执行保障

《知识产权协定》与以往的知识产权国际公约相比，不仅提高了知识产权保护实体标准，还规定了强力的执法程序，协定第三部分的条款都与执法有关。为保证授权过程的客观公正，协定还将执法方面的原则使用到授权程序。主要包括：授权程序必须公平合理；程序不得过于复杂或昂贵；程序不得含有不合理期限，也不得过于拖延；个案裁决最好采用书面形式并说明理由；判决应及时送达各方当事人；实质性判决须依据各方都能接触到的证据作出。此外，当事人应有机会要求对最终行政裁决进行司法审查。

4. 争端的预防和解决

《知识产权协定》第五部分规定了争端的预防和解决。协定第63条规定，任一成员实施的有关本协定主题（知识产权有效性、范围、取得、实施以及防止滥用）的法律法规、行政规则和最终司法判决，应当予以公布。协定还要求，成员应将上述法律法规通知与贸易有关的知识产权理事会，以便协助理事会核查协定执行情况。关于争端的解决，依照关贸总协定第22条、23条处理。

第五节　《建立世界知识产权组织公约》

1967年7月14日，保护工业产权巴黎同盟的国际局与保护文学艺术作品伯尔尼同盟的国际局的51个国家在斯德哥尔摩召开会议将两国际机构合并，并签订了《成立世界知识产权组织公约》（The convention Establishing the World Intellectual Property Organization，简称《WIPO公约》），依据该公约成立的国际机构为世界知识产权组织（WIPO）。该公约于1970年4月26日正式生效，因此选定每年的4月26日为"世界知识产权日"。1974年12月17日，世界知识产权组织成为自筹资金的联

301

合国机构，总部设在日内瓦。截至目前，该公约有 193 个成员国，约 250 个非政府组织和政府间组织在 WIPO 的各种会议中具有正式观察员地位。我国于 1980 年 6 月 3 日成为该公约成员国。

世界知识产权组织的起源可以追溯到 1983 年签订的《保护工业产权巴黎公约》和 1886 年签订的《保护文学和艺术作品伯尔尼公约》。依据两个公约，分别成立了保护工业产权巴黎联盟和保护文学艺术作品伯尔尼联盟，两个联盟分别设立了国际局。由于两个联盟都是保护人们的智力成果，保护形式很相似，也为了确保联盟能够真正起到国际机构应有的作用，两个联盟于 1967 年在斯德哥尔摩召开会议并正式决定合并。

《建立世界知识产权组织公约》于 1979 年 10 月 2 日修正，该版本对知识产权的定义包括与文学、艺术和科学作品有关的权利；与表演艺术家的表演以及唱片和广播节目有关的权利；与人类一切领域内的发明有关的权利；与科学发现有关的权利；与工业品外观设计有关的权利；与商标、服务标记以及商业名称和标志有关的权利；与制止不正当竞争保护有关的权利；以及在工业、科学、文学或艺术领域内由于智力活动而产生的一切其他权利。

一、世界知识产权组织的宗旨、职能和成员资格

依据《WIPO 公约》，世界知识产权组织的宗旨是：①通过国家之间的合作并在适当情况下与其他国际组织配合，促进世界范围内的知识产权保护；②保证各联盟之间的行政合作。

世界知识产权组织的职责包括：促进旨在便利全世界对知识产权的有效保护和协调各国在该领域内立法的措施的发展；执行巴黎联盟、与该联盟有联系的各专门联盟以及伯尔尼联盟的行政任务；可以同意担任或参加任何其他旨在促进保护知识产权的国际协定的行政事务；鼓励缔结旨在促进保护知识产权的国际协定；对于在知识产权领域内请求法律一技术援助的国家给予合作；收集并传播有关保护知识产权的情报，从事并促进该领域内的研究，并公布这些研究的成果；维持有助于知识产权国际保护的服务机构，在适当情况下，提供这方面的注册以及有关注册的公开资料；采取一切其他的适当行动。

根据《WIPO 公约》第五条，世界知识产权组织成员资格包括：保护工业产权巴黎联盟和保护文学艺术作品伯尔尼联盟的任何成员；非两联盟成员国，但属于联合国成员国、与联合国有关系的任何专门机构的成员国、国际原子能机构的成员国或国际法院规约的当事国；应大会邀请成为《WIPO 公约》当事国的国家。

二、世界知识产权组织的组织机构

世界知识产权组织有四个机构：大会、成员国会议、协调委员会和国际局。

大会是世界知识产权组织的最高权力机构，由成员国中参加保护工业产权巴黎联盟和保护文学艺术作品伯尔尼联盟的国家组成，每三年召开一次例会，由总干事召集。应四分之一大会成员国请求或者协调委员会请求，可以召开大会特别会议。

参见大会的成员国，每个国家只有一票表决权，大会成员国的半数应构成法定人数，大会应通过自己的议事规则。大会的主要任务有：根据协调委员会提名，任命总干事；审批总干事关于本组织的报告；审批各联盟三年财物预算等。

成员国会议由全体成员国组成，每三年召开一次。每一个成员国在本会议中应有一票表决权。每一国政府应有一名代表，一名代表只能代表一国国家，可以辅以若干副代表、顾问和专家。成员国的三分之一构成法定人数。成员国会议的主要任务有：讨论当前国际保护知识产权领域所共同关心的问题，制定法律技术援助计划的预算，以及行使公约规定的其他职权。

协调委员会由保护工业产权巴黎联盟和保护文学艺术作品伯尔尼联盟的执行委员会组成，每年召开一次会议，由总干事召集，委员的半数为法定人数，正常情况下应在 WIPO 总部举行。不属于协调委员会的成员可以派观察员参加会议，有发言权，无表决权。协调委员会的主要任务有：就一切有关行政、财物和其他事项提出建言，拟定大会议程草案，提出总干事候选人，等等。

国际局是世界知识产权组织常设办事机构，负责人为总干事。国际局又是世界知识产权组织各联盟和各种机构的秘书处，该局工作不应受制或求助于他国政府或组织以外任何机关的意见或指示。其主要任务有：负责组织有关会议，准备有关文件和报告，并将有关决定传达到各有关方面；拟定计划草案和预决算草案；处理内外部事务；收集由各国提供的知识产权情报，出版有关刊物，办理国际注册等事项。

第六节　《保护工业产权巴黎公约》

一、《保护工业产权巴黎公约》概况

《保护工业产权巴黎公约》是世界上第一个有关知识产权的国际公约。19 世纪中期，人们对工业产权的保护意识不断增强，许多国家都建立了工业产权保护制度。但是，由于受地域限制，一国的工业产权很难在他国受到保护。

1878 年，巴黎举办国际展览会，其间召开了工业产权国际会议，决定筹备召开一次正式的国际会议。1883 年 3 月 16 日，保护工业产权国际会议在法国巴黎召开，该会议通过了《保护工业产权巴黎公约》。1884 年 7 月 7 日，该公约正式生效，有14 个成员国。

《保护工业产权巴黎公约》经历数次修订，有多个文本。包括 1900 年的布鲁塞尔文本、1911 年的华盛顿文本、1925 年的海牙文本、1934 年的伦敦文本、1958 年的里斯本文本、1967 年的斯德哥尔摩文本及 1979 年修订本。

截至 2021 年 11 月，该公约的成员国为 178 个。我国于 1984 年 12 月 19 日加入《保护工业产权巴黎公约》（斯德哥尔摩文本），并对公约第 28 条第一款的规定提出了保留。1985 年 3 月 19 日该公约正式对中国生效。

二、《保护工业产权巴黎公约》确立的国际原则

《保护工业产权巴黎公约》确立了有关工业产权保护的基本原则有：

1. 国民待遇原则

国民待遇原则是指联盟任何国家的国民，在保护工业产权方面，在联盟所有其他国家内应享有各该国法律现在授予或今后可能授予国民的各种利益；一切都不应损害公约特别规定的权利。对于联盟国家的国民不得规定在其要求保护的国家须有住所或者营业所才能享有工业产权。非成员国的国民如果在成员国领土内有住所或真实和有效的工商业营业所的，应享有与联盟国家国民同样的待遇。

2. 优先权原则

优先权原则是指已经在联盟的一个国家正式提出专利、实用新型注册、外观设计注册或商标注册的申请的任何人，或其权利继受人，向其他缔约国申请的，在一定期限内以第一次申请的日期作为在后提出申请的日期。"一定期限"对于专利和实用新型为 12 个月，对于外观设计和商标为 6 个月。

三、《保护工业产权巴黎公约》在商标方面的专门规定

除上述国际原则外，《保护工业产权巴黎公约》还在商标保护方面有专门规定，主要有：

1. 同一商标在不同国家所受保护的独立性。

在联盟一个国家正式注册的商标，与在联盟其他国家注册的商标是相互独立的。商标的申请和注册条件有联盟各国国内法律决定。对于某一成员国国民提出的商标注册申请，不能以未在所属国申请、注册、续展为由而拒绝或使注册无效。

2. 驰名商标

1925 年海牙会议在修改《保护工业产权巴黎公约》时增补了第 6 条之二，开始对驰名商标进行保护。第 6 条之二规定："（1）本联盟各国承诺，如本国法律允许，应依职权，或依利害关系人的请求，对商标注册国或使用国主管机关认为在该国已经驰名，属于有权享受本公约利益的人所有、并且用于相同或类似商品的商标构成复制、仿制或翻译，易于产生混淆的商标，拒绝或撤销注册，并禁止使用。这些规定，在商标的主要部分构成对上述驰名商标的复制或仿制，易于产生混淆时，也应适用。（2）自注册之日起至少五年的期间内，应允许提出撤销这种商标的请求。本联盟各国可以规定一个期间，在这期间内必须提出禁止使用的请求。（3）对于依恶意取得注册或使用的商标提出撤销注册或禁止使用的请求，不应规定时间限制。"

3. 关于国徽、官方检验印章和政府间组织徽记的禁例

各国对于商标的标记都有一些禁止使用的规定，巴黎公约对于商标禁例的规定主要有：未经主管机关许可，将联盟国家的国徽、国旗和其他国家徽记、各国用以表面监督和保证的官方符号和检验印章，以及从徽章学的观点来看的任何仿制作用商标或商标的组成部分，拒绝注册或使其注册无效，并采取适当措施禁止使用；联盟一个或一个以上国家参加的政府间国际组织的徽章、旗帜、其他徽记、缩写和名

称，但已成为保证予以保护的现行国际协定的对象的徽章、旗帜、其他徽记、缩写和名称除外。

4. 商标的转让

各国关于商标转让的规定各有不同。公约第 6 条之四规定："（1）根据本联盟国家的法律，商标的转让只有在其所属工农业或商誉同时移转主为有效时，如该工农业或商誉坐落在该国的部分，连同在该国制造或销售标有被转让商标的商品的专有权一起移予受让人，即足以承认其转让为有效。（2）如果受让人使用受让的商标事实上会具有使公众对使用该商标的商品的原产地、性质或基本品质发生误解的性质，上述规定并不使联盟国家负有承认该项商标转让为有效的义务。"

5. 关于注册商标的保护

根据《巴黎公约》第 6 条之五，在原属国正规注册的商标，在联盟其他国家应与在原属国注册那样接受申请和给予保护，但本条指明保留条件者除外。各国家在确定注册前可以要求提供原属国主管机关发给的注册证书。该项证书无须认证。

对本条适用的商标，不得拒绝注册也不得使注册无效。下列情况除外：在其要求保护的国家，商标具有侵犯第三人既得权利性质的；商标缺乏显著特征，或者完全是由商业中用以表示商品的种类、质量、数量、用途、价值、原产地或生产时间的符号或标记所组成的，或者在要求给予保护的国家的现代语言中或在善意或公认的商务实践中已经成为惯用的；商标违法道德或公共秩序，尤其是具有欺骗公众的性质，不得仅因为商标不符合商标立法的一项规定即认为违法公共秩序，除非该规定本身与公共秩序有关。

本联盟各国承诺保护服务商标，但不要求对服务商标的注册做出规定。

如果本联盟中一个国家的商标所有人的代理人或代表人，未经该所有人授权而以自己的名义向本联盟中一个或一个以上的国家申请该商标的注册，该所有人有权反对所申请的注册或要求取消注册。如该国法律允许，该所有人可以要求将该项注册转让给自己，除非该代理人或代表人证明其行为是正当的。

此外，公约还对集体商标、厂商名称等进行了规定。

参考文献

[1] 谢冬伟. 商标注册申请的主体资格 [J]. 中华商标, 2006 (12): 44-48.

[2] 黄辉. 商标法 [M]. 北京: 法律出版社, 2014.

[3] 牛玉兵, 石俊峰. 集体商标的信用价值与风险应对策略 [J]. 知识产权, 2011 (5): 54-56.

[4] 徐瑛晗. 非传统商标保护之必要性: 法经济学的解释 [J]. 中华商标, 2021 (1): 69-73.

[5] 宁立志, 叶紫薇. 商标恶意抢注法律适用研究 [J]. 法学评论, 2022 (2): 181-196.

[6] 宋妍, 洪婧. 知名商品特有包装、装潢的认定及侵权行为构成 [J]. 中华商标, 2019 (3): 63-66.

[7] 马伟阳. 我国商标复审制度的反思与重构: 基于八国商标复审制度的比较研究 [J]. 知识产权, 2016 (4): 58-64.

[8] 赵克. 注册商标如何退化成商品的通用名称? [J]. 中华商标, 2016 (7): 79-83.

[9] 曹博. 商标注册无效制度的体系化研究 [J]. 知识产权, 2015 (4): 112-117.

[10] 国家工商行政管理总局商标局. 中华人民共和国商标法释义 [M]. 北京: 中国工商出版社, 2003.

[11] 戴山鹏. 失效商标过渡期保护之必要性探讨 [J]. 中华商标, 2015 (11): 7-12.

[12] 佟姝. 商标先用权抗辩制度若干问题研究: 以最高人民法院公布的部分典型案例为研究范本 [J]. 法律适用, 2016 (9): 64-69.

[13] 黄武双, 阮开欣. 商标申请人与在后使用人利益的冲突与权衡 [J]. 知识产权, 2015 (4): 45-52.

[14] 蒋利玮. 论商标在先使用抗辩: 对新商标法 59 条 3 款的理解和适用 [J]. 中华商标, 2013 (11): 36.

[15] 祝建军. 商标先用权抗辩成立的条件 [J]. 人民司法, 2015 (14): 69-72.

[16] 杜颖. 商标先使用权解读《商标法》第 59 条第 3 款的理解与适用 [J]. 中外法学, 2014, 26 (5): 1358-1373.

［17］郎胜. 中华人民共和国商标法释义［M］. 北京：法律出版社，2013.

［18］张永艾. 商标权穷竭原则质疑［J］. 政法论丛，2004（1）：22-26.

［19］黄鸿才. "知识产权权利穷尽说"理论误区探要：兼论商标标识的消极权能［J］. 中华商标，2013（1）：48-55.

［20］马强. 商标权权利穷竭研究［J］. 现代法学，2000（1）：84.

［21］张玉敏，王法强. 论商标反向假冒的性质：兼谈商标的使用权［J］. 知识产权，2004（1）：32.

［22］李晓秋，吴垩. 旧货翻新销售中商标侵权判定的是与非：以商标权用尽原则的适用为分析中心［J］. 重庆邮电大学学报（社会科学版），2014（6）：30-37.

［23］王迁. 知识产权法教程［M］. 5版. 北京：中国人民大学出版社，2016.

［24］中国人民大学知识产权教学与研究中心，中国人民大学知识产权学院《十二国商标法》翻译组. 十二国商标法［M］. 北京：清华大学出版社，2013.

［25］史凡凡. 商标权权利用尽与激活：从商标侵权角度对闲鱼等网络平台二手商品转售行为的分析［J］. 中华商标，2020（2/3）：111.

［26］魏丽丽. 商品状况改变后再销售中商标权用尽规则的适用问题研究［J］. 中州学刊，2021（2）：58.

［27］成文娟，张书青. 破坏商标品质保证功能构成商标侵权："不二家案"判前判后的思考［J］. 电子知识产权，2016（6）：98.

［28］贾娟. 侵权案件中如何适用"商标权穷竭原则"［J］. 中华商标，2008（9）：27-29.

［29］齐爱民. 知识产权法总论［M］. 北京：北京大学出版社，2010.

［30］李明德. 美国知识产权法［M］. 2版. 北京：法律出版社，2014.

［31］蒋华胜，孙远风，杨岚. 专利民事诉讼案件中行政确权困局的路径选择研究：以司法审查权为视角［J］. 科技与法律，2018（4）：44-45.

［32］吴汉东. 关于知识产权私权属性的再认识［J］. 社会科学，2005（10）：58-64.

［33］郑成思. 私权、知识产权与物权的权利限制［J］. 法学，2004（9）：61.

［34］罗晓霞. 商标权的双重属性及其对商标法律制度变迁的影响［J］. 知识产权，2012（5）：30-35.

［35］刘春田. 知识产权法学［M］. 5版. 北京：高等教育出版社，2015.

附录

《建立世界知识产权组织公约》

1967 年 7 月 14 日在斯德哥尔摩签订。

1979 年 10 月 2 日修正。

缔约各方：

有志于在尊重主权和平等基础上，为谋求共同利益，增进各国之间的了解与合作而贡献力量；

有志于为鼓励创造性活动而加强世界范围内的知识产权保护；

有志于在充分尊重各联盟独立性的条件下，使为保护工业产权和文学艺术作品而建立的各联盟的管理趋于现代化并提高效率；

特协议如下：

第一条　组织的建立

建立世界知识产权组织。

第二条　定义

在本公约中：

（i）"本组织"是指世界知识产权组织（WIPO）；

（ii）"国际局"是指知识产权国际局；

（iii）"巴黎公约"是指 1883 年 3 月 20 日签订的保护工业产权公约及其一切修订本；

（iv）"伯尔尼公约"是指 1886 年 9 月 9 日签订的保护文学艺术作品公约及其一切修订本；

（v）"巴黎联盟"是指根据巴黎公约建立的国际联盟；

（vi）"伯尔尼联盟"是指根据伯尔尼公约建立的国际联盟；

（vii）"各联盟"是指巴黎联盟、与该联盟有关的各专门联盟与协定、伯尔尼联盟以及根据第四条第（iii）款由本组织担任其行政事务的任何其他旨在促进知识产权保护的国际协定；

（viii）"知识产权"包括有关下列项目的权利：

——文学、艺术和科学作品；

——表演艺术家的表演以及唱片和广播节目；

——人类一切活动领域内的发明；

——科学发现；

——工业品外观设计；

——商标、服务标记以及商业名称和标志；

——制止不正当竞争；

以及在工业、科学、文学或艺术领域内由于智力活动而产生的一切其他权利。

第三条　本组织的宗旨

本组织的宗旨是：

（i）通过国家之间的合作并在适当情况下与其他国际组织配合，促进世界范围内的知识产权保护；

（ii）保证各联盟之间的行政合作。

第四条　职责

为了实现第三条所述宗旨，本组织通过其适当机构并根据各联盟的权限：

（i）促进旨在便利全世界对知识产权的有效保护和协调各国在该领域内立法的措施的发展；

（ii）执行巴黎联盟、与该联盟有联系的各专门联盟以及伯尔尼联盟的行政任务；

（iii）可以同意担任或参加任何其他旨在促进保护知识产权的国际协定的行政事务；

（iv）鼓励缔结旨在促进保护知识产权的国际协定；

（v）对于在知识产权领域内请求法律—技术援助的国家给予合作；

（vi）收集并传播有关保护知识产权的情报，从事并促进该领域内的研究，并公布这些研究的成果；

（vii）维持有助于知识产权国际保护的服务机构，在适当情况下，提供这方面的注册以及有关注册的公开资料；

（viii）采取一切其他的适当行动。

第五条　成员资格

（1）凡属第二条第（vii）款所规定的任一联盟的成员的任何国家都可以成为本组织的成员国。

（2）不属于任一联盟成员的任何国家，具备以下条件者，同样也可成为本组织的成员国：

（i）联合国成员国、与联合国有关系的任何专门机构的成员国、国际原子能机构的成员国或国际法院规约的当事国；

（ii）应大会邀请成为本公约当事国。

第六条　大会

（1）（a）本组织应设大会，由作为任一联盟成员国的本公约当事国组成。

（b）每一国政府应有一名代表，可辅以若干副代表、顾问和专家。

（c）各代表团的开支应由派遣国政府负担。

（2）大会应：

（i）根据协调委员会提名，任命总干事；

（ii）审议并批准总干事关于本组织的报告，并给其以一切必要的指示；

（iii）审议并批准协调委员会的报告与活动，并给以指示；

（iv）通过各联盟共同的二年开支预算；

（v）批准总干事提出的关于第四条第（iii）款所指的国际协定的行政管理措施；

（vi）通过本组织的财务条例；

（vii）参照联合国的惯例，决定秘书处的工作语言；

（viii）邀请第五条第（2）款第（ii）项所指的国家参加本公约；

（ix）决定哪些非本组织成员的国家、哪些政府间组织和非政府性的国际组织可作为观察员参加会议；

（x）行使其他合于本公约的适当职权。

（3）（a）每一国家，无论是一个或几个联盟的成员国，在大会上应有一票表决权。

（b）大会成员国的半数应构成法定人数。

（c）尽管有（b）项的规定，如果在任一届会议上，出席国的数目不足一半，但相当于或超过大会成员国三分之一时，大会可以做出决议，但是，关于其本身程序的决议除外，所有这些决议只有符合以下条件时才能生效。国际局应将这些决议通知未出席的大会成员国，并请它们于通知之日起三个月内以书面表示投票或者弃权。如果在这一期限届满时，已经这样投票或弃权的国家的数目达到本届会议法定人数所缺少的国家数目，同时也取得了所要求的多数票，这些决议即应生效。

（d）在遵守（e）和（f）段规定的条件下，大会应以所投票的三分之二多数作出决定；

（e）批准关于第四条第（iii）款所指国际协定的行政管理措施，需四分之三多数票通过。

（f）批准根据联合国宪章第五十七条和第六十三条与联合国签订的协定，需十分之九多数票通过。

（g）任命总干事（第2款第i项）、批准总干事所提出的关于国际协定的行政管理措施（第2款第v项）以及迁移总部（第十条），不仅须经本组织大会，而且须经巴黎联盟大会和伯尔尼联盟大会，以所要求的多数票通过。

（h）弃权不作投票计算。

（i）一名代表只能代表一个国家，并且只能以一个国家的名义投票。

（4）（a）大会每第二历年举行一次例会，由总干事召集。

（b）大会应由总干事根据协调委员会或大会四分之一成员国的请求召集举行特别会议。

（c）会议应在本组织总部举行。

（5）已参加本公约，但不是任一联盟的成员的国家应允许以观察员身份参加大会的会议。

（6）大会应通过自己的议事规则。

第七条　成员国会议

（1）（a）本组织应设成员国会议，由本公约成员国组成，不论它们是否任一联盟的成员国。

（b）每一国政府应有一名代表，可辅以若干副代表、顾问和专家。

（c）各代表团的开支应由派遣国政府负担。

（2）成员国会议应：

（i）讨论知识产权领域内普遍关心的事项，并且得在尊重各联盟权限和自主的条件下就这些事项通过建议；

（ii）通过本会议的二年预算；

（iii）在本会议预算的限度内，制定二年法律—技术援助计划；

（iv）按照第十七条规定，通过对本公约的修订案；

（v）决定应允许哪些非本组织成员的国家、哪些政府间组织和非政府性的国际组织可作为观察员参加其会议；

（vi）行使其他适合于本公约的职权。

（3）（a）每一个成员国在本会议中应有一票表决权；

（b）成员国的三分之一构成法定人数；

（c）在遵守第十七条规定的条件下，本会议应以三分之二多数票作出决议；

（d）对参加本公约但未参加任一联盟的国家的会费数额应由仅只这类国家的代表有投票权的表决来决定。

（e）弃权不作投票计算；

（f）一名代表只能代表一个国家，并且只能以一个国家的名义投票。

（4）（a）本会议的例会，应由总干事召集，会期及会议地点与大会相同。

（b）本会议应由总干事根据多数成员国的请求召集举行。

（5）本会议应通过自己的议事规则。

第八条　协调委员会

（1）（a）本组织应设协调委员会，由担任巴黎联盟执行委员会委员或伯尔尼联盟执行委员会委员或兼任两执行委员会委员的本公约当事国组成。然而，如果其中任一执行委员会的委员数目超过了选举它的大会成员国总数的四分之一，则该执行委员会应从其委员中指定参加协调委员会的国家，数目不得超过上面提到的四分之一。在计算上述的四分之一数目时，本组织总部所在国不应包括在内。

（b）作为协调委员会委员的每一个国家应有一名代表，可辅以若干副代表、顾问和专家。

（c）当协调委员会审议直接涉及成员国会议的计划、预算及其议程，或审议关于修订本公约的建议时，如果该修订建议将影响已参加本公约但没有参加任一联盟的国家的权利或义务，则应有这类国家的四分之一参加协调委员会的会议并享有与该委员会委员同等的权利。成员国会议应在每届例会上指定这些国家。

（d）各代表团的开支应由派遣国政府负担。

（2）如果本组织所经管的其他联盟希望参加协调委员会，其代表必须从协调委员会成员国中指派。

（3）协调委员会应：

（i）就两个或两个以上联盟共同有关的，或者一个或一个以上联盟与本组织共同有关的一切有关行政、财务和其他事项，特别是各联盟共同开支的预算，向各联盟的机构、大会、成员国会议和总干事提出意见；

（ii）拟订大会的议程草案；

（iii）拟订成员国会议的议程草案以及计划和预算草案；

（iv）［删除］

（v）在总干事任期即将届满，或总干事职位出缺时，提名一个候选人由大会任命；如果大会未任命所提名的人，则协调委员会应另提一名候选人；这一程序应反复进行直至最后提名的人被大会任命为止；

（vi）如果总干事的职位在两届大会之间出缺，任命一个代理总干事，在新任总干事就任前代职；

（vii）行使本公约所赋予的其他职权。

（4）（a）协调委员会每年举行一次例会，由总干事召集。在正常情况下应在本组织总部举行。

（b）协调委员会的特别会议，应由总干事召集，或根据其本人倡议，或应协调委员会主席的请求，或协调委员会四分之一成员的请求而召开。

（5）（a）每个国家，不论它是第（1）款（a）项提到的一个还是两个执行委员会的委员，在协调委员会中都只有一票表决权。

（b）协调委员会委员的半数构成法定人数。

（c）一名代表只能代表一个国家，并且只能以一个国家的名义投票。

（6）（a）协调委员会应按投票的简单对数发表意见和做出决议。弃权不作投票计算。

（b）尽管取得了简单多数，协调委员会的任何委员可以在表决后立即要求按下列办法对票数做一次特别重新计算：将巴黎联盟执行委员会委员国和伯尔尼联盟执行委员会委员国分别列成两个名单将每个国家的投票记入所属名单中自己名称的旁边。如果这样的特别重新计算表明不是在每个名单中都取得了简单多数，则该项提案应视为未通过。

（7）本组织任何不属协调委员会成员的成员国，可以派观察员参加本委员会的会议，有权参加辩论，但无表决权。

（8）协调委员会应制定自己的议事规则。

第九条　国际局

（1）国际局应为本组织的秘书处。

（2）国际局应由总干事领导并辅以两个或两个以上的副总干事。

（3）总干事任期固定，每任不少于六年。他应有资格按任期连任。初任期限和可能的连任期限以及任命的所有其他条件，均应由大会规定。

（4）（a）总干事应为本组织的行政主管。

（b）他应代表本组织。

（c）他应就本组织的内外事务，向大会汇报，并遵从大会的指示。

（5）总干事应拟定计划草案和预算草案并起草工作活动定期报告. 他应将这些草案和报告送交有关国家的政府以及各联盟和本组织的主管机构。

（6）总干事和任何由他指派的工作人员可参加大会、成员国会议、协调委员会以及任何其他委员会或工作组的一切会议，但无表决权。总干事或由他指派的一名工作人员应为这些机构的当然秘书。

（7）总干事应任命为有效执行国际局任务所必需的工作人员。他应在协调委员会批准后，任命副总干事。任用的条件应在由总干事提出并由协调委员会批准的工作人员条例中规定。任用工作人员和决定服务条件首要考虑的应是：必须保证最高标准的效率、能力和品德。在录用工作人员时应适当注意尽可能广泛的地域分布的重要性。

（8）总干事和工作人员的责任的性质应是纯粹国际性的。在执行职务时，他们不应寻求或接受任何政府或本组织以外的任何当局的指示。他们不应做任何可能有损于其国际官员身份的行为。每一个成员国都应尊重总干事和工作人员职责的纯粹国际性质，并且不得在他们执行任务时设法施加影响。

第十条　总部

（1）本组织总部设在日内瓦。

（2）其迁移可按第六条第（3）款（d）项和（g）项的规定来决定。

第十一条　财务

（1）本组织应有两种单独的预算：各联盟共同开支预算和成员国会议预算。

（2）（a）各联盟共同开支预算应包括对几个联盟有关系的开支的规定。

（b）这项预算资金的来源如下：

（i）各联盟的分摊，而每个联盟分摊的数额应由该联盟大会依据其在共同开支中所享受的利益来确定；

（ii）国际局所进行的与各联盟无直接关系的服务收费或者不属于国际局提供的法律一技术援助方面的服务收费；

（iii）与各联盟无直接关系的国际局出版物的售款与版税；

（iv）给予本组织的赠款、遗赠和津贴，但第（3）款（b）段（iv）节所指的款项除外；

（v）本组织的租金、利息和其他杂项收入。

（3）（a）成员国会议的预算应包括该召开会议的开支和法律一技术援助计划的支出。

（b）这项预算的资金来源如下：

（i）参加本公约但未参加任何联盟的国家的会费；

（ii）各联盟为这一预算提供的款项，而各联盟提供款项数额应由各该联盟大会确定，各联盟也可不为该预算提供款项；

（iii）国际局由于提供法律—技术援助服务而得到的款项；

（iv）为了（a）款所述的目的，给予本组织的赠款、遗赠和津贴。

（4）（a）为了规定每个成员国对成员国会议预算应缴的会费，参加本公约但未参加任何联盟的国家应属于一个等级，并应以下面所确定的单位数为基础缴纳年度会费：

A 级………10

B 级………3

C 级………1

（b）上述各国在按第十四条第（1）款规定采取行动的同时，应指出自己希望属于哪一等级。任一这类国家均可改变其等级。如要改为较低的级别，该国必须在一次例会上向成员国会议宣布。这种改动应于该届会议后的下一历年开始时生效。

（c）每一个这类国家每年应缴会费的数额在所有这类国家对成员国会议预算交费总额中所占的比例应相当于它的单位数在所有这类国家的总单位数中所占的比例。

（d）会费应在每年一月一日缴纳。

（e）在新的财政周期开始之前，如果预算尚未被通过，则根据财务条例，应按上年度预算的标准执行。

（5）任何参加本公约但未参加任何联盟的国家拖欠本条所规定的会费，以及任何参加本公约的任何联盟成员国拖欠其联盟会费时，如果其所欠金额相当于或超过前两个整年的会费金额，则不应在它作为成员国的本组织任何机构内行使表决权。然而，只要查明该国拖延缴费是由于特殊的和不可避免的情况，这些机构则可以允许它继续在该机构内行使表决权。

（6）国际局在法律—技术方面提供服务项目的收费数额应由总干事确定，并应由他向协调委员会报告。

（7）经协调委员会批准，本组织可直接接受来自政府、公私机构、协会或私人的赠款、遗赠和津贴。

（8）（a）本组织应有一项工作基金，由各联盟和参加本公约但未参加任何联盟的国家一次缴纳。当该项基金不足时，应予增加。

（b）各联盟一次缴纳的金额和可能增缴的金额应由各该联盟大会确定。

（c）参加本公约但未参加任何联盟的国家一次缴纳的金额以及在基金增加时的份额，应按照基金成立或决定增加基金那一年该国会费的比例计算。缴纳的比例和条件应由成员国会议根据总干事的建议，并听取协调委员会的意见后确定。

（9）（a）在本组织总部和总部所在国签立的协定中应规定，当工作基金不足时，应由该国垫款。垫款的金额和给予垫款的条件，应由该国与本组织根据每次情况另立协定。该国在承担垫款义务期间，应在协调委员会中有自然的席位。

（b）上述（a）项所述国家和本组织都有权通过书面通知终止垫款的义务。这项通知应自发出通知那年年底起三年后生效。

（10）账目的审查应根据财务条例的规定由一个或一个以上成员国或外来审计员进行。审计员应由本组织大会在征得他们本人同意后指派。

第十二条　权利能力；特权和豁免

（1）本组织在各成员国领土上，在符合各该国家的法律条件下，应享有为完成本组织宗旨和行使其职权所必需的权利能力。

（2）本组织应与瑞士联邦，以及任何总部今后可能设在的其他国家缔结一项总部协定。

（3）本组织可与其他成员国缔结双边或多边协定，使本组织、其官员以及一切成员国的代表享有为完成本组织宗旨和行使其职权所必需的特权与豁免。

（4）总干事可以谈判上述第（2）、（3）款所指的协定；并经协调委员会批准后代表本组织缔结和签订这种协定。

第十三条　与其他组织的关系

（1）本组织应于适当时候与其他政府间组织建立工作关系并进行合作。与这类组织订立的具有这种效果的一般协定，应由总干事经协调委员会批准后缔结。

（2）本组织可就其权限内的事项，适当安排与非政府的国际组织的磋商与合作，而且，经有关政府同意，也可与该国的政府性或非政府的全国性组织进行磋商与合作。有关这方面的安排应由总干事经协调委员会批准后进行。

第十四条　本公约的参加

（1）第五条所指的国家可以通过以下手续成为本公约的当事国和本组织的成员国：

（i）申请者签署并对批准与否不附加保留意见，或

（ii）申请者签署并表示同意须在递交批准书后方能获批准，或

（iii）递交加入书。

（2）不管本公约的任何其他规定，巴黎公约当事国、伯尔尼公约当事国，或同时兼为两个公约的当事国，只有在批准或加入或者已经批准或加入下述国际文件的条件下，才可以成为本公约的当事国；或者巴黎公约斯德哥尔摩议定书全部或仅附有第二十条第（1）款（b）项（i）所规定的限制；或者伯尔尼公约斯德哥尔摩议定书的全部或仅附有第二十八条第（1）款（b）项（i）所规定的限制。

（3）批准书或加入书应交由总干事保存。

第十五条　本公约的生效

（1）本公约应在十个巴黎联盟成员国和七个伯尔尼联盟成员国按第十四条第（1）款的规定采取行动三个月后生效。如果一个国家同时兼为两个联盟的成员国，应在两组内都计数。在生效之日，本公约对于那些不是任一联盟成员但在此日期三个月以前按第十四条第（1）款的规定已采取行动的国家，也应生效。

（2）对于其他国家，本公约应在这类国家按第十四条第（1）款规定采取行动之日起三个月之后生效。

第十六条　保留

本公约不允许保留。

第十七条　修正

（1）有关修正本公约的建议可由任何成员国、协调委员会或总干事提出。该建议应至少在成员国会议进行审议的六个月以前由总干事通知各成员国。

（2）修正案应由成员国会议通过。当修正案影响参加本公约但未参加任一联盟的国家的权利和义务时，这些国家也应参加表决。对于一切其他所提出的修正案，只应由参加本公约的任一联盟的成员国表决。成员国会议如仅对那些以前已由巴黎联盟大会和伯尔尼联盟大会分别根据适用于各该大会关于通过各该公约行政条款修正案的规则所通过的修正案进行表决，修正案应由参加投票的国家的简单多数票表决通过。

（3）任何修正案应在总干事收到在成员国会议通过该修正案时，根据上述第（2）款有表决权的本组织四分之三成员国按照它们各自的宪法程序发出的书面接受通知书一个月后生效。这样接受的任何修正案，应对在该修正案生效时以及后来加入本组织的所有成员国都有约束力，但涉及增加成员国财政义务的修正案应只对已通知接受该修正案的国家有约束力。

第十八条　本公约的退出

（1）任何成员国可以通过向总干事送交通知书退出本公约。

（2）退出应在总干事收到通知书起六个月后生效。

第十九条　通知

总干事应向一切成员国政府通知：

（i）本公约生效日期；

（ii）签署和保存批准书或加入书；

（iii）对本公约一项修正案的接受，以及修正案生效的日期；

（iv）退出本公约。

第二十条　最后条款

（1）（a）本公约应在一份用英文、法文、俄文和西班牙文作成的单一文本上签署，各种文本具有同等效力，并应交由瑞典政府保存。

（b）截止到1968年1月13日本公约应在斯德哥尔摩开放签署。

（2）正式文本，应由总干事经与有关国家政府协商后以德文、意大利文、葡萄牙文以及成员国会议指定的其他文字制定。

（3）总干事应将经正式核签的本公约副本和由成员国会议通过的每项修正案的副本各两份分送巴黎联盟或伯尔尼联盟各成员国政府、其他加入本公约国家的政府，以及其他要求得到这些文件的国家政府。分送给各国政府的经签署的本公约副本应由瑞典政府核签。

（4）总干事应向联合国秘书处登记本公约。

第二十一条　过渡条款

（1）在第一任总干事就职前，本公约中凡提到国际局或总干事之处，应分别视为是指保护工业、文学和艺术产权联合国际局〔亦称保护知识产权联合国际局（BIRPI）〕或其总干事。

（2）（a）凡属任一联盟的成员而尚未参加本公约的国家，如果它们愿意，在自本公约生效之日起五年内，可行使如同它们参加了本公约一样的权利。凡希望行使这种权利的国家应书面通知总干事，该通知书应于收到之日生效。这类国家在上述期限届满前应视为大会和成员国会议的成员。

（b）当该五年期限届满时，这类国家在大会、成员国会议和协调委员会中不应再有表决权。

（c）这类国家在成为本公约当事国后，应再度得到表决权。

（3）（a）在巴黎联盟或伯尔尼联盟的成员国尚未全部参加本公约以前，国际局和总干事应分别兼管保护工业、文学和艺术产权联合国际局及其总干事的职责。

（b）该联合国际局任用的工作人员，自本公约生效之日起在上述（a）段所指的过渡期间，应被认为也是由国际局任用的。

（4）（a）一旦巴黎联盟所有成员国全部成为本组织成员后，该联盟事务局的权利、义务和财产应移交给本组织国际局。

（b）一旦伯尔尼联盟所有成员国全部成为本组织成员后，该联盟事务局的权利、义务和财产应移交给本组织国际局。

《保护工业产权巴黎公约》

1883 年 3 月 20 日

1900 年 12 月 14 日在布鲁塞尔修订；1911 年 6 月 2 日在华盛顿修订；1925 年 11 月 6 日在海牙修订；1934 年 6 月 2 日在伦敦修订；1958 年 10 月 31 日在里斯本修订；1967 年 7 月 14 日在斯德哥尔摩修订；1979 年 10 月 2 日修订。

第一条

【本联盟的建立；工业产权的范围】

（1）适用本公约的国家组成联盟，以保护工业产权。

（2）工业产权的保护对象有专利、实用新型、工业品外观设计、商标、服务标记、厂商名称、货源标记或原产地名称，和制止不正当竞争。

（3）对工业产权应作最广义的理解，它不仅应适用于工业和商业本身，而且也应同样适用于农业和采掘业，适用于一切制成品或天然产品，例如：酒类、谷物、烟叶、水果、牲畜、矿产品、矿泉水、啤酒、花卉和谷类的粉。

（4）专利应包括本联盟国家的法律所承认的各种工业专利，如输入专利、改进专利、增补专利和增补证书等。

第二条

【本联盟各国国民的国民待遇】

（1）本联盟任何国家的国民，在保护工业产权方面，在本联盟所有其他国家内应享有各该国法律现在授予或今后可能授予国民的各种利益；一切都不应损害本公约特别规定的权利。因此，他们应和国民享有同样的保护，对侵犯他们的权利享有同样的法律上的救济手段，但是他们遵守对国民规定的条件和手续为限。

（2）但是，对于本联盟国家的国民不得规定在其要求保护的国家须有住所或营业所才能享有工业产权。

（3）本联盟每一国家法律中关于司法和行政程序管辖权以及指定送达地址或委派代理人的规定，工业产权法律中可能有要求的，均明确地予以保留。

第三条

【某类人与本联盟国家的国民同样待遇】

本联盟以外各国的国民，在本联盟一个国家的领土内设有住所或有真实和有效的工商业营业所的，应享有与本联盟国家国民同样的待遇。

第四条

【A. 至 1. 专利、实用新型、外观设计、商标、发明人证书：优先权。—— G. 专利：申请的分案】

A. ——（1）已经在本联盟的一个国家正式提出专利、实用新型注册、外观设计注册或商标注册的申请的任何人，或其权利继受人，为了在其他国家提出申请，在以下规定的期间内应享有优先权。

（2）依照本联盟任何国家的本国立法，或依照本联盟各国之间缔结的双边或多边条约，与正规的国家申请相当的任何申请，应被承认为产生优先权。

（3）正规的国家申请是指在有关国家中足以确定提出申请日期的任何申请，而不问该申请以后的结局如何。

B.——因此，在上述期间届满前在本联盟的任何其他国家后来提出的任何申请，不应由于在这期间完成的任何行为，特别是另外一项申请的提出、发明的公布或利用、外观设计复制品的出售、或商标的使用而成为无效，而且这些行为不能产生任何第三人的权利或个人占有的任何权利。第三人在作为优先权基础的第一次申请的日期

以前所取得的权利，依照本联盟每一国家的国内法予以保留。

C.——（1）上述优先权的期间，对于专利和实用新型应为十二个月，对于外观设计和商标应为六个月。

（2）这些期间应自第一次申请的申请日开始；申请日不应计入期间之内。

（3）如果期间的最后一日在请求保护地国家是法定假日或者是主管局不接受申请的日子，期间应延至其后的第一个工作日。

（4）在本联盟同一国家内就第（2）项所称的以前第一次申请同样的主题所提出的后一申请，如果在提出该申请时前一申请已被撤回、放弃或拒绝，没有提供公众阅览，也没有遗留任何权利，而且如果前一申请还没有成为要求优先权的基础，应认为是第一次申请，其申请日应为优先权期间的开始日。在这以后，前一申请不得作为要求优先权的基础。

D.——（1）任何人希望利用以前提出的一项申请的优先权的，需要做出声明，说明提出该申请的日期和受理该申请的国家。每一国家应确定必须做出该项声明的最后日期。

（2）这些事项应在主管机关的出版物中，特别是应在专利和有关专利的说明书中予以载明。

（3）本联盟国家可以要求做出优先权声明的任何人提交以前提出的申请（说明书、附图等）的副本。该副本应经原受理申请的机关证实无误，不需要任何认证，并且无论如何可以在提出后一申请后三个月内随时提交，不需缴纳费用。本联盟国家可以要求该副本附有上述机关出具的载明申请日的证明书和译文。

（4）对提出申请时要求优先权的声明不得规定其他的手续。本联盟每一国家应确定不遵守本条约规定的手续的后果，但这种后果决不能超过优先权的丧失。

（5）以后，可以要求提供进一步的证明。

任何人利用以前提出的一项申请的优先权的，必须写明该申请的号码；该号码应依照上述第（2）项的规定予以公布。

E.——（1）依靠以实用新型申请为基础的优先权而在一个国家提出工业品外观设计申请的，优先权的期间应与对工业品外观设计规定的优先权期间一样。

（2）而且，依靠以专利申请为基础的优先权而在一个国家提出实用新型的申请是许可的，反之亦一样。

F. ——本联盟的任何国家不得由于申请人要求多项优先权（即使这些优先权产生于不同的国家），或者由于要求一项或几项优先权的申请中有一个或几个要素没有包括在作为优先权基础的申请中，而拒绝给予优先权或拒绝专利申请，但以在上述两种情况都有该国法律所规定的发明单一性为限。

关于作为优先权基础的申请中所没有包括的要素，以后提出的申请应该按照通常条件产生优先权。

G. ——（1）如果审查发现一项专利申请包含一个以上的发明，申请人可以将该申请分成若干分案申请，保留第一次申请的日期为各该分案申请的日期，如果有优先权，并保有优先权的利益。

（2）申请人也可以主动将一项专利申请分案，保留第一次申请的日期为各该分案申请的日期，如果有优先权，并保有优先权的利益。本联盟各国有权决定允许这种分案的条件。

H. ——不得以要求优先权的发明中的某些要素没有包含在原属国申请列举的权利要求中为理由，而拒绝给予优先权，但以申请文件从全体看来已经明确地写明这些要素为限。

I. ——（1）在申请人有权自行选择申请专利或发明人证书的国家提出发明人证书的申请，应产生本条规定的优先权，其条件和效力与专利的申请一样。

（2）在申请人有权自行选择申请专利或发明人证书的国家，发明人证书的申请人，根据本条关于专利申请的规定，应享有以专利、实用新型或发明人证书的申请为基础的优先权。

第四条之二

【专利：在不同国家就同一发明取得的专利是相互独立的】

（1）本联盟国家的国民向本联盟各国申请的专利，与在其他国家，不论是否本联盟的成员国，就同一发明所取得的专利是相互独立的。

（2）上述规定，应从不受限制的意义来理解，特别是指在优先权期间内申请的各项专利，就其无效和丧失权利的理由以及其正常的期间而立，是相互独立的。

（3）本规定应适用于在其开始生效时已经存在的一切专利。

（4）在有新国家加入的情况下，本规定应同样适用于加入时两方面已经存在的专利。

（5）在本联盟各国，因享有优先权的利益而取得的专利的期限，与没有优先权的利益而申请或授予的专利的期限相同。

第四条之三

【专利：在专利上记载发明人】

发明人有在专利中被记载为发明人的权利。

第四条之四

【专利：在法律禁止销售情况下的专利性】

不得以专利产品的销售或依专利方法制造的产品的销售受到本国法律的禁止或限制为理由，而拒绝授予专利或使专利无效。

第五条

【A. 专利：物品的进口；不实施或不充分实施：强制许可。

——B. 工业品外观设计：不实施；物品的进口。

——C. 商标：不使用；不同的形式；共有人的使用。

——D. 专利、实用新型、商标、工业品外观设计：标记】

A. ——（1）专利权人将在本联盟任何国家内制造的物品进口到对该物品授予专利的国家的，不应导致该项专利的取消。

（2）本联盟各国都有权采取立法措施规定授予强制许可，以防止由于行使专利所赋予的专有权而可能产生的滥用，例如：不实施。

（3）除强制许可的授予不足以防止上述滥用外，不应规定专利的取消。自授予第一个强制许可之日起两年届满前不得提起取消或撤销专利的诉讼。

（4）自提出专利申请之日起四年届满以前，或自授予专利之日起三年届满以前，以后满期的期间为准，不得以不实施或不充分实施为理由申请强制许可；如果专利权人的不作为有正当理由，应拒绝强制许可。这种强制许可是非独占性的，而且除与利用该许可的部分企业或商誉一起转让外，不得转让，甚至以授予分许可证的形式也在内。

（5）上述各项规定准用于实用新型。

B. ——对工业品外观设计的保护，在任何情况下，都不得以不实施或以进口物品与受保护的外观设计相同为理由而予以取消。

C. ——（1）如果在任何国家，注册商标的使用是强制的，只有经过适当的期间，而且只有当事人不能证明其不使用有正当理由，才可以撤销注册。

（2）商标所有人使用的商标，在形式上与其在本联盟国家之一所注册的商标形式只有一些要素不同，而并未改变其显著性的，不应导致注册无效，也不应减少对商标所给予的保护。

（3）根据请求保护地国家的本国法认为商标共同所有人的几个工商企业，在相同或类似商品上同时使用同一商标，在本联盟任何国家内不应拒绝注册，也不应以任何方式减少对该商标所给予的保护，但以这种使用并未导致公众产生误解，而且不违反公共利益为限。

D. ——不应要求在商品上标志或载明专利、实用新型、商标注册或工业品外观设计保存，作为承认取得保护权利的条件。

第五条之二

【一切工业产权：缴纳权利维持费的宽限期；专利：恢复】

（1）关于规定的工业产权维持费的缴纳，应给予不少于六个月的宽限期，但是如果本国法律有规定，应缴纳附加费。

（2）本联盟各国对因未缴费而终止的专利有权规定予以恢复。

第五条之三

【专利：构成船舶、飞机或陆上车辆一部分的专利器械】

在本联盟任何国家内，下列情况不应认为是侵犯专利权人的权利：

1. 本联盟其他国家的船舶暂时或偶然地进入上述国家的领海时，在该船的船身、机器、船具、装备及其他附件上使用构成专利对象的器械，但以专为该船的需要而使用这些器械为限；

2. 本联盟其他国家的飞机或陆上车辆暂时或偶然地进入上述国家时，在该飞机或陆上车辆的构造或操作中，或者在该飞机或陆上车辆附件的构造或操作中使用构成专利对象的器械。

第五条之四

【专利：利用进口国的专利方法制造产品的进口】

一种产品进口到对该产品的制造方法有专利保护的本联盟国家时，专利权人对该进口产品，应享有按照进口国法律，他对在该国依照专利方法制造的产品所享有的一切权利。

第五条之五

【工业品外观设计】

外观设计在本联盟所有国家均应受到保护。

第六条

【商标：注册条件；同一商标在不同国家所受保护的独立性】

（1）商标的申请和注册条件，在本联盟各国由其本国法律决定。

（2）但本联盟任何国家对本联盟国家的国民提出的商标注册申请，不得以未在原属国申请、注册或续展为理由而予以拒绝，也不得使注册无效。

（3）在本联盟一个国家正式注册的商标，与在联盟其他国家注册的商标，包括在原属国注册的商标在内，应认为是相互独立的。

第六条之二

【商标：驰名商标】

（1）本联盟各国承诺，如本国法律允许，应依职权，或依利害关系人的请求，对商标注册国或使用国主管机关认为在该国已经驰名，属于有权享受本公约利益的人所有、并且用于相同或类似商品的商标构成复制、仿制或翻译，易于产生混淆的商标，拒绝或撤销注册，并禁止使用。这些规定，在商标的主要部分构成对上述驰名商标的复制或仿制，易于产生混淆时，也应适用。

（2）自注册之日起至少五年的期间内，应允许提出撤销这种商标的请求。本联盟各国可以规定一个期间，在这期间内必须提出禁止使用的请求。

（3）对于依恶意取得注册或使用的商标提出撤销注册或禁止使用的请求，不应规定时间限制。

第六条之三

【商标：关于国徽、官方检验印章和政府间组织徽记的禁例】

（1）（a）本联盟各国同意，对未经主管机关许可，而将本联盟国家的国徽、国旗和其他的国家徽记、各该国用以表明监督和保证的官方符号和检验印章以及从徽章学的观点看来的任何仿制用作商标或商标的组成部分，拒绝注册或使其注册无效，并采取适当措施禁止使用。

（b）上述（a）项规定应同样适用于本联盟一个或一个以上国家参加的政府间国际组织的徽章、旗帜、其他徽记、缩写和名称，但已成为保证予以保护的现行国际协定的对象的徽章、旗帜、其他徽记、缩写和名称除外。

（c）本联盟任何国家无须适用上述（b）项规定，而损害本公约在该国生效前善意取得的权利的所有人。在上述（a）项所指的商标的使用或注册性上不会使公众理解为有关组织与这种徽章、旗帜、徽记、缩写和名称有联系时，或者如果这种使用或注册性质上大概不会使公众误解为使用人与该组织有联系时，本联盟国家无须适用该项规定。

（2）关于禁止使用表明监督、保证的官方符号和检验印章的规定，应该只适用于在相同或类似商品上使用包含该符号或印章的商标的情况。

（3）（a）为了实施这些规定，本联盟国家同意，将它们希望或今后可能希望完全或在一定限度内受本条保护的国家徽记与表明监督保证的官方符号和检验印章清单，以及以后对该项清单的一切修改，经由国际局相互通知。本联盟各国应在适当的时候使公众可以得到用这样方法通知的清单。

但是，就国旗而言，这种相互通知并不是强制性的。

（b）本条第（1）款（b）项的规定，仅适用于政府间国际组织经由国际局通过本联盟国家的徽章、旗帜、其他徽记、缩写和名称。

（4）本联盟任何国家如有异议，可以在收到通知后十二个月内经由国际局向有关国家或政府间国际组织提出。

（5）关于国旗，上述第（1）款规定的措施仅适用于 1925 年 11 月 6 日以后注册的商标。

（6）关于本联盟国家以外的国家徽记、官方符号和申检验印章，以及关于政府间国际组织的徽章、旗帜、其他徽记、缩写和名称，这些规定仅适用于接到上面第（3）款规定的通知超过两个月后所注册的商标。

（7）在有恶意的情况下，各国有权撤销即使是在 1925 年 11 月 6 日以前注册的含有国家徽记、符号和检验印章的商标。

（8）任何国家的国民经批准使用其本国的国家徽记、符号和检验印章者，即使与其他国家的国家徽记、符号和检验印章相类似，仍可使用。

（9）本联盟各国承诺，如有人未经批准而在商业中使用本联盟其他国家的国徽，具有使人对商品的原产地产生误解的性质时，应禁止其使用。

（10）上述各项规定不应妨碍各国行使第六条之五 B 款第（3）项所规定的权利，即对未经批准而含有本联盟国家所采用的国徽、国旗、其他国家徽记，或官方符号和检验印章，以及上述第（1）款所述的政府间国际组织显著符号的商标，拒绝予以注册或使其注册无效。

第六条之四

【商标：商标的转让】

（1）根据本联盟国家的法律，商标的转让只有在与其所属工农业或商誉同时移转主为有效时，如该工农业或商誉坐落在该国的部分，连同在该国制造或销售标有被转让商标的商品的专有权一起移予受让人，即足以承认其转让为有效。

（2）如果受让人使用受让的商标事实上会具有使公众对使用该商标的商品的原产地、性质或基本品质发生误解的性质，上述规定并不使联盟国家负有承认该项商标转让为有效的义务。

第六条之五

【商标：在本联盟一个国家注册的商标在本联盟其他国家所受的保护】

A.（1）在原属国正规注册的每一商标，除有本条规定的留外，本联盟其他国家应与在原属国注册那样接受申请和给予保护。各该国家在确定注册前可以要求提供原属国主管机关发给的注册证书。该项证书无须认证。

（2）原属国系指申请人设有真实、有效的工商业营业所的本联盟国家；或者如果申请人在本联盟内没有这样的营业所，则指他设有住所的本联盟国家；或者如果申请人在本联盟内没有住所，但是他是本联盟国家的国民，则指他有国籍的国家。

B. 除下列情况外，对本条所适用的商标既不得拒绝注册也不得使注册无效：

1. 在其要求保护的国家，商标具有侵犯第三人的既得权利的性质的；

2. 商标缺乏显著特征，或者完全是由商业中用以表示商品的种类、质量、数量、用途、价值、原产地或生产时间的符号或标记所组成，或者在要求给予保护的国家的现代语言中或在善意和公认的商务实践中已经成为惯用的；

3. 商标违反道德或公共秩序，尤其是具有欺骗公众的性质。这一点应理解为不得仅仅因为商标不符合商标立法的规定，即认为该商标违反公共秩序，除非该规定本身同公共秩序有关。

然而，本规定在符合适用第十条之二的条件下，也可以适用。

C.（1）决定一个商标是否符合受保护的条件，必须考虑一切实际情况，特别是商标已经使用时间的长短。

（2）商标中有些要素与在原属国受保护的商标有所不同，但并未改变其显著特征，亦不影响其与原属国注册的商标形式上的同一性的，本联盟其他国家不得仅仅以此为理由而予以拒绝。

D. 任何人要求保护的商标，如果未在原属国注册，不得享受本条各规定的利益。

E. 但商标注册在原属国续展，在任何情况下决不包含在该商标已经注册的本联盟其他国家续展注册的义务。

F. 在第四条规定的期间内提出商标注册的申请，即使原属国在该期间届满后才进行注册，其优先权利益也不受影响。

第六条之六

【商标：服务标记】

本联盟各国承诺保护服务标记不应要求它们对该项标记的注册做出规定。

第六条之七

【商标：未经所有人授权而以代理人或代表人名义注册】

（1）如果本联盟一个国家的商标所有人的代理人或代表人，未经该所有人授权而以自己的名义向本联盟一个或一个以上的国家申请该商标的注册，该所有人有权反对所申请的注册或要求取消注册，或者，如该国法律允许，该所有人可以要求将该项注册转让给自己，除非该代理人或代表人证明其行为是正当的。

（2）商标所有人如未授权从使用，以符合上述和（1）款的规定为条件，有权反对其代理人或代表人使用其商标。

（3）各国立法可以规定商标所有人行使本条规定的权利的合理期限。

第七条

【商标：使用商标的商品的性质】

使用商标的商品的性质决不应成为该商标注册的障碍。

第七条之二

【商标：集体商标】

（1）如果社团的存在不违反其原属国的法律，即使该社团没有工商业营业所，本联盟各国也承诺受理申请，并保护属于该社团的集体商标。

（2）各国应自行审定关于保护集体商标的特别条件，如果商标违反公共利益，可以拒绝给予保护。

（3）如果社团的存在不违反原属国的法律，不得以该社团在其要求保护的国家没有营业所，或不是根据该国的法律所组成为理由，拒绝对该社团的这些商标给予保护。

第八条

【厂商名称】

厂商名称应在本联盟一切国家内受到保护，没有申请或注册的义务，也不论其是否为商标的一部分。

第九条

【商标、厂商销对非法标有商标或厂商名称的商品在进口时予以扣押】

（1）一切非法标有商标或厂商名称的商品，在进口到该项商标或厂商名称有权受到法律保护的本联盟国家时，应予以扣押。

（2）在发生非法黏附上述标记的国家或在该商品已进口进去的国家，扣押应同样予以执行。

（3）扣押应依检察官或其他主管机关或利害关系人（无论为自然人或法人）的请求，按照各国本国法的规定进行。

（4）各机关对于过境商品没有执行扣押的义务。

（5）如果一国法律不准许在进口时扣押，应代之以禁止进口或在国内扣押。

（6）如果一国法律既不准许在进口时扣押，也不准许禁止进口或在国内扣押，则在法律做出相应修改以前，应代之以该国国民在此种情况下按该国法律可以采取的诉讼和救济手段。

第十条

【虚伪标记：对标有虚伪的原产地或生产者标记的商品在进口时予以扣押】

（1）前条各款规定应适用于直接或间接使用虚伪的商品原产地、生产者、制造者或商人的标记的情况。

（2）凡从事此项商品的生产、制造或销售的生产者，制造者或商人，无论为自然人或法人，其营业所设在被虚伪标为商品原产的地方、该地所在的地区，或在虚伪标为原产的国家、或在使用该虚伪原产地标记的国家者，无论如何均应视为利害关系人。

第十条之二

【不正当竞争】

（1）本联盟国家有义务对各该国国民保证给予制止不正当竞争的有效保护。

（2）凡在工商业事务中违反诚实的习惯做法的竞争行为构成不正当竞争的行为。

（3）下列各项特别应予以禁止：

1. 具有采用任何手段对竞争者的营业所、商品或工商业活动产生混淆性质的一切行为；

2. 在经营商业中，具有损害竞争者的营业所、商品或工商业活动的信用性质的虚伪说法；

3. 在经营商业中使用会使公众对商品的性质、制造方法、特点、用途或数量易于产生误解的表示或说法。

第十条之三

【商标、厂商名称、虚伪标记、不正当竞争：救济手段，起诉权】

（1）本联盟国家承诺保证本联盟其他国家的国民获得有效地制止第九条、第十条和第十条之二所述一切行为的适当的法律上救济手段。

（2）本联盟国家并承诺规则措施，准许不违反其本国法律而存在的联合会和社团，代表有利害关系的工业家、生产者或商人，在其要求保护的国家法律允许该国的联合会和社团提出控诉的范围内，为了制止第九条、第十条和第十条之二所述的行为，向法院行政机关提出控诉。

第十一条

【发明、实用新型、工业品外观设计、商标：在某些国际展览会中的临时保护】

（1）本联盟国家应按其本国法律对在本联盟任何国家领土内举办的官方的或经官方承认的国际展览会展出的商品中可以取得专利的发明、实用新型、工业品外观设计和商标，给予临时保护。

（2）该项临时保护不应延展第四条规定的期间。如以后要求优先权，任何国家的主管机关可以规定其期间应自该商品在展览会展出之日开始。

（3）每一个国家认为必要时可以要求提供证明文件，证实展出的物品及其在展览会展出的日期。

第十二条

【国家工业产权专门机构】

（1）本联盟各国承诺设立工业产权专门机构和向公众传递专利、实用新型、外观设计和商标的中央机构。

（2）该专门机构定期出版公批按时公布：

（a）被授予专利的人的姓名和取得专利的发明的概要；

（b）注册商标的复制品。

第十三条

【本联盟大会】

（1）（a）本联盟设大会，由本联盟中受第十三条至第十七条约束的国家组成。

（b）每一国政府应有一名代表，该代表可以由副代表、顾问和专家辅助。

（c）各代表团的费用由委派该代表团的政府负担。

（2）（a）大会的职权如下：

（i）处理有关维持和发展本联盟及执行本公约的一切事项；

（ii）对建立世界知识产权组织（以下简称"本组织"）公约中所述的知识产权国际局（以下简称"国际局"）作关于筹备修订会议的指示，但应适当考虑本联盟国家中不受第十三条至第十七条约束的国家所提的意见；

（iii）审查和批准本组织总干事有关本联盟的报告和活动，并就本联盟权限内的事项对总干事作一切必要的指示；

（iv）选举大会执行委员会的委员；

（v）审查和批准执行委员会的报告和活动，并对该委员会作指示；

（vi）决定本联盟计划和通过二年预算，并批准决算；

（vii）通过本联盟的财务规则；

（viii）为实现本联盟的目的，成立适当的专家委员会和工作组；

（ix）决定接受哪些非本联盟成员国的国家以及哪些政府间组织和非政府间国际组织以观察员身份参加本联盟会议；

（x）通过第十三条至第十七条的修改；

（xi）采取旨在促进实现本联盟目标的任何其他的适当行动；

（xii）履行按照本公约是适当的其他职责；

（xiii）行使建立本组织公约中授予并经本联盟接受的权利。

（b）关于对本组织管理的其他联盟也有利害关系的事项，大会在听取本组织协调委员会的意见后做出决议。

（3）（a）除适用（b）项规定的情况外，一名代表仅能代表一个国家。

（b）本联盟一些国家根据一项专门协定的条款组成一个共同的、对各该国家具有第十二条所述的国家工业产权专门机构性质的机构的，在讨论时，可以由这些国家中的一国作为共同代表。

（4）（a）大会每一成员国应有一个投票权。

（b）大会成员国的半数构成开会的法定人数。

（c）尽管有（b）项的规定，如任何一次会议出席的国家不足大会成员国的半数，但达到三分之一或三分之一以上时，大会可以做出决议，但是，除有关其本身的议事程序的决议外，所有其他决议只有符合下述条件才能生效。国际局应将这些决议通知未出席的大会成员国，请其在通知之日起三个月的期间内以书面表示其投票或弃权。在该期间届满时，如这些表示投票或弃权的国家数目，达到会议本身开会的法定人数所缺少的国家数目，只要同时也取得了规定的多数票，这些决议应有效。

（d）除适用第十七条第（2）款规定的情况外，大会决议需有所投票数的三分之二票。

（e）弃权不应认为是投票。

（5）（a）除适用（b）项规定的情况外，一名代表只能以一国名义投票。

（b）第（3）款（b）项所指的本联盟国家，一般应尽量派遣本国的代表国出席大会的会议。然而，如其中任何国家由于特殊原因不能派出本国代表团时，可以授权上述国家由于特殊原因不能派出本国代表团时，可以授权上述国家中其他国家代表团以其名义投票，但每一代表团只能为一个国家代理投票。代理投票的权限应由国家元首或主管部长签署的文件授予。

（6）非大会成员国的本联盟国家应被允许作为观察员出席大会的会议。

（7）（a）大会通常会议每二历年召开一次，由总干事召集，如无特殊情况，和本组织的本会同时间同地点召开。

（b）大会临时会议由总干事应执行委员会或占四分之一的大会成员国的要求召开。

（8）大会应通过其本身的议事规程。

第十四条

【执行委员会】

（1）大会设执行委员会。

（2）（a）执行委员会由大会成员国中选出的国家组成。此外，本组织总部所在地国家，除适用第十六条第（7）款（b）项规定的情况外，在该委员会中应有当然的席位。

（b）执行委员会各成员国政府应有一名代表，该代表可以由副代表、顾问和专家辅助。

（c）各代表团的费用应由委派该代表团的政府负担。

（3）执行委员会成员国的数目应相当于大会成员国的四分之一。在确定席位数目时，用四除后余数不计。

（4）选举执行委员会委员时，大会应适当注意公平的地理分配，以及组成执行委员会的国家中有与本联盟有关系的专门协定的缔约国的必要性。

（5）（a）执行委员会委员的任期，应自选出委员会的大会会期终了开始，直到下届通常会议会期终了为止。

（b）执行委员会委员可以连选连任，但其数目最多不得超过委员的三分之二。

（c）大会应制定有关执行委员会委员选举和可能连选的详细规则。

（6）（a）执行委员会的职权如下：

（i）拟定大会议事日程草案；

（ii）就总干事拟订的本联盟计划草案和二年预算向大会提出建议；

（iii）将总干事的定期报告和年度会计检查报告，附具适当的意见，提交大会；

（iv）根据大会决议，并考虑大会两届通常会议中间发生的情况，采取一切必要措施保证总干事执行本联盟的计划；

（v）执行本公约所规定的其他职责。

（b）关于对本组织管理的其他联盟也有利害关系的事项，执行委员会应在听取本组织协调委员会的意见后做出决议。

（7）（a）执行委员会每年举行一次通常会议，由总干事召集，最好和本组织协调委员会同时间同地点召开。

（b）执行委员会临时应该应由总干事依其本人倡议或应委员会主席或四分之一委员的要求而召开。

（8）（a）执行委员会每一成员国应有一个投票权。

（b）执行委员会委员的半数构成开会的法定人数。

（c）决议需有所投票数的简单多数。

（d）弃权不应认为是投票。

（e）一名代表权能代表一个国家，并以一个国家名义投票。

（9）非执行委员会委员的本联盟国家可以派观察员出席执行委员会的会议。

（10）执行委员会应通过其本身的议事规程。

第十五条

【国际局】

（1）（a）有关本联盟的行政工作应由国际局执行。国际局是由本联盟的局和保护文学艺术作品国际公约所建立的联盟的局联合的继续。

（b）国际局特别应执行本联盟各机构的秘书处的职务。

（c）本组织总干事为本联盟最高行政官员，并代表本联盟。

（2）国际局汇集有关工业产权的情报并予以公布。本联盟各成员国应迅速将一切有关保护工业产权的新法律和正式文本送交国际局；此外，还应向国际局提供其工业产权机构发表的与保护工业产权直接有关并对国际局工作有用的出版物。

（3）国际局应出版月刊。

（4）国际局应依请求向本联盟任何国家提供有关保护工业产权问题的情报。

（5）国际局应进行研究，并提供服务，以促进对工业产权的保护。

（6）总干事及其指定的职员应参加大会、执行委员会以及任何其他专家委员会或工作组的一切会议，但无投票权。总干事或其指定员为这些机构的当然秘书。

（7）（a）国际局应按照大会的指示，与执行委员会合作，筹备对本公约第十三条至第十七条以外的其他条款的修订会议。

（b）国际局可以就修订会议的筹备工作与政府间组织和非政府间国际组织协商。

（c）总干事及其指定的人员应参加这些会议的讨论，但无投票权。

（8）国际局应执行指定由其执行的任何其他任务。

第十六条

【财务】

（1）（a）本联盟应制定预算。

（b）本联盟的预算应包括本联盟本身的收入和支出，对各联盟共同经费预算的摊款，以及需要时对本组织成员国会议预算提供的款项。

（c）不是专属于本联盟，而是属于本组织所管理的其他一个或一个以上联盟的经费，应认定为各联盟的共同经费。本联盟在该项共同经费中的摊款应与本联盟在其中所享的利益成比例。

（2）本联盟预算的制定应适当考虑到与本组织管理的其他联盟预算相协调的需要。

（3）本联盟预算的财政来源如下：

（i）本联盟国家的会费；

（ii）国际局提供有关联盟的服务所得到的费用或收款；

（iii）国际局有关本联盟出版物的售款或版税；

（iv）赠款、遗赠和补助企；

（v）租金、利息和其他杂项收入。

（4）（a）为了确定对预算应缴的会费，本联盟每一个国家应属于下列的一个等级，并以所属等级的单位数为基础缴纳年度会费：

等级 I 25

等级 II 20

等级 III 15

等级 IV 10

等级 V 5

等级 VI 3

等级 VII 1

（b）除已经指定等级外，每一国家应在交存批准书或加入书的同时，表明自己愿属哪一等级。任何国家都可以改变其等级。如果选择较低的等级，必须在大会的一届通常会议上声明。这种改变应在该届会议的下一历年开始时生效。

（c）每一国家的年度会费的数额在所有国家向本联盟预算缴纳的会费总额中所占的比例，应与该国的单位数额在所有缴纳会费国家的单位总数中所占的比例相同。

（d）会费应于每年一月一日缴纳。

（e）一个国家欠缴的会费数额等于或超过其前两个整年的会费数额的，不得在本联盟的任何机构（该国为其成员）内行使投票权。但是如果证实该国延迟缴费系由于特殊的和不可避免的情况，则在这样的期间内本联盟的任何机构可以允许该国在该机构继续行使其投票权。

（f）如预算在新的财政年度开始前尚未通过，按财务规则的规定，预算应与上一年度预算的水平相同。

（5）国际局提供有关本联盟的服务应得的费用或收款的数额由总干事确定，并报告大会和执行委员会。

（6）（a）本联盟应设工作基金，由本联盟每一国家一次缴纳的款项组成，如基金不足，大会应决定予以增加。

（b）每一国家向上述基金初次缴纳的数额或在基金增加时分担的数额，应与建立基金或决定增加基金的一年该国缴纳的会费成比例。

（c）缴款的比例和条件应由大会根据总干事的建议，并听取本组织协调委员会的建议后规定。

（7）（a）在本组织与其总部所在地国家缔结的总部协定中应规定，工作基金不足时该国应给予垫款。每次垫款的数额和条件应由本组织和该国签订单独的协定。该国在承担垫款义务期间，应在执行委员会中有当然席位。

（b）（a）项所指的国家和本组织都各自有权以书面通知废除垫款的义务。废除应于发出通知当年年底起三年后生效。

（8）账目的会计检查工作应按财务规则的规定，由本联盟一个或一个以上国家或由外界审计师进行。他们应由大会在征得其同意后予以指定。

第十七条

【第十三条至第十七条的修正】

（1）修正第十三、十四、十五、十六条和本条的提案，可以由大会任何一个成员国、执行委员会或总干事提出。这类提案应由总干事至少在提交大会审议六个月前通知大会成员国。

（2）对第（1）款所述各条的修正案须由大会通过。通过需要有所投票数的四分之三票，但第十三条和本款的修正案需要有所投票数的五分之四票。

（3）第（1）款所述各条的修正案，在总干事收到大会通过修正案时四分之三的大会成员国依照各该国宪法程序接受修正案的书面通知一个月后发生效力。各该条的修正案在经接受后，对修正案生效时大会成员国以及以后成为大会成员国的所有国家都有约束力，但有关增加本联盟国家的财政义务的修正案，仅对通知接受该修正案的国家有约束力。

第十八条

【第一条至第十二条和第十八条至第三十条的修订】

（1）本公约应交付修订，以便采用一些旨在改善本联盟制度的修正案。

（2）为此目的，将陆续在本联盟国家之一举行本联盟国家代表会议。

（3）对第十三条至第十七条的修正应按照第十七条的规定办理。

第十九条

【专门协定】

不言而喻，本联盟国家在与本公约的规定不相抵触的范围内，保留有相互间分别签订关于保护工业产权的专门协定的权利。

第二十条

【本联盟国家的批准或加入；生效】

（1）（a）本联盟任何国家已在本议定书上签字者，可以批准本议定书，未签字者可以加入本议定书。批准书和加入书应递交总干事保存。

（b）本联盟任何国家可以在其批准书或加入书中声明其批准或加入不适用于：

（i）第一条至第十二条；

（ii）第十三条至第十七条。

（c）本联盟任何国家根据（b）项的规定声明其批准或加入的效力不适用于该项所述的两组杂文之一者，以后可以随时声明将其批准或加入的效力扩大至该组条文。该项声明书应递交总干事保存。

（2）（a）第一条至第十二条，对于最早递交批准书或加入书而未做上述第（1）款（b）项第（i）目所允许的声明的本联盟十个国家，在递交第十份批准书或加入书三个月后，发生效力。

（b）第十三条至第十七条，对于最早递交批准书或加入书而未做上述第（1）款（b）项第（ii）目所允许的声明的本联盟十个国家，在递交第十份批准书或加入书三个月后，发生效力。

（c）以第（1）款（b）项第（i）目和第（ii）目所述的两组条文按照（a）项和（b）项的规定每一组开始生效为条件，以及以适用第（1）款（b）项规定为条件，第一条至第十七条，对于（a）项和（b）项所述的递交批准书或加入书的国家以外的、或按第（1）款（c）项递交声明的任何国家以外的本联盟任何国家，在总干事就该项递交发出通知之日起三个月后发生效力，除非所递交的批准书、加入书或声明已经指定以后的日期。在后一情况下，本议定书对该国应在其指定的日期发生效力。

（3）第十八条至第三十条，对递交批准书或加入书的本联盟任何国家，应在第（1）款（b）项所述的两组条文中任何一组条文，按照第（2）款（a）、（b）或（c）项对该国生效的日期中比较早的那一日发生效力。

第二十一条

【本联盟以外国家的加入；生效】

（1）本联盟以外的任何国家都可以加入本议定书，成为本联盟的成员国。加入书递交总干事保存。

（2）（a）本联盟以外的任何国家在议定书的任何规定发生效力前一个月或一个月以上递交加入书的，本议定书应在该规定按照第二十条第（2）款（a）项或（b）项最先发生效力之日对该国发生效力，除非该加入书已经指定以后的日期；但应遵守下列条件：

（i）如第一条至第十二条在上述日期尚未发生效力，在这些规定发生效力以前的过渡期间，作为代替，该国应受里斯本议定书第一条至第十二条的约束；

（ii）如第十三条至第十七条在上述日期尚未发生效力，在这些规定发生效力以前的过渡期间，作为代替，该国应受里斯本议定书第十三条、第十四条第（3）款、第（4）款和第（5）款的约束。

如果该国在其加入书中指定了以后的日期，本议定书应在其指定的日期对该国发生效力。

（b）本联盟以外的任何国家递交加入书的日期是在本议定书的一组条文发生效力之后，或发生效力前一个月内的，除适用（a）项规定的情况外，本议定书应在总干事就该国加入发出通知之日起三个月后对该国发生效力，除非该加入书已经指定以后的日期。在后一情况下，本议定书应在其指定的日期对该国发生效力。

（3）本联盟以外的任何国家在本议定书全部发生效力后或发生效力前一个月内递交加入书的，本议定书应在总干事就该国加入发出通知之日起三个月后对该国发生效力，除非该加入书已经指定以后的日期。在后一种情况下，本议定书应在其指定的日期对该国发生效力。

第二十二条

【批准或加入的后果】

除适用第二十条第（1）款（b）项和第二十八第（2）款的规定可能有例外外，批准或加入应自动导致接受本议定书的全部条款并享受本议定书的全部利益。

第二十三条

【加入以前的议定书】

在本议定书全部发生效力以后，各国不得加入本公约以前的议定书。

第二十四条

【领地】

（1）任何国家可以在其批准书或加入书中声明，或在以后任何时候以书面通知总干事，本公约适用于该国的声明或通知中所指定的由该国负责其对外关系的全部或部分领地。

（2）任何国家已经做出上述声明或提出上述通知的，可以在任何时候通知总干事，本公约停止适用于上述的全部或部分领地。

（3）（a）根据（1）款提出的声明，应与包括该项声明的批准书或加入书同时发生效力；根据该款提出的通知应在总干事通知此事后三个月发生效力。

（b）根据第（2）款提出的通知，应在总干事收到此项通知十二个月后发生效力。

第二十五条

【在国内执行本公约】

（1）本公约的缔约国承诺，根据其宪法，采取保证本公约适用的必要措施。

（2）不言而喻，各国在递交其批准书或加入书时将能根据其本国法律实施本公约的规定。

第二十六条

【退出】

（1）本公约无限期地有效。

（2）任何国家可以通知总干事退出本议定书。该项退出也构成退出本公约以前的一切议定书。退出仅对通知退出的国家发生效力，本公约对本联盟其他国家仍完全有效。

（3）自总干事收到退出通知之日起一年后，退出发生效力。

（4）任何国家在成为本联盟成员国之日起五年届满以前，不得行使本条所规定的退出权利。

第二十七条

【以前议定书的适用】

（1）关于适用本议定书的国家之间的关系，并且在其适用的范围内，本议定书取代 1883 年 3 月 20 日的巴黎公约和以后修订的议定书。

（2）（a）对于不适用或不全部适用本议定书，但适用 1958 年 10 月 31 日的里斯本议定书的国家，里斯本议定书仍全部有效，或在按第（1）款的规定本议定书并未取代该议定书的范围内有效。

（b）同样，对于既不适用本议定书或其一部分，也不适用里斯本议定书的国家，1934 年 6 月 2 日的伦敦议定书仍全部有效，或在按第（1）款的规定本议定书并未取代该议定书的范围内有效。

（c）同样，对于既不适用本议定书或其一部分，也不适用里斯本议定书，也不适用伦敦议定书的国家，1925 年 11 月 6 日的海牙议定书仍全部有效，或在按第（1）款的规定本议定书并未取代该议定书的范围内有效。

（3）本联盟以外的各国成为本议定书的缔约国的，对非本议定书的缔约国或者虽然是本议定书的缔约国但按照第二十条第（1）款（b）项第（i）目提出声明的本联盟任何国家，应适用本议定书。各该国承认，上述本联盟国家在其与各该国的关系中，可以适用该联盟国家所参加的最近议定书的规定。

第二十八条

【争议】

（1）本联盟两个或两个以上国家之间对本公约的解释或适用有争议不能靠谈判解决时，有关国家之一可以按照国际法院规约将争议提交该法院，除非有关国家就某一其他解决办法达成协议。将争议提交该法院的国家应通知国际局；国际局应将此事提请本联盟其他国家注意。

（2）每一国家在本议定书上签字或递交批准书或加入书时，可以声明它认为自己不受第（1）款规定的约束。关于该国与本联盟任何其他国家之间的任何争议，上述第（1）款的规定概不适用。

（3）根据上述第（2）款提出声明的任何国家可以在任何时候通知总干事撤回其声明。

第二十九条

【签字、语言、保存职责】

（1）（a）本议定书的签字本为一份，用法语写成，由瑞典政府保存。

（b）总干事与有关政府协商后，应制定英语、德语、意大利语、葡萄牙语、俄罗斯语、西班牙语以及大会指定的其他语言的正式文本。

（c）如对各种文本的解释有不同意见，应以法语本为准。

（2）本议定书在 1968 年 1 月 13 日以前在斯德哥尔摩开放签字。

（3）总干事应将经瑞典政府证明的本议定书签字文本二份分送本联盟所有国家政府，并根据请求，送给任何其他国家政府。

（4）总干事应将本议定书交联合国秘书处登记。

（5）总干事应将签字、批准书或加入书的交存和各该文件中包括的或按第二十条（1）款（c）项提出的声明，本议定书任何规定的生效、退出的通知以及按照第二十四条提出的通知等，通知本联盟所有国家政府。

第三十条

【过渡条款】

（1）直至第一任总干事就职为止，本议定书所指本组织国际局或总干事应分别视为指本联盟的局或其局长。

（2）凡不受第十三条至第十七条约束的本联盟国家，直到建立本组织公约生效以后的五年期间内，可以随其自愿行使本议定书第十三条至第十七条规定的权利，如同各该国受这些条文约束一样。愿意行使该项权利的国家应以书面通知总干事；该通知自其收到之日起发生效力。直至该项期间届满为止，这些国家应视为大会的成员国。

（3）只要本联盟所有国家没有完全成为本组织的成员国，本组织国际局也应行使本联盟的局的职责，总干事也应行使该局局长的职责。

（4）本联盟所有国家一旦都成为本组织成员国以后，本联盟的局的权利、义务和财产均应移交给本组织国际局。

《与贸易有关的知识产权协定》

（2017 年 1 月 23 日修正）

各成员，期望减少对国际贸易的扭曲和阻碍，并考虑到需要促进对知识产权的有效和充分保护，并保证实施知识产权的措施和程序本身不成为合法贸易的障碍；

认识到，为此目的，需要制定有关下列问题的新的规则和纪律：

（一）《1994 年关税与贸易总协定》（GATT 1994）基本原则和有关国际知识产权协定或公约的适用性；

（二）就与贸易有关的知识产权的效力、范围和使用，规定适当的标准和原则；

（三）就实施与贸易有关的知识产权规定有效和适当的手段，同时考虑到各国法律制度的差异；

（四）就在多边一级防止和解决政府间争端规定有效和迅速的程序；

（五）旨在最充分地分享谈判结果的过渡安排；

认识到需要一个有关原则、规则和纪律的多边体制，以处理冒牌货的国际贸易问题；

认识到知识产权属私权；

认识到各国知识产权保护制度的基本公共政策目标，包括发展目标和技术目标；

还认识到最不发达国家成员在国内实施法律和法规方面特别需要最大的灵活性，以便它们能够创造一个良好和可行的技术基础；

强调通过多边程序达成加强的承诺以解决与贸易有关的知识产权争端从而减少紧张的重要性；

期望在世界贸易组织（WTO）与世界知识产权组织（WIPO）以及其他有关国际组织之间建立一种相互支持的关系；

特此协议如下：

第一部分　总则和基本原则

第一条　义务的性质和范围

一、各成员应实施本协定的规定。各成员可以，但并无义务，在其法律中实施比本协定要求更广泛的保护，只要此种保护不违反本协定的规定。各成员有权在其各自的法律制度和实践中确定实施本协定规定的适当方法。

二、就本协定而言，"知识产权"一词指作为第二部分第一节至第七节主题的所有类别的知识产权。

三、各成员应对其他成员的国民给予本协定规定的待遇。就有关的知识产权而言，其他成员的国民应理解为符合《巴黎公约》（1967）、《伯尔尼公约》（1971）、《罗马公约》和《关于集成电路的知识产权条约》规定的保护资格标准的自然人或法人，假设所有 WTO 成员均为这些公约的成员。任何利用《罗马公约》第五条第二款或第六条第二款中规定的可能性的成员，均应按这些条款中所预想的那样，向与贸易有关的知识产权理事会（TRIPS 理事会）发出通知。

第二条　知识产权公约

一、就本协定的第二部分、第三部分和第四部分而言，各成员应遵守《巴黎公约》（1967）第一条至第十二条和第十九条。

二、本协定第一部分至第四部分的任何规定不得背离各成员可能在《巴黎公约》《伯尔尼公约》《罗马公约》和《关于集成电路的知识产权条约》项下相互承担的现有义务。

第三条　国民待遇

一、在知识产权保护方面，在遵守《巴黎公约》（1967）、《伯尔尼公约》（1971）、《罗马公约》或《关于集成电路的知识产权条约》中各自规定的例外的前提下，每一成员给予其他成员民的待遇不得低于给予本国国民的待遇。就表演者、录音制品制作者和广播组织而言，这一义务仅适用于本协定规定的权利。任何利用《伯尔尼公约》第六条或《罗马公约》第十六条第一款（二）项规定的可能性的成员，均应按这些条款中所预想的那样，向 TRIPS 理事会发出通知。

二、各成员可利用第一款下允许的在司法和行政程序方面的例外，包括在一成员管辖范围内指定送达地址或委派代理人，但是这些例外应为保证遵守与本协定规定发生不相抵触的法律和法规所必需，且这种做法的实施不会对贸易构成变相限制。

第四条　最惠国待遇

对于知识产权保护，一成员对任何其他国家国民给予的任何利益、优惠、特权或豁免，应立即无条件地给予所有其他成员的国民。一成员给予的属下列情况的任何利益、优惠、特权或豁免，免除这一义务：

（一）自一般性的、并非专门限于知识产权保护的关于司法协助或法律实施的国际协定所派生；

（二）依照《伯尔尼公约》（1971）或《罗马公约》的规定所给予，此类规定允许所给予的待遇不属国民待遇性质而属在另一国中给予待遇的性质；

（三）关于本协定项下未做规定的有关表演者、录音制品制作者以及广播组织的权利；

（四）自《WTO 协定》生效之前已生效的有关知识产权保护的国际协定所派生，只要此类协定向 TRIPS 理事会发出通知，并对其他成员的国民不构成任意的或不合理的歧视。

第五条　关于取得或维持保护的多边协定

第三条和第四条的义务不适用于在 WIPO 主持下订立的有关取得或维持知识产权的多边协定中规定的程序。

第六条　权利用尽

就本协定项下的争端解决而言，在遵守第二条和第四条规定的前提下，本协定的任何规定不得用于处理知识产权的权利用尽问题。

第七条　目标

知识产权的保护和实施应有助于促进技术革新及技术转让和传播，有助于技术知识的创造者和使用者的相互利益，并有助于社会和经济福利及权利与义务的平衡。

第八条　原则

一、在制定或修改其法律和法规时，各成员可采用对保护公共健康和营养，促进对其社会经济和技术发展至关重要部门的公共利益所必需的措施，只要此类措施与本协定的规定相一致。

二、只要与本协定的规定相一致，可能需要采取适当措施以防止知识产权权利持有人滥用知识产权或采取不合理地限制贸易或对国际技术转让造成不利影响的做法。

第二部分　关于知识产权效力、范围和使用的标准

第一节　版权和相关权利

第九条　与《伯尔尼公约》的关系

一、各成员应遵守《伯尔尼公约》（1971）第一条至第二十一条及其附录的规定。但是，对于该公约第六条之二授予或派生的权利，各成员在本协定项下不享有权利或义务。

二、版权的保护仅延伸至表达方式，而不延伸至思想、程序、操作方法或数学概念本身。

第十条　计算机程序和数据汇编

一、计算机程序，无论是源代码还是目标代码，应作为《伯尔尼公约》（1971）项下的文字作品加以保护。

二、数据汇编或其他资料，无论机器可读还是其他形式，只要由于对其内容的选取或编排而构成智力创作，即应作为智力创作加以保护。该保护不得延伸至数据或资料本身，并不得损害存在于数据或资料本身的任何版权。

第十一条　出租权

至少就计算机程序和电影作品而言，一成员应给予作者及其合法继承人准许或禁止向公众商业性出租其有版权作品的原件或复制品的权利。一成员对电影作品可不承担此义务，除非此种出租已导致对该作品的广泛复制，从而实质性减损该成员授予作者及其合法继承人的专有复制权。就计算机程序而言，如该程序本身不是出租的主要标的，则这一义务不适用于出租。

第十二条　保护期限

除摄影作品或实用艺术作品外，只要一作品的保护期限不以自然人的生命为基础计算，则该期限自作品经授权出版的日历年年底计算即不得少于五十年，或如果该作品在创作后五十年内未经授权出版，则为自作品完成的日历年年底起计算的五十年。

第十三条　限制和例外

各成员对专有权做出的任何限制或例外规定仅限于某些特殊情况，且与作品的正常利用不相冲突，也不得无理损害权利持有人的合法权益。

第十四条　对表演者、录音制品（唱片）制作者和广播组织的保护

一、就将其表演固定在录音制品上而言，表演者应有可能防止下列未经其授权

的行为：固定其未曾固定的表演和复制该录制品品。表演者还应有可能阻止下列未经其授权的行为：以无线广播方式播出和向大众传播其现场表演。

二、录音制品制作者应享有准许或禁止直接或间接复制其录音制品的权利。

三、广播组织有权禁止下列未经其授权的行为：录制、复制录制品、以无线广播方式转播以及将其电视广播向公众传播。如各成员未授予广播组织此类权利，则在遵守《伯尔尼公约》（1971）规定的前提下，应给予广播的客体的版权所有权人阻止上述行为的可能性。

四、第十一条关于计算机程序的规定在细节上做必要修改后应适用于录音制品制作者和按一成员法律确定的录音制品的任何其他权利持有人。如在1994年4月15日，一成员在录音制品的出租方面已实施向权利持有人公平付酬的制度，则可维持该制度，只要录音制品的商业性出租不对权利持有人的专有复制权造成实质性减损。

五、本协定项下表演者和录音制品制作者可获得的保护期限，自该固定或表演完成的日历年年底计算，应至少持续至五十年年末。按照第三款给予的保护期限，自广播播出的日历年年底计算，应至少持续二十年。

六、任何成员可就第一款、第二款和第三款授予的权利，在《罗马公约》允许的限度内，规定条件、限制、例外和保留。但是，《伯尔尼公约》（1971）第十八条的规定在细节上做必要修改后也应适用于表演者和录音制品制作者对录音制品享有的权利。

第二节　商标

第十五条　可保护客体

一、任何标记或标记的组合、只要能够将一企业的货物和服务区别于其他企业的货物或服务，即能够构成商标。此类标记，特别是单词，包括人名、字母、数字、图案的成分和颜色的组合以及任何此类标记的组合，均应符合注册为商标的条件。如标记无固有的区别有关货物或服务的特征，则各成员可以由通过使用而获得的显著性作为注册的条件。各成员可要求，作为注册的条件，这些标记应为视觉上可感知的。

二、第一款不得理解为阻止一成员以其他理由拒绝商标的注册，只要这些理由不背离《巴黎公约》（1967）的规定。

三、各成员可以将使用作为注册条件。但是，一商标的实际使用不得作为接受申请的一项条件。不得仅以自申请日起三年期满后商标未按原意使用为由拒绝该申请。

四、商标所适用的货物或服务的性质在任何情况下不得形成对商标注册的障碍。

五、各成员应在商标注册前或在注册后迅速公布每一商标，并应对注销注册的请求给予合理的机会。此外，各成员可提供机会以便对商标的注册提出异议。

第十六条　授予的权利

一、注册商标的所有权人享有专有权，以阻止所有第三方未经该所有权人同意在贸易过程中对与已注册商标的货物或服务的相同或类似货物或服务使用相同或类似标记，如此类使用会导致混淆的可能性。在对相同货物或服务使用相同标记的情况下，应推定存在混淆的可能性。上述权利不得损害任何现有的优先权，也不得影响各成员以使用为基础提供权利的可能性。

二、《巴黎公约》（1967）第六条之二在细节上做必要修改后应适用于服务。在确定一商标是否驰名时，各成员应考虑相关部门公众对该商标的了解程度，包括在该成员中因促销该商标而获得的了解程度。

三、《巴黎公约》（1967）第六条之二在细节上做必要修改后应适用于与已注册商标的货物或服务不相类似的货物或服务，只要该商标在对那些货物或服务的使用方面可表明这些货物或服务与该注册商标所有权人之间存在联系，且此类使用有可能损害该注册商标所有权人的利益。

第十七条 例外

各成员可对商标所授予的权利规定有限的例外，如合理使用描述性词语，只要此类例外考虑到商标所有权人和第三方的合法权益。

第十八条 保护期限

商标的首次注册及每次续展的期限均不得少于七年。商标的注册应可以无限续展。

第十九条 关于使用的要求

一、如维持注册需要使用商标，则只有在至少连续三年不使用后方可注销注册，除非商标所有权人根据对商标使用存在的障碍说明正当理由。出现商标人意志以外的情况而构成对商标使用的障碍，例如对受商标保护的货物或服务实施进口限制或其他政府要求，此类情况应被视为不使用商标的正当理由。

二、在受所有权人控制的前提下，另一人使用一商标应被视为为维持注册而使用该商标。

第二十条 其他要求

在贸易过程中使用商标不得受特殊要求的无理妨碍，例如要求与另一商标一起使用，以特殊形式使用或要求以损害其将一企业的货物或服务区别于另一企业的货物或服务能力的方式使用。这一点不排除要求将识别生产该货物或服务的企业的商标与区别该企业的所涉具体货物或服务的商标一起使用，但不将两者联系起来。

第二十一条 许可和转让

各成员可对商标的许可和转让确定条件，与此相关的理解是，不允许商标的强制许可，且注册商标的所有权人有权将商标与该商标所属业务同时或不同时转让。

第三节 地理标识

第二十二条 地理标识的保护

一、就本协定而言，"地理标识"指识别一货物来源于一成员领土或该领土内一地区或地方的标识，该货物的特定质量、声誉或其他特性主要归因于其地理来源。

二、就地理标识而言，各成员应向利害关系方提供法律手段以防止：

（一）在一货物的标志或说明中使用任何手段标明或暗示所涉货物来源于真实原产地之外的一地理区域，从而在该货物的地理来源方面使公众产生误解；

（二）构成《巴黎公约》（1967）第十条之二范围内的不公平竞争行为的任何使用。

三、如一商标包含的或构成该商标的地理标识中所标明的领土并非货物的来源地，且如果在该成员中在此类货物的商标中使用这一标识会使公众对其真实原产地产生误解，则该成员在其立法允许的情况下可依职权或在一利害关系方请求下，拒绝该商标注册或宣布注册无效。

四、根据第一款、第二款和第三款给予的保护可适用于虽在文字上表明货物来源的真实领土、地区或地方，但却虚假地向公众表明该货物来源于另一领土的地理标识。

第二十三条 对葡萄酒和烈酒地理标识的附加保护

一、每一成员应为利害关系方提供法律手段，以防正将识别葡萄酒的地理标识用于并非来源于所涉地理标识所标明地方的葡萄酒，或防止将识别烈酒的地理标识用于并非来源于所涉地理标识所标明地方的烈酒，即使对货物的真实原产地已标明，或该地理标识用于翻译中，或附有"种类""类型""特色""仿制"或类似表达方式。

二、对于葡萄商标包含识别葡萄酒的地理标识或由此种标识构成，或如果一烈酒商标包含识别烈酒的地理标识或由此种标识构成，一成员应在其立法允许的情况下依职权或在一利害关系方请求下，对不具备这一来源的此类葡萄酒或烈酒，拒绝该商标注册或宣布注册无效。

三、在葡萄酒的地理标识同名的情况下，在遵守第二十二条第四款规定的前提下，应对每一种标识予以保护。每一成员应确定相互区分所涉同名标识的可行条件，同时考虑保证公平对待有关生产者且使消费者不致产生误解的需要。

四、为便利葡萄酒地理标识的保护，应在 TRIPS 理事会内谈判建立关于葡萄酒地理标识通知和注册的多边制度，使之能在参加该多边制度的成员中获得保护。

第二十四条 国际谈判；例外

一、各成员同意进行谈判，以加强根据第二十三条对单个地理标识的保护。一成员不得使用以下第四款至第八款的规定，以拒绝进行谈判或订立双边或多边协定。在此类谈判中，各成员应自愿考虑这些规定继续适用于其使用曾为此类谈判主题的单个地理标识。

二、TRIPS 理事会应继续对本节规定的适用情况进行审议：第一次审议应在《WTO 协定》生效后二年之内进行。任何影响遵守这些规定下的义务的事项均可提请理事会注意，应一成员请求，理事会应就有关成员之间未能通过双边或多边磋商找到满意解决办法的事项与任何一成员或多个成员进行磋商。理事会应采取各方同意的行动，以便利本节的运用，并促进本节目标的实现。

三、在实施本节时，一成员不得降低《WTO 协定》生效之日前已在该成员中存在的对地理标识的保护。

四、本节的任何规定均不得要求一成员阻止其任何国民或居民在货物或服务方面继续以类似方式使用另一成员识别葡萄酒或烈酒的一特定地理标识，如其国民或居民在相同或有关的货物或服务上在该成员领土内已连续使用该地理标识（一）在1994 年 4 月 15 日前已至少有十年，或（二）在该日期之前的使用是善意的。

五、如一商标的申请或注册是善意的，或如果一商标的权利是在以下日期之前通过善意的使用取得的：

（一）按第六部分确定的这些规定在该成员中适用之日前；

（二）该地理标识在其起源国获得保护之前；

为实施本节规定而采取的措施不得因一商标与一地理标识相同或类似而损害该商标注册的资格或注册的有效性或商标的使用权。

六、如任何其他成员关于货物或服务的地理标识与一成员以通用语文的惯用术语作为其领土内此类货物或服务的普通名相同，则本节的任何规定不得要求该成员对其他成员的相关标识适用本节的规定。如任何其他成员用于葡萄酒产品的地理标识与在《WTO 协定》生效之日一成员领土内已存在的葡萄品种的惯用名称相同，则本节的任何规定不得要求该成员对其他成员的相关标识适用本节的规定。

七、一成员可规定，根据本节提出的关于一商标的使用或注册的任何请求必须在对该受保护标识的非法使用已在该成员中广为人知后五年内提出，或如果商标在一成员中的注册日期早于上述非法使用在该成员中广为人知的日期，只要该商标在其注册之日前已公布，则该请求必须在该商标在该成员中注册之日起五年内提出，只要该地理标识未被恶意使用或注册。

八、本节的规定决不能损害任何人在贸易过程中使用其姓名或其业务前任的姓名的权利，除非该姓名使用的方会使公众产生误解。

九、各成员在本协定项下无义务保护在起源国不受保护或已停止保护，或在该国中已废止的地理标识。

第四节　工业设计

第二十五条　保护的要求

一、各成员应对新的或原创性的独立创造的工业设计提供保护。各成员可规定，如工业设计不能显著区别于已知的设计或已知设计特征的组合，则不属新的或原创性设计。各成员可规定该保护不应延伸至主要出于技术或功能上的考虑而进行的设计。

二、每一成员应保证为获得对纺织品设计的保护而规定的要求，特别是有关任何费用、审查或公布的要求，不得无理损害寻求和获得此种保护的机会。各成员有权通过工业设计法或版权法履行该项义务。

第二十六条　保护

一、受保护的工业设计的所有权人有权阻止第三方未经所有权人同意而生产、销售或进口所载或所含设计是一受保护设计的复制品或实质上是复制品的物品，如此类行为为为商业目的而来取。

二、各成员可对工业设计的保护规定有限的例外，只要此类例外不会与受保护的工业设计的正常利用发生无理抵触，也不会无理损害受保护工业设计所有权人的合法权益，同时考虑第三方的合法权益。

三、可获得的保护期限应至少达到十年。

第五节 专利

第二十七条 可授予专利的客体

一、在遵守第二款和第三款规定的前提下，专利可授予所有技术领域的任何发明，无论是产品还是方法，只要它们具有新颖性、包含发明性步骤，并可供工业应用。在遵守第六十五条第四款、第七十条第八款和本条第三款规定的前提下，对于专利的获得和专利权的享受不因发明地点、技术领域、产品是进口的还是当地生产的而受到歧视。

二、各成员可拒绝对某些发明授予专利权，如在其领土内阻止对这些发明的商业利用是维护公共秩序或道德，包括保护人类、动物或植物的生命或健康或避免对环境造成严重损害所必需的，只要此种拒绝授予并非仅因为此种利用为其法律所禁止。

三、各成员可拒绝对下列内容授予专利权：

（一）人类或动物的诊断、治疗和外科手术方法；

（二）除微生物外的植物和动物，以及除非生物和微生物外的生产植物和动物的主要生物方法。但是，各成员应规定通过专利或一种有效的特殊制度或通过这两者的组合来保护植物品种。本项的规定应在《WTO 协定》生效之日起四年后进行审议。

第二十八条 授予的权利

一、一专利授予其所有权人下列专有权利：

（一）如一专利的客体是产品，则防止第三方未经所有权人同意而进行制造、使用、标价出售、销售或为这些目的而进口该产品的行为；

（二）如一专利的客体是方法，则防止第三方未经所有权人同意而使用该方法的行为，并防止使用、标价出售、销售或为这些目的而进口至少以该方法直接获得产品的行为。

二、专利所有权人还有权转让或以继承方式转移其专利并订立许可合同。

第二十九条 专利申请人的条件

一、各成员应要求专利申请人以足够清晰和完整的方式披露其发明，使该专业的技术人员能够实施该发明，并可要求申请人在申请之日，或在要求优先权的情况下在申请的优先权日，指明发明人所知的实施该发明的最佳方式。

二、各成员可要求专利申请人提供关于申请人相应的国外申请和授予情况的信息。

第三十条 授予权利的例外

各成员可对专利授予的专有权规定有限的例外，只要此类例外不会对专利的正常利用发生无理抵触，也不会无理损害专利所有权人的合法权益，同时考虑第三方的合法权益。

第三十一条 未经权利持有人授权的其他使用

如一成员的法律允许未经权利持有人授权即可对一专利的客体做其他使用，包括政府或经政府授权的第三方的使用，则应遵守下列规定：

（一）授权此种使用应一事一议；

（二）只有在拟使用者在此种使用之前已经按合理商业条款和条件努力从权利持有人处获得授权，但此类努力在合理时间内未获得成功，方可允许此类使用。在全国处于紧急状态或在其他极端紧急的情况下，或在公共非商业性使用的情况下，一成员可豁免这一要求。尽管如此，在全国处于紧急状态或在其他极端紧急的情况下，应尽快通知权利持有人。在公共非商业性使用的情况下，如政府或合同方未做专利检索即知道或有显而易见的理由知道一有效专利正在或将要被政府使用或为政府而使用，则应迅速告知权利持有人；

（三）此类使用的范围和期限应仅限于被授权的目的，如果是半导体技术，则仅能用于公共非商业性使用，或用于补救司法或行政程序确定为限制竞争行为；

（四）此种使用应是非专有的；

（五）此种使用应是不可转让的，除非与享有此种使用的那部分企业或商誉一同转让；

（六）任何此种使用的授权应主要为供应授权此种使用的成员的国内市场；

（七）在充分保护被授权人合法权益的前提下，如导致此类使用的情况已不复存在且不可能再次出现，则有关此类使用的授权应终止。在收到有根据的请求的情况下，主管机关有权审议这些情况是否继续存在；

（八）在每一种情况下应向权利持有人支付适当报酬，同时考虑授权的经济价值；

（九）与此种使用有关的任何决定的法律效力应经过司法审查或经过该成员中上一级主管机关的独立审查；

（十）任何与就此种使用提供的报酬有关的决定应经过司法审查或该成员中上一级主管机关的独立审查；

（十一）如允许此类使用以补救经司法或行政程序后确定为限制竞争的行为，则各成员无义务适用（二）项和（六）项所列条件。在确定此类情况下的报酬数额时，可考虑纠正限制竞争行为的需要。如导致授权的条件可能再次出现，则主管机关有权拒绝终止授权；

（十二）如授权此项使用以允许利用一专利（第二专利），而该专利在不侵害另一专利（第一专利）的情况下不能被利用，则应适用下列附加条件：

（1）与第一专利中要求的发明相比，第二专利中要求的发明应包含重要的、具有巨大经济意义的技术进步；

（2）第一专利的所有权人有权以合理的条件通过交叉许可使用第二专利具有的发明；

（3）就第一专利授权的使用不得转让，除非与第二专利一同转让。

第三十一条之二

一、一出口成员在第三十一条（六）项下的义务不适用于，在为生产并出口药品至一有资格进口的成员之目的的必要范围内，并在符合本协定附件第二段所列的条件下，授予之强制许可。

二、若一出口成员根据本条及本协定附件确立的体制，授予一项强制许可，则该成员需依据第三十一条（八）项向支付适当报，同时考虑该出口成员授权之使用对于有关进口成员的经济价值。若该有资格进口的成员对同一产品授予一项强制许可，因其报酬根据本段第一句已在有关出口成员支付，该进口成员在第二十一条（八）项下的义务不适用于这些产品。

三、为了利用规模经济以增强药品的购买力，并促进药品的本地生产：若一发展中或者不发达的 WTO 成员是《1994 年关税与贸易总协定》第二十四条以及 1979 年 11 月 28 日《关于发展中成员差别和更优惠待遇、互惠和更充分参与的决定》（L/4903）意义下的区域贸易协定的成员，且该区域贸易协定至少一半以上的现有成员属于联合国最不发达国家名单上的国家，则在确保该成员的一项强制许可项下生产或者进口的一种药品能够出口到有关区域贸易协定下其他遭受共同公共健康问题的发展中或者最不发达成员市场的必要限度内，该成员在第三十一条（六）项下的义务不再使用。各方理解此规定将不影响有关专利权的地域属性。

四、各成员不得根据《1994 年关税与贸易总协定》第二十三条第一款（二）项及（三）项，对任何与本条及本协定附件的规定相一致的措施提出质疑。

五、本条及本协定附件不影响成员在本协定享有的在第三十一条（六）项和（八）项之外的，包括经《关于〈TRIPS 协定〉与公共健康的宣言》[WT/MIN(01)/DEC/2]重申的权利、义务和灵活性，以及对其的解释。本条及本协定附件也并不影响依照第三十一条（六）项规定在强制许可下所生产的药品能够出口的限度。

第三十二条 撤销/无效

对任何有关撤销或宣布一专利无效的决定应可进行司法审查。

第三十三条 保护期限

可获得的保护期限不得在自申请之日起计算的二十年期满前结束。

第三十四条 方法专利：举证责任

一、就第二十八条第一款（二）项所指的侵害所有权人权利的民事诉讼而言，如一专利的客体是获得一产品的方法，则司法机关有权责令被告方证明其获得相同产品的方法不同于已获专利的方法。因此，各成员应规定至少在下列一种情况下，任何未经专利所有权人同意而生产的相同产品，如无相反的证明，则应被视为是通过该已获专利方法所获得的：

（一）如通过该已获专利方法获得的产品是新的；

（二）如存在实质性的可能性表明该相同产品是由该方法生产的，而专利所有权人经过合理努力不能确定事实上使用了该方法。

二、只有满足（一）项所指条件或只有满足（二）项所指条件，任何成员方有权规定第一款所指的举证责任在于被指控的侵权人。

三、在引述相反证据时，应考虑被告方在保护其制造和商业秘密方面的合法权益。

第六节　集成电路布图设计（拓扑图）

第三十五条　与《IPIC 条约》的关系

各成员同意依照《IPIC 条约》第二条至第七条（第六条第三款除外）及第十二条和第十六条第三款，对集成电路的布图设计（拓扑图）（本协定中称"布图设计"）提供保护，此外还同意遵守下列规定。

第三十六条　保护范围

在遵守第三十七条第一款规定的前提下，如从事下列行为未经权利持有人授权，则应视为非法：为商业目的进口、销售或分销一受保护的布图设计、含有受保护的布图设计的集成电路、或含有此种集成电路的物品，只要该集成电路仍然包含非法复制的布图设计。

第三十七条　无须权利持有人授权的行为

一、尽管有第三十六条的规定，但是如从事或命令从事该条所指的与含有非法复制的布图设计的集成电路或包含此种集成电路的物品有关的行为的人，在获得该集成电路或包含该集成电路的物品时，不知道且无合理的根据知道其中包含此种非法复制的布图设计，则任何成员不得将从事该条所指的任何行为视为非法。各成员应规定，在该人收到关于该布图设计被非法复制的充分通知后，可对现有的存货和此前的订货从事此类行为，但有责任向权利持有人支付费用，数额相当于根据就此种布图设计自愿达成的许可协议应付的合理使用费。

二、第三十一条（一）项至（十一）项所列条件在细节上做必要修改后应适用于任何有关布图设计的非自愿许可情况或任何未经权利持有人授权而被政府或为政府而使用的情况。

第三十八条　保护期限

一、在要求将注册作为保护条件的成员中，布图设计的保护期限不得在自提交注册申请之日起或自世界任何地方首次进行商业利用之日起计算十年期限期满前终止。

二、在不要求将注册作为保护条件的成员中，布图设计的保护期限不得少于自世界任何地方首次进行商业利用之日起计算的十年。

三、尽管有第一款和第二款的规定，任何一成员仍可规定保护应在布图设计创作十五年后终止。

第七节　对未披露信息的保护

第三十九条

一、在保证针对《巴黎公约》（1967）第十条之二规定的不公平竞争而采取有效保护的过程中，各成员应依照第二款对未披露信息和依照第三款提交政府或政府机构的数据进行保护。

二、自然人和法人应有可能防止其合法控制的信息在未经其同意的情况下以违反诚实商业行为的方式向他人披露，或被他人取得或使用，只要此类信息：

（一）属秘密，即作为一个整体或就其各部分的精确排列和组合而言，该信息尚不为通常处理所涉信息范围内的人所普遍知道，或不易被他们获得；

（二）因属秘密而具有商业价值；

（三）由该信息的合法控制人，在此种情况下采取合理的步骤以保持其秘密性质。

三、各成员如要求，作为批准销售使用新型化学个体造的药品或农业化学物质产品的条件，需提交通过巨大努力取得的、未披露的试验数据或其他数据，则应保护该数据，以防止不正当的商业使用。此外，各成员应保护这些数据不被披露，除非为保护公众所必需，或除非采取措施以保证该数据不被用在不正当的商业使用中。

第八节　对协议许可中限制竞争行为的控制

第四十条

一、各成员同意，一些限制竞争的有关知识产权的许可活动或条件可对贸易产生不利影响，并会妨碍技术的转让和传播。

二、本协定的任何规定均不得阻止各成员在其立法中明确规定在特定情况下可构成对知识产权的滥用并对相关市场中的竞争产生不利影响的许可活动或条件。如以上所规定的，一成员在与本协定其他规定相一致的条件下，可按照该成员的有关法律法规，采取适当的措施以防止或控制此类活动，包括诸如排他性返授条件、阻止对许可效力提出质疑的条件和强制性一揽子许可等。

三、应请求，每一成员应与任一其他成员进行磋商，只要该成员有理由认为被请求进行磋商成员的国民或居民的知识产权所有权人正在采取的做法违反请求进行磋商成员关于本节主题的法律法规，并希望在不妨害根据法律采取任何行动及不损害两成员中任一成员作出最终决定的充分自由的情况下，使该立法得到遵守。被请求的成员应对与提出请求成员的磋商给予充分和积极的考虑，并提供充分的机会，并在受国内法约束和就提出请求的成员保障其机密性达成相互满意的协议的前提下，通过提供与所涉事项有关的、可公开获得的非机密信息和该成员可获得的其他信息进行合作。

四、如一成员的国民或居民在另一成员领土内因被指控违反该另一成员有关本节主题的法律法规而被起诉，则该另一成员应按与第三款预想的条件相同的条件给予该成员磋商的机会。

第三部分　知识产权的实施

第一节　一般义务

第四十一条

一、各成员应保证其国内法中包括关于本部分规定的实施程序，以便对任何侵犯本协定所涵盖知识产权的行为采取有效行动，包括防止侵权的迅速救济措施和制止进一步侵权的救济措施。这些程序的实施应避免对合法贸易造成障碍并为防止这些程序被滥用提供保障。

二、有关知识产权的实施程序应公平和公正。这些程序不应不必要的复杂和费用高昂，也不应限定不合理的时限或造成无理的迟延。

三、对一案件是非曲直的裁决，最好采取书面形式并说明理由。至少应使诉讼当事方可获得，而不造成不正当的迟延。对一案件是非曲直的裁决只能根据已向各方提供听证机会的证据做出。

四、诉讼当事方应有机会要求司法机关对最终行政裁定进行审查，并在遵守一成员法律中有关案件重要性的司法管辖权规定的前提下，至少对案件是非的初步司法裁决的法律方面进行审查。但是，对刑事案件中的无罪判决无义务提供审查机会。

五、各方理解，本部分并不产生任何建立与一般法律实施制度不同的知识产权实施制度的义务，也不影响各成员实施一般法律的能力。本部分的任何规定在实施知识产权与实施一般法律的资源分配方面，也不产生任何义务。

第二节　民事和行政程序及救济

第四十二条　公平和公正的程序

各成员应使权利持有人可获得有关实施本协定涵盖的任何知识产权的民事司法程序。被告有权获得及时的和包含足够细节的书面通知，包括权利请求的依据。应允许当事方由独立的法律顾问代表出庭，且程序不应制定强制本人出庭的过重要求。此类程序的所有当事方均有权证明其权利请求并提供所有相关证据。该程序应规定一种确认和保护机密信息的方法，除非这一点会违背现有的宪法规定的必要条件。

第四十三条　证据

一、如一当事方已出示可合理获得的足以证明其权利请求的证据，并指明在对方控制之下的与证实其权利请求有关的证据，则司法机关在遵守在适当的情况下可保证保护机密信息条件的前提下，有权命令对方提供这一证据。

二、如一诉讼方在合理期限内自行且无正当理由拒绝提供或不提供必要的信息，或严重阻碍与一实施行动有关的程序，则一成员可授权司法机关在向其提供信息的基础上，包括由于被拒绝提供信息而受到不利影响的当事方提出的申诉或指控，作出肯定或否定的初步或最终裁决，但应向各当事方提供就指控或证据进行听证的机会。

第四十四条　禁令

一、司法机关有权责令一当事方停止侵权，特别是有权在结关后立即阻止涉及知识产权侵权行为的进口货物进入其管辖范围内的商业渠道。如受保护的客体是在一人知道或有合理的根据知道从事该客体的交易会构成知识产权侵权之前取得或订购的，则各成员无义务给予此种授权。

二、尽管有本部分其他条款的规定，但是只要符合第二部分专门处理未经权利持有人授权的政府使用或政府授权的第三方使用而做出的规定，各成员可将针对可使用的救济限于依照第三十一条（八）项支付的报酬。在其他情况下，应适用本部分下的救济，或如果这些救济与一成员的法律不一致，则应采取宣告式判决，并应可获得适当的补偿。

第四十五条　赔偿

一、对于故意或有充分理由应知道自己从事侵权活动的侵权人，司法机关有权责令侵权人向权利持有人支付足以补偿其因知识产权侵权所受损害的赔偿。

二、司法机关还有权责令侵权人向权利持有人支付有关费用，其中可包括有关的律师费用。在适当的情况下，各成员可授权司法机关责令其退还利润和/或支付法定的赔偿，即使侵权人并非故意或没有充分理由知道自己从事侵权活动。

第四十六条 其他补救

为有效制止侵权，司法机关有权在不给予任何补偿的情况下，责令将已被发现侵权的货物清除出商业渠道，以避免对权利持有人造成任何损害，或下令将其销毁，除非这一点会违背现有的宪法规定的必要条件。司法机关还有权在不给予任何补偿的情况下，责令将主要用于制造侵权货物的材料和工具清除出商业渠道，以便将产生进一步侵权的风险减少到最低限度。在考虑此类请求时，应考虑侵权的严重程度与给予的救济以及第三方利益之间的均衡性。对于冒牌货，除例外情况外，仅除去非法加贴的商标并不足以允许该货物放行进入商业渠道。

第四十七条 获得信息的权利

各成员可规定，司法机关有权责令侵权人将生产和分销侵权货物或服务过程中涉及的第三方的身份及其分销渠道告知权利持有人，除非这一点与侵权的严重程度不相称。

第四十八条 对被告的赔偿

一、如应一当事方的请求而采取措施且该当事方滥用实施程序，则司法机关有权责令该当事方向受到错误禁止或限制的当事方就因此种滥用而受到的损害提供足够的补偿。司法机关还有权责令该申请当事方支付辩方费用，其中可包括适当的律师费。

二、就实施任何有关知识产权的保护或实施的法律而言，只有在管理该法过程中采取或拟采取的行动是出于善意的情况下，各成员方可免除公共机构和官员采取适当救济措施的责任。

第四十九条 行政程序

如由于行政程序对案件是非曲直的裁决而导致责令进行任何民事救济，则此类程序应符合与本节所列原则实质相当的原则。

第三节 临时措施

第五十条

一、司法机关有权责令采取迅速和有效的临时措施以便：

（一）防止侵犯任何知识产权，特别是防止货物进入其管辖范围内的商业渠道，包括结关后立即进入的进口货物；

（二）保存关于被指控侵权的有关证据。

二、在适当时，特别是在任何迟延可能对权利持有人造成不可补救的损害时，或存在证据被销毁的显而易见的风险时，司法机关有权采取不做预先通知的临时措施。

三、司法机关有权要求申请人提供任何可合理获得的证据，以使司法机关有足够程度的确定性确信该申请人为权利持有人，且该申请人的权利正在受到侵犯或此种侵权已迫近，并有权责令申请人提供足以保护被告和防止滥用的保证金或相当的担保。

四、如已经采取不做预先通知的临时措施，则至迟应在执行该措施后立刻通知受影响的各方。应被告请求，应对这些措施进行审查，包括进行听证，以期在做出关于有关措施的通知后一段合理期限内，决定这些措施是否应进行修改、撤销或确认。

五、执行临时措施的主管机关可要求申请人提供确认有关货物的其他必要信息。

六、在不损害第四款规定的情况下，如导致根据案件是非曲直作出裁决的程序未在一合理期限内启动，则应被告请求，根据第一款和第二款采取的临时措施应予撤销或终止生效，该合理期限在一成员法律允许的情况下由责令采取该措施的司法机关确定，如未作出此种确定，则不超过二十个工作日或三十一天，以时间长者为准。

七、如临时措施被撤销或由于申请人的任何作为或不作为而失效，或如果随后认为不存在知识产权侵权或侵权威胁，则应被告请求，司法机关有权责令申请人就这些措施造成的任何损害向被告提供适当补偿。

八、在作为行政程序的结果可责令采取任何临时措施的限度内，此类程序应符合与本节所列原则实质相当的原则。

第四节 与边境措施相关的特殊要求

第五十一条 海关中止放行

各成员应在符合以下规定的情况下，采取程序使在有正当理由怀疑假冒商标或盗版货物的进口有可能发生的权利持有人，能够向行政或司法主管机关提出书面申请，要求海关中止放行此类货物进入自由流通。各成员可针对涉及其他知识产权侵权行为的货物提出此种申请，只要符合本节的要求。各成员还可制定关于海关中止放行自其领土出口的侵权货物的相应程序。

第五十二条 申请

任何启动第五十一条下程序的权利持有人需要提供充分的证据，以使主管机关相信，根据进口国法律，可初步推定权利持有人的知识产权受到侵犯，并提供货物的足够详细的说明以便海关易于辨认。主管机关应在一合理期限内告知申请人是否已受理其申请，如主管机关已确定海关采取行动的时限，则应将该时限通知申请人。

第五十三条 保证金或同等的担保

一、主管机关有权要求申请人提供足以保护被告和主管机关并防止滥用的保证金或同等的担保。此类保证金或同等的担保不得无理阻止对这些程序的援用。

二、如按照根据本节提出的申请，海关根据非法机关或其他独立机关的裁决对涉及工业设计、专利、集成电路布图设计或未披露信息的货物中止放行进入自由流通，而第五十五条规定的期限在获得适当授权的机关未给予临时救济的情况下已期满，只要符合所有其他进口条件，则此类货物的所有人、进口商或收货人有权在对任何侵权交纳一笔足以保护权利持有人的保证金后有权要求予以放行。该保证金的支付不得损害对权利持有人的任何其他可获得的补救，如权利持有人未能在一合理期限内行使诉讼权，则该保证金应予解除。

第五十四条 中止放行的通知

根据第五十一条做出的对货物的中止放行应迅速通知进口商和申请人。

第五十五条　中止放行的时限

如在向申请人送达关于中止放行的通知后不超过十个工作日的期限内，海关未被告知一非被告的当事方已就关于案件是非曲直的裁决提出诉讼，或未被告知获得适当授权的机关已采取临时措施延长货物中止放行的期限，则此类货物应予放行，只要符合所有其他进口或出口条件：在适当的情况下，这一时限可再延长十个工作日。如已启动就案件是非曲直作出裁决的诉讼，则应被告请求，应进行审查，包括进行听证，以期在一合理期限内决定这些措施是否应予修正、撤销或确认。尽管有上述规定，但是如依照临时司法措施中止或继续中止货物的放行，则应适用第五十条第六款的规定。

第五十六条　对进口商和货物所有权人的赔偿

有关主管机关有权责令申请人向进口商、收货人和货物所有权人对因货物被错误扣押或因扣押按照第五十五条放行的货物而造成的损失支付适当的补偿。

第五十七条　检验和获得信息的权利

在不损害保护机密信息的情况下，各成员应授权主管机关给予权利持有人充分的机会要求海关对扣押的货物进行检查，以证实权利持有人的权利请求。主管机关还有权给予进口商同等的机会对此类货物进行检查。如对案件的是非曲直做出肯定确定，则各成员可授权主管机关将发货人、进口商和收货人的姓名和地址及所涉货物的数量告知权利持有人。

第五十八条　依职权的行动

如各成员要求主管机关自行采取行动，并对其已取得初步证据证明一知识产权正在被侵犯的货物中止放行，则：

（一）主管机关可随时向权利持有人寻求可帮助其行使这些权力的任何信息；

（二）进口商和权利持有人应被迅速告知中止放行的行动。如进口商向主管机关就中止放行提出上诉，则中止放行应遵守在细节上做必要修改的第五十五条所列条件；

（三）只有在采取或拟采取的行动是出于善意的情况下，各成员方可免除公共机构和官员采取适当救济措施的责任。

第五十九条　救济

在不损害权利持有人可采取的其他诉讼权并在遵守被告寻求司法机关进行审查权利的前提下，主管机关有权依照第四十六条所列原则责令销毁或处理侵权货物。对于假冒商标货物，主管机关不得允许侵权货物在未做改变的状态下再出口或对其适用不同的海关程序，但例外情况下除外。

第六十条　微量进口

各成员可将旅客个人行李中夹带的或在小件托运中运送的非商业性少量货物排除在述规定的适用范围之外。

第五节　刑事程序

第六十一条

各成员应规定至少将适用于具有商业规模的蓄意假冒商标或盗版案件的刑事程

序和处罚。可使用的救济应包括足以起到威慑作用的监禁和/或罚金，并应与适用于同等严重性的犯罪所受到的处罚水平一致。在适当的情况下，可使用的救济还应包括扣押、没收和销毁侵权货物和主要用于侵权活动的任何材料和工具。各成员可规定适用于其他知识产权侵权案件的刑事程序和处罚，特别是蓄意并具有商业规模的侵权案件。

第四部分　知识产权的取得和维持及当事方之间的相关程序

第六十二条

一、各成员可要求作为取得或维持第二部分第二节至第六节下规定的知识产权的一项条件，应符合合理的程序和手续。此类程序和手续应与本协定的规定相一致。

二、如知识产权的取得取决于该权利的给予或注册，则各成员应保证，给予或注册的程序在遵守取得该权利的实质性条件的前提下，允许在一合理期限内给予或注册该权利，以避免无根据地缩短保护期限。

三、《巴黎公约》（1967）第四条在细节上做必要修改后应适用于服务标记。

四、有关取得或维持知识产权的程序，及在一成员法律对此类程序做出规定的情况下，行政撤销和诸如异议、撤销和注销等当事方之间的程序，应适用于第四十一条第二款和第三款所列一般原则。

五、第四款下所指的任何程序中的行政终局裁决均应由司法或准司法机关进行审议。但是，在异议或行政撤销不成立的情况下，无义务提供机会对裁决进行此种审查，只要此类程序的根据可成为无效程序的理由。

第五部分　争端的防止和解决

第六十三条　透明度

一、一成员有效实施的、有关本协定主题（知识产权的效力、范围、取得、实施和防止滥用）的法律和法规及普遍适用的司法终局裁决和行政裁定应以本国语文公布，或如果此种公布不可行，则应使之可公开获得，以使政府和权利持有人知晓。一成员政府或政府机构与另一成员政府或政府机构之间实施的有关本协定主题的协定也应予以公布。

二、各成员应将第一款所指的法律和法规通知 TRIPS 理事会，以便在理事会审议本协定运用情况时提供帮助。理事会应努力尝试将各成员履行这一义务的负担减少到最小程度，且如果与 WIPO 就建立法律和法规的共同登记处的磋商获得成功，则可决定豁免直接向理事会通知此类法律和法规的义务。理事会还应考虑在这方面就源自《巴黎公约》（1967）第六条之三的规定、在本协定项下产生的通知义务需要采取的任何行动。

三、每一成员应准备就另一成员的书面请求提供第一款所指类型的信息。一成员如有理由认为属知识产权领域的一特定司法裁决、行政裁定或双边协定影响其在本协定项下的权利，也可书面请求为其提供或向其告知此类具体司法裁决、行政裁定或双边协定的足够细节。

四、第一款、第二款和第三款中的任何规定均不得要求各成员披露会妨碍执法或违背公共利益或损害特定公私企业合法商业利益的机密信息。

第六十四条　争端解决

一、由《争端解决谅解》详述和实施的《1994 年关税与贸易总协定》第二十二条和第二十三条的规定适用于本协定项下产生的磋商和争端解决，除非本协定中另有具体规定。

二、自《WTO 协定》生效之日起五年内，《1994 年关税与贸易总协定》第二十三条第一款（二）项和（三）项不得适用于本协定项下的争端解决。

三、在第二款所指的时限内，TRIPS 理事会应审查根据本协定提出的、属 1994 年《关税与贸易总协定》第二十三条第一款（二）项和（三）项规定类型的起诉的范围和模式，并将其建议提交部长级会议供批准。部长级会议关于批准此类建议或延长第二款中时限的任何决定只能经协商一致做出，且经批准的建议应对所有成员生效，无须进一步正式接受程序。

第六部分　过渡性安排

第六十五条　过渡性安排

一、在遵守第二款、第三款和第四款的前提下，任何成员在《WTO 协定》生效之日起一年的一般期限期满前无义务适用本协定的规定。

二、一发展中国家成员有权将按第一款规定的实施日期再推迟四年实施本协定的规定，但第三条、第四条和第五条除外。

三、正处在从中央计划经济向市场和自由企业经济转型过程中的任何其他成员，及正在进行知识产权制度结构改革并在制订和实施知识产权法律和法规方面面临特殊困难的成员，也可受益于第二款设想的延迟期。

四、如一发展中国家成员按照本协定有义务将产品专利保护扩大至在按第二款规定的、对其适用本协定的一般日期其领土内尚未接受保护的技术领域，则该成员可再推迟五年对此类技术领域适用本协定第二部分第五节关于产品专利的规定。

五、利用第一款、第二款、第三款或第四款下的过渡期的一成员应保证，在过渡期内其法律、法规和做法的任何变更不会导致降低其与本协定规定一致性的程度。

第六十六条　最不发达国家成员

一、鉴于最不发达国家成员特殊需要和要求，其经济、财政和管理的局限性，以及其为创立可行的技术基础所需的灵活性，不得要求此类成员在按第六十五条第一款定义的适用日期起十年内适用本协定的规定，但第三条、第四条和第五条除外。TRIPS 理事会应最不发达国家成员提出的有根据的请求，应延长该期限。

二、发达国家成员应鼓励其领土内的企业和组织，促进和鼓励向最不发达国家成员转让技术，以使这些成员创立一个良好和可行的技术基础。

第六十七条　技术合作

为促进本协定的实施，发达国家成员应发展中国家成员和最不发达国家成员的请求，并按双方同意的条款和条件，应提供有利于发展中国家成员和最不发达国家成员的技术和资金合作。此种合作应包括帮助制定有关知识产权保护和实施以及防止其被滥用的法律和法规，还应包括支持设立或加强与这些事项有关的国内机关和机构，包括人员培训。

第七部分　机构安排；最后条款

第六十八条　与贸易有关的知识产权理事会

TRIPS 理事会应监督本协定的运用，特别是各成员遵守本协定项下义务的情况，并为各成员提供机会就与贸易有关的知识产权事项进行磋商。理事会应履行各成员所指定的其他职责，特别是在争端解决程序方面提供各成员要求的任何帮助。在履行其职能时，TRIPS 理事会可向其认为适当的任何来源进行咨询和寻求信息。经与WIPO 磋商，理事会应寻求在其第一次会议后一年内达成与该织各机构进行合作的适当安排。

第六十九条　国际合作

各成员同意相互进行合作，以消除侵犯知识产权的国际货物贸易。为此，它们应在其政府内设立联络点并就此发出通知，并准备就侵权货物的贸易交流信息。它们特别应就假冒商标货物和盗版货物的贸易而促进海关之间的信息交流和合作。

第七十条　对现有客体的保护

一、对于在本协定对所涉成员适用之日前发生的行为，本协定不产生义务。

二、除非本协定另有规定，否则本协定对于在本协定对所涉成员适用之日已存在的、在上述日期在该成员中受到保护、或符合或随后符合根据本协定条款规定的保护标准的所有客体产生义务。就本款及第三款和第四款而言，关于现有作品的版权义务应仅根据《伯尔尼公约》(1971) 第十八条确定，关于录音制品制作者和表演者对现有录音制品享有权利的义务应仅按照根据本协定第十四条第六款适用的《伯尔尼公约》(1971) 第十八条确定。

三、对于在本协定对所涉成员适用之日已进入公共领域的客体，该成员无义务恢复保护。

四、对于有关包含受保护客体的特定对象的任何行为，如在与本协定相符的立法条款下构成侵权，且如果该行为在该成员接受本协定之日前已经开始，或已经为此进行大量投资，则任何成员可就在该成员适用本协定之日起继续实施此类行为规定权利持有人可获补偿的限度。但是，在此类情况下，该成员至少应规定支付公平的补偿。

五、一成员无义务对于在其适用本协定之日前购买的原版或复制品适用第十一条和第十四条第四款的规定。

六、如在本协定生效日期公布之前政府已授权使用，对于无权利持有人授权的此类使用，则各成员不需适用第三十一条的规定或第二十七条第一款关于专利权享有不应因技术领域的不同而有所歧视的要求。

七、在知识产权的保护是以注册为条件的情况下，应允许对在本协定对所涉成员适用之日前未决的保护申请进行修改，以便申请人要求本协定项下规定的任何加强的保护。此类修改不应包括新的事项。

八、如截至《WTO 协定》生效之日一成员仍未按照其在第二十七条下的义务对药品和农药获得专利保护，则该成员应：

（一）尽管有第六部分的规定，自《WTO 协定》生效之日起提供据以提出此类发明的专利申请的方法；

（二）自本协定适用之日起，对这些申请适用本协定规定的授予专利的标准，如同这些标准在申请之日已在该成员中适用，或如果存在并请求优先权，则适用优先的申请日期；

（三）自给予专利时起和在依照本协定第三十三条自提出申请之日起计算的剩余专利期限内，依照本协定对这些申请中符合（二）项所指的保护标准的申请提供专利保护。

九、如依照第八款（一）项一产品在一成员中属专利申请的客体，则尽管有第六部分的规定，仍应给予专有销售权，期限或为在该成员中获得销售许可后五年，或为至一产品专利在该成员中被授予或被拒绝时为止，以时间短者为准，只要在《WTO 协定》生效之后，已在另一成员中提出专利申请、一产品已获得专利以及已在该另一成员中获得销售许可。

第七十一条　审议和修正

一、TRIPS 理事会应在第六十五条第二款所指的过渡期期满后，审议本协定的实施情况。理事会应在考虑实施过程中所获经验的同时，在该日期后二年内，并在此后以同样间隔进行审议。理事会还可按照有理由修改或修正本协定的任何新的发展情况进行审议。

二、仅适于提高在其他多边协定中达成和实施的、并由 WTO 所有成员在这些协定项下接受的知识产权保护水平的修正，在 TRIPS 理事会经协商一致所提建议的基础上，可依照《WTO 协定》第十条第六款提交部长级会议采取行动。

第七十二条　保留

未经其他成员同意，不得对本协定的任何规定提出保留。

第七十三条　安全例外

本协定的任何规定不得解释为：

（一）要求一成员提供其认为如披露则会违背其根本安全利益的任何信息；或

（二）阻止一成员采取其认为对保护其根本安全利益所必需的任何行动；

（1）与裂变和聚变物质或衍生这些物质的物质有关的行动；

（2）与武器、弹药和作战物资的贸易有关的行动，及与此类贸易所运输的直接或间接供应军事机关的其他货物或物资有关的行动；

（3）在战时或国际关系中的其他紧急情况下采取的行动；

（三）阻止一成员为履行《联合国宪章》项下的维持国际和平与安全的义务而采取的任何行动。